普通高等职业教育“十三五”规划教材

税法

第二版

王　莉　主　编
郑福芹　毛巧奕
刘光英　周慧敏　汪　蔚　副主编
万志丹　闫　卡　参　编

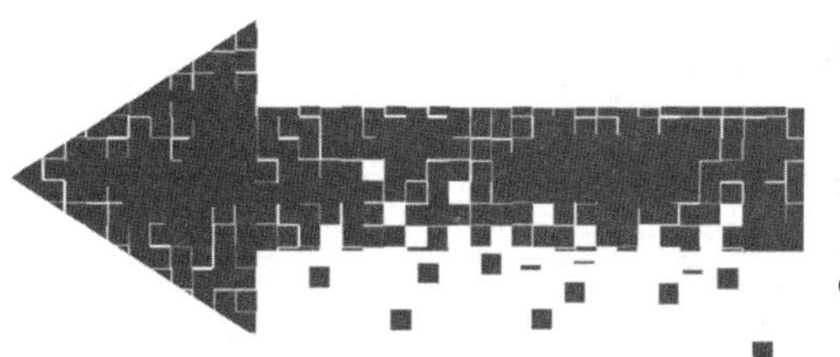

清华大学出版社
北京

内 容 简 介

本书以我国现行税收制度为依据，以税制改革为背景，根据最新颁布实施的税收法律制度编写而成。全书分八个项目：税法总论；增值税法；消费税法；城市维护建设税法、教育费附加和地方教育费附加；企业所得税法；个人所得税法；其他税法；税收征收管理法。系统介绍了税法的基本知识、税收实体法和税收程序法等内容。

本书可作为高职高专财经类专业的教学用书，也可作为税法相关培训的教材，或供企事业单位会计人员学习参考。

图书在版编目(CIP)数据

税法 / 王莉主编．—2 版．—北京：清华大学出版社，2019.11(2022.2重印)

普通高等职业教育“十三五”规划教材

ISBN 978-7-302-54307-7

Ⅰ.①税…　Ⅱ.①王…　Ⅲ.①税法-中国-高等职业教育-教材　Ⅳ.①D922.22

中国版本图书馆 CIP 数据核字(2019)第 259175 号

责任编辑：刘志彬
封面设计：汉风唐韵
责任校对：宋玉莲
责任印制：宋　林

出版发行：清华大学出版社
　网　　址：http：//www.tup.com.cn，http：//www.wqbook.com
　地　　址：北京清华大学学研大厦 A 座　　**邮　　编**：100084
　社 总 机：010-83470000　　**邮　　购**：010-62786544
　投稿与读者服务：010-62776969，c-service@tup.tsinghua.edu.cn
　质量反馈：010-62772015，zhiliang@tup.tsinghua.edu.cn
印 装 者：三河市铭诚印务有限公司
经　　销：全国新华书店
开　　本：185mm×260mm　　**印　　张**：20　　**字　　数**：488 千字
版　　次：2016 年 8 月第 1 版　2019 年 12 月第 2 版　　**印　　次**：2022 年 2 月第 3 次印刷
定　　价：47.60 元

产品编号：085112-01

Preface 前言

随着我国改革开放的不断深化和社会主义市场经济体制的确立，税收对社会经济活动的影响越来越大，我国的税收法规也不断地随之发展。本书以我国现行最新的税收法律制度为依据，以税制改革为背景，根据最新颁布实施的税收法律制度编写而成。全书按我国现行的主要税种，分项目叙述其主要内容，对各税种的基本内容进行了详细地阐述，并介绍了税法的基本知识、税收实体法和税收程序法等内容。

全书分八个项目：税法总论、增值税法、消费税法、城市维护建设税法、教育费附加和地方教育费附加、企业所得税法、个人所得税法、其他税法和税收征收管理法。每个项目包含学习目标、项目导入、知识链接、思考、相关例题及项目小结等模块，并根据内容设计思考与练习题。本书主要有以下三个方面的特点。

1. 内容紧扣最新的税法资料，特别是紧跟“营改增”的税制改革步伐，充分吸收最新税收政策，力求本书具有前沿性。

2. 充分考虑市场需求，保证学生学以致用，紧扣职业院校的培养目标。重点内容选取、例题设计遵循教学大纲要求，把握准确，力求精品。

3. 以清晰的图表、精选的例题和有趣的知识链接等方式增加本书的实用性、可读性和启发性。以知识链接的方式拓展学生的专业知识，以提出思考问题的方式引导学生进一步解决问题，增加了学习的趣味性。

本书不仅可以作为高等职业院校的用书，也可作为各种财税培训机构的培训参考书，还适合广大从事财税工作的人士阅读。

本书的编写正值我国税制改革的关键时刻，由于编者水平有限，本书很难完全反映税法改革的全貌，如有遗漏和不足之处，恳请读者指正。

编　者

Contents 目 录

项目一 税法总论

项目二 增值税法

项目三 消费税法

项目四　城市维护建设税法、教育费附加和地方教育费附加

项目五　企业所得税法

项目六　个人所得税法

项目七 其他税法

项目八 税收征收管理法

1 项目一 Chapter 1 税法总论

>>> 学习目标

1. 了解我国税收法律体系与税收征收管理制度。
2. 理解税收的概念与特点。
3. 掌握税收分类和税制构成要素的内容。
4. 能够分清中央税、地方税及共享税，并掌握其征收管理制度。
5. 掌握不同税率下的计算方法。

>>> 项目导入

本杰明·富兰克林说过，世界上只有两件事是不可避免的，那就是税收和死亡。人人都不可避免的税，你到底了解它吗？

中国政府用世界7%的土地养活了22%的人口……

组织财政收入是税收最根本的职能，政府为了满足社会公共需求，凭借政治权力，强制地、无偿地取得财政收入。准确地说，是每一个中国人上缴的税金养活了政府，而不是政府养活了我们。而税法就是政府为取得纳税人收入而提供的一种保证，税法作为义务性法规，为纳税人设置了纳税义务。

我还只是个没有工资收入的学生，我又不纳税，税收跟我有什么关系……

很多普通人对于税收的认识仅限于个人所得税，但实际上，中国税收总额中它只是很小的一部分。在个人所得税之外，还有更多的税会通过市场，通过商品价格传递给每一个人。例如，一瓶100元的化妆品中，包含11.5元的增值税、13.27元的消费税和1.73元的城建税。另外，我们去餐馆就餐，含有多少税金？买一套房子，含有多少税种？从某种程度上来说，向商品征税，就是向消费者征税，所有附着在商品上的税金最后都会通过市场购销关系传递给每一个人。

总之，一个人生活在社会中，哪怕是乞丐，只要有购买行为，就免不了缴税。既然税与我们息息相关，让我们一起来认识税、了解税，知道税法、善用税法吧。

任务一 税法的概念和基本理论

一、税收的概念和特点

要明确税法的概念，首先要知道什么是税收。

税收是政府为了满足社会公共需要，凭借政治权力，强制、无偿地取得财政收入的一种形式。政府为了不断发展和发挥其管理职能，必然要消耗一定的社会资源和产品，但是，政府本身不直接从事生产活动和创造社会产品价值，因此政府只能依靠自身拥有的政治权力，强制性地征收一部分社会产品，以满足国家机关运作和社会公共产品消费所需。从这一概念中可以看出，税收的本质是一种分配关系，政府征税，是将纳税人所拥有的部分社会剩余产品或部分既得利益转变为国家所有。而税法的作用，是固定税收分配中形成的权利义务关系。

税收与发行货币、发行国债、罚没等其他财政收入不同，从形式特征来看，税收具有强制性、无偿性和固定性的特点。

（一）强制性

税收的强制性是指税收是国家以社会管理者的身份，凭借政权力量，依据政治权力，通过颁布法律或政令来进行强制征收。强制性是税收这一分配关系的基本保障。税收将纳税人所拥有的社会产品转为国家所有，在某种意义上是对财产私有权的侵犯，因而税收的执行需要很高的强制权力作为征税保障。这种权力的主体是国家，依据的是国家政治权力，而法律将这种政治权力得以体现和落实。因此，依法纳税是每个公民应尽的义务，而偷税漏税则要受到法律的制裁。

（二）无偿性

税收的无偿性是指国家参与国民收入分配，取之于民之后，国家不向纳税人支付任何报酬或代价，也不再直接返还纳税人。无偿性是税收的核心，是其分配的本质体现。通过税收实现的是纳税人部分剩余产品向国家的单方面转移，而并非等价交换。

（三）固定性

税收的固定性是指税收对于国家而言，是一种固定的连续收入，税收义务通过法律预先设定，税收总量和结构都是不能随意变更的，按照事先确定的标准，由国家和纳税人共同遵守。税收中的征税对象、征税方法、征收标准等都通过国家最高权力机关以法的形式加以固定。因此，作为纳税人，可以通过了解税法来预估生产、生活中的各项税金支出，做到以支量入，有的放矢。

税收的以上特征，被习惯性地称为税收三性。税收三性是一个完整的体系，它们相辅相成，缺一不可，是税收区别于其他财政收入形式的标志。

二、税法的概念和形式特征

税法是指国家权力机关制定的有关调整税收分配过程中形成的权利义务关系的法律规

范总和。税法是税收制度的法律表现形式。国家在参与社会产品或国民收入分配、取得财政收入的过程中，税收的征纳关系随之产生，税法就是确立和调整这种税收征纳关系的法律规范。税法一旦通过国家最高权力部门制定和颁布之后，国家根据税法的规定标准向纳税人征税，纳税人则根据税法的规定标准向国家缴税，履行纳税义务。而如果国家或纳税人不适当地行使法定权力或不履行法定义务，税法作为强制手段可予以追究，出现纠纷或争议也可以用诉讼这种规范的法律形式予以解决。

税法有广义和狭义之分。广义的税法是各种税收法律规范的总和，由税收实体法、税收程序法、税收争讼法等构成的法律体系。狭义的税法则是指经过国家最高权力机关正式立法的税收法律，如我国的企业所得税法、个人所得税法和税收征收管理法等。

税法区别于其他法的形式特征主要有以下三个方面。

（一）税法属于制定法

从税法的立法过程来看，税法从一开始就是依靠国家强制力而形成的规则，而不是由约定俗成的习惯演变而来。税法是国家征税权凌驾于私有财产所有权之上的体现，是对纳税人剩余产品的再分配。因此，税法是由国家政权制定的而不是认可的，税法属于制定法而不是习惯法。

（二）税法属于义务性法规

义务性法规直接规定人们从事或不从事某种行为，它的一个显著特点是具有强制性。在诸法律中，税法的强制性力度仅次于刑法。从税法的角度来看，纳税人在税法的规定下，以尽义务为主，而纳税人能从公共支出中享受到的权利则是通过其他授权法法规赋予的。

（三）税法具有综合性

税法不是单一的法律，其内涵包括立法、行政执法、司法等多个方面。从内容上看，税法是由实体法、程序法、争讼法等构成的综合法律体系。课税原则、征税双方的权利义务、税收管理规则、法律责任、解决税务争议的法律规范等都在税法中得以体现。

三、税法的作用

税法是税收的法律形式和保证，税法的作用通过税收法律、法令、条例、施行细则等具体表现形式得以实现。没有税法，就无法进行税收分配。我国税法的重要作用主要体现在以下几个方面。

（一）税法是国家取得财政收入的法律保证

税收的最根本职能是组织财政收入。通过制定税法，以法律的形式规定纳税人的具体纳税项目、纳税范围、纳税数额和纳税程序。税法的强制性和固定性，使税收收入成为国家及时、稳定的一种财政收入。同时，税法也对偷税漏税的违法行为进行惩治，能够防止税款流失，保证国家依法征税。

（二）税法是国家实现宏观调控的重要手段

国家宏观调控主要依靠法律、经济的手段实现调控。税法以法律的形式确定国家与纳税人之间的利益分配关系，通过依法课税调节纳税人的收入水平、优化产业结构和合理配置社会资源。

(三)税法是监督经济活动、维护经济秩序的有力武器

通过税法客观平等的原则，公平纳税人的税收负担，鼓励平等竞争。纳税人依法办理税务登记、建账建制、纳税申报，税务机关亦依法对纳税人进行税务检查，税法使一切经济活动在法律规范的保护和约束下有规则地进行，为市场经济的健康发展创造了一个良好、稳定的环境。

(四)税法是维护国家利益的可靠保障

对外经济交往活动中，税法是维护国家权益的基本手段之一，各国政府都十分重视运用税法这一法律工具。例如，关税的征收，能够改变进出口商品在销售市场的实际价格，对保护民族产业，提高我国产品在国际市场的竞争力有非常实际的意义。除了我国既有的税法，我国还与多个国家签订了双边或多边的国际税收协定。税法既维护了国家的权益，又为鼓励外商投资，发展国家间平等互利的经济合作关系，提供了可靠的法律保障。

四、税收与税法的关系

税收与税法存在密切的关系。有税必有法，每开征一个新税种就要制定一部新税法；每变更一个税种就要对税法做出相应的调整；每废止一个税种就要废除一部税法。税收以取得财政收入和对经济实现宏观调控为目的，而税法是达到这一目的的保证。因而，税收制度改革总是与制定、修订税法联系在一起，税收制度建设与税收法制建设密不可分。

任务二 我国现行税法体系

从法律角度来说，一个国家在一定时期内、一定体制下，以法定形式规定的各种税收法律、法规的总和，被称为税法体系。从税收工作的角度来讲，税法体系又往往被称为税收制度。简单来说，税法体系就是通常所说的税收制度(以下简称税制)。现代社会中，世界各国一般都采用多个税种并存的复合型税收制度，而非税种单一、结构简单的简单型税制。

一、税收实体法

税收实体法是规定税收法律关系主体的实体权利、义务的法律规范的总称。税收实体法是税法的核心部分，而各单行税法具有共同的基本要素的总称称之为税法要素。税法要素一般包括总则、纳税义务人、征税对象、税目、税率、纳税环节、纳税期限、纳税地点、减税免税、罚则、附则等项目。以下将对其相关主要内容进行一一说明。

(一)纳税人

任何一个税种首先要解决的就是国家对谁征税的问题。纳税人即纳税义务人，是税法规定的直接负有纳税义务的单位和个人。无论征收什么税，其税负总要由有关的纳税人来承担。纳税义务人一般分为自然人和法人两种。自然人是基于自然规律出生的并拥有民事权利和义务的主体，包括本国公民、外国人和无国籍人。例如，我国的个人所得税就以取得的工资、薪金、报酬等应税所得的自然人为纳税人。法人是自然人的对称，是社会组织

的拟人化。法人是依法成立，能够独立地支配财产，能以自己的名义享受民事权利和承担民事义务的社会组织。例如，我国的国有企业、私营企业、外资企业、中外合资企业、社会团体等，以其社会组织的名义承担民事责任的，都称为法人，负有依法向国家纳税的义务。

知识链接

1. 纳税人和负税人

纳税人是税法规定的直接负有纳税义务的单位和个人。负税人是实际负担税款的单位和个人。实际生活中，有的税收由纳税人自己缴纳，自己承担，纳税人本身就是负税人；有的税种虽然由纳税人缴纳，但实际是由别人负担，纳税人并不是最终的负税人，这种情况即是通常所说的税负转嫁。税负转嫁是通过商品价格变化实现的，在商品交换过程中，纳税人可以通过提高销售价格或压低购进价格的方法，将承担的税负前转给购买者或后转给供应者，使之成为实际负担税款的负税人。

2. 代扣代缴义务人和代收代缴义务人

各项税收中，一般是由纳税人直接申报缴纳或由税务机关直接征收。但有时为了简化纳税手续，有效控制税源，方便纳税人，税法还规定了代扣代缴义务人和代收代缴义务人。代扣代缴义务人和代收代缴义务人不承担纳税义务，但依法负有扣缴义务。例如，《个人所得税法》中规定，个人所得税以所得人为纳税义务人，以支付所得的单位或个人为代扣代缴义务人。代扣代缴义务人直接持有纳税人的收入，可以从中扣除纳税人的应纳税款。又如《消费税暂行条例》中规定委托加工的应税消费品，由受托方在向委托方交货时代收代缴税款。代收代缴义务人不直接持有纳税人的收入，只能在与纳税人发生经济往来时收取应纳税款并代为缴纳。

（二）征税对象

征税对象要解决的是对什么征税的问题。征税对象又称课税对象，是税法规定的征税的目的物。国家对什么征税，对什么不征税，都可以通过课税对象加以规定，它体现着不同税种征税的基本界限，也决定了各个不同税种的名称。例如，所得税的征税对象是企业利润和人工工资、薪金等所得；房产税的征税对象是房屋等。

征税对象随着社会生产力的发展变化而变化。概括来讲，征税对象一般有流转额、所得额、财产、资源、特定行为五大类。因征税对象的不同，税收也可分为相应的五大类，即流转税、所得税、财产税、资源税和特定行为税。

▶ 1. 流转税

流转税，指以商品或劳务的流转额为征税对象征收的一种税。此税种主要在生产、流通或者服务业中，按照纳税人取得的销售收入或者营业收入征税，主要包括增值税、消费税和关税。

▶ 2. 所得税

所得税，指以生产、经营者取得的利润或者个人取得的收入为对象征收的一种税，主要包括企业所得税和个人所得税。

▶ 3. 财产税

财产税，指以纳税人拥有或支配的财产作为征税对象的一种税，主要包括房产税、车船税。

▶ 4. 资源税

资源税，对从事资源开发、利用和占用国有自然资源的单位和个人征收的税种，主要包括资源税、土地增值税和城镇土地使用税。

▶ 5. 特定行为税

特定行为税，指为了达到特定目的，对特定对象和特定行为征收的税种，主要包括城市维护建设税、印花税、契税等。

知识链接

税目和税基

与征税对象相关的还有两个基本概念，即税目和税基。

税目是在税法中对征税对象分类规定的具体的征税项目，反映具体的征税范围，是对课税对象质的界定。凡列入税目的即为应税项目，未列入税目的，则不属于应税项目。但并非所有税种都需要规定税目，有些税种不分课税对象的具体项目，一律按照课税对象的应税数额采用同一税率计征税款，因此一般无须设置税目，如企业所得税。有些税种具体课税对象比较复杂，需要规定税目，如消费税。

税基又叫计税依据，是据以计算征税对象应纳税款的直接数量依据，它解决对征税对象课税的计算问题，是对课税对象的量的规定。计税依据按照计量单位的性质划分，有两种基本形态：价值形态和物理形态。价值形态包括应纳税所得额、销售收入、营业收入等；物理形态包括面积、体积、容积、重量等。以价值形态作为税基，称为从价计征，如生产销售化妆品应纳消费税税额是由化妆品的销售收入乘以适用税率计算产生，其税基为销售收入。以征税对象的自然单位计算应纳税额，称为从量计征，如城镇土地使用税应纳税额是由占用土地面积乘以每单位面积应纳税额计算产生，其税基为占用土地的面积。

（三）税率

税率是应纳税额与课税对象之间的比例，是计算税额的尺度，是衡量税负轻重的重要标志，其主要形式有比例税率、累进税率和定额税率。

▶ 1. 比例税率

比例税率，指对同一征税对象，不分数额大小，规定相同的征收比例。我国现行的增值税和企业所得税均采用比例税率。比例税率的税率不会随课税对象数额的变动而变动，计算简单，税负透明度高，有利于保证财政收入。但比例税率也有其不足，它无法针对不同的纳税人实施不同的税收负担，不能体现能者多征、弱者少征的原则，在某种程度上有悖于税收公平。

▶ 2. 累进税率

累进税率，指征税对象数额越大，税率越高的税率。征税对象按大小划分成若干等级，不同等级的征税数额分别适用不同的税率，征税数额越大，适用税率越高。与比例税率相比，累进税率充分体现对纳税人的多收多征、少收少征、无收不征的原则，体现税收负担的纵向公平。累进税率主要包括以下三种形式。

（1）全额累进税率。即把征税对象划分为若干等级，每个等级分别规定相应税率，当征税对象数额提高一个级距时，对征税对象全额都按提高一级的税率征税。全额累进税率计算方法简便，但在各级距的临界点时，税负急剧递增，税收负担不甚合理。我国在新中国成立初期征收的工商所得税曾经使用过这种税率，目前在世界范围内都很少使用。

（2）超额累进税率。即把征税对象按数额大小划分为若干等级，每个等级由低到高规定相应的税率，在征税对象数额提高一级距时，只是超过部分按照提高一级的税率征税，每个等级分别按该等级的税率计税，将每级计算结果相加后得出应纳税款。此方法累进程度相比全额累进税率更为缓和，已被多数国家采用，其与全额累进税率的区别如表 1-1 所示。目前，我国个人所得税的计算就采用了这种税率。

表 1-1 全额累进税率与超额累进税率的区别 单位：元

级次	所得税级距(例)	税率(例)	全额累进的计税额	超额累进的计税额
1	500(含)以下	5%	500×5%=25	500×5%=25
2	500～2 000(含)	10%	2 000×10%=200	25+1 500×10%=175
3	2 000～5 000(含)	15%	5 000×15%=750	175+3 000×15%=625
4	5 000～20 000(含)	20%	20 000×20%=4 000	625+15 000×20%=3 625
5	20 000～40 000(含)	25%	40 000×25%=10 000	3 625+20 000×25%=8 625

知识链接

速算扣除数

在超额累进税率方法下，如果累进的级次过多，计算应纳税额需一级级计算后再相加，过程比较烦琐。为了简化计算，也为了提高计算效率，可以使用速算法，即在计算中使用速算扣除数，如表 1-2 所示。

本级速算扣除数＝上一级最高应纳税所得额×(本级税率－上一级税率)
＋上一级速算扣除数

应纳税额＝应纳税所得额×适用税率－速算扣除数

表 1-2 速算扣除数 单位：元

级次	所得税级距(例)	税率(例)	速算扣除数	超额累进的计税额
1	500(含)以下	5%	—	500×5%=25
2	500～2 000(含)	10%	500×(10%－5%)=25	2 000×10%－25=175
3	2 000～5 000(含)	15%	2 000×(15%－10%)+25=125	5 000×15%－125=625
4	5 000～20 000(含)	20%	5 000×(20%－15%)+125=375	20 000×20%－375=3 625
5	20 000～40 000(含)	25%	20 000×(25%－20%)+375=1 375	40 000×25%－1 375=8 625

（3）超率累进税率。它与超额累进税率的原理相同，只是超额累进税率累进的为征税对象的某一数额级距，而超率累进税率累进的是征税对象的某种比率。目前，我国税收体系中采用这种税率的是土地增值税。

思考：你能发现速算扣除数、按全额累进法计算的税额和按超额累进法计算的税额之间的关系吗?

▶ 3. 定额税率

即按征税对象的一定计量单位规定固定税额，而不是规定征收比例。定额税率从量计算，而不是从价计征，计算简便，且税额不随征税对象价值的增长而增长。目前，我国资源税、城镇土地使用税、车船税使用这种税率。

(四) 纳税环节

纳税环节主要指税法规定的征税对象在从生产到消费的流转过程中应当缴纳税款的环节，包括一次课征和多次课征。只在一个环节征税，称为一次课征，如资源税只在开采环节征税；两个以上环节征税的，称为多次课征，如增值税在生产、批发和零售环节均需征税。任何一种税种都要确定纳税环节。合理选择纳税环节，对加强税收征管、有效控制税源、保证国家财政收入及时稳定地上缴，方便纳税人生产经营活动和财务核算，都有十分重要的意义。

(五) 纳税期限

纳税期限是税法规定的纳税单位和个人缴纳税款的期限，是税收固定性、强制性在时间上的体现。纳税期限的确定，既要考虑合理保证财政收入，又要考虑给纳税人适当的便利，因此有必要根据各种税的不同特点以及纳税人的具体情况分别规定不同的纳税期限。一般实务中，可以分为按期纳税和按次纳税两种。按期纳税，即以纳税人发生纳税义务的一定时期如1日、3日、5日、10日、1个月、1年等作为纳税期限；按次纳税，即以纳税人发生纳税义务的次数作为纳税期限。如《增值税暂行条例》规定，增值税的具体纳税期限分别为1日、3日、5日、10日、15日、1个月或者1个季度。纳税人的具体纳税期限，由主管税务机关根据纳税人应纳税额的大小分别核定，不能按照固定期限纳税的，可以按次纳税。

思考：如果毕业后你任职于一家企业的财务部门，现在企业需要你来为它选择增值税的纳税期限，你会做出怎样的选择，为什么?

(六) 纳税地点

纳税地点主要是指根据各个税种纳税对象的纳税环节和有利于对税款的源泉控制而规定的纳税人(包括代征、代扣、代缴义务人)的具体申报缴纳税收的地方。

(七) 减免税

减免税主要是对某些纳税人和征税对象采取减少征税或者免予征税的特殊规定。减免税是税率的一种辅助和补充手段，是在一定时期内给予纳税人的一种税收优惠，是税收政策灵活性的具体体现。减免税的基本形式有以下三种。

▶ 1. 税基式减免

指直接缩小计税依据的方式实现的减税、免税，具体包括起征点、免征额、项目扣除以及跨期结转等。

起征点是课税对象达到征税数额，开始征税的起点和界限。课税对象的数额没有达到起征点的不征税，达到或超过起征点的，就课税对象的全部数额征税。确定起征点，可以把一部分课税数额较低的人排除在纳税范围之外，合理确定税收负担。

免征额是税法规定在课税对象中免予征税的数额，免征额部分不征税，只就超过免征额的部分征税。确立免税额，是对不同收入纳税人的一种普遍照顾，有利于降低税收负担。

【例 1-1】假设有个人所得税纳税人小王、小李、小赵三人，其当月的收入为 1 999 元、2 000 元和 2 001 元。假设现行规定 2 000 元为纳税的起征点，并设相关税率为 10%，则以上三人在不考虑其他因素时的应纳税额是多少？若 2 000 元并非起征点，而是个人所得税的免征额，则以上三人的应纳税额又是多少？

解析：起征点和免征额均可以看作是设置征税起点的一条界线，课税对象达到或超过起征点的全额征税，而课税对象超过免征额的，仅对超过免征额的部分征税。

(1) 2 000 元为起征点时：

小王：当月收入 1 999 元<2 000 元，没有达到起征点，不纳税。

小李：当月收入 2 000 元，正好达到起征点，全额计税，应纳税额＝2 000×10%＝200(元)。

小赵：当月收入 2 001 元，已经超过起征点，全额计税，应纳税额＝2 001×10%＝200.1(元)。

(2) 2 000 元为免征额时：

小王：当月收入 1 999 元，处于免征额范围之内，不纳税。

小李：当月收入 2 000 元，属于免征部分，不纳税。

小赵：当月收入 2 001 元>2 000 元，超过免征额部分需要纳税，应纳税额＝(2 001－2 000)×10%＝0.1(元)。

▶ 2. 税率式减免

税率式减免即通过直接降低税率的方法实行的减税、免税，具体包括重新确定税率、选用其他税率、零税率等形式。

▶ 3. 税额式减免

税额式减免即通过直接减少应纳税额的方式实行的减税、免税，具体包括全部免征、减半征收、抵免税额等形式。

二、税收程序法

税收程序法规定了税收征纳过程中征纳双方的权利与义务、征纳的程序、法律责任和税收争讼等问题。广义地讲，只要是与税收程序有关的法律规范，无论其存在于哪个法律文件中，都属于税收程序法的范畴。我国的税收程序法为 1992 年 9 月 4 日通过的《中华人民共和国税收征收管理法》，现行版本为 2015 年 4 月 24 日通过的修正版，以此作为税务机关实施征收管理的法律依据。

中国现行的税种共 18 个，分别是增值税、消费税、企业所得税、个人所得税、资源税、城市维护建设税、房产税、印花税、城镇土地使用税、土地增值税、车船使用税、船舶吨税、车辆购置税、关税、耕地占用税、契税、烟叶税，以及 2018 年 1 月 1 日起开始施行的环境保护税。其中企业所得税、个人所得税、车船税、烟叶税、船舶吨税、耕地占用税、车辆购置税、环境保护税是以国家法律的形式发布实施，其他各税种都是经全国人民代表大会授权立法，由国务院以暂行条例的形式发布实施的。这 18 个税种的法律、法规组成了我国税收实体法体系。《税收征收管理法》和由海关负责征收的税种执行的《海关法》及《进出口关税条例》则构成了我国的税收程序法体系。税收实体法和税收征收管理的程序法两者共同构成了我国现行税法体系。

任务三 我国税收管理体制

税收管理体制是在各级国家机构之间划分税权的制度。我国的税收管理体制是税收制度的重要组成部分，也是财政管理体制的重要内容。自新中国成立以来，我国税制体系经历了多次变革。其中，1994 年的分税制改革是新中国成立以来程度最深、影响最大的一次税制改革。自 1994 年我国实行分税制改革后，在中央政府和地方政府之间进行了事权与财权的重新划分，搭建了市场经济条件下中央与地方财政分配关系的基本制度框架。下面从税收立法权和税收执法权两个方面来对我国税收管理体制做出说明。

一、税收立法权

税收立法权的明确，有利于保证国家税法的统一制定和贯彻执行，充分、准确地发挥各级有权机关管理税收的职能作用，防止各种越权自定章法、随意减免税收现象的发生。

我国目前税收立法权划分的现状如下。

(一) 中央税、中央与地方共享税和地方税

中央税、中央与地方共享税以及全国统一实行的地方税的立法权集中在中央，以保证中央政令统一，维护全国统一市场和企业平等竞争。

其中，中央税是指维护国家权益、实施宏观调控所必需的税种，具体包括消费税、关税、车辆购置税等。中央和地方共享税是指同经济发展直接相关的主要税种，具体包括增值税、企业所得税、个人所得税。地方税是与地方经济发展息息相关的税种，具体包括资源税、土地增值税、印花税、城市维护建设税、城镇土地使用税、房产税、车船税等。

(二) 依法赋予地方适当的地方税收立法权

随着分税制改革的进行，适当地给地方下放一些税收立法权，使地方可以因地制宜地根据自身特色开征新的税种，促进地方经济的发展。但地区性地方税收的立法权只限于省级立法机关或经省级立法机关授权的同级政府，不能层层下放。所立税法可在全省范围内执行，也可只在部分地区执行。

我国目前尚无税收基本法对税收共性问题进行规范，因此我国现行税收立法权划分的说明，也只是散见于若干财政和税收法律、法规中，还有待于未来的税收基本法对此做出统一规定。

二、税收执法权

税收执法权是税务机关依法征收税款，依法进行税收管理活动的权力。目前，我国税收执法机构主要有财政部、国家税务总局、海关总署等。财政部是国务院主管财务收支、财税政策和国有资本金基础工作的宏观调控部门。国家税务总局是国家的最高税务机构，是国务院主管税收工作的部级直属机构。海关总署是国务院部级直属机构，是主管全国海关工作的行政执法机构。

(一) 税务机构设置

根据经济发展和分税制财政管理体制的需要，原税务机构设置是中央政府设立国家税务总局，省及省以下税务机构分为国家税务局和地方税务局两个系统。国家税务总局对国家税务局系统实行机构、编制、干部、经费的垂直管理，协同省级人民政府对省级地方税务局实行双重领导。

但近年来，为解决国税、地税征管职责交叉以及部分税费征管职责不清等问题，我国一直致力于深化国税、地税征管体制改革。2018 年 3 月 13 日，国务院机构改革方案提请十三届全国人大一次会议审议。方案提出，“改革国税地税征管体制。将省级和省级以下国税地税机构合并，具体承担所辖区域内的各项税收、非税收入征管等职责。国税地税机构合并后，实行以国家税务总局为主与省(区、市)人民政府双重领导管理体制。”

2018 年 6 月 15 日，全国各省(自治区、直辖市)级以及计划单列市国税局、地税局合并，且统一挂牌，标志着我国税收征管体制迈出了实质性、关键性的一步。

税收机构合并，从体制上解决了过去国税和地税两套系统信息不畅、标准不一的问题。合并后的税务部门，除了可以给纳税人提供更好、更优质的服务外，税务部门本身的征管成本也得到了有效降低。合并后，不仅有利于强化非税收入的规范和统一征管，也有利于统一和规范地方政府的税收优惠行为，减少地方财政对税收优惠政策使用的随意性。税收机构合并，对进一步改革税制奠定了体制性基础，有利于在后续改革进程中，保持中央和地方行动一致，稳定财政收入，从而保障改革的顺利、深入推进。

(二) 税收收入划分

根据国务院关于实行分税制财政管理体制的决定，我国的税收收入分为中央政府固定收入、地方政府固定收入和中央政府与地方政府共享收入。

税收实践过程中，随着税制改革的不断深化，税收征收管理范围和税收收入的划分将进行调整。

表 1-3 我国税收收入划分

	税种	中央政府固定收入	地方政府固定收入	中央政府与地方政府共享收入	说明
流转税	增值税			√	中央政府分享 50%，地方政府分享 50%；海关代征进出口环节增值税
	消费税	√			海关代征进出口环节消费税
	关税	√			海关负责征收和管理
所得税	企业所得税			√	中国铁路总公司、各银行总行及海洋石油企业缴纳的部分归中央政府，其余部分中央与地方政府按 60%与 40%的比例分享
	个人所得税			√	除储蓄存款利息所得的个人所得税外，其余部分中央与地方政府按 60%与 40%的比例分享

续表

	税种	中央政府固定收入	地方政府固定收入	中央政府与地方政府共享收入	说明
资源税	资源税		√		海洋石油企业缴纳的资源税归中央政府，其余部分归地方政府
	城镇土地使用税		√		
	土地增值税		√		
财产税	房产税		√		
	车船税		√		
特定行为税	契税		√		
	印花税		√		其他印花税收入归地方政府，从2016年1月1日起，证券交易印花税全部调整为中央收入
	车辆购置税	√			
	耕地占用税		√		
	城市维护建设税		√		中国铁路总公司、各银行总行、各保险总公司集中缴纳的部分归中央政府，其余部分归地方政府
	烟叶税		√		
	船舶吨税	√			海关负责征收和管理
	环境保护税		√		

(三)税务检查权

税务检查是税务机关依据国家的税收法律、法规对纳税人等管理相对人履行法定义务的情况进行审查、监督的执法活动。有效的税务检查可以抑制不法纳税人的侥幸心理，提高税法的威慑力，减少税收违法犯罪行为，保证国家收入，维护税收公平与合法纳税人的合法利益。

(四)税务稽查权

税务稽查是税务机关依法对纳税人、扣缴义务人履行纳税人义务、扣缴义务情况所进行的税务检查和处理工作的总称。税务稽查权是税收执法权的一个重要组成部分，也是整个国家行政监督体系中一种特殊的监督权行使形式。

(五)其他税收执行权

根据法律规定，税收执法权中还包括税务行政复议裁决权和税务行政处罚权等。

税务行政复议裁决权的行使是税收执法权的有机组成部分，该权力的实现对保障和监督税务机关依法行使税收执法权，防止和纠正违法或者不当的具体税务行政行为，保证纳税人和其他有关当事人的合法权益发挥着积极作用。

税务行政处罚权是指税务机关依法对纳税主体违反税法尚未构成犯罪，但应承担相关法律责任的行为实施制裁措施的权力。税务行政处罚权的行使对于保证国家税收利益，督促纳税人依法纳税有重要作用。

知识链接

三证合一

2015年10月1日起，营业执照、组织机构代码证和税务登记证三证合一。2016年10月1日起，全国范围内实施"五证合一""一照一码"登记，各地将在原有的"三证合一"改革基础上，整合社会保险登记证和统计登记证，推进"五证合一"改革。2017年4月28日，国家工商行政管理总局表示，要求在2017年10月底前，在全国全面推行"多证合一"。2018年3月，工商总局等十三部门联合出台《关于推进全国统一"多证合一"改革的意见》，要求各省、自治区、直辖市在2017年开展"多证合一"改革基础上，自2018年6月底起，全面推进全国统一"多证合一"改革，即在"五证合一"基础上，将19项涉企证照事项进一步整合到营业执照上，在全国层面实行"二十四证合一"。

为营造高效便利的市场准入环境，减少企业开办环节，我国省级层面实现各部门、部门垂管系统与省级共享平台的完全对接，实现信息自动推送、导入、转换。企业登记信息和涉企证照事项部门共享信息实行一次采集，企业无须向相关部门重复提交相同材料和信息。

项目小结

本项目通过对税法基本概念、现行税法体系和税收管理体制的说明，使学生开始了解税、了解我国税收制度。税收制度是税收本质的具体体现，税收的分配关系正是通过具体的、外化的税收制度予以落实的。只有掌握了有关税法税制的基础知识，才能为以后各具体税种的学习打下坚实的基础。

本章习题
扫描二维码
可下载。

2 项目二 Chapter2 增值税法

>>> 学习目标

1. 了解增值税的基本特点和内容。

2. 理解增值税纳税申报方法。

3. 掌握增值税纳税人、征税范围、税率、应纳税额的计算方法。

4. 掌握增值税一般纳税人与小规模纳税人应纳税额核算与申报方法。

5. 掌握增值税的申报要求，包括申报内容的填写、纳税期限、地点等，能用所学知识规范增值税核算的相关处理。

>>> 项目导入

法国作家雨果在《悲惨世界》里谴责政府征收门窗税，但69年后，他的法国同胞发明了增值税。1954年4月10日，法国税务总局局长莫里斯·洛雷(Maurice Lauré)设计的增值税在法国开征，从此，增值税受到不少国家的青睐。目前，增值税已成为一个国际性的税种。增值税之所以能够在世界上众多国家推广，是因为其可以有效地防止商品在流转过程中的重复征税问题，并使其具备保持税收中性、普遍征收、税收负担由最终消费者承担等特点。

我国从1979年开始在部分城市试行生产型增值税；自2009年1月1日起，我国在全国范围内实施增值税转型改革，将生产型增值税转为消费型增值税；2011年年底，在上海试点营业税改征工作(以下简称"营改增")；2016年1月22日，国务院总理李克强主持召开座谈会，研究全面推开营改增、加快财税体制改革、进一步显著减轻企业税负，调动各方发展积极性。同年3月5日，国务院总理李克强在做政府工作报告时表示，自2016年5月1日起，将"营改增"试点范围扩大到建筑业、房地产业、金融业、生活服务业，并将所有企业新增不动产所含增值税纳入抵扣范围，确保所有行业税负只减不增。2017年11月19日，国务院公布了《关于废止〈中华人民共和国营业税暂行条例〉和修改〈中华人民共和国增值税暂行条例〉的决定》(国令第691号)，正式结束了营业税的历史使命。

表 2-1 2012—2014 年各项税收构成 单位：亿元

指标	2014 年		2013 年		2012 年	
	金额	占各项税收总额之比	金额	占各项税收总额之比	金额	占各项税收总额之比
国内增值税	30 855.36	25.89%	28 810.13	26.07%	26 415.51	26.25%
营业税	17 781.73	14.92%	17 233.02	15.59%	15 747.64	15.65%
国内消费税	8 907.12	7.47%	8 231.32	7.45%	7 875.58	7.83%
关税	2 843.41	2.39%	2 630.61	2.38%	2 783.93	2.77%
个人所得税	7 376.61	6.19%	6 531.53	5.91%	5 820.28	5.78%
企业所得税	24 642.19	20.68%	22 427.20	20.29%	19 654.53	19.53%
各项税收	119 175.31	—	110 530.70	—	100 614.28	—

数据来源：中华人民共和国国家统计局数据(2015 年数据暂缺)。

增值税改革的意义，涉及经济层面、财政体制层面、税制体制层面等，进一步说，就是中央与地方关系的法制化。增值税改革对于一个国家治理的现代化意义非常大，对国家的民主法治进程推动意义也很大。

任务一 增值税法概述

一、增值税概述

增值税法是国家制定的用以调整增值税征收与缴纳之间权利及义务关系的法律规范。

我国现行的增值税法的基本规范是 2017 年 11 月 19 日国务院公布的《国务院关于废止〈中华人民共和国增值税暂行条例〉》(以下简称《增值税暂行条例》)和 2016 年 3 月财政部和国家税务总局发布的“营改增通知”以及 2008 年 12 月财政部和国家税务总局令第 50 号——《中华人民共和国增值税暂行条例实施细则》(以下简称《增值税暂行条例实施细则》)。

(一) 增值税的概念

按照我国增值税法的规定，增值税是对我国境内销售货物或者提供加工、修理修配劳务(以下简称应税劳务)，销售服务、无形资产或者不动产(以下简称应税行为)，以及进口货物的企业单位和个人，就其销售货物、提供应税劳务、发生应税行为的增值额和货物进口金额为计税依据而课征的一种流转税。

增值税是主要的流转税种之一，其特点是能够最大限度地消除重复计税。增值税是以单位和个人生产经营过程中取得的增值额为课税对象征收的一种税。从理论上讲，增值额是企业在生产经营过程中新创造的那部分价值。具体来说，增值额可以从以下两个方面理解。

(二) 从一个生产经营单位来看，增值额＝收入额－外购成本

增值额为生产经营单位销售货物或提供劳务、发生应税行为的收入额扣除为生产经营而外购货物价款后的余额。另外，增值额也可以理解为生产经营单位在生产商品或提供劳务等过程中新创造的价值量，表现为工资、资金利息、企业利润等。

(三) 从一项货物来看，增值额是该货物在生产和流通各个环节所创造的新增加价值之和，即该货物最终环节的销售价值

以一双皮鞋从生产到最终零售环节为例，分析各环节新增加价值，如表 2-2 所示(为了便于计算，假设每一个环节没有物质消耗，都是该环节新创造的价值)。

表 2-2　各流通环节增值额分析　　单位：元

生产经营环节	销 售 收 入	增　值　额
皮革生产	100	100－0＝100
成品鞋生产	300	300－100＝200
成品鞋批发	600	600－300＝300
成品鞋零售	1 000	1 000－600＝400
合计	2 000	1 000

从表 2-2 中可以看出，一双皮鞋从原料生产到最终零售环节，各环节新创造的新增价值合计为 1 000 元，与成品鞋最后零售价格 1 000 元一致。就某一商品而言，其增值额等于商品进入最终消费时的销售价格。也就是说，在税率一致的情况下，如果对其每一生产流通环节产生的增值额征税，征收的增值税之和，实际就是按货物最终销售额征收的增值税额。

在现实经济生活中，各生产流通环节中产生的新增价值难以准确核算和监督计量，如果按照以上理论增值额的说法来进行增值税的计算和征收，就很难实现，实际可操作性意义不大。因此，目前实行增值税的国家，据以征税的增值额都是一种法定增值额，并非理论上的增值额。法定增值额是指各国政府根据各自的国情、政策要求，在增值税制度中人为地确定的增值额。法定增值额可能等于理论增值额，也可能大于或小于理论增值额。即便是使用法定增值额确定计税依据，在实际计税过程中也不是直接求出各生产经营环节的增值额，然后再据此计算增值税，而是采用从销售总额的应纳税款中扣除外购项目已纳税款的抵扣法。

知识链接

假定某企业货物销售额为 80 万元，从外单位购入的原材料等流动资产价款为 15 万元，购入机器设备等固定资产价款为 30 万元，当期计入成本的折旧费为 5 万元。表 2-3 所示为不同国别采用不同增值税制度下的增值额计算。

表 2-3 不同国别的法定增值额 单位：万元

<table>
<tr><th colspan="2">项目 / 国别（类型）</th><th>货物销售额</th><th>允许扣除的外购流动资产价款</th><th>允许扣除的外购固定资产价款</th><th>法定增值额</th><th>理论增值额</th><th>法定增值额与理论增值额的差额</th></tr>
<tr><td rowspan="2">生产型增值税</td><td rowspan="2">A 国</td><td>80</td><td>15</td><td>0</td><td>65</td><td>60</td><td>+5</td></tr>
<tr><td colspan="3">计算增值税时，销售收入中只能扣除属于非固定资产项目的那部分生产资料的价款，不允许扣除任何外购固定资产的价款</td><td colspan="3">法定增值额>理论增值额，税基较宽，存在重复征税，不利于促进投资</td></tr>
<tr><td rowspan="2">收入型增值税</td><td rowspan="2">B 国</td><td>80</td><td>15</td><td>5</td><td>60</td><td>60</td><td>0</td></tr>
<tr><td colspan="3">计算增值税时，对外购固定资产价款允许扣除当期计入产品价值的折旧费部分</td><td colspan="3">法定增值额=理论增值额，标准的增值税，但固定资产折旧转入当期产品价值无法获得准确的凭证，无法凭发票扣税，实践中难以广泛采用</td></tr>
<tr><td rowspan="2">消费型增值税</td><td rowspan="2">C 国</td><td>80</td><td>15</td><td>30</td><td>35</td><td>60</td><td>−25</td></tr>
<tr><td colspan="3">计算增值税时，允许将当期购入的固定资产价款一次全部扣除</td><td colspan="3">法定增值额<理论增值额，虽局部减少了财政收入，但最宜规范凭发票扣税，便于操作和管理，消除重复征税，鼓励投资</td></tr>
</table>

我国从 1979 年开始在部分城市试点生产型增值税，直至 2009 年全面实施增值税改革，将生产型增值税转为消费型增值税。

（二）增值税的特点

增值税虽属流转税，但因其特殊的征税方式，使其具备了流转税一般性质以外所独有的特点。

▶ 1. 不重复征税，具有中性税收的特征

增值税的中性税收特征主要表现在增值税只对货物或劳务销售额中没有征过税的那部分增值额征税，避免了一般流转税按销售额全值征税所产生的重复征税问题。对同一商品而言，无论其生产企业规模大小、产品结构和生产结构繁复与否，只要增值额相同，税率统一，生产企业所承担的税负就相同，增值税即使企业在税负方面更为平等，又促进企业的专业化分工，提高经济效益，使税收对经济行为（包括企业生产决策、生产组织形式等）不产生影响，从而使增值税具有了中性税收的特征。

▶ 2. 逐环节征税，逐环节扣税

作为新型的流转税，增值税保留了传统流转税采用的按流转额全值计税和道道计征的特点，同时还实行税款抵扣制度。在按全部销售额计算税款的同时，对以前环节已纳税款予以扣除。随着各环节交易活动的进行，经营者在出售货物（劳务）的同时也出售了该货物（劳务）所承担的增值税税款，直到货物（劳务）卖给最终的消费者。此时，最终消费者成为了全部税款的承担者，这也是增值税具有逐环节向前推移的特点。

▶ 3. 税基广阔，能够实现普遍性和连续性的征收

增值税的征税环节具有连续性，道道开征。每一货物无论经过多少生产经营环节，只要产生增值收入，就要按各道环节上发生的增值额逐次征税，有着广阔的税基。

二、增值税的纳税人

根据《增值税暂行条例》和《营业税改增值税试点实施办法》的规定，在中华人民共和国境内销售货物、劳务、服务、无形资产、不动产的单位和个人，为增值税纳税义务人。

单位是指企业、行政单位、事业单位、军事单位、社会团体及其他单位。

个人是指个体工商户和其他个人。

单位租赁或承包给其他单位或个人经营的，以承租人或者承包人为纳税人。“营改增”试点的单位以承包、承租、挂靠方式经营的，承包人、承租人、挂靠人(以下简称承包人)以发包人、出租人、被挂靠人(以下简称发包人)名义对外经营并由发包人承担相关法律责任的，以该发包人为纳税人。否则，以承包人为纳税人。

资管产品运营过程中发生的增值税运税销售行为，以资管产品管理人为增值税纳税人。

另外，《增值税暂行条例》还对增值税扣缴义务人做出了规定。中华人民共和国境外的单位或者个人在境内提供应税劳务，在境内未设有经营机构的，以其境内代理人为扣缴义务人；在境内没有代理人的，以购买方为扣缴义务人。

中华人民共和国境外单位或者个人在境内发生应税行为，在境内未设有经营机构的，以购买方为增值税扣缴义务人。

增值税在纳税实务操作中实行凭专用发票抵扣税款的制度，但在经济生活中，我国增值税纳税人人数众多，会计核算水平高低不一，大量会计核算制度不健全的小企业不具备发票抵扣税款的条件。因此，为了简化增值税的计算和征收，提高征管效率，根据《增值税暂行条例》及其实施细则的规定，我国将增值税纳税人按照会计核算水平和经营规模不同，分为一般纳税人和小规模纳税人两类。针对这两类不同纳税人分别采取了不同的增值税计税方法。

(一) 小规模纳税人的登记管理

小规模纳税人是指年应征增值税销售额(以下简称年应税销售额)在规定标准以下，并且会计核算不健全，不能按规定报送有关税务资料的增值税纳税人。年应税销售额是指纳税人在连续不超过12个月或4个季度的经营期内累计应征增值税销售额，包括纳税申报销售额、稽查查补销售额、纳税评估调整销售额。这里所称会计核算不健全，是指不能正确核算增值税的销项税额、进项税额和应纳税额。小规模纳税人实行简易办法征收增值税，不得抵扣进项税额，使用增值税普通发票。

2018年7月27日，财政部、税务总局发布《关于统一增值税小规模纳税人标准的通知》(财税〔2018〕33号)。该通知中指出：为完善增值税制度，进一步支持中小微企业发展，将增值税小规模纳税人标准统一为年应征增值税销售500万元及以下，已登记为增值税一般纳税人的单位和个人，在2018年12月31日前，可转登记为小规模纳税人，其未抵扣的进项税额作转出处理。该通知自2018年5月1日起开始执行。

需要注意的是，年应税销售额超过小规模纳税人标准的其他个人按小规模纳税人纳

税。非企业性单位可选择按小规模纳税人纳税。小规模纳税人会计核算健全，能够提供准确税务资料的，可以向主管税务机关办理登记，不作为小规模纳税人，依照《增值税暂行条例》有关规定计算应纳税额。

（二）一般纳税人的登记管理

根据《增值税一般纳税人登记管理办法》的规定，除年应税销售额超过规定标准的其他个人不得办理一般纳税人登记外，增值税纳税人年应税销售额超过财政部、国家税务总局规定的小规模纳税人标准的，应当向主管税务机关办理一般纳税人登记。除财政部、国家税务总局另有规定外，纳税人自其选择的一般纳税人资格生效之日起，按照增值税一般计税方法计算应纳税额，并按照规定领用增值税专用发票。

纳税人在年应税销售额超过规定标准的月份(或季度)的所属申报期结束后 15 日内按照规定办理相关手续；未按规定时限办理的，主管税务机关在规定期限结束后 5 日内制作《税务事项通知书》，告知纳税人应当在 5 日内向主管税务机关办理相关手续。逾期仍不办理的，次月起按销售额依照增值税税率计算应纳税额，不得抵扣进项税额，直至纳税人办理相关手续为止。

销售服务、无形资产或者不动产有扣除项目的纳税人，其应税行为年应税销售额按未扣除之前的销售额计算。纳税人偶然发生的销售无形资产、转让不动产的销售额，不计入应税行为年应税销售额。

年应税销售额未超过规定标准的纳税人，会计核算健全，能够提供准确税务资料的，可以向主管税务机关办理一般纳税人登记。会计核算健全是指能够按照国家统一的会计制度规定设置账簿，根据合法、有效凭证进行核算。

除国家税务总局另有规定外，一经登记为一般纳税人后，不得转为小规模纳税人。

（三）增值税发票的使用

增值税一般纳税人发生应税销售行为，应使用增值税发票管理新系统(以下简称新系统)开具增值税专用发票、增值税普通发票、机动车销售统一发票、增值税电子普通发票。一般纳税人凭《发票领购簿》、IC 卡和经办人身份证明领购增值税专用发票。一般纳税人发生应税销售行为，应向购买方开具增值税专用发票。商业企业一般纳税人零售的烟、酒、食品、服装、鞋帽(不包括劳保专用部分)、化妆品等消费品不得开具增值税专用发票。

增值税小规模纳税人，使用新系统开具增值税普通发票、机动车销售统一发票、增值税电子普通发票。增值税小规模纳税人需要开具增值税专用发票的，可向主管税务机关申请代开。自 2019 年 3 月 1 日起，住宿业，鉴证咨询业，建筑业，工业，信息传输、软件和信息技术服务业，租赁和商务服务业，科学研究和技术服务业，居民服务、修理和其他服务业 8 个行业的小规模纳税人(以下称“试点纳税人”)发生增值税应税行为，需要开具增值税专业发票的，可以自愿使用增值税发票管理系统自行开具。试点纳税人销售其取得的不动产，需要开具增值税专用发票的，应当按照有关规定向税务机关申请代开。

▶ 1. 增值税专用发票

增值税专用发票由基本联次或者基本联次附加其他联次构成，基本联次为三联：发票联、抵扣联和记账联。发票联，作为购买方核算采购成本和增值税进项税额的记账凭证；抵扣联，作为购买方报送主管税务机关认证和留存备查的凭证；记账联，作为销售方核算销售收入和增值税销项税额的记账凭证。其他联次用途，由一般纳税人自行确定。

▶ 2. 增值税普通发票

增值税普通发票是将除商业零售以外的增值税一般纳税人纳入增值税防伪税控系统开具和管理，也就是说一般纳税人可以使用同一套增值税防伪税控系统开具增值税专用发票、增值税普通发票等，俗称“一机多票”。增值税普通发票的格式、字体、栏次、内容与增值税专用发票完全一致，按发票联次分为两联票和五联票两种。基本联次为两联，第一联为记账联，销货方用作记账凭证；第二联为发票联，购货方用作记账凭证。

▶ 3. 增值税电子普通发票

为了满足纳税人开具增值税电子普通发票的需求，国家税务总局在 2015 年 11 月发布了《关于推行通过增值税电子发票系统开具的增值税电子普通发票有关问题的公告》。推行通过增值税电子发票系统开具的增值税电子普通发票，对降低纳税人经营成本，节约社会资源，方便消费者保存使用发票，营造健康公平的税收环境有着重要作用。

增值税电子普通发票的开票方和受票方需要纸质发票的，可以自行打印增值税电子普通发票的版式文件，其法律效力、基本用途、基本使用规定等与税务机关监制的增值税普通发票相同。

▶ 4. 机动车销售统一发票

自 2013 年 8 月 1 日起，一般纳税人从事机动车零售业务开具机动车销售统一发票，应使用机动车销售统一发票税控系统。《机动车销售统一发票》为计算机六联式发票。第一联发票联(购货单位付款凭证)，第二联抵扣联(购货单位扣税凭证)，第三联报税联(车购税征收单位留存)，第四联注册登记联(车辆登记单位留存)，第五联记账联(销货单位记账凭证)，第六联存根联(销货单位留存)。

三、增值税的纳税范围

根据《增值税暂行条例》和“营改增”的规定，在中华人民共和国境内销售或者进口货物、提供应税劳务和发生应税行为的单位和个人是增值税的纳税义务人。增值税的征税范围包括在境内销售货物、提供应税劳务、发生应税行为以及进口货物。境内是指销售货物的起运地或者所在地在境内、提供的应税劳务发生在境内以及发生应税行为提供方或接受方在境内。

(一) 增值税征税范围的一般规定

现行增值税征税范围的一般规定包括以下内容。

▶ 1. 销售或者进口货物

货物，指有形动产，包括电力、热力、气体在内。销售货物，指有偿转让货物的所有权。

▶ 2. 提供应税劳务

应税劳务，指纳税人提供的加工、修理修配劳务。加工，指受托加工货物，即委托方提供原料及主要材料，受托方按照委托方的要求，制造货物并收取加工费的业务；修理修配，指受托对损伤和丧失功能的货物进行修复，使其恢复原状和功能的业务。

提供加工、修理修配劳务(以下简称应税劳务)，指有偿提供加工、修理修配劳务。单位或者个体工商户聘用的员工为本单位或者雇主提供加工、修理修配劳务不包括在内。

▶ 3. 发生应税行为

应税行为是指有偿提供销售服务(包括提供交输运输服务、邮政服务、电信服务、建筑服务、金融服务、现代服务、生活服务),有偿转让无形资产或者不动产。

有偿,指取得货币、货物或者其他经济利益。

单位或者个体工商户聘用的员工为本单位或者雇主提供取得工资的服务;单位或者个体工商户为聘用的员工提供服务属于非经营活动,不包含在增值税征税范围之内。

▶ 4. 非经营活动的确认

销售服务、无形资产或者不动产,是指有偿提供服务、有偿转让无形资产或者不动产,但属于下列非经营活动的情形除外:

(1) 行政单位收取的同时满足以下条件的政府性基金或者行政事业性收费。

① 由国务院或者财政部批准设立的政府性基金,由国务院或者省级人民政府及其财政、价格主管部门批准设立的行政事业性收费;

② 收取时开具省级以上(含省级)财政部门监(印)制的财政票据;

③ 所收款项全额上缴财政。

(2) 单位或者个体工商户聘用的员工为本单位或者雇主提供取得工资的服务。

(3) 单位或者个体工商户为聘用的员工提供服务。

(4) 财政部和国家税务总局规定的其他情形。

知识链接

销售服务、无形资产、不动产注释

一、销售服务

销售服务,指提供交通运输服务、邮政服务、电信服务、建筑服务、金融服务、现代服务、生活服务。

(一) 交通运输服务

交通运输服务,指利用运输工具将货物或者旅客送达目的地,使其空间位置得到转移的业务活动,包括陆路运输服务、水路运输服务、航空运输服务和管道运输服务。

1. 陆路运输服务

陆路运输服务,指通过陆路(地上或者地下)运送货物或者旅客的运输业务活动,包括铁路运输服务和其他陆路运输服务。

铁路运输服务,指通过铁路运送货物或者旅客的运输业务活动。

其他陆路运输服务,指铁路运输以外的陆路运输业务活动,包括公路运输、缆车运输、索道运输、地铁运输、城市轻轨运输等。

出租车公司向使用本公司自有出租车的出租车司机收取的管理费用,按照陆路运输服务缴纳增值税。

2. 水路运输服务

水路运输服务,指通过江、河、湖、川等天然、人工水道或者海洋航道运送货物或者旅客的运输业务活动。

水路运输的程租、期租业务,属于水路运输服务。

程租业务,指运输企业为租船人完成某一特定航次的运输任务并收取租赁费的业务。

期租业务，指运输企业将配备有操作人员的船舶承租给他人使用一定期限，在承租期内听候承租方调遣，无论是否经营，均按天向承租方收取租赁费，发生的固定费用均由船东负担的业务。

3. 航空运输服务

航空运输服务，指通过空中航线运送货物或者旅客的运输业务活动。

航空运输的湿租业务，属于航空运输服务。湿租业务，指航空运输企业将配备有机组人员的飞机承租给他人使用一定期限，承租期内听候承租方调遣，无论是否经营，均按一定标准向承租方收取租赁费，发生的固定费用均由承租方承担的业务。

航天运输服务，按照航空运输服务缴纳增值税。

航天运输服务，指利用火箭等载体将卫星、空间探测器等空间飞行器发射到空间轨道的业务活动。

4. 管道运输服务

管道运输服务，指通过管道设施输送气体、液体、固体物质的运输业务活动。

无运输工具承运业务，按照交通运输服务缴纳增值税。无运输工具承运业务，指经营者以承运人身份与托运人签订运输服务合同，收取运费并承担承运人责任，然后委托实际承运人完成运输服务的经营活动。

（二）邮政服务

邮政服务，指中国邮政集团公司及其所属邮政企业提供邮件寄递、邮政汇兑和机要通信等邮政基本服务的业务活动，包括邮政普遍服务、邮政特殊服务和其他邮政服务。

1. 邮政普遍服务

邮政普遍服务，指函件、包裹等邮件寄递，以及邮票发行、报刊发行和邮政汇兑等业务活动。

函件，指信函、印刷品、邮资封片卡、无名址函件和邮政小包等。

包裹，指按照封装上的名址递送给特定个人或者单位的独立封装的物品，其重量不超过 50 千克，任何一边的尺寸不超过 150 厘米，长、宽、高合计不超过 300 厘米。

2. 邮政特殊服务

邮政特殊服务，指义务兵平常信函、机要通信、盲人读物和革命烈士遗物的寄递等业务活动。

3. 其他邮政服务

其他邮政服务，指邮册等邮品销售、邮政代理等业务活动。

（三）电信服务

电信服务，指利用有线、无线的电磁系统或者光电系统等各种通信网络资源，提供语音通话服务，传送、发射、接收或者应用图像、短信等电子数据和信息的业务活动，包括基础电信服务和增值电信服务。

1. 基础电信服务

基础电信服务，指利用固网、移动网、卫星、互联网，提供语音通话服务的业务活动，以及出租或者出售带宽、波长等网络元素的业务活动。

2. 增值电信服务

增值电信服务，指利用固网、移动网、卫星、互联网、有线电视网络，提供短信和彩信服务、电子数据和信息的传输及应用服务、互联网接入服务等业务活动。

卫星电视信号落地转接服务，按照增值电信服务缴纳增值税。

（四）建筑服务

建筑服务，指各类建筑物、构筑物及其附属设施的建造、修缮、装饰，线路、管道、设备、设施等的安装以及其他工程作业的业务活动，包括工程服务、安装服务、修缮服务、装饰服务和其他建筑服务。

1. 工程服务

工程服务，指新建、改建各种建筑物、构筑物的工程作业，包括与建筑物相连的各种设备或者支柱、操作平台的安装或者装设工程作业，以及各种窑炉和金属结构工程作业。

2. 安装服务

安装服务，指生产设备、动力设备、起重设备、运输设备、传动设备、医疗实验设备以及其他各种设备、设施的装配、安置工程作业，包括与被安装设备相连的工作台、梯子、栏杆的装设工程作业，以及被安装设备的绝缘、防腐、保温、油漆等工程作业。

固定电话、有线电视、宽带、水、电、燃气、暖气等经营者向用户收取的安装费、初装费、开户费、扩容费以及类似收费，按照安装服务缴纳增值税。

3. 修缮服务

修缮服务，指对建筑物、构筑物进行修补、加固、养护、改善，使之恢复原来的使用价值或者延长其使用期限的工程作业。

4. 装饰服务

装饰服务，指对建筑物、构筑物进行修饰装修，使之美观或者具有特定用途的工程作业。

5. 其他建筑服务

其他建筑服务，指上列工程作业之外的各种工程作业服务，如钻井(打井)、拆除建筑物或者构筑物、平整土地、园林绿化、疏浚(不包括航道疏浚)、建筑物平移、搭脚手架、爆破、矿山穿孔、表面附着物(包括岩层、土层、沙层等)剥离和清理等工程作业。

（五）金融服务

金融服务，指经营金融保险的业务活动，包括贷款服务、直接收费金融服务、保险服务和金融商品转让。

1. 贷款服务

贷款，指将资金贷与他人使用而取得利息收入的业务活动。

各种占用、拆借资金取得的收入，包括金融商品持有期间(含到期)利息(保本收益、报酬、资金占用费、补偿金等)收入、信用卡透支利息收入、买入返售金融商品利息收入、融资融券收取的利息收入，以及融资性售后回租、押汇、罚息、票据贴现、转贷等业务取得的利息及利息性质的收入，按照贷款服务缴纳增值税。

融资性售后回租，指承租方以融资为目的，将资产出售给从事融资性售后回租业务的企业后，从事融资性售后回租业务的企业将该资产出租给承租方的业务活动。

以货币资金投资收取的固定利润或者保底利润，按照贷款服务缴纳增值税。

2. 直接收费金融服务

直接收费金融服务，指为货币资金融通及其他金融业务提供相关服务并且收取费用的业务活动，包括提供货币兑换、账户管理、电子银行、信用卡、信用证、财务担保、资产管理、信托管理、基金管理、金融交易场所(平台)管理、资金结算、资金清算、金融支付等服务。

3. 保险服务

保险服务，指投保人根据合同约定，向保险人支付保险费，保险人对于合同约定的可能发生的事故因其发生所造成的财产损失承担赔偿保险金责任，或者当被保险人死亡、伤残、疾病或者达到合同约定的年龄、期限等条件时承担给付保险金责任的商业保险行为，包括人身保险服务和财产保险服务。

人身保险服务，指以人的寿命和身体为保险标的的保险业务活动。

财产保险服务，指以财产及其有关利益为保险标的的保险业务活动。

4. 金融商品转让

金融商品转让，指转让外汇、有价证券、非货物期货和其他金融商品所有权的业务活动。其他金融商品转让包括基金、信托、理财产品等各类资产管理产品和各种金融衍生品的转让。

(六) 现代服务

现代服务，指围绕制造业、文化产业、现代物流产业等提供技术性、知识性服务的业务活动，包括研发和技术服务、信息技术服务、文化创意服务、物流辅助服务、租赁服务、鉴证咨询服务、广播影视服务、商务辅助服务和其他现代服务。

1. 研发和技术服务

研发和技术服务包括研发服务、合同能源管理服务、工程勘察勘探服务、专业技术服务。

(1) 研发服务，也称技术开发服务，指就新技术、新产品、新工艺或者新材料及其系统进行研究与试验开发的业务活动。

(2) 合同能源管理服务，指节能服务公司与用能单位以契约形式约定节能目标，节能服务公司提供必要的服务，用能单位以节能效果支付节能服务公司投入及其合理报酬的业务活动。

(3) 工程勘察勘探服务，指在采矿、工程施工前后，对地形、地质构造、地下资源蕴藏情况进行实地调查的业务活动。

(4) 专业技术服务，指气象服务、地震服务、海洋服务、测绘服务、城市规划、环境与生态监测服务等专项技术服务。

2. 信息技术服务

信息技术服务，指利用计算机、通信网络等技术对信息进行生产、收集、处理、加工、存储、运输、检索和利用，并提供信息服务的业务活动，包括软件服务、电路设计及测试服务、信息系统服务、业务流程管理服务和信息系统增值服务。

(1) 软件服务，指提供软件开发服务、软件维护服务、软件测试服务的业务活动。

(2) 电路设计及测试服务，指提供集成电路和电子电路产品设计、测试及相关技术支持服务的业务活动。

(3) 信息系统服务，指提供信息系统集成、网络管理、网站内容维护、桌面管理与维护、信息系统应用、基础信息技术管理平台整合、信息技术基础设施管理、数据中心、托管中心、信息安全服务、在线杀毒、虚拟主机等业务活动，包括网站对非自有的网络游戏提供的网络运营服务。

（4）业务流程管理服务，指依托信息技术提供的人力资源管理、财务经济管理、审计管理、税务管理、物流信息管理、经营信息管理和呼叫中心等服务的活动。

（5）信息系统增值服务，指利用信息系统资源为用户附加提供的信息技术服务。包括数据处理、分析和整合、数据库管理、数据备份、数据存储、容灾服务、电子商务平台等。

3．文化创意服务

文化创意服务包括设计服务、知识产权服务、广告服务和会议展览服务。

（1）设计服务，指把计划、规划、设想，通过文字、语言、图画、声音、视觉等形式传递出来的业务活动，包括工业设计、内部管理设计、业务运作设计、供应链设计、造型设计、服装设计、环境设计、平面设计、包装设计、动漫设计、网游设计、展示设计、网站设计、机械设计、工程设计、广告设计、创意策划、文印晒图等。

（2）知识产权服务，指处理知识产权事务的业务活动。包括对专利、商标、著作权、软件、集成电路布图设计的登记、鉴定、评估、认证、检索服务。

（3）广告服务，指利用图书、报纸、杂志、广播、电视、电影、幻灯、路牌、招贴、橱窗、霓虹灯、灯箱、互联网等各种形式为客户的商品、经营服务项目、文体节目或者通告、声明等委托事项进行宣传和提供相关服务的业务活动，包括广告代理和广告的发布、播映、宣传、展示等。

（4）会议展览服务，指为商品流通、促销、展示、经贸洽谈、民间交流、企业沟通、国际往来等举办或者组织安排的各类展览和会议的业务活动。

4．物流辅助服务

物流辅助服务包括航空服务、港口码头服务、货运客运场站服务、打捞救助服务、装卸搬运服务、仓储服务和收派服务。

（1）航空服务包括航空地面服务和通用航空服务。

航空地面服务，指航空公司、飞机场、民航管理局、航站等向在境内航行或者在境内机场停留的境内外飞机或者其他飞行器提供的导航等劳务性地面服务的业务活动，包括旅客安全检查服务、停机坪管理服务、机场候机厅管理服务、飞机清洗消毒服务、空中飞行管理服务、飞机起降服务、飞行通信服务、地面信号服务、飞机安全服务、飞机跑道管理服务、空中交通管理服务等。

通用航空服务，指为专业工作提供飞行服务的业务活动，包括航空摄影、航空培训、航空测量、航空勘探、航空护林、航空吊挂播撒、航空降雨、航空气象探测、航空海洋监测、航空科学实验等。

（2）港口码头服务，指港务船舶调度服务、船舶通信服务、航道管理服务、航道疏浚服务、灯塔管理服务、航标管理服务、船舶引航服务、理货服务、系解缆服务、停泊和移泊服务、海上船舶溢油清除服务、水上交通管理服务、船只专业清洗消毒检测服务和防止船只漏油服务等为船只提供服务的业务活动。

港口设施经营人收取的港口设施保安费按照港口码头服务缴纳增值税。

（3）货运客运场站服务，指货运客运场站提供货物配载服务、运输组织服务、中转换乘服务、车辆调度服务、票务服务、货物打包整理、铁路线路使用服务、加挂铁路客车服务、铁路行包专列发送服务、铁路到达和中转服务、铁路车辆编解服务、车辆挂运服务、铁路接触网服务、铁路机车牵引服务等业务活动。

(4) 打捞救助服务，指提供船舶人员救助、船舶财产救助、水上救助和沉船沉物打捞服务的业务活动。

(5) 装卸搬运服务，指使用装卸搬运工具或者人力、畜力将货物在运输工具之间、装卸现场之间或者运输工具与装卸现场之间进行装卸和搬运的业务活动。

(6) 仓储服务，指利用仓库、货场或者其他场所代客贮放、保管货物的业务活动。

(7) 收派服务，指接受寄件人委托，在承诺的时限内完成函件和包裹的收件、分拣、派送服务的业务活动。

收件服务，指从寄件人收取函件和包裹，并运送到服务提供方同城的集散中心的业务活动。

分拣服务，指服务提供方在其集散中心对函件和包裹进行归类、分发的业务活动。

派送服务，指服务提供方从其集散中心将函件和包裹送达同城的收件人的业务活动。

5. 租赁服务

租赁服务包括融资租赁服务和经营租赁服务。

(1) 融资租赁服务，指具有融资性质和所有权转移特点的租赁活动。即出租人根据承租人所要求的规格、型号、性能等条件购入有形动产或者不动产租赁给承租人，合同期内租赁物所有权属于出租人，承租人只拥有使用权，合同期满付清租金后，承租人有权按照残值购入租赁物，以拥有其所有权。无论出租人是否将租赁物销售给承租人，均属于融资租赁。

按照标的物的不同，融资租赁服务可分为有形动产融资租赁服务和不动产融资租赁服务。

融资性售后回租不按照本税目缴纳增值税。

(2) 经营租赁服务，指在约定时间内将有形动产或者不动产转让他人使用且租赁物所有权不变更的业务活动。

按照标的物的不同，经营租赁服务可分为有形动产经营租赁服务和不动产经营租赁服务。

将建筑物、构筑物等不动产或者飞机、车辆等有形动产的广告位出租给其他单位或者个人用于发布广告，按照经营租赁服务缴纳增值税。

车辆停放服务、道路通行服务(包括过路费、过桥费、过闸费等)等按照不动产经营租赁服务缴纳增值税。

水路运输的光租业务、航空运输的干租业务，属于经营租赁。

光租业务，指运输企业将船舶在约定的时间内出租给他人使用，不配备操作人员，不承担运输过程中发生的各项费用，只收取固定租赁费的业务活动。

干租业务，指航空运输企业将飞机在约定的时间内出租给他人使用，不配备机组人员，不承担运输过程中发生的各项费用，只收取固定租赁费的业务活动。

6. 鉴证咨询服务

鉴证咨询服务包括认证服务、鉴证服务和咨询服务。

（1）认证服务，指具有专业资质的单位利用检测、检验、计量等技术，证明产品、服务、管理体系符合相关技术规范、相关技术规范的强制性要求或者标准的业务活动。

（2）鉴证服务，具有专业资质的单位受托对相关事项进行鉴证，发表具有证明力的意见的业务活动，包括会计鉴证、税务鉴证、法律鉴证、职业技能鉴定、工程造价鉴证、工程监理、资产评估、环境评估、房地产土地评估、建筑图纸审核、医疗事故鉴定等。

（3）咨询服务，指提供信息、建议、策划、顾问等服务的活动。包括金融、软件、技术、财务、税收、法律、内部管理、业务运作、流程管理、健康等方面的咨询。

翻译服务和市场调查服务按照咨询服务缴纳增值税。

7. 广播影视服务

广播影视服务包括广播影视节目(作品)的制作服务、发行服务和播映(含放映，下同)服务。

（1）广播影视节目(作品)制作服务，指进行专题(特别节目)、专栏、综艺、体育、动画片、广播剧、电视剧、电影等广播影视节目和作品制作的服务。具体包括与广播影视节目和作品相关的策划、采编、拍摄、录音、音视频文字图片素材制作、场景布置、后期的剪辑、翻译(编译)、字幕制作、片头、片尾、片花制作、特效制作、影片修复、编目和确权等业务活动。

（2）广播影视节目(作品)发行服务，指以分账、买断、委托等方式，向影院、电台、电视台、网站等单位和个人发行广播影视节目(作品)以及转让体育赛事等活动的报道及播映权的业务活动。

（3）广播影视节目(作品)播映服务，指在影院、剧院、录像厅及其他场所播映广播影视节目(作品)，以及通过电台、电视台、卫星通信、互联网、有线电视等无线或者有线装置播映广播影视节目(作品)的业务活动。

8. 商务辅助服务

商务辅助服务包括企业管理服务、经纪代理服务、人力资源服务、安全保护服务。

（1）企业管理服务，指提供总部管理、投资与资产管理、市场管理、物业管理、日常综合管理等服务的业务活动。

（2）经纪代理服务，指各类经纪、中介、代理服务。包括金融代理、知识产权代理、货物运输代理、代理报关、法律代理、房地产中介、职业中介、婚姻中介、代理记账、代理拍卖等。

货物运输代理服务，指接受货物收货人、发货人、船舶所有人、船舶承租人或者船舶经营人的委托，以委托人的名义，为委托人办理货物运输、装卸、仓储和船舶进出港口、引航、靠泊等相关手续的业务活动。

代理报关服务，指接受进出口货物的收、发货人委托，代为办理报关手续的业务活动。

（3）人力资源服务，指提供公共就业、劳务派遣、人才委托招聘、劳动力外包等服务的业务活动。

（4）安全保护服务，指提供保护人身安全和财产安全，维护社会治安等的业务活动，包括场所住宅保安、特种保安、安全系统监控以及其他安保服务。

9. 其他现代服务

其他现代服务，指除研发和技术服务、信息技术服务、文化创意服务、物流辅助服务、租赁服务、鉴证咨询服务、广播影视服务和商务辅助服务以外的现代服务。

(七)生活服务

生活服务，指为满足城乡居民日常生活需求提供的各类服务活动。包括文化体育服务、教育医疗服务、旅游娱乐服务、餐饮住宿服务、居民日常服务和其他生活服务。

1. 文化体育服务

文化体育服务包括文化服务和体育服务。

(1) 文化服务，指为满足社会公众文化生活需求提供的各种服务，包括文艺创作、文艺表演、文化比赛，图书馆的图书和资料借阅，档案馆的档案管理，文物及非物质遗产保护，组织举办宗教活动、科技活动、文化活动，提供游览场所。

(2) 体育服务，指组织举办体育比赛、体育表演、体育活动，以及提供体育训练、体育指导、体育管理的业务活动。

2. 教育医疗服务

教育医疗服务包括教育服务和医疗服务。

(1) 教育服务，指提供学历教育服务、非学历教育服务、教育辅助服务的业务活动。

学历教育服务，指根据教育行政管理部门确定或者认可的招生和教学计划组织教学，并颁发相应学历证书的业务活动，包括初等教育、初级中等教育、高级中等教育、高等教育等。

非学历教育服务包括学前教育、各类培训、演讲、讲座、报告会等。

教育辅助服务包括教育测评、考试、招生等服务。

(2) 医疗服务，指提供医学检查、诊断、治疗、康复、预防、保健、接生、计划生育、防疫服务等方面的服务，以及与这些服务有关的提供药品、医用材料器具、救护车、病房住宿和伙食的业务。

3. 旅游娱乐服务

旅游娱乐服务包括旅游服务和娱乐服务。

(1) 旅游服务，指根据旅游者的要求，组织安排交通、游览、住宿、餐饮、购物、文娱、商务等服务的业务活动。

(2) 娱乐服务，指为娱乐活动同时提供场所和服务的业务，具体包括歌厅、舞厅、夜总会、酒吧、台球、高尔夫球、保龄球、游艺(包括射击、狩猎、跑马、游戏机、蹦极、卡丁车、热气球、动力伞、射箭、飞镖)。

4. 餐饮住宿服务

餐饮住宿服务包括餐饮服务和住宿服务。

(1) 餐饮服务，指通过同时提供饮食和饮食场所的方式为消费者提供饮食消费服务的业务活动。

(2) 住宿服务，指提供住宿场所及配套服务等的活动，包括宾馆、旅馆、旅社、度假村和其他经营性住宿场所提供的住宿服务。

5. 居民日常服务

居民日常服务，指主要为满足居民个人及其家庭日常生活需求提供的服务，包括市容市政管理、家政、婚庆、养老、殡葬、照料和护理、救助救济、美容美发、按摩、桑拿、氧吧、足疗、沐浴、洗染、摄影扩印等服务。

6. 其他生活服务

其他生活服务，指除文化体育服务、教育医疗服务、旅游娱乐服务、餐饮住宿服务和居民日常服务之外的生活服务。

二、销售无形资产

销售无形资产，指转让无形资产所有权或者使用权的业务活动。无形资产，指不具实物形态，但能带来经济利益的资产，包括技术、商标、著作权、商誉、自然资源使用权和其他权益性无形资产。

技术包括专利技术和非专利技术。

自然资源使用权包括土地使用权、海域使用权、探矿权、采矿权、取水权和其他自然资源使用权。

其他权益性无形资产包括基础设施资产经营权、公共事业特许权、配额、经营权(包括特许经营权、连锁经营权、其他经营权)、经销权、分销权、代理权、会员权、席位权、网络游戏虚拟道具、域名、名称权、肖像权、冠名权、转会费等。

三、销售不动产

销售不动产，指转让不动产所有权的业务活动。不动产，指不能移动或者移动后会引起性质、形状改变的财产，包括建筑物、构筑物等。

建筑物包括住宅、商业营业用房、办公楼等可供居住、工作或者进行其他活动的建造物。

构筑物包括道路、桥梁、隧道、水坝等建造物。

转让建筑物有限产权或者永久使用权的，转让在建的建筑物或者构筑物所有权的，以及在转让建筑物或者构筑物时一并转让其所占土地的使用权的，按照销售不动产缴纳增值税。

(二) 增值税征税范围的特殊规定

除增值税征税范围的一般规定外，还有其他一些特殊销售行为也包括在增值税的征税范围内。

▶ 1. 视同发生应税销售行为

增值税中的“视同销售”实际是相对于企业会计核算而言，例如，将自产货物用于对外投资或无偿赠送，用于个人消费或者职工福利等，会计核算上没有做销售处理，而在税法相关规定中视同销售，也需及时缴纳增值税。单位或者个体工商户的下列行为，视同销售货物。

(1) 将货物交付其他单位或者个人代销。

(2) 销售代销货物。

(3) 设有两个以上机构并实行统一核算的纳税人，将货物从一个机构移送其他机构用于销售，但相关机构设在同一县(市)的除外。

(4) 将自产或者委托加工的货物用于非应税项目。

(5) 将自产、委托加工的货物用于集体福利或者个人消费。

(6) 将自产、委托加工或者购进的货物作为投资，提供给其他单位或者个体工商户。

(7) 将自产、委托加工或者购进的货物分配给股东或者投资者。

(8) 将自产、委托加工或者购进的货物无偿赠送其他单位或者个人。

(9) 单位或者个体工商户向其他单位或者个人无偿销售应税服务、无偿转让无形资产或者不动产，但用于公益事业或者以社会公众为对象的除外。

(10) 财政部和国家税务总局规定的其他情形。

视同销售行为同样要征收增值税，体现了增值税计算的配比原则，其目的主要是维持各环节增值税税款抵扣链条的完整，平衡税收负担和防止逃避纳税。

思考： 将外购的货物用于非增值税应税项目或集体福利、个人消费需要纳税吗？

▶ 2. 混合销售行为

一项销售行为如果既涉及服务又涉及货物，为混合销售。此处仅指服务和货物的混合，不包括劳务、不动产和无形资产。

从事货物的生产、批发或者零售的单位和个体工商户的混合销售行为，按照销售货物缴纳增值税；其他单位和个体工商户的混合销售行为，按照销售服务缴纳增值税。

上述从事货物的生产、批发或者零售的单位和个体工商户，包括以从事货物的生产、批发或者零售为主，并兼营销售服务的单位和个体工商户在内。

混合销售行为成立的行为标准有两点：一是其销售行为必须是一项；二是该项行为必须既涉及货物销售又涉及应税行为。上述两点必须同时存在，才能称之为混合销售行为。

需要注意的是，纳税人销售活动板房、机器设备、钢结构件等自产货物的同时提供建筑、安装服务，不属于混合销售，应分别核算货物和建筑服务的销售额，分别适用不同的税率或者征收率。

▶ 3. 兼营行为

纳税人发生应税销售行为适用不同税率或者征收率的，为兼营行为。兼营行为纳税人在税率选择上，应当分别核算适用不同税率或者征收率的销售额，未分别核算销售额的，按照以下方法适用税率或者征收率：

(1) 兼有不同税率的应税销售行为，从高适用税率。

(2) 兼有不同征收率的应税销售行为，从高适用征收率。

(3) 兼有不同税率和征收率的应税销售行为，从高适用税率。

▶ 4. 增值税特殊项目

增值税的征税范围除一般规定以外，还有许多对社会经济生活中特殊项目或行为开征增值税的特殊规定，现列举部分常见的特殊项目规定如下。

(1) 货物期货(包括商品期货和贵金属期货)，在实物交割环节纳税。

(2) 银行销售金银的业务，应当征收增值税。

(3) 典当业销售死当物品业务和寄售业销售委托人寄售物品的业务，均应征收增值税。

(4) 电力公司向发电企业收取的过网费，应当征收增值税。

(5) 对从事热力、电力、燃气、自来水等公用事业的增值税纳税人收取的一次性费用，凡与货物的销售数量有直接关系的，征收增值税；凡与货物的销售数量无直接关系的，不征收增值税。

任务二　税率与征收率

为了发挥增值税的中性作用，最好对同一货物在经历的所有生产和流通环节的税率保持一致，因此，我国增值税对不同行业不同企业实行了单一税率，即增值税的基本税率。同时，在纳税实践中，增值税纳税人按照会计核算制度健全程度和经营规模情况分成了一般纳税人和小规模人，为了适应纳税人分类的实际情况，我国对两类不同的纳税人采用了不同的税率和征收率。另外，针对特殊行业或产品，在实践中也设置了低税率档次或零税率。以上增值税税率或征收率均为比例税率。

一、增值税适用税率选择

我国现行增值税税率设计采用了税率与征收率相结合的办法，增值税税率适用于一般纳税人。具体内容如表 2-4 所示。

表 2-4　增值税税率

<table>
<tr><th>税率类别</th><th>比例税率</th><th>适用范围</th></tr>
<tr><td>基本税率</td><td>13%</td><td>销售货物或者提供加工、修理修配劳务以及进口货物、提供有形动产租赁服务</td></tr>
<tr><td rowspan="3">低税率</td><td rowspan="2">9%</td><td>纳税人销售或进口下列货物：
1. 粮食等农产品、食用植物油、食用盐。
2. 自来水、暖气、冷气、热水、煤气、石油液化气、天然气、二甲醚、沼气、居民用煤炭制品。
3. 图书、报纸、杂志、音像制品、电子出版物。
4. 饲料、化肥、农药、农机、农膜。
5. 国务院规定的其他货物</td></tr>
<tr><td>纳税人发生下列应税行为：
1. 提供交通运输、邮政、基础电信、建筑、不动产租赁服务。
2. 销售不动产。
3. 转让土地使用权</td></tr>
<tr><td>6%</td><td>纳税人发生下列应税行为：
1. 提供金融服务、生活服务、现代服务(有形动产租赁服务除外)、增值电信服务。
2. 销售无形资产(除转让土地使用权外)</td></tr>
<tr><td>零税率</td><td>0</td><td>1. 纳税人出口货物，国务院另有规定的除外。
2. 境内单位和个人跨境销售国务院规定范围内的服务、无形资产。</td></tr>
</table>

二、增值税征收率

增值税征收率适用于两种情况：一是小规模纳税人；二是一般纳税人发生应税销售行为按规定可以选择简易计税方法计税的。具体内容详见下表：

表 2-5　增值税征收率

类别	比例税率	适用范围
一般规定	5%	小规模纳税人以及允许适用简易计税方式计税的一般纳税人： 1. 小规模纳税人销售自建或者取得的不动产。 2. 一般纳税人选择简易计税方法计税的不动产销售。 3. 房地产开发企业中的小规模纳税人，销售自行开发的房地产项目。 4. 其他个人销售其取得(不含自建)的不动产(不含其购买的住房)。 5. 一般纳税人选择简易计税方法计税的不动产经营租赁。 6. 小规模纳税人出租(经营租赁)其取得的不动产(不含个人出租住房)。 7. 其他个人出租(经营租赁)其取得的不动产(不含住房)。 8. 一般纳税人和小规模纳税人提供劳务派遣服务选择差额纳税的。 9. 一般纳税人 2016 年 4 月 30 日前签订的不动产融资租赁合同，或以 2016 年 4 月 30 日前取得的不动产提供的融资租赁服务，选择简易计税方法的。 10. 一般纳税人收取试点前开工的一级公路、二级公路、桥、闸通行费，选择简易计税方法的。 11. 一般纳税人提供人力资源外包服务，选择简易计税方法的。 12. 纳税人转让 2016 年 4 月 30 日前取得的土地使用权，选择适用简易计税方法的
	3%	1. 小规模纳税人发生应税销售行为[除销售旧货、自己使用过的固定资产、取得(或房地产企业小规模纳税人自建)的不动产和进口货物外的应税行为]。 2. 一般纳税人销售以下物品，暂按简易办法依照 3%征收率计算缴纳增值税：寄售商店代销寄售物品(包括居民个人寄售的物品在内)；典当业销售死当物品
		一般纳税人销售自产的下列货物，可选择按照简易办法依照 3%征收率计算缴纳增值税： 1. 县级及县级以下小型水力发电单位生产的电力。小型水力发电单位，是指各类投资主体建设的装机容量为 5 万千瓦以下(含 5 万千瓦)的小型水力发电单位。 2. 建筑用和生产建筑材料所用的砂、土、石料。 3. 以自己采掘的砂、土、石料或其他矿物连续生产的砖、瓦、石灰(不含黏土实心砖、瓦)。 4. 用微生物、微生物代谢产物、动物毒素、人或动物的血液或组织制成的生物制品。 5. 自来水。 6. 商品混凝土(仅限于以水泥为原料生产的水泥混凝土)。 7. 属于增值税一般纳税人的单采血浆站销售非临床用人体血液

续表

类别	比例税率	适用范围
一般规定	3%	一般纳税人可以选择适用简易计税方法的应税行为： 1. 公共交通运输服务。 2. 动漫产品的设计、制作服务，以及在境内转让动漫版权。 3. 电影放映服务、仓储服务、装卸搬运服务、收派服务。 4. 文化体育服务。 5. 以营改增试点前取得的有形动产，提供的有形动产经营租赁服务。 6. 营改增试点前签订的，尚未执行完毕的有形动产租赁合同
特殊政策	2%	3%征收率减按2%征收增值税： 1. 一般纳税人销售自己使用过的不得抵扣且未抵扣进项税额的固定资产。 2. 小规模纳税人销售自己使用过的固定资产。 3. 纳税人销售旧货(指进入二次流通的具有部分使用价值的货物，包括旧汽车、旧摩托车和旧游艇，但不包括自己使用过的物品)
	1.5%	个人出租住房，按照5%的征收率减按1.5%计算应纳税额

对上述所列增值税税率和征收率，需要注意的有以下几点。

(1) 境内的单位和个人提供适用零税率应税服务的，可以放弃适用零税率，选择免税或按规定缴纳增值税。放弃适用零税率后，36个月内不得再申请适用零税率。

(2) 一般纳税人选择简易方法计算缴纳增值税后，36个月内不得变更。

任务三 一般计税方法应纳税额的计算

我国对一般纳税人采用的一般计税方法是国际上通行的购进扣税法。

增值税一般纳税人当期应纳税额的多少，取决于当期销项税额和当期进项税额这两个因素。

一般纳税人发生应税销售行为适用一般计税方法计税，其计算公式为

当期应纳增值税税额＝当期销项税额－当期进项税额

＝当期销售额×适用税率－当期进项税额

一、销项税额的计算

销项税额是指纳税人发生应税销售行为时，按照销售额与规定的税率计算并向购买方收取的增值税税额。其计算公式为

销项税额＝销售额×适用税率

销项税额的计算中，在适用税率法定的情况下，相对比较简单，关键在于销售额的确定。

(一) 一般销售方式下的销售额

销售额是指纳税人发生应税销售行为时向购买方(承受应税劳务和服务行为也视为购买方)收取的全部价款和价外费用。销售额中不包括向购买方收取的销项税额。

价外费用，包括价外向购买方收取的手续费、补贴、基金、集资费、返还利润、奖励费、违约金、滞纳金、延期付款利息、赔偿金、代收款项、代垫款项、包装费、包装物租金、储备费、优质费、运输装卸费以及其他各种性质的价外收费，但下列项目不包括在内。

(1) 受托加工应征消费税的消费品所代收代缴的消费税。

(2) 以委托方名义开具发票代委托方收取的款项。

(3) 同时符合以下条件代为收取的政府性基金或者行政事业性收费：

① 由国务院或者财政部批准设立的政府性基金，由国务院或者省级人民政府及其财政、价格主管部门批准设立的行政事业性收费。

② 收取时开具省级以上财政部门印制的财政票据。

③ 所收款项全额上缴财政。

(4) 销售货物的同时代办保险等而向购买方收取的保险费，以及向购买方收取的代购买方缴纳的车辆购置税、车辆牌照费。

凡随同应税销售行为向购买方收取的价外费用，无论其会计制度如何核算，均应并入销售额计算应纳税额。需要注意的是，按照规定，对增值税一般纳税人(包括纳税人自己或代其他部门)向购买方收取的价外费用和逾期包装物押金，应视为含税收入，在征税时换算成不含税收入再并入销售额。

含税销售额换算成不含税销售额的计算公式为

销售额(不含税)＝含税销售额÷(1＋增值税税率或征收率)

【例 2-1】某商场为增值税一般纳税人，本月向个人消费者销售饮水过滤器 30 台，收取货款 105 300 元，另收取安装费 6 000 元，全部开具普通发票。

问题：如何计算该商场销售饮水过滤器业务的增值税销项税额?

解析：增值税一般纳税人向个人消费者出售货物并开具普通发票，普通发票上销售金额通常为价税合计款，需换算成不含税销售额；安装费作为价外费用，也需并入销售额中计算增值税，且价外费用亦为含税收入，需换算。

销项税额＝(105 300＋6 000)÷(1＋13％)×13％＝12 804.42(元)

(二) 特殊销售方式下的销售额

在经济生活中，销售方为了促进消费，扩大销售，交易时会采取多种销售方式。不同销售方式下，计征增值税的销售额如何确定，税法对此有明确规定。

▶ 1. 采取折扣方式销售

折扣销售是指销货方在发生应税销售行为时，因购货方购货数量较大等原因而给予购货方的价格优惠。

根据税法规定，纳税人采取折扣方式销售货物，如果销售额和折扣额在同一张发票上分别注明的，就可按折扣后的销售额征收增值税。未在同一张发票“金额”栏注明折扣额，而仅在发票的“备注”栏注明折扣额的，折扣额不得从销售额中减除。如果销货方将自产、委托加工和购买的货物采取“买就送”的方式实现实物折扣，对所送货物的价款一律不得从销售额中减除。实物折扣应按视同销售行为“无偿赠送”规定计算增值税。

纳税人销售货物并向购买方开具增值税专用发票后，由于购买方在一定时期内累计购买货物达到一定数量，或者由于市场价格下降等原因，销货方给予购货方相应的价格优惠或补偿等折扣、折让行为，销货方可按现行《增值税专用发票使用规定》的有关规定开具红字增值税专用发票。

知识链接

折扣销售与销售折扣的区别如表 2-6 所示。

表 2-6 折扣销售与销售折扣的区别

折扣方式 不同点	折扣销售	销售折扣	销售折让
举例说明	购买 5 件，销售价格折扣 10%；购买 10 件，销售价格折扣 20%	10 天内付款，货款折扣 5%；20 天付款，货款折扣 3%	货物花色不符购货方要求，货款减价折让 5%
折扣目的	促销优惠，购买数量越多价格优惠越大	鼓励及早付款，付款越早优惠越大	已售货物存在品种、质量问题的价格补偿
折扣时间	折扣在销售实现时发生	折扣在收到货款时确定	折扣在货物销售之后
税务处理	同一张发票“金额”栏分别注明销售额和折扣额，折扣额可从销售额中减除	实为融资性质的理财费用，销售折扣不得从销售额中减除	可以从销售额中减除，可以折让后的货款为销售额

【例 2-2】甲企业(一般纳税人)销售给乙公司 5 000 套服装，每套不含税价格为 500 元，由于乙公司购买数量多，甲企业按原价的 8 折优惠销售(与销售额开具了同一张发票并分别注明)。乙公司于 10 日内付款 。

问题：计算甲企业此项业务的销项税额。

解析：甲企业因乙企业购买数量多而给予一定的折扣，此为折扣销售。按照税法规定，纳税人采取折扣方式销售货物，如果销售额和折扣额在同一张发票上分别注明的，可按折扣后的销售额征收增值税。

销项税额＝(5 000×500)×0.8×13%＝26 000(元)

▶ 2. 采取以旧换新方式销售

以旧换新是指纳税人在销售自己的货物时，有偿收回旧货物的行为。根据增值税税法的规定，采用以旧换新方式销售货物的，应按新货物的同期销售价格确定销售额，不得扣减旧货物的收购价格。销售额和收购额不得相互抵减，但对金银首饰以旧换新业务，可以按销售方实际收取的不含增值税的全部价款征收增值税。

【例 2-3】某金店采取“以旧换新”方式销售纯金项链1条，新项链对外销售价格6 000元，旧项链作价4 000元，从销售者手中收取新旧差价款2 000元；并以统一方式销售某品牌手表10块。此表对外零售价每块350元，旧表作价200元。

问题：计算金店此项业务的销项税额。

解析：按照税法规定，除金银首饰的以旧换新业务外，其他采用以旧换新方式销售货物的，应按新货物的同期销售价格确定销售额，不得扣减旧货物的收购价格。金店对个人消费者销售首饰与手表，收取的货款为价税合计的销售款，需换算成不含税的销售额计算其销项税额。

以旧换新销售纯金项链的不含税销售额＝2 000÷(1＋13％)＝1 769.91(元)

以旧换新销售手表的不含税销售额＝(350×10)÷(1＋13％)＝3 097.35(元)

销项税额＝(1 769.91＋3 097.35)×13％＝632.74(元)

▶ 3. 采取还本销售方式销售

还本销售是指纳税人在销售货物后，到一定期限由销售方一次或分次退还给购货方全部或部分价款。税法规定，采取还本销售方式销售货物，其销售额就是货物的销售价格，不得从销售额中减除还本支出。

【例 2-4】某电机生产厂与某工厂签订购销合同，双方约定工厂一次购入电机600组，每套含税13 560元，工厂在购货时一次付清全部货款，电机生产厂在货物销售后的7个月全部返还货款。

问题：上述业务应申报的增值税销项税额是多少？

解析：按照税法规定，还本销售方式销售货物的销售额不得从销售额中减除还本支出。

销项税额＝13 560÷(1＋13％)×13％×600＝936 000(元)

▶ 4. 采取以物易物方式销售

以物易物是指购销双方不是以货币结算，而是以同等价款的货物相互结算，实现货物购销的一种方式。在以物易物活动中，双方都应分别开具合法的票据。根据税法规定，以物易物方式销售货物，以物易物双方都应作购销处理，以各自发出的货物核算销售额并计算销项税额，以各自收到的货物按规定核算购货额并计算进行税额，如收到的货物不能取得相应的增值税专用发票或其他合法票据的，则不能抵扣进项税额。

▶ 5. 包装物押金

这里的包装物指的是纳税人包装本单位货物的各种物品。根据增值税税法规定，纳税人为销售货物而出租出借包装物收取的押金，单独记账核算的，时间在1年以内，又未过期的，不并入销售额征税，但对因逾期未收回包装物不再退还的押金，应按包装货物的适用税率计算销项税额。

以上情况也有例外，按照国家税务总局国税发〔1995〕192号文件规定，从1995年6月1日起，对销售除啤酒、黄酒外其他酒类产品而收取的包装物押金，无论是否返还以及会计上如何核算，均应并入当期销售额征税。对销售啤酒、黄酒所收取的押金，按上述一般货物的押金规定处理。

这里要说明的是，包装物押金不能混同于包装物租金。包装物租金在销售货物时作为价外费用要一并与销售额合计计算销项税额，包装物押金则要视以上所说情况具体而定。有一点共同之处就是，不管是包装物押金还是包装物租金，一般均为含税收入，计算销项税额时需要将其做剔税计算处理。

【例 2-5】2019 年 8 月，海蓝酒厂销售粮食白酒和啤酒给副食品公司。其中，白酒开具增值税专用发票，收取不含税价款 50 000 元，另收取包装物押金 3 000 元；啤酒开具普通发票，收取的价税合计款 23 200 元，另收取包装物押金 1 170 元。副食品公司按照合同约定，于 2019 年 12 月将白酒、啤酒包装物全部退还给酒厂，并取回全部押金。

问题：计算海蓝酒厂此项业务 2019 年 8 月应缴纳的增值税销项税额。

解析：按照税法规定，啤酒适用一般货物的押金规定，单独记账核算又未逾期的，不征增值税；白酒则不管是否返还及会计上如何核算，均应并入当期销售额征税。

销售白酒应征增值税销项税额＝[50 000＋3 000÷(1＋13％)]×13％＝6 845.13(元)

销售啤酒应征增值税销项税额＝23 200÷(1＋13％)×13％＝ 2 669.03(元)

3 月销项税额＝6 845.13＋2 669.03＝9 514.16(元)

▶ 6. 视同销售行为

为了保证增值税税款抵扣制度的实施，保证增值税抵扣链条的完整，按照税法规定，视同销售行为均要征收增值税。但无偿赠送、用于集体福利或个人消费等视同销售行为不是以资金的形式反映出来，会出现无销售额的情况。因此税法规定，纳税人发生应税销售行为的情形，价格明显偏低并无正当理由的，或者发生应税销售行为而无销售额的，由主管税务机关按照下列顺序核定销售额。

(1) 按纳税人最近时期发生同类应税销售行为的平均价格确定。

(2) 按其他纳税人最近时期发生同类应税销售行为的平均价格确定。

(3) 按组成计税价格确定，组成计税价格的公式为

组成计税价格＝成本×(1＋成本利润率)

征收增值税的货物，同时又征收消费税的，其组成计税价格中应加上消费税税额，其组成计税价格公式为

组成计税价格＝成本×(1＋成本利润率)＋消费税税额

或

组成计税价格＝成本×(1＋成本利润率)÷(1－消费税税率)

公式中的“成本”是指销售自产货物的为实际生产成本，销售外购货物的为实际采购成本。“成本利润率”由国家税务总局确定。

【例 2-6】某服装厂将自产的服装作为福利发给本厂职工，该批产品制造成本共计 10 万元，利润率为 10％，按最近时期同类产品的平均售价计算为 18 万元。

问题：计算此项业务增值税的销项税额。

解析：将自产的服装作为福利发给本厂职工，即将自产的货物用于集体福利，为视同销售行为，需要征收增值税。按照税法规定的顺序确定视同销售行为的应纳税销售额。

销项税额＝180 000×13％＝23 400(元)

二、进项税额的确认和计算

进项税额是与销项税额相对应的一个概念，指纳税人购进货物、加工修理修配劳务、

服务、无形资产或者不动产，支付或者负担的增值税额。

在购销关系中，销售方销售货物收取货款同时收取到销项税额，购买方购进货物支付货款同时支付进项税额。在开具增值税专用发票的情况下，销售方的销项税额实际就是购买方的进项税额。任何一个增值税一般纳税人，都有可能同时发生销项税额和进项税额业务。而我国增值税的计算采用购进扣除法，其核心就是用当期的销项税额减去当期进项税额，余额为应纳增值税额。进项税额作为被减除的部分，其大小决定了一般纳税人当期应纳增值税额的高低，因此受到了纳税人的普遍重视，这方面也是纳税人在增值税纳税实务中最易出错的部分。

按照增值税税法的规定，并不是纳税人支付的所有进项税额都可以从销项税额中抵扣，税法对不能抵扣进项税额的项目做了严格的规定，如果违反税法规定，随意抵扣进项税额，将以逃避缴纳税款论处。

(一)准予抵扣的进项税额

根据《增值税暂行条例》和"营改增"的规定，准予从销项税额中抵扣的进项税额，限于下列增值税扣税凭证上注明的增值税税额和按规定的扣除率计算的进项税额，简单来说，就是凭票抵扣和计算抵扣两种情况。

(1) 从销售方取得的增值税专用发票(含机动车销售统一发票)上注明的增值税额。

(2) 从海关取得的海关进口增值税专用缴款书上注明的增值税额。

(3) 自境外单位或者个人购进劳务、服务、无形资产或者境内的不动产，从税务机关或者扣缴义务人取得的代扣代缴的完税凭证上注明的增值税额。

(4) 自 2019 年 4 月 1 日起，纳税人购进的旅客运输服务纳入进项抵扣范围。

① 纳税人取得旅客运输服务的增值税电子普通发票的，可抵扣的进项税额为发票上注明的税额。

② 纳税人取得注明旅客身份信息的航空运输电子客票行程单的，按照下列公式计算抵扣进项税额：

航空旅客运输进项税额＝(票价＋燃油附加费)÷(1＋9％)×9％

③ 纳税人取得注明旅客身份信息的铁路车票的，按照下列公式计算抵扣进项税额：

铁路旅客运输进项税额＝票面金额÷(1＋9％)×9％

④ 取得注明旅客身份信息的公路、水路等其他客票的，按照下列公式计算抵扣进项税额：

公路、水路等其他旅客运输进项税额＝票面金额÷(1＋3％)×3％

(5) 购进农产品，除取得增值税专用发票或者海关进口增值税专用缴款书外，按照农产品收购发票或者销售发票上注明的农产品买价和规定的扣除率计算进项税额。进项税额计算公式：

进项税额＝买价×扣除率

以上所说的农产品是指直接从事植物的种植、收割和动物的饲养、捕捞的单位和个人销售的自产而且免征增值税的农业产品；"买价"是指购买农业产品的买价，包括纳税人购进农产品收购发票或者销售发票上注明的价款和按规定缴纳的烟叶税。"扣除率"有 10％和 9％两种情况，对增值税一般纳税人购进用于生产销售或委托加工 13％税率货物的农产品，按照 10％的扣除率计算进项税额；对增值税一般纳税人购进农产品，原适用 10％扣除率的，现扣除率调整为9%。

【例2-7】某工厂(一般纳税人)购进免税农产品一批已入库，支付给农业生产者且收购凭证上注明的价格为60 000元(用于加之生产13%税率的货物)，为该货物支付的运费500元(取得增值税专用发票)。

问题：计算该项业务准允抵扣的进项税额。

解析：工厂为购进货物支付的运费已取得增值税专用发票，根据税法规定，从销售方取得的增值税专用发票上注明的增值税额可以抵扣进项税额；另外，购入免税农产品虽然只取得收购凭证，但是可以计算抵扣进项税额。

免税农产品可抵扣的进项税额＝60 000×10%＝6 000(元)

运费可以抵扣的进项税额＝500×9%＝45(元)

进项税额合计＝6 000＋45＝6 045(元)

(6) 纳税人支付的道路通行费，按照收费公路通行费增值税电子普通发票上注明的增值税额抵扣进行税额。纳税人支付的桥、闸通行费，暂凭取得的通行费发票上注明的收费金额按照下列公式计算可抵扣的进项税额：

桥、闸通行费可抵扣进项税额＝桥、闸通行费发票上注明的金额÷(1＋5%)×5%

(7) 加计抵减。自2019年4月1日起至2021年12月31日，生产、生活性服务业按当期可抵扣进项税额的10%计提加计抵减额用于抵减应纳税额。

当期计提加计抵减额＝当期可抵扣进项税额×10%

当期可抵减加计抵减额＝上期末加计抵减额余额＋当期计提加计抵减额
－当期调减加计抵减额

执行加计抵减的生产、生活性服务业纳税人是指提供邮政服务、电信服务、现代服务、生活服务取得的销售额占全部销售额的比重超过50%的纳税人。

(8) 不动产的抵扣办法。

自2019年4月1日起，原纳税人取得不动产支付的进项税额分两年抵扣(第一年抵扣60%，第二年抵扣40%)，改为一次性全额抵扣。

(9) 原增值税一般纳税人自用的应征消费税的摩托车、汽车、游艇，其进项税额准予从销项税额中抵扣。

(二) 不得抵扣的进项税额

根据税法规定，纳税人购进货物劳务，服务，无形资产，不动产，取得的增值税扣税凭证不符合法律、行政法规或者国务院税务主管部分有关规定的，其进项税额不得从销项税额中抵扣。按照规定，以下项目的进项税额不得从销项税额中抵扣。

(1) 用于简易计税方法计税项目、免征增值税项目、集体福利或者个人消费的购进货物、加工修理修配劳务、服务、无形资产和不动产。纳税人的交际应酬消费属于个人消费。

(2) 非正常损失的购进货物及相关的加工修理修配劳务和交通运输服务。

(3) 非正常损失的在产品、产成品所耗用的购进货物(不包括固定资产)、加工修理修配劳务和交通运输服务。

(4) 非正常损失的不动产，以及该不动产所耗用的购进货物、设计服务和建筑服务。

(5) 非正常损失的不动产在建工程所耗用的购进货物、设计服务和建筑服务。纳税人新建、改建、扩建、修缮、装饰不动产，均属于不动产在建工程。

(6) 购进的旅客运输服务、贷款服务、餐饮服务、居民日常服务和娱乐服务。

以上所称非正常损失，指因管理不善造成货物被盗、丢失、霉烂变质，以及因违反法律法规造成货物或者不动产被依法没收、销毁、拆除的情形。

税法规定进项税额不得抵扣的货物，如果在购进货物时已抵扣了进项税额，当改变生产经营用途时，其已抵扣的进项税额应从当期进项税额中扣减，会计上做“进项税额转出”处理。无法确定该进项税额的，按照当期实际成本计算应扣减的进项税额。适用一般计税方法的纳税人，兼营简易计税方法计税项目、免征增值税项目而无法划分不得抵扣的进项税额，按照下列公式计算不得抵扣的进项税额：

不得抵扣的进项税额＝当期无法划分的全部进项税额×(当期简易计税方法计税项目销售额＋免征增值税项目销售额)÷当期全部销售额

需要注意的是，自 2018 年 1 月 1 日起，纳税人租入固定资产、不动产，既用于一般计税方法计税项目，又用于简易计税方法计税项目、免征增值税项目、集体福利或者个人消费的，其进项税额准予从销项税额中全额抵扣。

另外，纳税人出口货物劳务、发生跨境应税行为不适用加计抵减政策，其对应的进项税额不得计提加计抵减额。纳税人兼营出口货物劳务、发生跨境应税行为且无法划分不得计提加计抵减额的进项税额，按照以下公式计算：

不得计提加计抵减额的进项税额＝当期无法划分的全部进项税额×当期出口货物劳务和发生跨境应税行为的销售额÷当期全部销售额

知识链接

进项税额抵扣的时间限定

自 2017 年 7 月 1 日起，增值税一般纳税人取得的 2017 年 7 月 1 日及以后开具的增值税专用发票和机动车销售统一发票，应自开具之日起 360 日内认证或登录增值税发票选择确认平台进行确认，并在规定的纳税申报期内，向主管国税机关申报抵扣进项税额。

之后，为贯彻落实《深化国税地税征管体制改革方案》精神，进一步优化纳税服务，方便纳税人办税，我国取消了一部分纳税人的认证。自 2019 年 3 月 1 日起，为了进一步优化营商环境，便利纳税人开具和使用增值税发票，我国扩大了取消增值税发票认证的纳税人范围。将取消增值税发票认证的纳税人范围扩大至全部一般纳税人。一般纳税人取得增值税发票(包括增值税专用发票、机动车销售统一发票、收费公路通行费增值税电子普通发票)后，可以自愿使用增值税发票选择确认平台查询、选择用于申报抵扣、出口退税或者代办退税的增值税发票信息。

三、一般纳税人增值税应纳税额的计算步骤

一般纳税人当期增值税应纳税额的计算步骤如下。

(1) 按当期销售额和适用税率计算出销项税额(对销售全额和价外费用全额征税)。

(2) 按当期购进项目向对方支付的税款进行抵扣(凭票抵扣或计算抵扣)。

(3) 根据公式“当期应纳增值税税额＝当期销项税额－当期进项税额”，计算当期实际

应纳税额。

当期销项税额小于当期进项税额不足抵扣时，其不足部分可以结转下期继续抵扣，也就是期末留抵税额。

自2019年4月1日起，我国开始试行增值税期末留抵税额退税制度。本次试行留抵退税，是全面试行留抵退税制度，不再区分行业，只要增值税一般纳税人符合规定的条件，即可申请退还增值税增量留抵税额。增量留抵税额，是指与2019年3月底相比新增加的期末留抵税额。申请留抵退税的条件包括五个：一是从2019年4月税款所属期起，连续6个月增量留抵税额均大于零，且第六个月增量留抵税额不低于50万元；二是纳税信用等级为A级或者B级；三是申请退税前36个月未发生骗取留抵退税、出口退税或者虚开增值税专用发票情形的；四是申请退税前36个月未因偷税被税务机关处罚两次及以上；五是自2019年4月1日起未享受即征即退或先征后返(退)政策。

【例2-8】胜华食品厂为增值税一般纳税人，适用增值税税率17%，2015年8月的有关生产经营业务如下：

(1) 8月5日销售一批饼干给某大型超市，开具增值税专用发票，取得不含税销售额80万元；随同饼干出售饼干盒等包装物取得含税收入5.65万元。

(2) 8月7日销售一批糖果给某小规模纳税人超市，开具普通发票，取得含税销售额28.25万元。

(3) 8月8日将研发的一批口香糖产品用于赠送，成本价为2万元，国家税务总局规定成本利润率为5%，该新型产品无同类产品市场销售价格。

(4) 8月16日购进生产原材料取得增值税专用发票，注明支付的货款50万元，进项税额6.5万元；另支付购货的运输费用5万元，取得运输公司开具的货物运输业增值税专用发票。

(5) 8月18日向农业生产者购进免税农产品一批，支付收购价20万元，另支付给运输公司运费3万元，取得货物运输业增值税专用发票。8月20日，将18日收购的农产品的20%作为职工福利直接发放给企业员工。

问题：按以下顺序计算胜华食品厂8月份应缴纳的增值税税额。

(1) 计算销售饼干的销项税额。

(2) 计算销售糖果的销项税额。

(3) 计算用于赠送的新产品的销项税额。

(4) 计算外购原材料应抵扣的进项税额。

(5) 计算外购免税农产品应抵扣的进项税额。

(6) 计算该企业8月份合计应缴纳的增值税额。

解析：

(1) 销售饼干的销项税额＝80×13%＋5.65÷(1＋13%)×13%＝11.05(万元)

(2) 销售糖果的销项税额＝28.25÷(1＋13%)×13%＝3.25(万元)

(3) 赠送的新产品的销项税额＝2×(1＋5%)×13%＝0.273(万元)

(4) 购进原材料应抵扣的进项税额＝6.5＋5×9%＝6.95(万元)

(5) 外购免税农产品应抵扣的进项税额＝(20×9%＋3×9%)×(1－20%)＝1.656(万元)

(6) 8月份胜华食品厂应缴纳的增值税税额＝11.05＋3.25＋0.273－6.95－1.656＝5.967(万元)

任务四　简易计税方法应纳税额的计算

根据《增值税暂行条例》的规定，小规模纳税人销售货物或提供应税劳务，按简易计税方法计算，即按销售额和规定征收率计算应纳税额，不得抵扣进项税额。小规模纳税人一律采用简易计税方法计税，但是一般纳税人发生应税销售行为可以选择适用简易计税方法。

一、小规模纳税人应纳税额的计算

小规模纳税人应纳税额的计算公式为

增值税应纳税额＝销售额×征收率

公式中，“销售额”是指销售货物或提供应税劳务或发生应税行为向购买方收取的全部价款和价外费用，具体规定与一般纳税人计算应纳增值税的销售额规定内容一致。

需要注意的是，按简易计税方法计税的销售额同样不包括其应纳的增值税税额，纳税人采用销售额和应纳增值税税额合并定价方法的，需要在计算应纳增值税额的时候将含税销售额换算成不含税销售额后再行计算。换算公式为

不含税销售额＝含税销售额÷(1＋征收率)

【例 2-9】万华超市为增值税小规模纳税人，某年6月份购进货物取得普通发票，共计支付金额35 000元；当月销售货物共计收入66 800元；销售本超市废旧物品(非固定资产)取得收入120元。

问题：计算该商店当月应缴纳的增值税。

解析：小规模纳税人计算应纳增值税额采用简易计税方法，没有销项税额与进项税额之分。小规模纳税人销售货物的增值税征收率为3%，小规模纳税人销售自己使用过的除固定资产以外的物品，按3%的征收率征收增值税。

万华超市6月份应缴纳的增值税税额＝(66 800＋120)÷(1＋3%)×3%＝1 949.13(元)

纳税人适用简易计税方法计税的，因销售折让、中止或者退回而退还给购买方的销售额，应当从当期销售额中扣减。扣减当期销售额之后仍有余额造成多缴的税款，可以从以后的应纳税额中扣减。

对小规模纳税人发生上述情况而退还销售额给购买方，依照规定将所退的款项扣减当期销售额的，如果小规模纳税人已就该项业务委托税务机关为其代开了增值税专用发票的，应按规定申请开具红字专用发票。

二、一般纳税人简易计税方法和应纳税额的计算

一般纳税人发生财政部和国家税务总局规定的特定应税销售行为，选择适用简易计税方法计税的，按照销售额和征收率计算应纳税额，不得抵扣进项税额。

应纳税额计算公式为

应纳税额＝销售额×征收率

公式中，“销售额”是指发生应税销售行为向购买方收取的全部价款和价外费用，具体规定与一般纳税人计算应纳增值税的销售额规定内容一致。

销售额中不应包含纳税人应纳的增值税税额，若采用销售额和应纳增值税税额合并定价的，需按照下列公式计算销售额：

不含税销售额＝含税销售额÷(1＋征收率)

除本项目任务二中提到的一般纳税人采用简易计税方法按适用的征收率计算应纳税额外，“营改增”相关文件中也有一般纳税人采用征收率计算缴纳增值税的内容。

试点纳税人中的一般纳税人发生下列应税行为既可以选择按照一般购进扣除法计算缴纳增值税，也可以选择采用简易计税方法计算缴纳增值税。

(1) 公共交通运输服务，可以选择按照简易计税方法计算缴纳增值税。

(2) 经认定的动漫企业为开发动漫产品提供的动漫脚本编撰、形象设计、背景设计、动画设计、分镜、动画制作、摄制、描线、上色、画面合成、配音、配乐、音效合成、剪辑、字幕制作、压缩转码(面向网络动漫、手机动漫格式适配)服务，以及在境内转让动漫版权(包括动漫品牌、形象或者内容的授权及再授权)，可以选择按照简易计税方法计算缴纳增值税。

(3) 电影放映服务、仓储服务、装卸搬运服务、收派服务和文化体育服务，可以选择按照简易计税办法计算缴纳增值税。

(4) 以纳入营改增试点之日前取得的有形动产为标的物提供的经营租赁服务，试点期间可以选择按照简易计税方法计算缴纳增值税。

(5) 在纳入营改增试点之日前签订的尚未执行完毕的有形动产租赁合同。

(6) 建筑服务。一般纳税人以清包工方式、为甲供工程、为建筑工程老项目提供的建筑服务，可以选择适用简易计税方法计税。

(7) 销售不动产。一般纳税人销售其 2016 年 4 月 30 日前取得(不含自建)的不动产，可以选择适用简易计税方法，以取得的全部价款和价外费用减去该项不动产购置原价或者取得不动产时的作价后的余额为销售额，按照 5%的征收率计算应纳税额。若一般纳税人销售其 2016 年 4 月 30 日前自建的不动产，以取得的全部价款和价外费用为销售额，按照 5%的征收率计算应纳税额。

(8) 房地产开发企业中的一般纳税人，销售自行开发的房地产老项目，可以选择适用简易计税方法按照 5%的征收率计税。

(9) 不动产经营租赁服务。一般纳税人出租其 2016 年 4 月 30 日前取得的不动产，可以选择适用简易计税方法，按照 5%的征收率计算应纳税额。公路经营企业中的一般纳税人收取试点前开工的高速公路的车辆通行费，可以选择适用简易计税方法，减按 3%的征收率计算应纳税额。

(10) 一般纳税人 2016 年 4 月 30 日前签订的不动产融资租赁合同，或以 2016 年 4 月 30 日前取得的不动产提供的融资租赁服务。

(11) 纳税人转让 2016 年 4 月 30 日前取得的土地使用权。

(12) 提供非学历教育服务。

(13) 一般纳税人收取试点前开工的一级公路、二级公路、桥、闸通行费。

(14) 一般纳税人提供人力资源外包服务。

(15) 一般纳税人提供劳务派遣服务，可以选择差额纳税，以取得的全部价款和价外费用，扣除代用工单位支付劳务派遣员工的工资、福利和为其办理社会保险及住房公积金后的余额为销售额，按照简易计税方法依5%的征收率计算缴纳增值税。

(16) 一般纳税人销售电梯的同时，提供安装服务，其安装服务可以按照甲供工程选择适用简易计税方法计税。纳税人对安装运行后的电梯提供的维护保养服务，按照“其他现代服务”缴纳增值税。

一般纳税人发生财政部和国家税务总局规定的特定应税销售行为，一经选择使用简易计税方法计税，36个月内不得变更。

三、扣缴计税方法

境外的单位或者个人在境内销售劳务，在境内未设有经营机构的，以其境内代理人为扣缴义务人；在境内没有代理人的，以购买方为扣缴义务人。扣缴义务人按照下列公式计算应扣缴税额：

应扣缴税额＝接受方支付的价款÷(1＋税率)×税率

任务五　进口环节征税和出口环节的退(免)税

一、进口环节增值税的征收

根据《增值税暂行条例》的规定，申报进入中华人民共和国海关境内的货物，均应缴纳增值税。进口货物的收货人(承受人)或办理报关手续的单位和个人，为进口货物增值税的纳税义务人。跨境电子商务零售进口商品按照货物征收关税和进口增值税、消费税，购买跨境电子商务零售进口商品的个人作为纳税义务人。电子商务企业、电子商务平台企业或物流企业可作为代收代缴义务人。

进口货物增值税税率与增值税一般纳税人在国内销售同类货物的税率相同。但是对跨境电子商务零售进口商品的单次交易限值为人民币2 000元，个人年度交易限值为人民币20 000元以内进口的跨境电子商务零售进口商品，关税税率暂设为0%。

纳税人进口货物，按照组成计税价格和适用税率计算应纳税额。根据规定，进口货物计算增值税组成计税价格和应纳税额计算公式为

组成计税价格＝关税完税价格＋关税＋消费税

应纳税额＝组成计税价格×税率

进口货物增值税的组成计税价格中包括已纳关税税额，如果进口货物属于消费税应税消费品，其组成计税价格中还要包括进口环节已纳消费税税额。以上公式中的“关税完税价格”指海关核定的关税计税价格。跨境电子商务零售进口商品以实际交易价格(包括货物零售价格运费和保险费)作为完税价格。

在计算进口环节的应纳增值税税额时不得抵扣任何税额，也就是说，在计算进口环节

的应纳增值税税额时，不得抵扣发生在我国境外的各种税金。

进口货物在海关缴纳的增值税，符合抵扣范围的，凭借海关进口增值税专用缴款书，可以从当期销项税额中抵扣。

【例 2-10】某商场9月初进口货物一批。该批货物的关税完税价格为60万元。货物进境报关后，该商场按照规定缴纳了进口环节的增值税并取得了海关进口增值税专用缴款书。随后，9月下旬该批进口货物在国内全部销售，取得不含税的销售款80万元。

假设货物进口关税税率15%，增值税税率13%。

问题：

(1) 计算进口环节应纳的进口关税。

(2) 计算进口环节应纳增值税的组成计税价格。

(3) 计算进口环节应缴纳增值税的税额。

(4) 计算国内销售环节应缴纳的增值税税额。

解析：

(1) 进口环节应纳的进口关税＝60×15%＝9(万元)

(2) 进口环节应纳增值税的组成计税价格＝60＋9＝69(万元)

(3) 进口环节应纳增值税额＝69×13%＝8.97(万元)

(4) 国内销售环节应纳增值税额＝80×13%－8.97＝1.43(万元)

知识链接

什么是进口？

确定一项货物是否属于进口，必须首先看其是否有报关进口手续。一般来说，境外产品要输入境内，都必须向我国海关申报进口，并办理有关报关手续。只要是报关进口的应税货物，不论是国外产制还是我国已出口而转销国内的货物，是进口者自行采购还是国外捐赠的货物，是进口者自用还是作为贸易或其他用途等，除另有规定外，都应按照规定缴纳进口环节的增值税。

跨境电子商务零售进口商品也需要按照货物征收关税和进口环节增值税、消费税。目前，我国跨境电子商务零售进口商品的进口环节增值税、消费税取消免征税额，暂按法定应纳税额的70%征收。超过单次限值、累加后超过个人年度限值的单次交易，以及完税价格超过2 000元限值的单个不可分割商品，均按照一般贸易方式全额征税。

二、出口环节的退(免)税

出口货物，劳务和跨境应税行为的退(免)税是国际贸易中通常采用并为世界各国普遍接受的、目的在于鼓励各国出口货物公平竞争的一种税收措施。我国的出口货物，劳务和跨境应税行为退(免)税是指在国际贸易业务中，对我国报关出口的货物，劳务和跨境应税行为退还或免征其在国内各生产和流转环节按税法规定缴纳的增值税和消费税，即对应征收增值税的出口货物，劳务和跨境应税行为实行零税率(国务院另有规定除外)。

目前，我国对出口货物的退(免)税政策基本遵循“征多少、退多少”“未征不退和彻底退税”的原则，具体税收政策可分为以下三种形式。

(一) 出口免税并退税

出口免税是指对货物、劳务和跨境应税行为在出口销售环节不征增值税、消费税；出口退税是指对货物、劳务和跨境应税行为在出口前实际承担的税收负担，按规定的退税率计算后予以退还。

适用该政策的对象包括：生产企业一般纳税人自营或委托外贸企业代理出口的自产货物；有出口经营权的外贸企业收购后直接出口或委托其他外贸企业代理出口的货物；出口企业从小规模纳税人购进并取得增值税专用发票的抽纱、工艺品、香料油、山货、草柳竹藤制品、渔网渔具、松香、五倍子、生漆、鬃尾、山羊板皮、纸制品等 12 类货物；特定出口的货物等。

(二) 出口免税不退税

出口不退税是指适用这个政策的出口货物、劳务和跨境应税行为在出口前的，例如，生产、销售或进口环节等都是免税的，出口时该货物的价格中本身就不含税，所以也无须退税。

适用该政策的对象包括：属于生产企业的小规模纳税人自营出口或委托外贸企业代理出口的自产货物；外贸企业从小规模纳税人购进并持普通发票的出口货物；外贸企业直接购进国家规定的免税货物(包括免税农产品)出口的；其他的免税货物或项目，如来料加工复出口货物、避孕药品和用具、古旧图书等。

(三) 出口不免税也不退税

出口不免税是指对国家限制或禁止出口的某些货物、劳务和跨境应税行为的出口环节视同内销环节，照常征税；出口不退税是指对这些货物、劳务和跨境应税行为出口不退还出口前所负担的税款。

适用该政策的对象包括：国家计划外出口的原油；援外出口货物；国家禁止出口的货物，如天然牛黄、麝香、铜及铜基合金、白银等。

三、出口货物退(免)增值税额的计算

当出口企业适用以上所说“出口免税并退税”政策时，就会涉及退税的计算。目前计算退税的方法主要有“免、抵、退”计算法和“免、退”税计算法。

(一)“免、抵、退”计算法

除税法另有规定外，“免、抵、退”税办法适用增值税一般计税方法的生产企业出口自产货物与视同自产货物、对外提供加工修理修配劳务，以及列名的 74 家生产企业出口非自产货物，免征增值税，相应的进项税额抵减应纳增值税额(不包括适用增值税即征即退、先征后退政策的应纳增值税额)，未抵减完的部分予以退还。具体来说，“免”税是指生产企业出口的自产货物、劳务、服务和无形资产，免征本企业生产销售环节的增值税；“抵”税是指生产企业出口自产货物、劳务、服务和无形资产等耗用的原材料、零部件、燃料、动力等支付的进项税额，可以抵顶国内内销货物的应纳税额；“退”税是指生产企业出口自产货物、劳务、服务和无形资产的当月，因出口较多导致应抵顶的进项税额大于应纳税额时，对未抵顶完的部分予以退税。

简单来说，“免、抵、退”计算办法主要是以出口应免退税额抵顶内销产品应纳税额，其中抵顶的过程称为“免抵”，免抵的金额称为“免抵额”。以免抵的过程将内销应纳税和出

口免退税两项业务连接起来，简化了征纳过程。其相关计算公式如下：

当期应纳税额＝当期销项税额－(当期进项税额－当期不得免征和抵扣税额)

当期不得免征和抵扣税额＝当期出口货物离岸价(FOB价格)×外汇人民币折合率×(出口货物适用税率－出口货物退税率)

出口货物离岸价(FOB价格)以出口发票计算的离岸价为准。

自2019年4月1日起，原适用16%税率且出口退税率为16%的出口货物劳务，出口退税率调整为13%；原适用10%税率且出口退税率为10%的出口货物、跨境应税行为，出口退税率调整为9%。

【例2-11】某自营出口的生产企业为增值税一般纳税人，出口货物的征税税率为13%，退税税率为13%。2019年5月的有关经营业务为：购进原材料一批，取得的增值税专用发票注明的价款为200万元，外购货物准予抵扣的进项税额为26万元。上月末留抵税款3万元，本月内销货物不含税销售额100万元，收款共113万元。本月出口货物的销售额折合人民币200万元。

问题：计算该企业本月的"免、抵、退"税额。

解析：

(1) 鉴于我国国情和产品差异，征税率与退税率往往不一致，一般情况下征税率大于退税率。征税率与退税率的不同导致的征退税差异额在计算退税额时是不予退还的。

当期"免、抵、退"税不得免征和抵扣税额＝200×(13%－13%)＝0(万元)

(2) 计算当月内销应纳税额：

①当月内销货物的增值税销项税额＝100×13%＝13(万元)

②当月外购原材料既用于生产内销货物，也用于生产外销货物，但内销货物可抵扣的进项税额＝26－0＝26(万元)

③结合上月留抵税额3万元，当期内销应纳税额＝13－26－3＝－16(万元)

当期应纳税额－16＜0，即当期产生留抵税额16万元。

(3) 出口企业实际退税额要结合本企业出口规模来判断，因此计算出口货物"免、抵、退"税额＝200×13%＝26(万元)

(4) 按照税法规定，如当期末留抵税额≤当期"免、抵、退"税额时，当期应退税额＝当期期末留抵税额，即该企业当期应退税额＝16(万元)。

(5) 当期免抵税额＝当期免抵退税额－当期应退税额＝26－16＝10(万元)

【例2-12】某自营出口的生产企业为一般纳税人，出口货物的征税税率为13%，退税税率为13%。2019年6月有关经营业务为：购进原材料一批，取得增值税专用发票注明的价款400万元，外购货物准予抵扣的进项税额52万元通过认证。上期末留抵税款5万元。本月内销货物不含税销售额100万元，收款113万元。本月出口货物的销售额折合人民币200万元。

问题：计算该企业本月的"免、抵、退"税额。

解析：

(1) 当期"免、抵、退"税不得免征和抵扣税额＝200×(13%－13%)＝0(万元)

(2) 当期应纳税额＝100×13%－(52－0)－5＝－44(万元)

(3) 出口货物"免、抵、退"税额＝200×13%＝26(万元)

(4) 按照税法规定，如当期末留抵税额＞当期“免、抵、退”税额时，当期应退税额＝当期“免、抵、退”税额，即该企业当期应退税额＝26(万元)。

(5) 当期免抵税额＝当期免抵退税额－当期应退税额＝26－26＝0(万元)

(6) 6月期末留抵结转下期继续抵扣税额为44－26＝18(万元)

(二)“免、退”税计算法

“免、退”税法适用于不具有生产能力的出口企业(以下称外贸企业)或其他单位出口货物、劳务，免征增值税，相应的进项税额予以退还。适用增值税一般计税方法的外贸企业外购服务或者无形资产出口也实行“免、退”税办法。其相关计算公式如下：

增值税应退税额＝增值税退(免)税计税依据×出口货物退税率

【例2-13】某外贸进出口公司，2019年3月发生与出口货物相关的经济业务如下：8日，以离岸价20美金/米的价格出口平纹布6 000米。该平纹布从增值税一般纳税人企业购进，取得的增值税专用发票注明金额150 000元、税金25 500元。已知退税率为13%。

问题：计算该外贸进出口公司以上业务应退增值税额。

解析：外贸企业外购货物出口，退(免)增值税采用“免、退”税计算办法。计算公式为

增值税应退税额＝增值税退(免)税计税依据×出口货物退税率

应退增值税税额＝150 000×13%＝19 500(元)

出口企业如果既有项目适用增值税“免、抵、退”计算方法，又有项目适用“免、退”税计算方法的，增值税“免、退”税项目和即征即退项目不参与出口项目“免、抵、退”税计算。出口企业应分别核算不同项目，并分别申请不同项目所适用的免税政策。

任务六 税收优惠

我国的增值税税收优惠政策主要包括：《增值税暂行条例》规定的免税项目；营业税改征增值税试点过渡政策的规定；增值税起征点的规定和其他有关减免税规定；财政部、国家税务总局规定的其他免征税项目。

一、《增值税暂行条例》规定的免税项目

下列项目免征增值税：

(一) 农业生产者销售的自产农产品。

(二) 避孕药品和用具。

(三) 古旧图书。

(四) 直接用于科学研究、科学试验和教学的进口仪器、设备。

(五) 外国政府、国际组织无偿援助的进口物资和设备。

(六) 由残疾人的组织直接进口供残疾人专用的物品。

(七) 销售的自己使用过的物品。自己使用过的物品，是指其他个人自己使用过的物品。

二、起征点规定

小微企业、个体工商户和其他个人的小规模纳税人发生应税销售行为的销售额未达到增值税起征点的，免征增值税；达到起征点的，全额计算缴纳增值税。目前，我国小微企业、个体工商户和其他个人的小规模纳税人，增值税起征点为月销售额10万元。

小规模纳税人发生增值税应税销售行为，合计月销售额未超过10万元(以1个季度为1个纳税期的，季度销售额未超过30万元)的，免征增值税。

小规模纳税人发生增值税应税销售行为，合计月销售额超过10万元，但扣除本期发生的销售不动产的销售额后未超过10万元的，其销售货物、劳务、服务、无形资产取得的销售额免征增值税。

其他个人，采取一次性收取租金形式出租不动产取得的租金收入，可在对应的租赁期内平均分摊，分摊后的月租金收入未超过10万元的，免征增值税。

三、“营改增通知”规定的税收优惠政策

(一) 下列项目免征增值税

(1) 托儿所、幼儿园提供的保育和教育服务。

超过规定收费标准的收费，以开办实验班、特色班和兴趣班等为由另外收取的费用以及与幼儿入园挂钩的赞助费、支教费等超过规定范围的收入，不属于免征增值税的收入。

(2) 养老机构提供的养老服务。

(3) 残疾人福利机构提供的育养服务。

(4) 婚姻介绍服务。

(5) 殡葬服务。

(6) 残疾人员本人为社会提供的服务。

(7) 医疗机构提供的医疗服务。

(8) 从事学历教育的学校提供的教育服务。

提供教育服务免征增值税的收入，是指对列入规定招生计划的在籍学生提供学历教育服务取得的收入，具体包括：经有关部门审核批准并按规定标准收取的学费、住宿费、课本费、作业本费、考试报名费收入，以及学校食堂提供餐饮服务取得的伙食费收入。除此之外的收入，包括学校以各种名义收取的赞助费、择校费等，不属于免征增值税的范围。

(9) 学生勤工俭学提供的服务。

(10) 农业机耕、排灌、病虫害防治、植物保护、农牧保险以及相关技术培训业务，家禽、牲畜、水生动物的配种和疾病防治。

(11) 纪念馆、博物馆、文化馆、文物保护单位管理机构、美术馆、展览馆、书画院、图书馆在自己的场所提供文化体育服务取得的第一道门票收入。

(12) 寺院、宫观、清真寺和教堂举办文化、宗教活动的门票收入。

(13) 行政单位之外的其他单位收取的符合《营业税改征增值税试点实施办法》第十条规定条件的政府性基金和行政事业性收费。

(14) 个人转让著作权。

(15) 个人销售自建自用住房。

(16) 2018年12月31日前，公共租赁住房经营管理单位出租公共租赁住房。

(17) 台湾航运公司、航空公司从事海峡两岸海上直航、空中直航业务在大陆取得的运输收入。

(18) 纳税人提供的直接或者间接国际货物运输代理服务。

纳税人提供直接或者间接国际货物运输代理服务，向委托方收取的全部国际货物运输代理服务收入，以及向国际运输承运人支付的国际运输费用，必须通过金融机构进行结算。

(19) 以下利息收入。

① 2016 年 12 月 31 日前，金融机构农户小额贷款。

小额贷款，是指单笔且该农户贷款余额总额在 10 万元(含本数)以下的贷款。农户贷款的判定应以贷款发放时的承贷主体是否属于农户为准。

② 国家助学贷款。

③ 国债、地方政府债。

④ 人民银行对金融机构的贷款。

⑤ 住房公积金管理中心用住房公积金在指定的委托银行发放的个人住房贷款。

⑥ 外汇管理部门在从事国家外汇储备经营过程中，委托金融机构发放的外汇贷款。

⑦ 统借统还业务中，企业集团或企业集团中的核心企业以及集团所属财务公司按不高于支付给金融机构的借款利率水平或者支付的债券票面利率水平，向企业集团或者集团内下属单位收取的利息。

统借方向资金使用单位收取的利息，高于支付给金融机构借款利率水平或者支付的债券票面利率水平的，应全额缴纳增值税。

(20) 被撤销金融机构以货物、不动产、无形资产、有价证券、票据等财产清偿债务。

(21) 保险公司开办的一年期以上人身保险产品取得的保费收入。

一年期以上人身保险，是指保险期间为一年期及以上返还本利的人寿保险、养老年金保险，以及保险期间为一年期及以上的健康保险。

(22) 下列金融商品转让收入。

① 合格境外投资者(QFII)委托境内公司在我国从事证券买卖业务。

② 香港市场投资者(包括单位和个人)通过沪港通买卖上海证券交易所上市 A 股。

③ 对香港市场投资者(包括单位和个人)通过基金互认买卖内地基金份额。

④ 证券投资基金(封闭式证券投资基金，开放式证券投资基金)管理人运用基金买卖股票、债券。

⑤ 个人从事金融商品转让业务。

(23) 金融同业往来利息收入。

① 金融机构与人民银行所发生的资金往来业务。包括人民银行对一般金融机构贷款，以及人民银行对商业银行的再贴现等。

② 银行联行往来业务。同一银行系统内部不同行、处之间所发生的资金账务往来业务。

③ 金融机构间的资金往来业务。是指经人民银行批准，进入全国银行间同业拆借市场的金融机构之间通过全国统一的同业拆借网络进行的短期(一年以下含一年)无担保资金融通行为。

④ 金融机构之间开展的转贴现业务。

金融机构是指：银行(包括人民银行、商业银行、政策性银行)；信用合作社；证券公司；金融租赁公司、证券基金管理公司、财务公司、信托投资公司、证券投资基金；保险公司；其他经中国人民银行、银监会、证监会、保监会批准成立且经营金融保险业务的机构等。

(24) 同时符合下列条件的担保机构从事中小企业信用担保或者再担保业务取得的收入(不含信用评级、咨询、培训等收入)3 年内免征增值税：

① 已取得监管部门颁发的融资性担保机构经营许可证，依法登记注册为企(事)业法人，实收资本超过 2 000 万元。

② 平均年担保费率不超过银行同期贷款基准利率的 50%。平均年担保费率＝本期担保费收入/(期初担保余额＋本期增加担保金额)×100%。

③ 连续合规、合法经营 2 年以上，资金主要用于担保业务，具备健全的内部管理制度和为中小企业提供担保的能力，经营业绩突出，对受保项目具有完善的事前评估、事中监控、事后追偿与处置机制。

④ 为中小企业提供的累计担保贷款额占其两年累计担保业务总额的 80%以上，单笔 800 万元以下的累计担保贷款额占其累计担保业务总额的 50%以上。

⑤ 对单个受保企业提供的担保余额不超过担保机构实收资本总额的 10%，且平均单笔担保责任金额最多不超过 3 000 万元人民币。

⑥ 担保责任余额不低于其净资产的 3 倍，且代偿率不超过 2%。

担保机构免征增值税政策采取备案管理方式。符合条件的担保机构应到所在地县(市)主管税务机关和同级中小企业管理部门履行规定的备案手续，自完成备案手续之日起，享受 3 年免征增值税政策。3 年免税期满后，符合条件的担保机构可按规定程序办理备案手续后继续享受该项政策。

(25) 国家商品储备管理单位及其直属企业承担商品储备任务，从中央或者地方财政取得的利息补贴收入和价差补贴收入。

(26) 纳税人提供技术转让、技术开发和与之相关的技术咨询、技术服务。

(27) 同时符合下列条件的合同能源管理服务：

① 节能服务公司实施合同能源管理项目相关技术，应当符合国家质量监督检验检疫总局和国家标准化管理委员会发布的《合同能源管理技术通则》(GB/T24915—2010)规定的技术要求。

② 节能服务公司与用能企业签订节能效益分享型合同，其合同格式和内容，符合《中华人民共和国合同法》和《合同能源管理技术通则》(GB/T24915—2010)等规定。

(28) 政府举办的从事学历教育的高等、中等和初等学校(不含下属单位)，举办进修班、培训班取得的全部归该学校所有的收入。

全部归该学校所有，是指举办进修班、培训班取得的全部收入进入该学校统一账户，并纳入预算全额上缴财政专户管理，同时由该学校对有关票据进行统一管理和开具。

举办进修班、培训班取得的收入进入该学校下属部门自行开设账户的，不予免征增值税。

(29) 政府举办的职业学校设立的主要为在校学生提供实习场所、并由学校出资自办、由学校负责经营管理、经营收入归学校所有的企业，从事《销售服务、无形资产或者不动产注释》中“现代服务”(不含融资租赁服务、广告服务和其他现代服务)、“生活服务”(不含文化体育服务、其他生活服务和桑拿、氧吧)业务活动取得的收入。

(30) 家政服务企业由员工制家政服务员提供家政服务取得的收入。

家政服务企业，是指在企业营业执照的规定经营范围中包括家政服务内容的企业。

员工制家政服务员，是指同时符合下列3个条件的家政服务员：

① 依法与家政服务企业签订半年及半年以上的劳动合同或者服务协议，且在该企业实际上岗工作。

② 家政服务企业为其按月足额缴纳了企业所在地人民政府根据国家政策规定的基本养老保险、基本医疗保险、工伤保险、失业保险等社会保险。对已享受新型农村养老保险和新型农村合作医疗等社会保险或者下岗职工原单位继续为其缴纳社会保险的家政服务员，如果本人书面提出不再缴纳企业所在地人民政府根据国家政策规定的相应的社会保险，并出具其所在乡镇或者原单位开具的已缴纳相关保险的证明，可视同家政服务企业已为其按月足额缴纳了相应的社会保险。

③ 家政服务企业通过金融机构向其实际支付不低于企业所在地适用的经省级人民政府批准的最低工资标准的工资。

(31) 福利彩票、体育彩票的发行收入。

(32) 军队空余房产租赁收入。

(33) 为了配合国家住房制度改革，企业、行政事业单位按房改成本价、标准价出售住房取得的收入。

(34) 将土地使用权转让给农业生产者用于农业生产。

(35) 涉及家庭财产分割的个人无偿转让不动产、土地使用权。

家庭财产分割，包括下列情形：离婚财产分割；无偿赠与配偶、父母、子女、祖父母、外祖父母、孙子女、外孙子女、兄弟姐妹；无偿赠与对其承担直接抚养或者赡养义务的抚养人或者赡养人；房屋产权所有人死亡，法定继承人、遗嘱继承人或者受遗赠人依法取得房屋产权。

(36) 土地所有者出让土地使用权和土地使用者将土地使用权归还给土地所有者。

(37) 县级以上地方人民政府或自然资源行政主管部门出让、转让或收回自然资源使用权(不含土地使用权)。

(38) 随军家属就业。

① 为安置随军家属就业而新开办的企业，自领取税务登记证之日起，其提供的应税服务3年内免征增值税。享受税收优惠政策的企业，随军家属必须占企业总人数的60%(含)以上，并有军(含)以上政治和后勤机关出具的证明。

② 从事个体经营的随军家属，自办理税务登记事项之日起，其提供的应税服务3年内免征增值税。

随军家属必须有师以上政治机关出具的可以表明其身份的证明。

按照上述规定，每一名随军家属可以享受一次免税政策。

(39) 军队转业干部就业。

① 从事个体经营的军队转业干部，自领取税务登记证之日起，其提供的应税服务3

年内免征增值税。

② 为安置自主择业的军队转业干部就业而新开办的企业，凡安置自主择业的军队转业干部占企业总人数60%(含)以上的，自领取税务登记证之日起，其提供的应税服务3年内免征增值税。

享受上述优惠政策的自主择业的军队转业干部必须持有师以上部队颁发的转业证件。

(40) 各党派、共青团、工会、妇联、中科协、青联、台联、侨联收取党费、团费、会费，以及政府间国际组织收取会费，属于非经营活动，不征收增值税。

(41) 青藏铁路公司提供的铁路运输服务免征增值税。

(42) 中国邮政集团公司及其所属邮政企业提供的邮政普遍服务和邮政特殊服务，免征增值税。

(43) 自2016年1月1日起，中国邮政集团公司及其所属邮政企业为金融机构代办金融保险业务取得的代理收入，在“营改增”试点期间免征增值税。

(44) 中国信达资产管理股份有限公司、中国华融资产管理股份有限公司、中国长城资产管理公司和中国东方资产管理公司及各自经批准分设于各地的分支机构，在收购、承接和处置剩余政策性剥离不良资产和改制银行剥离不良资产过程中开展的以下业务，免征增值税：

① 接受相关国有银行的不良债权，借款方以货物、不动产、无形资产、有价证券和票据等抵充贷款本息的，资产公司销售、转让该货物、不动产、无形资产、有价证券、票据以及利用该货物、不动产从事的融资租赁业务。

② 接受相关国有银行的不良债权取得的利息。

③ 资产公司所属的投资咨询类公司，为本公司收购、承接、处置不良资产而提供的资产、项目评估和审计服务。

(45) 全国社会保障基金理事会、全国社会保障基金投资管理人运用全国社会保障基金买卖证券投资基金、股票、债券取得的金融商品转让收入，免征增值税。

(46) 对下列国际航运保险业务免征增值税：

① 注册在上海、天津的保险企业从事国际航运保险业务。

② 注册在深圳市的保险企业向注册在前海深港现代服务业合作区的企业提供国际航运保险业务。

③ 注册在平潭的保险企业向注册在平潭的企业提供国际航运保险业务。

(47) 自2017年1月1日至2019年12月31日，对新疆国际大巴扎物业服务有限公司和新疆国际大巴扎文化旅游产业有限公司从事与新疆国际大巴扎项目有关的营改增应税行为取得的收入，免征增值税。

(48) 2017年1月1日至2019年12月31日，对广播电视运营服务企业收取的有线数字电视基本收视维护费和农村有线电视基本收视费，免征增值税。

(二) 增值税即征即退

(1) 增值税一般纳税人销售其自行开发生产的软件产品，按17%税率征收增值税后，对其增值税实际税负超过3%的部分实行即征即退政策。

(2) 一般纳税人提供管道运输服务，对其增值税实际税负超过3%的部分实行增值税即征即退政策。

(3) 经人民银行、银监会或者商务部批准从事融资租赁业务的试点纳税人中的一般纳税人，提供有形动产融资租赁服务和有形动产融资性售后回租服务，对其增值税实际税负超过3%的部分实行增值税即征即退政策。

商务部授权的省级商务主管部门和国家经济技术开发区批准的从事融资租赁业务和融资性售后回租业务的试点纳税人中的一般纳税人，2016年5月1日后实收资本达到1.7亿元的，从达到标准的当月起按照上述规定执行；2016年5月1日后实收资本未达到1.7亿元但注册资本达到1.7亿元的，在2016年7月31日前仍可按照上述规定执行，2016年8月1日后开展的有形动产融资租赁业务和有形动产融资性售后回租业务不得按照上述规定执行。

(4) 本规定所称增值税实际税负，是指纳税人当期提供应税服务实际缴纳的增值税税额占纳税人当期提供应税服务取得的全部价款和价外费用的比例。

(5)纳税人享受安置残疾人增值税即征即退优惠政策。

① 纳税人，是指安置残疾人的单位和个体工商户。

② 纳税人本期应退增值税额按以下公式计算：

本期应退增值税额=本期所含月份每月应退增值税税额之和

月应退增值税税额=纳税人本月安置残疾人员人数×本月月最低工资标准的4倍

月最低工资标准，是指纳税人所在区县(含县级市、旗)适用的经省(含自治区、直辖市、计划单列市)人民政府批准的月最低工资标准。

纳税人新安置的残疾人从签订劳动合同并缴纳社会保险的次月起计算，其他职工从录用的次月起计算；安置的残疾人和其他职工减少的，从减少当月计算。

(6) 增值税的退还。

纳税人本期已缴增值税额小于本期应退税额不足退还的，可在本年度内以前纳税期已缴增值税额扣除已退增值税额的余额中退还，仍不足退还的可结转本年度内以后纳税期退还。年度已缴增值税税额小于或等于年度应退税额的，退税额为年度已缴增值税额；年度已缴增值税税额大于年度应退税额的，退税额为年度应退税额。年度已缴增值税税额不足退还的，不得结转以后年度退还。

(三) 扣减增值税规定

1. 退役士兵创业就业

(1) 对自主就业退役士兵从事个体经营的，在3年内按每户每年8 000元为限额依次扣减其当年实际应缴纳的增值税、城市维护建设税、教育费附加、地方教育附加和个人所得税。限额标准最高可上浮20%，各省、自治区、直辖市人民政府可根据本地区实际情况在此幅度内确定具体限额标准，并报财政部和国家税务总局备案。

纳税人年度应缴纳税款小于上述扣减限额的，以其实际缴纳的税款为限；大于上述扣减限额的，应以上述扣减限额为限。纳税人的实际经营期不足一年的，应当以实际月份换算其减免税限额。换算公式为

减免税限额=年度减免税限额÷12×实际经营月数

纳税人在享受税收优惠政策的当月，持《中国人民解放军义务兵退出现役证》或《中国人民解放军士官退出现役证》以及税务机关要求的相关材料向主管税务机关备案。

(2) 对商贸企业、服务型企业、劳动就业服务企业中的加工型企业和街道社区具有加

工性质的小型企业实体，在新增加的岗位中，当年新招用自主就业退役士兵，与其签订1年以上期限劳动合同并依法缴纳社会保险费的，在3年内按实际招用人数予以定额依次扣减增值税、城市维护建设税、教育费附加、地方教育附加和企业所得税优惠。定额标准为每人每年4 000元，最高可上浮50%，各省、自治区、直辖市人民政府可根据本地区实际情况在此幅度内确定具体定额标准，并报财政部和国家税务总局备案。

纳税人按企业招用人数和签订的劳动合同时间核定企业减免税总额，在核定减免税总额内每月依次扣减增值税、城市维护建设税、教育费附加和地方教育附加。纳税人实际应缴纳的增值税、城市维护建设税、教育费附加和地方教育附加小于核定减免税总额的，以实际应缴纳的增值税、城市维护建设税、教育费附加和地方教育附加为限；实际应缴纳的增值税、城市维护建设税、教育费附加和地方教育附加大于核定减免税总额的，以核定减免税总额为限。

纳税年度终了，如果企业实际减免的增值税、城市维护建设税、教育费附加和地方教育附加小于核定的减免税总额，企业在企业所得税汇算清缴时扣减企业所得税。当年扣减不足的，不再结转以后年度扣减。

计算公式为：企业减免税总额＝∑每名自主就业退役士兵本年度在本企业工作月份÷12×定额标准

(3) 上述所称自主就业退役士兵是指依照《退役士兵安置条例》(国务院、中央军委令第608号)的规定退出现役并按自主就业方式安置的退役士兵。

(4) 上述税收优惠政策的执行期限为2016年5月1日至2016年12月31日，纳税人在2016年12月31日未享受满3年的，可继续享受至3年期满为止。

按照《财政部 国家税务总局 民政部关于调整完善扶持自主就业退役士兵创业就业有关税收政策的通知》(财税〔2014〕42号)规定，享受营业税优惠政策的纳税人，自2016年5月1日起按照上述规定享受增值税优惠政策，在2016年12月31日未享受满3年的，可继续享受至3年期满为止。

2. 重点群体创业就业

(1) 对持《就业创业证》(注明“自主创业税收政策”或“毕业年度内自主创业税收政策”)或2015年1月27日前取得《就业失业登记证》(注明“自主创业税收政策”或附着《高校毕业生自主创业证》)的人员从事个体经营的，在3年内按每户每年8 000元为限额依次扣减其当年实际应缴纳的增值税、城市维护建设税、教育费附加、地方教育附加和个人所得税。限额标准最高可上浮20%，各省、自治区、直辖市人民政府可根据本地区实际情况在此幅度内确定具体限额标准，并报财政部和国家税务总局备案。

纳税人年度应缴纳税款小于上述扣减限额的，以其实际缴纳的税款为限；大于上述扣减限额的，应以上述扣减限额为限。

上述人员是指：

① 在人力资源社会保障部门公共就业服务机构登记失业半年以上的人员。

② 零就业家庭、享受城市居民最低生活保障家庭劳动年龄内的登记失业人员。

③ 毕业年度内高校毕业生。高校毕业生是指实施高等学历教育的普通高等学校、成人高等学校毕业的学生；毕业年度是指毕业所在自然年，即1月1日至12月31日。

(2) 对商贸企业、服务型企业、劳动就业服务企业中的加工型企业和街道社区具有加工性质的小型企业实体，在新增加的岗位中，当年新招用在人力资源社会保障部门公共就业服务机构登记失业半年以上且持《就业创业证》或2015年1月27日前取得的《就业失业登记证》(注明“企业吸纳税收政策”)人员，与其签订1年以上期限劳动合同并依法缴纳社会保险费的，在3年内按实际招用人数予以定额依次扣减增值税、城市维护建设税、教育费附加、地方教育附加和企业所得税优惠。定额标准为每人每年4 000元，最高可上浮30%，各省、自治区、直辖市人民政府可根据本地区实际情况在此幅度内确定具体定额标准，并报财政部和国家税务总局备案。

按上述标准计算的税收扣减额应在企业当年实际应缴纳的增值税、城市维护建设税、教育费附加、地方教育附加和企业所得税税额中扣减，当年扣减不足的，不得结转下年使用。

本条所称服务型企业是指从事《销售服务、无形资产、不动产注释》中“不动产租赁服务”“商务辅助服务”(不含货物运输代理和代理报关服务)、“生活服务”(不含文化体育服务)范围内业务活动的企业以及按照《民办非企业单位登记管理暂行条例》(国务院令第251号)登记成立的民办非企业单位。

(3) 享受上述优惠政策的人员按以下规定申领《就业创业证》：

① 按照《就业服务与就业管理规定》(劳动和社会保障部令第28号)第六十三条的规定，在法定劳动年龄内，有劳动能力，有就业要求，处于无业状态的城镇常住人员，在公共就业服务机构进行失业登记，申领《就业创业证》。其中，农村进城务工人员和其他非本地户籍人员在常住地稳定就业满6个月的，失业后可以在常住地登记。

② 零就业家庭凭社区出具的证明，城镇低保家庭凭低保证明，在公共就业服务机构登记失业，申领《就业创业证》。

③ 毕业年度内高校毕业生在校期间凭学生证向公共就业服务机构按规定申领《就业创业证》，或委托所在高校就业指导中心向公共就业服务机构按规定代为申领《就业创业证》；毕业年度内高校毕业生离校后直接向公共就业服务机构按规定申领《就业创业证》。

④ 上述人员申领相关凭证后，由就业和创业地人力资源社会保障部门对人员范围、就业失业状态、已享受政策情况进行核实，在《就业创业证》上注明“自主创业税收政策”“毕业年度内自主创业税收政策”或“企业吸纳税收政策”字样，同时符合自主创业和企业吸纳税收政策条件的，可同时加注；主管税务机关在《就业创业证》上加盖戳记，注明减免税所属时间。

(4) 上述税收优惠政策的执行期限为2016年5月1日至2016年12月31日，纳税人在2016年12月31日未享受满3年的，可继续享受至3年期满为止。

按照《财政部 国家税务总局 人力资源社会保障部关于继续实施支持和促进重点群体创业就业有关税收政策的通知》(财税〔2014〕39号)规定，享受营业税优惠政策的纳税人，自2016年5月1日起按照上述规定享受增值税优惠政策，在2016年12月31日未享受满3年的，可继续享受至3年期满为止。

(四) 金融企业发放贷款利息应缴纳的增值税

金融企业发放贷款后，自结息日起90天内发生的应收未收利息按现行规定缴纳增值税，自结息日起90天后发生的应收未收利息暂不缴纳增值税，待实际收到利息时按规定缴纳增值税。

（五）个人购买住房对外销售缴纳增值税规定

个人将购买不足2年的住房对外销售的，按照5%的征收率全额缴纳增值税；个人将购买2年以上(含2年)的住房对外销售的，免征增值税。上述政策适用于北京市、上海市、广州市和深圳市之外的地区。

个人将购买不足2年的住房对外销售的，按照5%的征收率全额缴纳增值税；个人将购买2年以上(含2年)的非普通住房对外销售的，以销售收入减去购买住房价款后的差额按照5%的征收率缴纳增值税；个人将购买2年以上(含2年)的普通住房对外销售的，免征增值税。上述政策仅适用于北京市、上海市、广州市和深圳市。

办理免税的具体程序、购买房屋的时间、开具发票、非购买形式取得住房行为及其他相关税收管理规定，按照《国务院办公厅转发建设部等部门关于做好稳定住房价格工作意见的通知》(国办发〔2005〕26号)、《国家税务总局 财政部 建设部关于加强房地产税收管理的通知》(国税发〔2005〕89号)和《国家税务总局关于房地产税收政策执行中几个具体问题的通知》(国税发〔2005〕172号)的有关规定执行。

（六）总结

上述增值税优惠政策除已规定期限的项目和第五条政策外，其他均在营改增试点期间执行。如果试点纳税人在纳入营改增试点之日前已经按照有关政策规定享受了营业税税收优惠，在剩余税收优惠政策期限内，按照本规定享受有关增值税优惠。

四、财政部、国家税务总局规定的其他部分征免税项目

(1) 资源综合利用产品和劳务增值税优惠政策。根据财税〔2015〕78号关于印发《资源综合利用产品和劳务增值税优惠目录》的通知的规定，纳税人销售自产的综合利用产品和提供资源综合利用劳务，可享受增值税“即征即退”政策。目录中将资源综合利用类别分为“共、伴生矿产资源”“废渣、废水(液)、废气”“再生资源”“农林剩余物及其他”“资源综合利用劳务”五大类。每一类分别列举了具体的综合利用的资源名称，综合利用产品和劳务名称。技术标准和相关条件，退税比例。退税比例有30%、50%、70%和100%四个档次。

(2) 免征蔬菜流通环节增值税。经国务院批准，自2012年1月1日起，免征蔬菜流通环节增值税。

对从事蔬菜批发、零售的纳税人销售的蔬菜免征增值税。纳税人既销售蔬菜又销售其他增值税应税货物的，应分别核算蔬菜和其他增值税应税货物的销售额；未分别核算的，不得享受蔬菜增值税免税政策。

(3) 粕类产品征免增值税问题。豆粕属于征收增值税的饲料产品，除豆粕以外的其他粕类饲料产品，均免征增值税。

(4) 制种行业免征增值税政策。制种企业在下列生产经营模式下生产销售种子，属于农业生产者销售自产农业产品，应根据《增值税暂行条例》有关规定免征增值税。

① 制种企业利用自有土地或承租土地，雇用农户或雇工进行种子繁育，再经烘干、脱粒、风筛等深加工后销售种子。

② 制种企业提供亲本种子，委托农户繁育并从农户手中收回，再经烘干、脱粒、风筛等深加工后销售种子。

(5) 有机肥产品免征增值税政策。

自 2008 年 6 月 1 日起，纳税人生产销售和批发、零售有机肥产品免征增值税。

(6) 按债转股企业与金融资产管理公司签订的债转股协议，债转股原企业将货物资产作为投资提供给债转股新公司，免征增值税。

(7) 自 2014 年 3 月 1 日起，对外购用于生产乙烯、芳烃类化工产品(以下称特定化工产品)的石脑油、燃料油(以下称 2 类油品)，且使用 2 类油品生产特定化工产品的产量占本企业用石脑油、燃料油生产各类产品总量 50%(含)以上的企业，其外购 2 类油品的价格中消费税部分对应的增值税税额，予以退还。

(8) 自 2018 年 1 月 1 日至 2019 年 12 月 31 日，纳税人为农户、小型企业、微型企业及个体工商户借款、发行债券提供融资担保取得的担保费收入，以及为上述融资担保提供再担保取得的再担保费收入，免征增值税。

(9) 自 2016 年 5 月 1 日起，社会团体收取的会费，免征增值税。2017 年 12 月 25 日前已征的增值税，可抵减以后月份应缴纳的增值税，或办理退税。

五、其他有关减免税规定

(1) 纳税人兼营免税、减税项目的，应当分别核算免税、减税项目的销售额；未分别核算销售额的，不得免税、减税。

(2) 纳税人发生应税销售行为适用免税规定的，可以放弃免税，依照《增值税暂行条例》的规定缴纳增值税。放弃免税后，36 个月内不得再申请免税。

纳税人发生应税销售行为同时适用免税和零税率规定的，优先适用零税率。

(3) 安置残疾人单位既符合促进残疾人就业增值税优惠政策条件，又符合其他增值税优惠政策条件的，可同时享受多项增值税优惠政策，但年度申请退还增值税总额不得超过本年度内应纳增值税总额。

思考：若按照增值税相关法规规定，纳税人发生应税行为同时适用免税和零税率规定的，纳税人可以选择适用免税或者零税率。假如你是企业的财务负责人，请考虑零税率与免税哪个会更优惠些，你会如何选择?

任务七　征收管理

一、纳税义务发生时间

纳税义务发生时间，是纳税人发生应税销售行为应当承担纳税义务的起始时间。为了保证计算应纳税额的合理性、准确性，《中华人民共和国增值税暂行条例》《中华人民共和国增值税暂行条例实施细则》及"营改增"政策明确规定了增值税纳税义务的发生时间。

(一) 一般规定

(1) 纳税人发生应税销售行为，其纳税义务发生时间为收讫销售款项或者取得索取销售款项凭据的当天；先开具发票的，为开具发票的当天。

收讫销售款项，是指纳税人发生应税销售行为过程中或者完成后收到款项。

取得索取销售款项凭据的当天，是指书面合同确定的付款日期；未签订书面合同或者书面合同未确定付款日期的，为应税销售行为完成的当天或者不动产权属变更的当天。

(2) 进口货物，为报关进口的当天。

(3) 增值税扣缴义务发生时间为纳税人增值税纳税义务发生的当天。

(二) 具体规定

(1) 采取直接收款方式销售货物，不论货物是否发出，均为收到销售款或者取得索取销售款凭据的当天。

(2) 采取托收承付和委托银行收款方式销售货物，为发出货物并办妥托收手续的当天。

(3) 采取赊销和分期收款方式销售货物，为书面合同约定的收款日期的当天，无书面合同的或者书面合同没有约定收款日期的，为货物发出的当天。

(4) 采取预收货款方式销售货物，为货物发出的当天，但生产销售生产工期超过 12 个月的大型机械设备、船舶、飞机等货物，为收到预收款或者书面合同约定的收款日期的当天。

(5) 委托其他纳税人代销货物，为收到代销单位的代销清单或者收到全部或者部分货款的当天。未收到代销清单及货款的，为发出代销货物满 180 天的当天。

(6) 销售应税劳务，为提供劳务同时收讫销售款或者取得索取销售款的凭据的当天。

(7) 纳税人发生除货物交付其他单位或者个人代销和销售代销货物以外的视同销售货物行为，为货物移送的当天。

(8) 纳税人提供建筑服务、租赁服务采取预收款方式的，其纳税义务发生时间为收到预收款的当天。

(9) 纳税人从事金融商品转让的，为金融商品所有权转移的当天。

(10) 纳税人发生视同销售服务、无形资产或者不动产情形的，其纳税义务发生时间为服务、无形资产转让完成的当天或者不动产权属变更的当天。

上述应税销售行为纳税义务发生时间和扣缴义务发生时间的确定，明确了企业在计算应纳税额时，对“当期销项税额”时间的限定，是增值税计税和征收管理中重要的规定。

二、纳税期限

根据《增值税暂行条例》的规定，增值税的纳税期限分别为 1 日、3 日、5 日、10 日、15 日、1 个月或者 1 个季度。

纳税人的具体纳税期限，由主管税务机关根据纳税人应纳税额的大小分别核定。以 1 个季度为纳税期限的规定适用于小规模纳税人、银行、财务公司、信托投资公司、信用社，以及财政部和国家税务总局规定的其他纳税人。不能按照固定期限纳税的，可以按次纳税。

纳税人以 1 个月或者 1 个季度为 1 个纳税期的，自期满之日起 15 日内申报纳税；

以1日、3日、5日、10日或者15日为1个纳税期的，自期满之日起5日内预缴税款，于次月1日起15日内申报纳税并结清上月应纳税款。扣缴义务人解缴税款的期限，与上述规定一致。

纳税人进口货物，应当自海关填发进口增值税专用缴款书之日起15日内缴纳税款。

三、纳税地点

按税法要求，增值税纳税人具体纳税地点规定如下。

(1) 固定业户应当向其机构所在地或者居住地主管税务机关申报纳税。总机构和分支机构不在同一县(市)的，应当分别向各自所在地的主管税务机关申报纳税；但在同一省(区、市)范围内的，经省(区、市)财政厅(局)、国家税务局审批同意，可以由总机构汇总向总机构所在地的主管税务机关申报纳税。

(2) 固定业户到外县(市)销售货物或者应税劳务，应当向其机构所在地的主管税务机关申请开具外出经营活动税收管理证明，并向其机构所在地的主管税务机关申报纳税；未开具证明的，应当向销售地或者劳务发生地的主管税务机关申报纳税；未向销售地或者劳务发生地的主管税务机关申报纳税的，由其机构所在地的主管税务机关补征税款。

(3) 非固定业户销售货物或者应税劳务，应当向销售地或者劳务发生地的主管税务机关申报纳税；未向销售地或者劳务发生地的主管税务机关申报纳税的，由其机构所在地或者居住地的主管税务机关补征税款。

(4) 其他个人提供建筑服务，销售或者租赁不动产，转让自然资源使用权，应向建筑服务发生地、不动产所在地、自然资源所在地主管税务机关申报纳税。

(5) 进口货物，应当向报关地海关申报纳税。

(6) 扣缴义务人应当向其机构所在地或者居住地主管税务机关申报缴纳扣缴的税款。

四、纳税申报

增值税纳税申报按照一般纳税人与小规模纳税人身份不同分别报送不同的申报内容。

(一) 一般纳税人纳税申报表及其附列资料

(1)《增值税纳税申报表(一般纳税人适用)》，必填，如表2-7所示。

(2)《增值税纳税申报表附列资料(一)》(本期销售情况明细)，必填，如表2-8所示。

(3)《增值税纳税申报表附列资料(二)》(本期进项税额明细)，必填，如表2-9所示。

(4)《增值税纳税申报表附列资料(三)》(服务、不动产和无形资产扣除项目明细)，是否填报视有无享受差额征税政策而定，如表2-10所示。

(5)《增值税纳税申报表附列资料(四)》(税额抵减情况表)，是否填报视有无税控设备及技术维护费抵减或者预缴税款抵减情况而定，如表2-11所示。

(6)《增值税减免税申报明细表》是否填报视是否享受减免业务而定，如表2-12所示。

一般纳税人纳税申报表的填报顺序为：第一步，填报销售收入(表2-8和表2-10)；第二步，填报进项税额(即附表二，《本期抵扣进项税额结构明细表》)；第三步，填报税额抵减(表2-11)；第四步，填写减免税明细(表2-15)；第五步，填报主表(表2-7)；第六步，填报税负测算(表2-16)。

表 2-7　增值税纳税申报表

（一般纳税人适用）

根据国家税收法律法规及增值税相关规定制定本表。纳税人不论有无销售额，均应按税务机关核定的纳税期限填写本表，并向当地税务机关申报。

税款所属时间：自　　年　月　日至　　年　月　日　　　填表日期：　年　月　日　　　金额单位：元至角分

纳税人识别号				所属行业：	
纳税人名称	（公章）	法定代表人姓名		注册地址		生产经营地址	
开户银行及账号		登记注册类型		电话号码	

项目		栏次	一般项目		即征即退项目	
			本月数	本年累计	本月数	本年累计
销售额	（一）按适用税率计税销售额	1				
	其中：应税货物销售额	2				
	应税劳务销售额	3				
	纳税检查调整的销售额	4				
	（二）按简易办法计税销售额	5				
	其中：纳税检查调整的销售额	6				
	（三）免、抵、退办法出口销售额	7		—		—
	（四）免税销售额	8		—		—
	其中：免税货物销售额	9		—		—
	免税劳务销售额	10		—		—

续表

项目		栏次	一般项目		即征即退项目	
			本月数	本年累计	本月数	本年累计
税款计算	销项税额	11				
	进项税额	12				
	上期留抵税额	13				—
	进项税额转出	14				
	免、抵、退应退税额	15		—		—
	按适用税率计算的纳税检查应补缴税额	16		—		—
	应抵扣税额合计	17＝12＋13－14－15＋16		—		—
	实际抵扣税额	18(如 17＜11，则为 17，否则为 11)				
	应纳税额	19＝11－18				
	期末留抵税额	20＝17－18				—
	简易计税办法计算的应纳税额	21				
	按简易计税办法计算的纳税检查应补缴税额	22			—	—
	应纳税额减征额	23				
	应纳税额合计	24＝19＋21－23				

续表

项目		栏次	一般项目		即征即退项目	
			本月数	本年累计	本月数	本年累计
税款缴纳	期初未缴税额(多缴为负数)	25				
	实收出口开具专用缴款书退税额	26			—	—
	本期已缴税额	27＝28＋29＋30＋31				
	①分次预缴税额	28		—		—
	②出口开具专用缴款书预缴税额	29		—	—	—
	③本期缴纳上期应纳税额	30				
	④本期缴纳欠缴税额	31				
	期末未缴税额(多缴为负数)	32＝24＋25＋26－27				
	其中：欠缴税额(≥0)	33＝25＋26－27		—		—
	本期应补(退)税额	34＝24－28－29		—		—
	即征即退实际退税额	35	—	—		
	期初未缴查补税额	36			—	—
	本期入库查补税额	37			—	—
	期末未缴查补税额	38＝16＋22＋36－37			—	—

授权声明	如果你已委托代理人申报，请填写下列资料： 为代理一切税务事宜，现授权 （地址） 为本纳税人的代理申报人，任何与本 申报表有关的往来文件，都可寄予此人。 授权人签字：	申报人声明	本纳税申报表是根据国家税收法律法规及相关规定填报的，我确定它是真实的、可靠的、完整的。 声明人签字：

主管税务机关：　　接收人：　　接收日期：

表 2-8 增值税纳税申报表附列资料(一)

(本期销售情况明细)

税款所属时间：　　年　月　日至　　年　　月　　日

纳税人名称：(公章)　　　　　　　　　　　　　　　　金额单位：元至角分

项目及栏次				开具增值税专用发票		开具其他发票		未开具发票		纳税检查调整		合　计			服务、不动产和无形资产扣除项目本期实际扣除金额	扣除后	
				销售额	销项(应纳)税额	销售额	销项(应纳)税额	销售额	销项(应纳)税额	销售额	销项(应纳)税额	销售额	销项(应纳)税额	价税合计		含税(免税)销售额	销项(应纳)税额
				1	2	3	4	5	6	7	8	9=1+3+5+7	10=2+4+6+8	11=9+10	12	13=11−12	14=13÷(100%+税率或征收率)×税率或征收率
一、一般计税方法计税	全部征税项目	13%税率的货物及加工修理修配劳务	1											—	—	—	—
		13%税率的服务、不动产和无形资产	2														
		9%税率的货物及加工修理修配劳务	3											—	—	—	—
		9%税率的服务、不动产和无形资产	4														
		6%税率	5														
	其中：即征即退项目	即征即退货物及加工修理修配劳务	6	—	—	—	—	—	—	—	—			—	—	—	—
		即征即退服务、不动产和无形资产	7	—	—	—	—	—	—	—	—						

续表

项目及栏次				开具增值税专用发票		开具其他发票		未开具发票		纳税检查调整		合计			服务、不动产和无形资产扣除项目本期实际扣除金额	扣除后	
				销售额	销项（应纳）税额	销售额	销项（应纳）税额	销售额	销项（应纳）税额	销售额	销项（应纳）税额	销售额	销项（应纳）税额	价税合计		含税（免税）销售额	销项（应纳）税额
				1	2	3	4	5	6	7	8	9＝1＋3＋5＋7	10＝2＋4＋6＋8	11＝9＋10	12	13＝11－12	14＝13÷（100%＋税率或征收率）×税率或征收率
二、简易计税方法计税	全部征税项目	6%征收率	8							—	—			—	—	—	—
		5%征收率的货物及加工修理修配劳务	9a							—	—			—	—	—	—
		5%征收率的服务、不动产和无形资产	9b							—	—						
		4%征收率	10							—	—			—	—	—	—
		3%征收率的货物及加工修理修配劳务	11							—	—			—	—	—	—
		3%征收率的服务、不动产和无形资产	12							—	—						
		预征率 %	13a							—	—						
		预征率 %	13b							—	—						
		预征率 %	13c							—	—						

续表

项目及栏次				开具增值税专用发票		开具其他发票		未开具发票		纳税检查调整		合计			服务、不动产和无形资产扣除项目本期实际扣除金额	扣除后	
				销售额	销项(应纳)税额	销售额	销项(应纳)税额	销售额	销项(应纳)税额	销售额	销项(应纳)税额	销售额	销项(应纳)税额	价税合计		含税(免税)销售额	销项(应纳)税额
				1	2	3	4	5	6	7	8	9=1+3+5+7	10=2+4+6+8	11=9+10	12	13=11−12	14=13÷(100%+税率或征收率)×税率或征收率
二、简易计税方法计税	其中：即征即退项目	即征即退货物及加工修理修配劳务	14	—	—	—	—	—	—	—	—			—	—	—	—
		即征即退服务、不动产和无形资产	15	—	—	—	—	—	—	—	—						
三、免抵退税	货物及加工修理修配劳务		16	—	—		—		—	—	—		—	—	—	—	—
	服务、不动产和无形资产		17	—	—		—		—	—	—		—				—
四、免税	货物及加工修理修配劳务		18				—		—	—	—		—	—	—	—	—
	服务、不动产和无形资产		19	—	—		—		—	—	—		—				—

表 2-9 增值税纳税申报表附列资料(二)

(本期进项税额明细)

税款所属时间： 年 月 日至 年 月 日

纳税人名称：(公章) 金额单位：元至角分

一、申报抵扣的进项税额

项 目	栏 次	份 数	金额	税 额
(一)认证相符的增值税专用发票	1=2+3			
其中：本期认证相符且本期申报抵扣	2			
前期认证相符且本期申报抵扣	3			
(二)其他扣税凭证	4=5+6+7+8a+8b			
其中：海关进口增值税专用缴款书	5			
农产品收购发票或者销售发票	6			
代扣代缴税收缴款凭证	7		—	
加计扣除农产品进项税额	8a	—	—	
其他	8b			
(三)本期用于购建不动产的扣税凭证	9			
(四)本期用于抵扣的旅客运输服务扣税凭证	10	—	—	
(五)外贸企业进项税额抵扣证明	11	—	—	
当期申报抵扣进项税额合计	12=1+4+11			

二、进项税额转出额

项 目	栏 次	税 额
本期进项税额转出额	13=14 至 23 之和	
其中：免税项目用	14	
集体福利、个人消费	15	
非正常损失	16	
简易计税方法征税项目用	17	
免抵退税办法不得抵扣的进项税额	18	
纳税检查调减进项税额	19	
红字专用发票信息表注明的进项税额	20	
上期留抵税额抵减欠税	21	
上期留抵税额退税	22	
其他应作进项税额转出的情形	23	

续表

三、待抵扣进项税额				
项　　目	栏　　次	份　　数	金额	税　　额
(一)认证相符的增值税专用发票	24	—	—	—
期初已认证相符但未申报抵扣	25			
本期认证相符且本期未申报抵扣	26			
期末已认证相符但未申报抵扣	27			
其中：按照税法规定不允许抵扣	28			
(二)其他扣税凭证	29=30至33之和			
其中：海关进口增值税专用缴款书	30			
农产品收购发票或者销售发票	31			
代扣代缴税收缴款凭证	32		—	
其他	33			
	34			
四、其他				
项　　目	栏　　次	份　　数	金额	税　　额
本期认证相符的增值税专用发票	35			
代扣代缴税额	36	—		

表 2-10　增值税纳税申报表附列资料(三)

(服务、不动产和无形资产扣除项目明细)

税款所属时间：　　年　月　日至　年　月　日

纳税人名称：(公章)　　　　　　　　金额单位：元至角分

项目及栏次		本期服务、不动产和无形资产价税合计额(免税销售额)	服务、不动产和无形资产扣除项目				
			期初余额	本期发生额	本期应扣除金额	本期实际扣除金额	期末余额
		1	2	3	4=2+3	5(5≤1且5≤4)	6=4-5
13%税率的项目	1						
9%税率的项目	2						
6%税率的项目(不含金融商品转让)	3						
6%税率的金融商品转让项目	4						
5%征收率的项目	5						
3%征收率的项目	6						
免抵退税的项目	7						
免税的项目	8						

表 2-11 增值税纳税申报表附列资料(四)

(税额抵减情况表)

税款所属时间： 年 月 日至 年 月 日

纳税人名称：(公章) 金额单位：元至角分

一、税额抵减情况

序号	抵减项目	期初余额	本期发生额	本期应抵减税额	本期实际抵减税额	期末余额
		1	2	3=1+2	4≤3	5=3-4
1	增值税税控系统专用设备费及技术维护费					
2	分支机构预征缴纳税款					
3	建筑服务预征缴纳税款					
4	销售不动产预征缴纳税款					
5	出租不动产预征缴纳税款					

二、加计抵减情况

序号	抵减项目	期初余额	本期发生额	本期调减额	本期可抵减额	本期实际抵减额	期末余额
		1	2	3	4=1+2+3	5	6=4-5
6	一般项目加计抵减额计算						
7	即征即退项目加计抵减额计算						
8	合计						

表 2-12 增值税减免税申报明细表

税款所属时间：自 年 月 日至 年 月 日

纳税人名称：(公章) 金额单位：元至角分

一、减税项目

减税性质代码及名称	栏次	期初余额	本期发生额	本期应抵减税额	本期实际抵减税额	期末余额
		1	2	3=1+2	4≤3	5=3-4
合计	1					

续表

一、减税项目						
减税性质代码及名称	栏次	期初余额	本期发生额	本期应抵减税额	本期实际抵减税额	期末余额
		1	2	3=1+2	4≤3	5=3-4
	2					
	3					
	4					
	5					
	6					
二、免税项目						
免税性质代码及名称	栏次	免征增值税项目销售额	免税销售额扣除项目本期实际扣除金额	扣除后免税销售额	免税销售额对应的进项税额	免税额
		1	2	3=1+2	4	5
合　计	7					
出口免税	8		—	—	—	—
其中：跨境服务	9		—	—	—	—
	10					
	11					
	12					
	13					
	14					
	15					
	16					

(二) 小规模纳税人纳税申报表及其附列资料

(1)《增值税纳税申报表(小规模纳税人适用)》，本表“货物及劳务”与“服务、不动产和无形资产”各项目应分别填写，如表 2-13 所示。

(2)《增值税纳税申报表(小规模纳税人适用)附列资料》，本附列资料由发生应税行为且有扣除项目的纳税人填写，各栏次均不包含免征增值税项目的金额，如表 2-14 所示。

该《增值税纳税申报表(小规模纳税人适用)》及《增值税纳税申报表(小规模纳税人适用)附列资料》自税款所属期 2016 年 5 月 1 日起使用。

表 2-13 增值税纳税申报表

（小规模纳税人适用）

纳税人识别号：																				

纳税人名称(公章)： 金额单位：元至角分

税款所属期： 年 月 日至 年 月 日 填表日期： 年 月 日

	项 目	栏 次	本期数		本年累计	
			货物及劳务	服务、不动产和无形资产	货物及劳务	服务、不动产和无形资产
一、计税依据	(一)应征增值税不含税销售额(3%征收率)	1				
	税务机关代开的增值税专用发票不含税销售额	2				
	税控器具开具的普通发票不含税销售额	3				
	(二)应征增值税不含税销售额(5%征收率)	4	—		—	
	税务机关代开的增值税专用发票不含税销售额	5	—		—	
	税控器具开具的普通发票不含税销售额	6	—		—	
	(三)销售使用过的固定资产不含税销售额	7(7≥8)		—		—
	其中：税控器具开具的普通发票不含税销售额	8		—		—
	(四)免税销售额	9=10+11+12				
	其中：小微企业免税销售额	10				
	未达起征点销售额	11				
	其他免税销售额	12				
	(五)出口免税销售额	13(13≥14)				
	其中：税控器具开具的普通发票销售额	14				

续表

	项目	栏次	本期数		本年累计	
			货物及劳务	服务、不动产和无形资产	货物及劳务	服务、不动产和无形资产
二、税款计算	本期应纳税额	15				
	本期应纳税额减征额	16				
	本期免税额	17				
	其中：小微企业免税额	18				
	未达起征点免税额	19				
	应纳税额合计	20=15-16				
	本期预缴税额	21			—	—
	本期应补(退)税额	22=20-21			—	—

纳税人或代理人声明：	如纳税人填报，由纳税人填写以下各栏：
本纳税申报表是根据国家税收法律法规及相关规定填报的，我确定它是真实的、可靠的、完整的。	办税人员：　财务负责人： 法定代表人：　联系电话：
	如委托代理人填报，由代理人填写以下各栏：
	代理人名称(公章)：　经办人： 联系电话：

主管税务机关：　　　　接收人：　　　　接收日期：

表 2-14　增值税纳税申报表(小规模纳税人适用)附列资料

税款所属期：　　年　月　日至　　年　月　日　　　　填表日期：　　年　月　日

纳税人名称(公章)：　　　　金额单位：元至角分

应税行为(3%征收率)扣除额计算			
期初余额	本期发生额	本期扣除额	期末余额
1	2	3(3≤1+2之和，且3≤5)	4=1+2-3
应税行为(3%征收率)计税销售额计算			
全部含税收入(适用3%征收率)	本期扣除额	含税销售额	不含税销售额
5	6=3	7=5-6	8=7÷1.03

续表

应税行为(5%征收率)扣除额计算			
期初余额	本期发生额	本期扣除额	期末余额
9	10	11(11≤9+10之和，且11≤13)	12=9+10−11
应税行为(5%征收率)计税销售额计算			
全部含税收入(适用5%征收率)	本期扣除额	含税销售额	不含税销售额
13	14=11	15=13−14	16=15÷1.05

项目小结

增值税是对销售货物或者提供加工、修理修配劳务以及进口货物的单位和个人就其实现的增值额征收的一个税种。从计税原理上说，增值税是对商品生产、流通、劳务服务中多个环节的新增价值或商品的附加值征收的一种流转税。增值税是最主要的流转税种之一，其最大特点是能够最大限度地消除重复计税。

目前，增值税已经成为中国最主要的税种之一。近年来，我国致力于增值税的各项改革，从营业税改增值税，从简化税率、提高小规模纳税人起征点到税率进一步调减、不动产一次性抵扣、适用加计抵减政策等，更大规模的减税降费举措将陆续进入操作环节。实施更大规模减税，是积极财政政策加力增效的重要方面，也是深化供给侧结构性改革的重要举措。

本章习题
扫描二维码
可下载。

3 项目三 Chapter 3 消费税法

>>> 学习目标

1. 了解消费税的基本特点和内容。

2. 理解消费税纳税申报方法。

3. 掌握消费税纳税人、征税范围、税率、应纳税额计算方法。

4. 掌握生产、委托加工、进口及批发零售环节应纳消费税的计算。

5. 掌握消费税的申报要求，包括纳税期限、地点等，能用所学知识规范消费税核算的相关技能活动。

>>> 项目导入

日本是中国公民假期出游人气最高的出境游国家之一。在购物的时候，游客们总能在各种商品价签上看到“税拔”和“税込”的字样，这是什么意思呢？原来日本实行一种征税范围几乎覆盖所有商品交易和劳务的消费税，在商品的标签上购买者可以清楚地得知该项商品税前和税后的价格。所以，“税拔”意为“不含税”，而“税込”意为“含税”。

在我国市场上销售的商品，消费者在购买时通过陈列的商品价签，只能看到单一的购买价格，并没有任何税金的提示或说明，是不是说明我国对此并不征税呢？本项目内容能够为你解开这项疑惑。

任务一 消费税法概述

一、消费税概述

现行消费税法的基本规范是2009年1月1日起施行的《中华人民共和国消费税暂行条例》(以下简称《消费税暂行条例》)以及2008年12月15日由财政部、国家税务总局第51

号令颁布的《中华人民共和国消费税暂行条例实施细则》。按照规定，消费税是对我国境内从事生产、委托加工和进口应税消费品的单位和个人，就其销售额或销售数量，在特定环节征收的一种税。简单地说，消费税就是对特定的消费品和消费行为按消费流转额征收的一种商品税。

消费税不仅可以保证国家财政收入的稳定增长，而且还可以调节产业结构和消费结构，限制某些奢侈品、高能耗品的生产，正确引导消费。同时，它也体现了一个国家的产业政策和消费政策。因其独特的调节作用，消费税受到各国政府的普遍重视，成为世界各国广泛开征的一个税种。目前，美国、英国、日本、法国等主要发达国家均对特定的消费品或者消费行为征收消费税。

消费税和增值税均为流转税的主体税种，与增值税相比，消费税具有如下特点。

(一) 征税范围的选择性

目前，世界各国都较多针对某些特定消费品和消费行为开征消费税，尽管各国征税的范围宽窄不一，但基本都是在人们普遍消费的大量消费品或消费行为中有选择地确定若干个征税项目，在税法中实行列举征税。一般来说，消费税按征收货物种类和范围可以将其分为有限型消费税、中间型消费税和延伸型消费税三种类型。一般征收范围不超过 15 种传统货物类别的是有限型消费税，超过 30 种的属于延伸型消费税，在两者之间的即为中间型消费税。我国现行消费税法规以列举的方式选择了 15 个征税项目，属于有限型消费税类别。而美国、日本、韩国等国家的课税范围更加广泛。以美国为例，美国除了有限型消费税的基本课税范围中的烟草制品、酒精饮料、石油制品及机动车辆等货物种类外，还包括汽车燃料、炭硫、赌博博彩、娱乐消费、通信、外国保险等。目前，美国在以减税为中心思想的税收改革形势下以及国内市民普遍关注污染治理的环境下，消费税的课税范围有继续扩大的趋势。而日本实行的延伸型消费税的征税范围几乎覆盖了所有的商品交易和劳务。

我国现行课征的消费税是 1994 年税制改革中设立的一种税，消费税征税对象主要包括特殊消费品、奢侈品、高能耗消费品、不可再生的资源消费品和税基宽广、消费普遍、不影响人民生活水平，但又具有一定财政意义的普通消费品，共计 11 个税目。为适应我国产业结构、消费水平以及节能环保等方面的新要求，我国从 2006 年 4 月 1 日起，对消费税的征收范围进行了调整。截至目前，调整后的消费税税目共计 15 个。如果将我国消费税与增值税在征税范围上进行比较，可以说消费税的应税消费品的范围小于增值税应税货物的范围。一般来说，凡征收消费税的货物都应征收增值税，而征收增值税的货物不一定征收消费税。

(二) 征税环节的单一性

消费税只在应税消费品的生产、委托加工和进口环节缴纳，在以后的批发（卷烟除外）、零售（金银首饰、钻石饰品除外）等环节，因为价款中已包含消费税，因此不用再缴纳消费税，即通常所说的一次课征制。若将消费税与增值税相比，两者区别十分显著，相对消费税的单一环节征收，增值税则在生产、批发、零售等流通环节道道征收。

(三) 征收方法的灵活性

消费税的计税方法灵活，按照应税消费品的不同性质，分别采用从价计征、从量计征和复合计征。针对供需矛盾突出、价格差异较大、计量单位不规范、便于按照价格核算的应税消费品采用从价计征的方式征收；对供求基本平衡、价格差异不大、品种规格单一、计量规范的应税消费品，则采用从量计征的方式征收。一般情况下，对一种消费品只选择一种征收方法，但为了更好地保全税基，对部分应税消费品采用了从价计征和从量计征的复合计征方法。相比消费税的多种计征方式，增值税全部只适用从价计征这一种计税方式。

(四) 税收调节的特殊性

消费税属于国家运用税收杠杆对某些消费品或者消费行为特殊调节的税种。消费税具有调节产业结构，引导消费方向的功能，它对于市场经济的特殊调节作用主要包括两个方面。

(1) 对不同的征税项目采用不同的税率，通过不同征税项目间的税负差异，实现对需要控制或限制的消费品进行约束，达到特殊调节的目的。

(2) 消费税往往与增值税同时计征，在对货物普遍征收增值税的基础上，选择少数消费品再征收一道消费税，通过双重调节的方法，对某些特殊的消费品起到双层次调节的作用。

(五) 消费税负的转嫁性

按照税收与价格的关系不同，税收可以分为价外税和价内税两种。目前，从世界范围来说，消费税也有价外与价内这两种记税方式。价外税是一种公开的形式，即在应税商品的价格之外，另行收取消费税金，是消费负担透明、公开的课税方式。而价内税是一种更为隐蔽的形式，是消费税金额包含在货物价格之内的记税方式。大多数西方发达国家由于税收法律意识与纳税意识强，实行“公开、民主”的价外税，如美国、日本等。消费者购买或接受服务付款时，发票上分别标明货款和税款，税负一目了然。我国的记税方式则采用价内税，消费者在购买货物或接受服务时，就已经支付了“无形的税金”。我国采取该种记税方式，事实上消费税通过价格转嫁最终也是由消费者承担，达到和价外税一样的效果。消费税转嫁性的特征，较其他商品课税形式更为明显。相比增值税而言，尽管两者都是流转税，但我国消费税是价内税，而增值税为价外税。

思考：增值税与消费税的主要区别是什么，试着总结一下吧。

二、消费税的纳税人

根据 2009 年实施的《消费税暂行条例》的规定，消费税的纳税人为在我国境内生产、委托加工和进口应税消费品的单位和个人，以及国务院确定的销售《消费税暂行条例》规定的消费品的其他单位和个人。

其中，委托加工的应税消费品由受托方于委托方提货时代收代缴(受托方为个体经营者除外)；自产自用的应税消费品，由自产自用单位和个人在移送使用时缴纳消费税；进口的应税消费品，于报关进口时由进口人或代理人向海关缴纳。

三、消费税的征税范围

确定消费税征税范围的原则是：充分考虑我国经济发展水平，立足于我国消费政策和产业政策，根据人民生活水平、消费水平和消费结构的状况，注重保证国家财政收入稳定发展。按照以上原则，在种类繁多的消费品中，将以下五类列入了消费税征税范围。

第一类，过度消费会对人身健康、社会秩序、生态环境等方面造成危害的特殊消费品，如烟、酒、鞭炮、焰火等。

第二类，非生活必需品，如化妆品、贵重首饰、珠宝玉石等。

第三类，高能耗及高档消费品，如小汽车、游艇等。

第四类，不可再生或替代的稀缺资源消费品，如汽油、柴油等油品。

第五类，消费普遍、税基宽广、征税后不影响居民基本生活并具有一定财政意义的消费品，如电池等。

消费税的征税范围不是一成不变的，它会随着我国国民经济的发展，根据国家的产业政策、经济情况和消费结构进行适当调整。例如，美国、英国等国家普遍征收的高档娱乐消费品税和高档消费娱乐税，我国还没有课征。近年来，国民环保意识逐渐加强，为了保护环境和生态，实现可持续性发展，对污染、排污等方面的行为征税也是消费税未来调整的方向。

四、消费税税目与税率

按照《消费税暂行条例》规定，在 2014 年 12 月调整后，确定征收消费税的只有烟、酒、化妆品、鞭炮焰火、成品油、小汽车、摩托车、高尔夫球及球具、高档手表、游艇、木制一次性筷子、实木地板、电池、涂料等 15 个税目，有的税目还进一步划分若干子目。

在消费税各应税消费品的税率选择上，主要有三种类型：比例税率、定额税率和复合计征。其中，适用定额税率的应税消费品有黄酒、啤酒和成品油；适用复合计征的应税消费品有白酒和卷烟；其他应税消费品全部适用比例税率。具体如表 3-1 所示。

表 3-1 消费税税目、税率表

税目	税率	备注
一、烟		1. 凡是以烟叶为原料加工生产的产品，不论使用何种辅料，均属于本税目的征收范围。包括进口卷烟、白包卷烟、手工卷烟和未经国务院批准纳入计划的企业及个人生产的卷烟。 2. 甲类卷烟：每标准条(200 支，下同)调拨价 70 元(含 70 元，不含增值税，下同)以上；乙类卷烟：每标准条调拨价 70 元以下
1. 卷烟		
(1)甲类卷烟	56%加 0.003 元/支	
(2)乙类卷烟	36%加 0.003 元/支	
(3)批发环节	11%加 0.005 元/支	
2. 雪茄烟	36%	
3. 烟丝	30%	

续表

税　　目	税　　率	备　　注
二、酒 1. 白酒 2. 黄酒 3. 啤酒 (1)甲类啤酒 (2)乙类啤酒 4. 其他酒	 20%加 0.5 元/500 克 240 元/吨 250 元/吨 220 元/吨 10%	1. 酒是酒精度在 1 度以上的各类酒类饮料，包括粮食白酒、薯类白酒、黄酒、啤酒和其他酒。 2. 甲类啤酒：啤酒每吨出厂价(含包装物及包装物押金，下同)在 3 000 元(含 3 000 元，不含增值税，下同)以上；乙类啤酒：每吨出厂价在 3 000 元以下的
三、高档化妆品	15%	1. 本税目征收范围包括高档美容、修饰类化妆品、高档护肤类化妆品和成套化妆品。 2. 舞台、戏剧、影视演员化妆用的上妆油、卸妆油、油彩，不属于本税目的征税范围。 3. 高档美容、修饰类化妆品和高档护肤类化妆品是指生产(进口)环节销售(完税)价格(不含增值税)在 10 元/毫升(克)或 15 元/片(张)及以上的美容、修饰类化妆品和护肤类化妆品
四、贵重首饰及珠宝玉石 1. 金银首饰、铂金首饰和钻石及钻石饰品(特指零售环节) 2. 其他贵重首饰和珠宝玉石(其他环节)	 5% 10%	以金、银、白金、宝石、珍珠、钻石、翡翠、珊瑚、玛瑙等高贵稀有物质以及其他金属、人造宝石等制作的各种纯金银首饰及镶嵌首饰和经采掘、打磨、加工的各种珠宝玉石
五、鞭炮、焰火	15%	体育上用的发令纸、鞭炮药引线，不按本税目征收
六、成品油 1. 汽油 2. 柴油 3. 航空煤油 4. 石脑油 5. 溶剂油 6. 润滑油 7. 燃料油	 1.52 元/升 1.2 元/升 1.2 元/升 1.52 元/升 1.52 元/升 1.52 元/升 1.2 元/升	1. 以汽油、汽油组分调和生产的甲醇汽油、乙醇汽油也属本税目征收范围。 2. 以柴油、柴油组分调和生产的生物柴油也属于本税目征收范围。 3. 航空煤油的消费税暂缓征收

续表

<table>
<tr><th>税目</th><th colspan="2">税率</th><th>备注</th></tr>
<tr><td rowspan="2">七、小汽车
1. 乘用车
(1)气缸容量(排气量，下同)在1.0升(含1.0升)以下的
(2)气缸容量在1.0升以上至1.5升(含1.5升)的
(3)气缸容量在1.5升以上至2.0升(含2.0升)的
(4)气缸容量在2.0升以上至2.5升(2.5升)的
(5)气缸容量在2.5升以上至3.0升(含3.0升)的
(6)气缸容量在3.0升以上至4.0升(含4.0升)的
(7)气缸容量在4.0升以上
2. 中轻型商用客车
3. 超豪华小汽车</td><td>生产(进口)环节</td><td>零售环节</td><td rowspan="2">1. 电动汽车、沙滩车、雪地车、卡丁车、高尔夫车不属于消费税征收范围，不征收消费税。
2. 超豪华小汽车征收范围为每辆零售价格130万元(不含增值税)及以上的乘用车和中轻型商用客车，即乘用车和中轻型商用客车子税目中的超豪华小汽车。
3. 国内汽车生产企业直接销售给消费者的超豪华小汽车，消费税税率按照生产环节税率和零售环节税率加总计算</td></tr>
<tr><td>1%
3%
5%
9%
12%
25%
40%
5%
按子税目1和子税目2的规定征收</td><td>10%</td></tr>
<tr><td>八、摩托车
1. 气缸容量为250毫升的
2. 气缸容量为250毫升以上的</td><td colspan="2">3%
10%</td><td>对最大设计车速不超过50千米/小时，发动机气缸总工作容量不超过50毫米的三轮摩托车不征收消费税</td></tr>
<tr><td>九、高尔夫球及球具</td><td colspan="2">10%</td><td>包括高尔夫球、高尔夫球杆、高尔夫球包(袋)，高尔夫球杆的杆头、杆身和握把属于本税目的征收范围</td></tr>
<tr><td>十、高档手表</td><td colspan="2">20%</td><td>销售价格(不含增值税)每只在10 000元(含)以上的各类手表</td></tr>
<tr><td>十一、游艇</td><td colspan="2">10%</td><td>包括无动力艇、帆艇和机动艇</td></tr>
<tr><td>十二、木制一次性筷子</td><td colspan="2">5%</td><td>包括各种规格的木制一次性筷子，未经打磨、倒角的木制一次性筷子属于本税目征税范围</td></tr>
<tr><td>十三、实木地板</td><td colspan="2">5%</td><td>包括各类规格的实木地板、实木指接地板、实木复合地板及用于装饰墙壁、天棚的侧端面为榫、槽的实木装饰板，未经涂饰的素板也属于本税目征税范围</td></tr>
<tr><td>十四、电池</td><td colspan="2">4%</td><td>包括原电池、蓄电池、燃料电池、太阳能电池和其他电池</td></tr>
<tr><td>十五、涂料</td><td colspan="2">4%</td><td></td></tr>
</table>

注意，在两种情况下纳税人应从高选择适用税率：一是纳税人兼营不同税率应税消费品未分别核算销售额的；二是纳税人将不同税率应税消费品组成套装销售的(即使分别核算也必须从高计税)。

任务二 计税依据

按照现行消费税法的基本规定，消费税应纳税额的计算主要分为从价计征、从量计征和复合计征三种方法。现将三种计征方法下计税依据的确定进行说明。

一、从价计征

在从价定率计算方法下，应纳税额等于应税消费品的销售额乘以适用税率，应纳税额的多少取决于应税消费品的销售额和适用税率两个因素。

从价计征方法下，应纳税额的计算公式为

消费税应纳税额＝应税消费品的销售额×比例税率

(一)销售额的确定

销售额为纳税人销售应税消费品向购买方收取的全部价款和价外费用。价外费用是指价外向购买方收取的手续费、补贴、基金、集资费、返还利润、奖励费、违约金、滞纳金、延期付款利息、赔偿金、代收款项、代垫款项、包装费、包装物租金、储备费、优质费、运输装卸费以及其他各种性质的价外收费，但下列项目不包括在内。

▶ 1. 同时符合以下条件的代垫运输费用

(1) 承运部门的运输费用发票开具给购买方的。

(2) 纳税人将该项发票转交给购买方的。

▶ 2. 同时符合以下条件代为收取的政府性基金或者行政事业性收费

(1) 由国务院或者财政部批准设立的政府性基金，由国务院或者省级人民政府及其财政、价格主管部门批准设立的行政事业性收费。

(2) 收取时开具省级以上财政部门印制的财政票据。

(3) 所收款项全额上缴财政。

其他价外费用，无论是否属于纳税人的收入，均应并入销售额计算征税。

实行从价定率办法计算应纳税额的应税消费品连同包装销售的，无论包装物是否单独计价以及在会计上如何核算，均应并入应税消费品的销售额中缴纳消费税。如果包装不作价随同产品销售，而是收取押金，此项押金则不应并入应税消费品的销售额中征税。但对因逾期未收回的包装物不再退还的或者已收取的时间超过12个月的押金，应并入应税消费品的销售额，按照应税消费品的适用税率缴纳消费税。

需要引起注意的是，酒类产品的包装物押金处理比较特殊。对销售黄酒、啤酒以外的其他酒类产品而收取的包装物押金，无论是否返还以及会计上如何核算，均应并入当期销售额征税。黄酒、啤酒消费税由于实行从量计税，其计税依据与价格无关，因而销售黄酒、啤酒收取包装物押金无论是否逾期，均不计征消费税。

【**例 3-1**】应税消费品的包装物收入要不要交税？

爱丽日化厂为增值税一般纳税人，某年 7 月销售成套化妆品收入为 54 万元，另随同化妆品销售出售化妆品礼盒包装 9 万元，以上收入均不含税。

问题：爱丽日化厂该月应缴纳消费税的应税消费品的销售额是多少？

解析：根据《消费税暂行条例实施细则》的规定，应税消费品连同包装物销售的，无论包装物是否单独计价以及在会计上如何核算，均应并入应税消费品的销售额中缴纳消费税。

该月应税消费品的销售额＝54＋9＝63(万元)

【**例 3-2**】某年 8 月，海蓝酒厂为销售散装粮食白酒收取包装物押金 5 000 元，开具收款收据，并单独核算。

问题：该押金是否需要计征消费税？

分析：财税字〔1995〕53 号规定，从 1995 年 6 月 1 日起，对酒类产品生产企业销售酒类产品而收取的包装物押金，无论如何核算，均需并入酒类产品销售额中，依酒类产品的适用税率征收消费税。

计算：酒厂为销售白酒收取的包装物押金需并入酒类产品销售额中计税，且此项计税收入为含税收入。

应缴纳消费税的押金：5 000÷(1＋13%)＝4 424.78(元)

(二)含增值税销售额的换算

应税消费品在缴纳消费税的同时，与一般货物一样，还应缴纳增值税。应税消费品的销售额，不包括应向购货方收取的增值税税款。如果纳税人应税消费品的销售额中未扣除增值税税款或者因不得开具增值税专用发票而发生价款和增值税税款合并收取的，在计算消费税时，应将含增值税的销售额换算为不含增值税税款的销售额。其换算公式为

应税消费品的销售额＝含增值税的销售额÷(1＋增值税税率或征收率)

二、从量计征

在从量定额计算方法下，应纳税额等于应税消费品的销售数量乘以单位税额，应纳税额的多少取决于应税消费品的销售数量和单位税额两个因素。

实行从量定额计算方法下，消费税的计算公式为

消费税应纳税额＝销售数量×定额税率

(一)销售数量的确定

销售数量指纳税人生产、加工和进口应税消费品的数量，具体内容如下。

(1) 销售应税消费品的，为应税消费品的销售数量。

(2) 自产自用应税消费品的，为应税消费品的移送使用数量。

(3) 委托加工应税消费品的，为纳税人收回的应税消费品数量。

(4) 进口应税消费品的，为海关核定的应税消费品进口征税数量。

(二)计量单位的换算标准

为了准确计算应纳税额，《消费税暂行条例》规定了实行从量定额办法计算应纳税额的应税消费品计量单位的换算标准，具体如表 3-2 所示。

表 3-2　吨、升换算表

序　　号	名　　称	计量单位的换算标准
1	黄酒	1 吨=962 升
2	啤酒	1 吨=988 升
3	汽油	1 吨=1 388 升
4	柴油	1 吨=1 176 升
5	航空煤油	1 吨=1 246 升
6	石脑油	1 吨=1 385 升
7	溶剂油	1 吨=1 282 升
8	润滑油	1 吨=1 126 升
9	燃料油	1 吨=1 015 升

三、从价从量复合计征

现行消费税中，只有卷烟、白酒采用复合计征方法。在复合计征方法下，应纳税额等于应税销售数量乘以定额税率再加上应税销售额乘以比例税率。

消费税应纳税额的计算公式为

消费税应纳税额=销售数量×定额税率+销售额×比例税率

生产销售卷烟、白酒从量定额计税依据为实际销售数量。进口、委托加工、自产自用卷烟、白酒从量定额计税依据分别为海关核定的进口征税数量、委托方收回数量、移送使用数量。

任务三　应纳税额的计算

目前，我国消费税的征税范围分布于四个环节，分别为生产应税消费品环节、委托加工应税消费品环节、进口应税消费品环节和批发零售应税消费品环节。其中，批发环节的应税消费品特指卷烟，零售环节的应税消费品只有金银首饰(金基、银基合金首饰以及金、银和金基、银基合金的镶嵌首饰)、钻石及钻石饰品。以下将着重对前三个环节的消费税应纳税额的计算加以说明。

一、生产销售环节应纳消费税的计算

纳税人在生产销售环节应缴纳的消费税，包括直接对外销售应税消费品应缴纳的消费税和自产自用应税消费品应缴纳的消费税。

(一)直接对外销售应纳消费税的计算

(1) 从价计征消费税的计算，其应纳税额计算公式为

应纳税额=销售额×比例税率

【例 3-3】爱丽日化厂(一般纳税人)于某年 6 月 19 日向某大型超市销售化妆品一批，开具了增值税专用发票，取得不含增值税销售额 60 万元，增值税税额 7.8 万元；6 月 25 日向某单位销售化妆品一批，开具普通发票，取得含增值税销售额 5.65 万元。

问题：计算爱丽日化厂 6 月应缴纳的消费税额。

解析：化妆品的消费税计算采用从价计征的方式，以销售额为计税依据，适用比例税率 30%。

6 月 19 日销售时消费税应纳税额＝ 60×15%＝9(万元)

6 月 25 日销售时消费税应纳税额＝5.85÷(1＋13%)×15%＝0.75(万元)

6 月共计消费税应纳税额＝9＋0.75＝9.75(万元)

(2) 从量定额计算，其应纳税额计算公式为

应纳税额＝销售数量×定额税率

【例 3-4】海蓝酒厂某年 5 月销售啤酒 800 吨，每吨不含税售价为 4 000 元，共取得 320 万元销售收入，增值税税款 41.6 万元，另外收取包装物押金 25 万元。

问题：计算 5 月海蓝酒厂应纳消费税税额。

解析：啤酒的消费税计算采用从量计征的方式，以销售数量为计税依据，适用定额税率。因 5 月销售的啤酒每吨出厂价超过 3 000 元，因此按照甲类啤酒确定定额税率为每吨 250 元。

消费税应纳税额＝800×250＝200 000(元)

(3) 从价定率和从量定额复合计算，其应纳税额计算公式为

应纳税额＝销售额×比例税率＋销售数量×定额税率

【例 3-5】白沙烟草公司某年 2 月销售甲类卷烟 200 箱，取得不含增值税的销售收入 425 万元。

问题：计算该公司本次业务应缴纳的消费税额。

解析：卷烟的消费税计算采用复合计征方式，甲类卷烟的定额税率为 0.003 元/支，比例税率为 56%，销售数量和销售额均为计税依据。卷烟每标准条为 200 支，每标准箱为 250 条。

消费税应纳税额＝4 250 000×56%＋150×200＝2 410 000(元)

(二)自产自用应纳消费税的计算

所谓自产自用，指纳税人生产应税消费品后，不是用于直接对外销售，而是将自产应税消费品用于连续生产应税消费品或用于其他方面。用于其他方面主要指的是将自产应税消费品用于生产非应税消费品、在建工程、管理部门、非生产机构、提供劳务、馈赠、赞助、集资、广告、样品、职工福利、奖励等方面。

纳税人自产自用的应税消费品，用于连续生产应税消费品的，不纳税。

纳税人自产自用的应税消费品，用于其他方面的，于移送使用时纳税。纳税人自产自用的应税消费品，按照纳税人生产的同类消费品的平均销售价格计算纳税；没有同类消费品销售价格的，按照组成计税价格计算纳税。

(1) 实行从价定率办法计算纳税的组成计税价格计算公式：

组成计税价格＝(成本＋利润)÷(1－比例税率)

＝成本×(1＋成本利润率)÷(1－比例税率)

$$应纳税额=组成计税价格\times比例税率$$

(2) 实行从量定额办法计算应纳税额计算公式：

$$应纳税额=自产自用数量\times定额税率$$

(3) 实行复合计税办法计算纳税的组成计税价格计算公式：

$$\begin{aligned}组成计税价格&=(成本+利润+自产自用数量\times定额税率)\div(1-比例税率)\\&=[成本\times(1+成本利润率)+自产自用数量\times定额税率]\div(1-比例税率)\end{aligned}$$

上述公式中，成本指应税消费品的产品生产成本，利润指根据应税消费品的全国平均成本利润率计算的利润。应税消费品全国平均成本利润率由国家税务总局确定，如表 3-3 所示。

表 3-3　应税消费品全国平均成本利润率表

货物名称	利润率	货物名称	利润率
1. 甲类卷烟	10%	11. 摩托车	6%
2. 乙类卷烟	5%	12. 高尔夫球及球具	10%
3. 雪茄烟	5%	13. 高档手表	20%
4. 烟丝	5%	14. 游艇	10%
5. 粮食白酒	10%	15. 木制一次性筷子	5%
6. 薯类白酒	5%	16. 实木地板	5%
7. 其他酒	5%	17. 乘用车	8%
8. 化妆品	5%	18. 中轻型商用客车	5%
9. 鞭炮、焰火	5%	19. 电池	4%
10. 贵重首饰及珠宝玉石	6%	20. 涂料	7%

【例 3-6】爱丽日化厂(一般纳税人)将一批新研制的高档化妆品用作职工福利进行发放，化妆品尚未对外公开发售，无同类产品销售价格。已知该产品的生产成本为 25 500 元。

问题：计算该批化妆品应缴纳的消费税税额。

解析：按照《消费税暂行条例实施细则》的规定，将自产应税消费品用于职工福利，于移送使用时纳税。由于该化妆品尚无同类货物销售价格，则按组成计税价格计税。

$$\begin{aligned}组成计税价格&=(成本+利润)\div(1-比例税率)\\&=成本\times(1+成本利润率)\div(1-比例税率)\\&=25\,500\times(1+5\%)\div(1-15\%)\\&=31\,500(元)\end{aligned}$$

$$消费税应纳税额=组成计税价格\times比例税率=31\,500\times15\%=4\,725(元)$$

二、委托加工环节应纳消费税的计算

企业、单位或者个人由于设备、技术、人力等方面的局限或其他方面的原因，常常需要委托其他单位代为加工应税消费品，然后将加工好的应税消费品收回，直接销售或者自己使用。委托加工应税消费品，是生产应税消费品的另一种形式，也需要纳入消费税的计征范围。

根据《消费税暂行条例》及其实施细则的规定，委托加工的应税消费品，由受托方在向委托方交货时代收代缴消费税；委托加工的应税消费品收回后直接用于销售的，在销售时不再缴纳消费税；收回后用于连续生产应税消费品的，其由受托方代收代缴的消费税按规定准予抵扣。

同时，实施细则也做出解释，委托加工应税消费品是指由委托方提供原料和主要材料，受托方只收取加工费和代垫部分辅助材料加工的应税消费品。对于由受托方提供原材料生产的应税消费品，或者受托方先将原材料卖给委托方，然后再接受加工的应税消费品，以及由受托方以委托方名义购进原材料生产的应税消费品，无论在财务上是否做销售处理，都不得作为委托加工应税消费品，而应当按照销售自制应税消费品缴纳消费税。

委托加工的应税消费品，按照受托方的同类消费品的销售价格计算纳税；没有同类销售品销售价格的，按照组成计税价格计算纳税。

(1) 实行从价定率办法计算纳税的组成计税价格计算公式：

组成计税价格＝(材料成本＋加工费)÷(1－比例税率)

应纳税额＝组成计税价格×比例税率

(2) 实行从量定额办法计算应纳税额计算公式：

应纳税额＝委托加工数量×定额税率

(3) 实行复合计税办法计算纳税的组成计税价格计算公式：

组成计税价格＝(材料成本＋加工费＋委托加工数量×定额税率)÷(1－比例税率)

应纳税额＝组成计税价格×比例税率＋委托加工数量×定额税率

以上公式中，材料成本是指委托方所提供加工材料的实际成本；加工费是指受托方加工应税消费品向委托方所收取的全部费用(包括代垫辅助材料的实际成本，不包括增值税税金)。以上规定均为了对税收源泉进行合理控制，避免应缴税款的流失。

【例 3-7】某鞭炮企业某年 8 月受托为某单位加工一批定制鞭炮，委托单位提供的原材料金额为 71.5 万元。加工完成后，鞭炮企业收取委托单位加工费 5 万元，增值税 8 500 元。该定制鞭炮无同类产品市场价格。

问题：计算鞭炮企业应代收代缴的消费税。

解析：受托方无同类产品销售价格，应以组成计税价格为计税依据。鞭炮的消费税计算采用从价计征的方法，比例税率为 15%。

组成计税价格＝(材料成本＋加工费)÷(1－比例税率)

＝(71.5＋5)÷(1－15%)

＝90(万元)

应代收代缴消费税＝90×15%＝13.5(万元)

三、进口环节应纳消费税的计算

进口的应税消费品，由进口人或者其代理人向报关地海关申报纳税，由海关代征。纳税人进口应税消费品，按照组成计税价格和规定的税率计算应纳税额。

(1) 实行从价定率办法计算纳税的组成计税价格计算公式：

组成计税价格=(关税完税价格+关税)÷(1-消费税比例税率)

应纳税额=组成计税价格×消费税比例税率

(2) 实行从量定额办法计算应纳税额计算公式：

应纳税额=进口数量×消费税定额税率

(3) 实行复合计税办法计算纳税的组成计税价格计算公式：

组成计税价格=(关税完税价格+关税+进口数量×消费税定额税率)÷(1-消费税比例税率)

应纳税额=组成计税价格×消费税比例税率+进口数量×消费税定额税率

以上公式中，关税完税价格指海关核定的关税计税价格。进口环节的消费税除国务院另有规定者外，一律不得给予减税、免税。

【例 3-8】盛远商贸公司于某年 9 月从国外进口一批应税消费品，该批应税消费品的关税完税价格为 80 万元，并按照规定应缴纳关税 10 万元。若该批进口的应税消费品的消费税税率为 10%。

问题：计算盛远商贸公司该批消费品进口环节应缴纳的消费税税额。

解析：纳税人进口应税消费品，按照组成计税价格和规定的税率计算应纳税额。

组成计税价格=(关税完税价格+关税)÷(1-消费税比例税率)

=(80+10)÷(1-10%)=100(万元)

应缴纳消费税税额=100×10%=10(万元)

四、已纳消费税税额扣除的计算

用外购或委托加工已税消费品连续生产应税消费品时，会出现重复征税问题。为了避免重复征收，现行税法规定，将外购应税消费品和委托加工收回的应税消费品继续生产应税消费品销售的，可以将外购应税消费品和委托加工收回应税消费品已缴纳的消费税给予扣除。

(一)扣除范围

用外购或者委托加工收回的应税消费品连续生产销售时，税法规定可按当期生产领用数量准予扣除外购或委托加工收回的应税消费品已纳的消费税税款。在消费税税目中，扣除范围大类上不包括酒类、小汽车、高档手表和游艇，具体规定如下。

(1) 外购或委托加工收回的已税烟丝生产的卷烟。

(2) 外购或委托加工收回的已税高档化妆品生产的高档化妆品。

(3) 外购或委托加工收回的已税珠宝玉石生产的贵重首饰及珠宝玉石。

(4) 外购或委托加工收回的已税鞭炮焰火生产的鞭炮焰火。

(5) 外购或委托加工收回的已税杆头、杆身和握把为原料生产的高尔夫球杆。

(6) 外购或委托加工收回的已税木制一次性筷子为原料生产的木制一次性筷子。

(7) 外购或委托加工收回的已税实木地板为原料生产的实木地板。

(8) 外购或委托加工收回的已税汽油、柴油、石脑油、燃料油、润滑油用于连续生产应税成品油。

(9) 外购或委托加工收回的已税摩托车连续生产摩托车(如用外购两轮摩托车改装三

轮摩托车)。

根据《葡萄酒消费税管理办法(试行)》的规定，自2015年5月1日起，从葡萄酒生产企业购进、进口葡萄酒连续生产应税葡萄酒的，准予从葡萄酒消费税应纳税额中扣除所耗用应税葡萄酒已纳消费税税款。

在零售环节纳税的金银首饰、钻石及钻石饰品不得抵扣外购或委托加工收回的珠宝玉石的已纳消费税税款。另外，2015年12月29日，国家税务总局《关于明确电池、涂料消费税征收管理有关事项的公告》中也对外购电池、涂料的已纳消费税问题做出了说明，外购电池、涂料大包装改成小包装或者外购电池、涂料不经加工只贴商标的行为，视同应税消费税品的生产行为。按照规定，发生上述生产行为的单位和个人应按规定申报缴纳消费税。

(二)扣除税额的计算

消费税扣除额计算的原则是按生产领用量抵扣。

(1) 以外购应税消费品连续生产应税消费品允许扣除消费税税额的计算公式如下：

当期准予扣除的外购应税消费品已纳税款＝当期准予扣除的外购应税消费品买价×外购应税消费品适用税率

当期准予扣除的外购应税消费品买价＝期初库存的外购应税消费品买价＋当期购进的外购应税消费品买价－期末库存的外购应税消费品买价

【例 3-9】白沙卷烟厂7月生产销售卷烟30标准箱，每标准条调拨价为75元(不含增值税)，取得收入562 500元。经查，白沙卷烟厂7月库存烟丝账户情况如下：烟丝均为外购，月初库存60 000元，本月购进300 000元，月末库存78 000元，减少部分均为生产卷烟领用。

问题：计算白沙卷烟厂7月应纳消费税税额。

解析：销售甲类卷烟应纳消费税采用复合计征方式计税，定额税率为0.003元/支，比例税率为56%；烟丝消费税采用从价计征方式计税，比例税率为30%；外购烟丝用于生产卷烟时可按生产领用量计算已税烟丝允许扣除的已纳消费税税额。

7月销售卷烟应纳消费税税额＝562 500×56%＋0.003×200×250×30＝319 500(元)

准予扣除的外购烟丝已纳消费税税额＝(期初库存的外购烟丝买价＋当期购进的外购烟丝买价－期末库存的外购烟丝买价)×烟丝适用税率

＝(60 000＋300 000－78 000)×30%

＝84 600(元)

7月实际应纳消费税税额＝319 500－84 600＝234 900(元)

(2) 以委托加工收回应税消费品连续生产应税消费品允许扣除消费税数额的计算公式如下：

当期准予扣除的委托加工应税消费品已纳税款＝期初库存的委托加工应税消费品已纳税款＋当期收回的委托加工应税消费品已纳税款－期末库存的委托加工应税消费品已纳税款

【例 3-10】爱丽日化厂接受A厂委托加工香水精300瓶，经查，爱丽日化厂生产的同类香水精不含税售价为600元/瓶。8月初，A厂收回所有委托加工额香水精，对外直接销售其中的60%，取得不含税销售额10万元；剩余40%则继续用于本厂化妆品的生产，之后，本月生产的化妆品全部对外销售，获得不含增值税销售收入50万元。

问题： 计算以上业务A厂销售化妆品应纳消费税税额。

解析： A厂委托爱丽日化成加工的300瓶香水精，应按爱丽日化厂同类货物销售价格计算消费税，并由爱丽日化厂代收代缴。香水精收回后，60%对外直接销售部分不再征收消费税；40%用于加工化妆品，后取得化妆品销售收入应纳消费税，但其中已由爱丽日化厂代收代缴的香水精消费税可以扣除。

爱丽日化厂代收代缴消费税税额＝300×600×15%＝27 000(元)

A厂销售化妆品应纳消费税税额＝500 000×15%＝75 000(元)

允许扣除消费税税额＝27 000×40%＝10 800(元)

A厂销售化妆品实际应纳消费税税额＝75 000－10 800＝64 200(元)

思考： 根据我国消费税相关法规规定，纳税人兼营不同税率应税消费品，应当分别核算不同税率应税消费品的销售额和销售数量；未分别核算的，或将不同税率的应税消费品组成套装销售的，应从高适用税率。

若爱丽日化厂欲将生产的化妆品、护肤护发品、小工艺品等组成成套消费品销售。假设每套消费品由下列产品组成：化妆品包括一瓶香水800元、一瓶指甲油150元、一支口红200元；护肤护发品包括一瓶沐浴液25元、一块香皂10元；化妆工具及小工艺品10元、塑料包装盒5元。请算一算“先包装后销售”的方式和“先销售后包装”的方式下企业应承担的消费税各是多少，究竟哪种销售方式下企业税负较低。

任务四　征收管理

一、纳税义务发生时间

根据《消费税暂行条例实施细则》的规定，消费税纳税义务发生时间分列如下。

(1) 纳税人销售应税消费品的，按不同的销售结算方式分别为：

①采取赊销和分期收款结算方式的，为书面合同约定的收款日期的当天，书面合同没有约定收款日期或者无书面合同的，为发出应税消费品的当天。

②采取预收货款结算方式的，为发出应税消费品的当天。

③采取托收承付和委托银行收款方式的，为发出应税消费品并办妥托收手续的当天。

④采取其他结算方式的，为收讫销售款或者取得索取销售款凭据的当天。

(2) 纳税人自产自用应税消费品的，为移送使用的当天。

(3) 纳税人委托加工应税消费品的，为纳税人提货的当天。

(4) 纳税人进口应税消费品的，为报关进口的当天。

二、纳税期限

按照《消费税暂行条例》规定，消费税的纳税期限分别为1日、3日、5日、10日、15日、1个月或者1个季度。纳税人的具体纳税期限，由主管税务机关根据纳税人应纳税额的多少分别核定；不能按照固定期限纳税的，可以按次纳税。

纳税人以 1 个月或者 1 个季度为 1 个纳税期的，自期满之日起 15 日内申报纳税；以 1 日、3 日、5 日、10 日或者 15 日为 1 个纳税期的，自期满之日起 5 日内预缴税款，于次月 1 日起 15 日内申报纳税并结清上月应纳税款。

纳税人进口应税消费品，应当自海关填发海关进口消费税专用缴款书之日起 15 日内缴纳税款。

三、纳税地点

纳税人具体纳税地点规定如下。

(1) 纳税人销售的应税消费品，以及自产自用的应税消费品，除国家另有规定外，应当向纳税人机构所在地或居住地的主管税务机关申报纳税。

(2) 委托加工的应税消费品，除受托方为个人外，由受托方向机构所在地或者居住地的主管税务机关解缴消费税税款。委托个人加工的应税消费品，由委托方向其机构所在地或者居住地主管税务机关申报纳税。

(3) 进口的应税消费品，由进口人或者其代理人向报关地海关申报纳税。

(4) 纳税人到外县(市)销售或者委托外县(市)代销自产应税消费品的，于应税消费品销售后，向机构所在地或者居住地主管税务机关申报纳税。

纳税人的总机构与分支机构不在同一县(市)的，但在同一省(自治区、直辖市)范围内，经省(自治区、直辖市)财政厅(局)、国家税务总局审批同意，可以由总机构汇总向总机构所在地的主管税务机关申报缴纳消费税。

(5) 纳税人销售的应税消费品，如因质量等原因由购买者退回时，经所在地主管税务机关审核批准后，可退还已征收的消费税税款。但不能自行直接抵减应纳税款。

(6)纳税人直接出口的应税消费品办理免税后，发生退关或者国外退货，复进口时已予以免税的，可暂不办理补税，待其转为国内销售的当月申报缴纳消费税。

四、纳税申报

根据消费税法规规定，消费税纳税申报应根据应税消费品的不同种类分别填列。以酒类应税消费品为例，酒类消费品消费税纳税申报表有“一主表三附表”。一主表是指《酒类应税消费品消费税纳税申报表》(见表 3-4)，三附表包括《本期准予抵减税额计算表》(见表 3-5)、《本期代收代缴税额计算表》(见表 3-6)、《生产经营情况表》(见表 3-7)。税款所属期自 2018 年 3 月起，纳税人申报成品油消费税时应填写新的《成品油消费税纳税申报表》及其附列资料。享受成品油消费税减免税优惠政策的纳税人，在纳税申报时应同时填写《国家税务总局关于调整消费税纳税申报有关事项的公告》(国家税务总局公告 2015 年第 32 号)公布的《本期减(免)税额明细表》。

除烟类应税消费品、酒类应税消费品、成品油、小汽车、电池、涂料消费税纳税申报表外，高档化妆品、贵重首饰及珠宝玉石、鞭炮焰火、气缸容量 250 毫升(含)以上摩托车、高尔夫球及球具、高档手表、游艇、木制一次性筷子、实木地板等消费税纳税人可使用《其他应税消费品消费税纳税申报表》进行填列申报。

以下以酒类应税消费品消费税纳税申报表和其他应税消费品消费税纳税申报表为例展示，其余应税消费品纳税申报表则不再赘述。

表 3-4 酒类应税消费品消费税纳税申报表

纳税人识别号：

纳税人名称(公章)：　　　　　　　　　　　　　　　　　　金额单位：元(列至角分)

税款所属期：　　年　月　日至　　年　月　日　　　　　　填表日期：　　年　月　日

<table>
<tr><td rowspan="2">项　目
应　税
消费品名称</td><td colspan="2">适用税率</td><td rowspan="2">销售数量</td><td rowspan="2">销售额</td><td rowspan="2">应纳税额</td></tr>
<tr><td>定额税率</td><td>比例税率</td></tr>
<tr><td>粮食白酒</td><td colspan="2">0.5 元/斤</td><td>20%</td><td></td><td></td></tr>
<tr><td>薯类白酒</td><td colspan="2">0.5 元/斤</td><td>20%</td><td></td><td></td></tr>
<tr><td>啤酒</td><td colspan="2">250 元/吨</td><td>—</td><td></td><td></td></tr>
<tr><td>啤酒</td><td colspan="2">220 元/吨</td><td>—</td><td></td><td></td></tr>
<tr><td>黄酒</td><td colspan="2">240 元/吨</td><td>—</td><td></td><td></td></tr>
<tr><td>其他酒</td><td colspan="2">—</td><td>10%</td><td></td><td></td></tr>
<tr><td>合计</td><td colspan="2">—</td><td>—</td><td>—</td><td>—</td></tr>
</table>

<table>
<tr><td>本期准予抵减税额：</td><td rowspan="3">声明
此纳税申报表是根据国家税收法律的规定填报的，我确定它是真实的、可靠的、完整的。
经办人(签章)：
财务负责人(签章)：
联系电话：</td></tr>
<tr><td>本期减(免)税额：</td></tr>
<tr><td>期初未缴税额：</td></tr>
<tr><td>本期缴纳前期应纳税额：</td><td rowspan="4">(如果你已委托代理人申报，请填写)
授权声明
为代理一切税务事宜，现授权______(地址)______为本纳税人的代理申报人，任何与本申报表有关的往来文件，都可寄予此人。
授权人签章：</td></tr>
<tr><td>本期预缴税额：</td></tr>
<tr><td>本期应补(退)税额：</td></tr>
<tr><td>期末未缴税额：</td></tr>
</table>

以下由税务机关填写

受理人(签章)：　　　　受理日期：　年　月　日　　　　受理税务机关(章)：

表 3-5 本期准予抵减税额计算表

纳税人识别号：

纳税人名称(公章)： 金额单位：吨、元(列至角分)

税款所属期： 年 月 日至 年 月 日 填表日期： 年 月 日

一、当期准予抵减的外购啤酒液已纳税款计算

1. 期初库存外购啤酒液数量：

2. 当期购进啤酒液数量：

3. 期末库存外购啤酒液数量：

4. 当期准予抵减的外购啤酒液已纳税款：

二、当期准予抵减的进口葡萄酒已纳税款：

三、本期准予抵减税款合计：

附：准予抵减消费税凭证明细

	号码	开票日期	数量	单价	定额税率(元/吨)
啤酒(增值税专用发票)					
	合计	—		—	—
葡萄酒(海关进口消费税专用缴款书)	号码	开票日期	数量	完税价格	税款金额
	合计	—			

表 3-6　本期代收代缴税额计算表

纳税人识别号：																				

纳税人名称(公章)：　　　　金额单位：元(列至角分)

税款所属期：　　年　月　日至　　年　月　日　　　　填表日期：　　年　月　日

项目 \ 应税消费品名称		粮食白酒	薯类白酒	啤　酒	啤　酒	黄　酒	其他酒	合　计
适用税率	定额税率	0.5 元/斤	0.5 元/斤	250 元/吨	220 元/吨	240 元/吨	—	—
	比例税率	20%	20%	—	—	—	10%	—
受托加工数量								—
同类产品销售价格						—		—
材料成本						—		—
加工费						—		—
组成计税价格						—		—
本期代收代缴税款								

表 3-7　生产经营情况表

纳税人识别号：																				

纳税人名称(公章)：　　　　金额单位：元(列至角分)

税款所属期：　　年　月　日至　　年　月　日　　　　填表日期：　　年　月　日

项目 \ 应税消费品名称	粮食白酒	薯类白酒	啤酒(适用税率 250 元/吨)	啤酒(适用税率 220 元/吨)	黄　酒	其他酒
生产数量						
销售数量						
委托加工收回酒类应税消费品直接销售数量						
委托加工收回酒类应税消费品直接销售额						
出口免税销售数量						
出口免税销售额						

表 3-8 其他应税消费品消费税纳税申报表

纳税人识别号：																				

纳税人名称（公章）： 金额单位：元（列至角分）

税款所属期： 年 月 日至 年 月 日 填表日期： 年 月 日

项目 应税 消费品名称	适用税率	销售数量	销售额	应纳税额
合计	—	—	—	

<table>
<tr><td>本期准予抵减税额：</td><td rowspan="3">声明
此纳税申报表是根据国家税收法律的规定填报的，我确定它是真实的、可靠的、完整的。
经办人（签章）：
财务负责人（签章）：
联系电话：</td></tr>
<tr><td>本期减（免）税额：</td></tr>
<tr><td>期初未缴税额：</td></tr>
<tr><td>本期缴纳前期应纳税额：</td><td rowspan="4">（如果你已委托代理人申报，请填写）
授权声明
为代理一切税务事宜，现授权＿＿＿＿（地址）＿＿＿＿为本纳税人的代理申报人，任何与本申报表有关的往来文件，都可寄予此人。
授权人签章：</td></tr>
<tr><td>本期预缴税额：</td></tr>
<tr><td>本期应补（退）税额：</td></tr>
<tr><td>期末未缴税额：</td></tr>
</table>

以下由税务机关填写

受理人（签章）： 受理日期： 年 月 日 受理税务机关（章）：

项目小结

消费税是对在中国境内从事生产和进口税法规定的应税消费品的单位和个人征收的一种流转税，是对特定货物与劳务征收的一种间接税。就其本质而言，是特种货物与劳务税，而不是特指在零售(消费)环节征收的税。国家可以根据宏观产业政策和消费政策的要求，有目的、有重点地选择一些消费品征收消费税，以适当地限制某些特殊消费品的消费需求，故消费税税收调节具有特殊性。

本章习题
扫描二维码
可下载。

项目四 Chapter 4 城市维护建设税法、教育费附加和地方教育费附加

学习目标

1. 了解城市维护建设税和教育费附加的征收管理。
2. 理解城市维护建设税纳税义务人。
3. 掌握城市维护建设税和教育费附加的计算。
4. 掌握城建税及教育费附加税收优惠。

项目导入

1970 年，美国马萨诸塞州一位普通公民上书尼克松总统："我以一个纳税人的身份向国会提出质询，国家没有理由继续卷入耗资巨大的越南战争，把这些开支用来救济非洲的灾民会更有意义。否则，公民应有拒绝参加未经宣布的战争的权利。"

这位纳税人的权利得到了充分的尊重。马萨诸塞州通过一项法律，豁免该州居民参加未经宣布的战争的义务。不久，尼克松总统宣布了从越南撤军的计划。

国家税收不能任意支配。例如，城市维护建设税是以纳税人实际缴纳增值税、消费税为计税依据所征收的一种税，主要目的是筹集城镇设施建设和维护资金，是国家为加强城市的维护建设，扩大和稳定城市维护建设资金的来源而采取的一项税收措施。教育费附加是以各单位和个人实际缴纳增值税、消费税的税额为计征依据而征收的一种费用，其目的是加快发展地方教育事业，扩大地方教育经费资金来源。

任务一 城市维护建设税法概述

一、城市维护建设税概述

城市维护建设税是对从事工商经营，缴纳增值税、消费税的单位和个人征收的一种税。

城市维护建设税的特点如下。

(一) 税款专款专用

所征税款要求保证用于城市公用事业和公共设施的维护和建设。

(二) 城市维护建设税属于一种附加税

城市维护建设税是以纳税人实际缴纳的增值税、消费税为计税依据，随增值税、消费税同时征收，其本身没有特定的课税对象，其征管方法也完全比照增值税、消费税的有关规定办理。

(三) 根据城市规模涉及不同的比例税率

根据纳税人所在城镇的规模及其资金需要设计税率。城市维护建设税分设7%、5%、1%三档税率。

二、城市维护建设税纳税人

城市维护建设税是对从事工商经营，缴纳增值税和消费税的单位和个人征收的一种税。

城市维护建设税的纳税人，指负有缴纳增值税和消费税(以下简称“两税”)义务的单位和个人，包括国有企业、集体企业、私营企业、股份制企业、其他企业和行政单位、事业单位、军事单位、社会团体、其他单位，以及个体工商户及其他个人。

城市维护建设税的代扣代缴、代收代缴，一律比照增值税、消费税、营业税的有关规定办理。增值税、消费税代扣代缴、代收代缴义务人也是城市维护建设税的代扣代缴、代收代缴义务人。

三、税率

城市维护建设税的税率，是指纳税人应缴纳的城市维护建设税税额与纳税人实际缴纳的“两税”税额之间的比率。根据增值税、消费税纳税人所在地的不同规定了三档地区差别比例税率，如表4-1所示。

表4-1　城市维护建设税税率

实行的税率	纳税人所在地
7%	纳税人所在地在市区，包括撤县建市
5%	纳税人所在地在县城、镇等
1%	纳税人所在地不在市区、县城或者镇；开采海洋石油资源的中外合作油(气)井所在地在海上

城市维护建设税的适用税率，应当按纳税人所在地的规定税率执行。但是，对下列两种情况，可按缴纳“两税”所在地的规定税率就地缴纳城市维护建设税。

(1) 由受托方代扣代缴、代收代缴“两税”的单位和个人，其代扣代缴、代收代缴的城市维护建设税按受托方所在地适用税率执行。

(2) 流动经营等无固定纳税地点的单位和个人，在经营地缴纳“两税”的，其城市维护建设税的缴纳按经营地适用税率执行。

四、计税依据

城市维护建设税的计税依据，指纳税人实际缴纳的增值税、消费税税额。纳税人违反增值税、消费税有关税法而加收的滞纳金和罚款，是税务机关对纳税人违法行为的经济制裁，不作为城市维护建设税的计税依据。但纳税人在被查补“两税”和被处以罚款时，应同时对其偷漏的城市维护建设税进行补税、征收滞纳金和罚款。

城市维护建设税以增值税、消费税的税额为计税依据并同时征收，如果要免征或者减征增值税、消费税，也就要同时免征或者减征城市维护建设税。但对出口产品退还增值税、消费税的，不退还已缴纳的城市维护建设税。

【例 4-1】某县城一企业 2015 年 5 月实际缴纳增值税 50 000 元，缴纳消费税 15 000 元。

问题：计算其应纳的城市维护建设税税额。

解析：应纳城市维护建设税税额=(实际缴纳的增值税+实际缴纳的消费税)×适用税率

应纳城市维护建设税=(50 000+15 000)×5%=3 250(元)

思考：瑞昌志佳联羊毛衫厂系乡办企业，厂址设在瑞昌市区，注册资金 50 万元，在职职工人数 35 人，经营范围主要是羊毛衫、服装，经营方式为制衣加工。2015 年销售收入 350 万元，销售税金 20 万元，利润总额 25 万元，固定资产净值 100 万元，所有者权益 150 万元。税务人员对该企业“应交税金——应交城市维护建设税”账户检查发现，2015 年应销售税金 20 万元，按 7%税率计提城市建设税应为 1.4 万元，但该企业只按 1%的税率计算申报，实际缴纳城市维护建设税 2 000 元。据企业有关人员反映，在 2015 年，企业按规定提取 7%的城市维护建设税后，了解到其他乡办企业按 1%缴纳城市维护建设税，感到按 7%缴纳城市维护建设税吃亏，故先按 1%税率申报纳税，其余部分挂在账上。请问该企业是否要补交城市维护建设税？

五、税收优惠政策

城市维护建设税原则上不单独减免，但因其具有附加税性质，当主税发生减免时，城市维护建设税也相应发生减免，具体有以下五种情况。

(1) 随“两税”的减免而减免。

(2) 随“两税”的退库而退库。

(3) 对于因减免税而需进行“两税”退库的，建设税也同时退库。对于出口产品退还增值税、消费税的，不退还已缴纳的城建税；对“两税”实行先征后返、先征后退、即征即退的，除另有规定外，对随“两税”附征的城市维护建设税和教育费附加，一律不予退(返)还。

(4) 海关对进口产品代征的增值税、消费税，不征收城市维护建设税。

(5) 对国家重大水利工程建设基金免征城建税。

六、纳税环节

城市维护建设税的纳税环节同纳税人缴纳增值税、消费税的纳税环节完全相同，纳税人只要发生增值税、消费税的纳税行为，就要在缴纳增值税、消费税的同时缴纳城市维护建设税。

七、纳税期限

城市维护建设税的纳税期限同税务机关核定的纳税人缴纳增值税、消费税的纳税期限一致。根据增值税和消费税暂行条例规定，增值税、消费税纳税期限分别为 1 日、3 日、5 日、10 日、15 日、1 个月或 1 个季度。

城市维护建设税的纳税期限应比照增值税、消费税的纳税期限，由主管税务机关根据纳税人应纳税额大小分别核定；不能按照固定期限纳税的，可以按次纳税。

八、纳税地点

城市维护建设税以纳税人实际缴纳的增值税、消费税为计税依据，分别与增值税、消费税同时缴纳。纳税人缴纳增值税、消费税的地点，就是该纳税人缴纳城市维护建设税的地点。有特殊情况的，按下列原则和办法确定纳税地点。

(1) 代扣代缴、代收代缴“两税”的单位和个人，也是城市维护建设税的代扣代缴、代收代缴义务人，其纳税地点为代扣代收地。

(2) 对流动经营等无固定纳税地点的单位和个人，应随同“两税”在经营地纳税按适用税率缴纳。

(3) 跨省开采的油田，下属生产单位与核算单位不在一个省内的，其生产的原油，在油井所在地缴纳增值税，其应纳税款由核算单位按照各油井的产量和规定税率，计算汇拨各油井缴纳。所以，各油井应纳的城市维护建设税，应由核算单位计算，随同增值税一并汇拨油井所在地，由油井在缴纳增值税的同时，一并缴纳城市维护建设税。

(4) 纳税人跨地区提供建筑服务、销售和出租不动产的，应在建筑服务发生地、不动产所在地预缴增值税时，以预缴增值税税额为计税依据，并按预缴增值税所在地的城市维护建设税适用税率和教育费附加征收率，就地计算缴纳城市维护建设税和教育费附加。预缴增值税的纳税人在其机构所在地申报缴纳增值税时，以其实际缴纳的增值税税额为计税依据，并按机构所在地的城市维护建设税适用税率和教育费附加征收率，就地计算缴纳城市维护建设税和教育费附加。

任务二　教育费附加和地方教育费附加

教育费附加和城建税一样，是对缴纳增值税、消费税的单位和个人，就其实际缴纳的税额为计算依据而征收的一种附加费。差别在于前者是一种附加费，是一项教育经费专用资金，而后者是一种税。

一、教育费附加和地方教育费附加的征收范围、计征依据和计征比率

教育费附加和地方教育费附加对缴纳增值税、消费税的单位和个人征收，以其实际缴纳的增值税和消费税为计征依据，分别与增值税和消费税同时缴纳。

自2010年12月1日起，对外商投资企业、外国企业及外籍个人(以下简称外资企业)征收教育费附加。对外资企业2010年12月1日(含)之后发生纳税义务的增值税、消费税、营业税征收教育费附加；对外资企业2010年12月1日之前发生纳税义务的“三税”(“三税”指增值税、消费税、营业税)，不征收教育费附加后各省又陆续开征了地方教育费附加。自2016年5月1日起，实行全面营改增，营业税全部改增值税，从此营业税永远退出历史舞台。

现行教育费附加征收比率为3%，地方教育附加征收率统一为2%。

二、教育费附加和地方教育费附加的计算

教育费附加和地方教育费附加的计算公式为

应纳教育费附加或地方教育费附加＝实际缴纳的增值税、消费税之和×征收比率(3％或 2％)

【例 4-2】北京市区一家企业 2019 年 4 月实际缴纳增值税 200 000 元，缴纳消费税 300 000万元。

问题：计算该企业应缴纳的教育费附加和地方教育附加。

解析：依据税法规定，现行教育费附加征收比率为 3％，地方教育附加征收率统一为 2％。

应纳教育费附加＝(实际缴纳的增值税＋实际缴纳的消费税)×征收比率＝(200 000＋300 000)×3％＝15 000(元)

应纳地方教育费附加＝(实际缴纳的增值税＋实际缴纳的消费税)×征收比率＝(200 000＋300 000)×2％＝10 000(元)

三、教育费附加和地方教育费附加的减免规定

(1) 对海关进口的产品征收的增值税、消费税，不征收教育费附加。

(2) 对由于减免增值税和消费税而发生退税的，可同时退还已征收的教育费附加。但对出口产品退还增值税、消费税的，不退还已征的教育费附加。

(3) 对国家重大水利工程建设基金免征教育费附加。

根据《财政部 国家税务总局关于扩大有关政府性基金免征范围的通知》(财税〔2016〕12号) 第一条规定："将免征教育费附加、地方教育附加、水利建设基金的范围，由现行按月纳税的月销售额或营业额不超过 3 万元(按季度纳税的季度销售额或营业额不超过 9 万元)的缴纳义务人，扩大到按月纳税的月销售额或营业额不超过 10 万元(按季度纳税的季度销售额或营业额不超过 30 万元)的缴纳义务人。"

项目小结

城市维护建设税是对从事工商业经营，缴纳增值税、消费税的单位和个人，以其实际缴纳的增值税、消费税税额为计税依据，分别与增值税、消费税同时缴纳的一种税，具有附加税的性质，但对出口环节缴纳增值税、消费税的商品不征收城市维护建设税。我国开征该税的目的，是为了加强城市的维护建设，扩大和稳定城市维护建设资金的来源。

本章习题
扫描二维码
可下载。

5 项目五 Chapter 5 企业所得税法

学习目标

1. 了解企业所得税征收管理。
2. 理解应纳税所得额的确定原则和内容。
3. 掌握企业所得税的征税范围、纳税人、税率和计税依据等基本知识。
4. 掌握企业所得税的计算方法。
5. 掌握企业所得税的纳税申报。

项目导入

小胡的网店有6名员工，年销售额100万元，利润10万元。小胡想："有责任感的企业家，就应该交税!"税务局的人很客气："小胡啊，你要交增值税、教育费附加、城建税、企业所得税……总计9.41万。"小胡当时就晕了。

企业所得税是调整企业所得征纳关系的法律规范的总和。企业所得税，是企业和其他取得收入的组织每一纳税年度的收入总额，减除不征税收入、免税收入、各项扣除以及允许弥补的以前年度亏损后的余额，依法定税率课征的一种直接税。在我国，企业所得税属于共享税。

自新中国成立以来，我国对内资、外资等各类企业课征企业所得税的税法制度，总体上经历了由"诸法分治"到"两法并行"直至最后完全统一"两法合并"的发展过程。现行有效的企业所得税法律、法规、规章主要有：2007年3月16日第十一届全国人民代表大会第五次会议通过，自2008年1月1日起实施的《中华人民共和国企业所得税法》(以下简称《企业所得税法》)；2007年12月6日国务院公布，自2008年1月1日起实施的《中华人民共和国企业所得税实施条例》(以下简称《企业所得税法实施条例》)；国家税务局2008年3月6日发布，自2008年1月1日起实施的《企业所得税核定征收办法(试行)》等。

任务一 企业所得税法概述

一、企业所得税概述

企业所得税是对我国境内的企业和其他取得收入的组织的生产经营所得和其他所得征收的一种税。企业所得税的计税依据是应纳税所得额，不是直接意义上的会计利润，更不是收入总额。

企业所得税与其他税种相比较，具有以下特点。

(一) 以所得额为课税对象，税源大小受企业经济效益的影响

企业所得税的课税对象是总收入扣除成本费用后的净所得额。净所得额的大小决定着税源的多少，总收入相同的纳税人，所得额不一定相同，缴纳的所得税也不一定相同。

(二) 征税以量能负担为原则

企业所得税以所得额为课税对象，所得税的负担轻重与纳税人所得的多少有内在联系，所得多、负担能力大的多征，所得少、负担能力小的少征，无所得、没有负担能力的不征，以体现税收公平的原则。

(三) 税法对税基的约束力强

企业应纳税所得额的计算应严格按照《中华人民共和国企业所得税实施条例》及其他有关规定进行。如果企业的财务会计处理办法与国家税收法规相抵触，应当按照税法的规定计算纳税。这一规定弥补了原来税法服从于财务制度的缺陷，有利于保护税基，维护国家利益。

(四) 实行按年计算，分期预缴的征收办法

企业所得税的征收一般是以全年的应纳税所得额为计税依据的，实行按年计算、分月或分季预缴、年终汇算清缴的征收办法。对经营时间不足 1 年的企业，要将实际经营期间的所得额换算成 1 年的所得额计算缴纳所得税。

二、企业所得税纳税人

企业所得税纳税人，指在中华人民共和国境内的企业和其他取得收入(以下统称企业)的组织。上述所称的企业，根据其纳税义务不同分为居民企业和非居民企业。

思考：个人独资企业和合伙企业是否属于企业所得税纳税人?

我国法律规定，个人独资企业和合伙企业的出资人对外承担无限责任，企业的财产与出资人的财产密不可分，企业生产经营收入就是出资人个人的收入。个人独资企业和合伙企业应就其出资人所得缴纳个人所得税，因此，他们属于个人所得税纳税人，不属于企业所得税纳税人。

(一) 居民企业

居民企业，指依法在中国境内成立，或者依照外国(地区)法律成立但实际管理机构在中国境内的企业。具体有两类：一是依照中国法律、行政法规在中国境内成立的企业、事

业单位、社会团体以及组织；二是依照外国（地区）法律成立但实际管理机构在中国境内的企业和其他取得收入的组织。实际管理机构是指对企业的生产经营、人员、账务、财产等实施实质性全面管理和控制的机构。例如，在我国注册成立的沃尔玛（中国）公司，通用汽车（中国）公司，就是我国的居民企业；在英国、百慕大群岛等国家和地区注册的公司，但实际管理机构在我国境内，也是我国的居民企业。

（二）非居民企业

非居民企业，指依照外国（地区）法律成立且实际管理机构不在中国境内，但在中国境内设立机构、场所的，或者在中国境内未设立机构、场所，但有来源于中国境内所得的企业。例如，在我国设立代表处及其他分支机构等的外国企业。

上述所称机构、场所，指在中国境内从事生产经营活动的机构、场所，包括以下内容。

（1）管理机构、营业机构、办事机构。

（2）工厂、农场、开采自然资源的场所。

（3）提供劳务的场所。

（4）从事建筑、安装、装配、修理、勘探等工程作业的场所。

（5）其他从事生产经营活动的机构、场所。

三、企业所得税征税范围

从内容上看，企业所得税的征税范围包括企业的生产经营所得、其他所得和清算所得；从空间范围上看，包括来源于中国境内的所得和境外的所得。

（一）居民企业的征税范围

居民企业应当就其来源于中国境内、境外的所得，缴纳企业所得税。“所得”包括销售货物所得、提供劳务所得、转让财产所得、股息红利所得等权益性投资所得、利息所得、租金所得、特许权使用所得、接收捐赠所得和其他所得。

（二）非居民企业的征税范围

非居民企业在中国境内设立机构、场所的，应当就其所设机构、场所取得的来源于中国境内的所得，以及发生在中国境外但与其所设机构、场所有实际联系的所得，缴纳企业所得税。

非居民企业在中国境内未设立机构、场所的，或者虽设立机构、场所但取得的所得与其所设机构、场所没有实际联系的，应当就其来源于中国境内的所得缴纳企业所得税。

（三）所得来源的确定

（1）销售货物所得，按照交易活动发生地确定。

（2）提供劳务所得，按照劳务发生地确定。

（3）转让财产所得。不动产转让所得，按照不动产所在地确定；动产转让所得，按照转让动产企业或机构、场所所在地确定；权益性投资资产转让所得，按照被投资企业所在地确定。

（4）股息、红利等权益性投资所得，按照分配所得的企业所在地确定。

（5）利息所得、租金所得、特许权使用费所得，按照负担、支付所得的企业或者机构、场所所在地确定，或者按照负担、支付所得的个人的住所地确定。

(6) 其他所得，由国务院财政、税务主管部门确定。

我国企业所得税征收范围如表 5-1 所示。

表 5-1　企业所得税征收范围

	所得来源地	所　　得
居民企业	中国境内所得、中国境外所得	销售货物、提供劳务、转让财产、股息红利、利息、租金、特许权使用费、接受捐赠、其他
非居民企业	(1)设立机构、场所：取得所得与建立机构、场所有实际联系的	
	(2)设立机构、场所：取得所得与建立机构、场所有实际联系的	
	(3)未设立机构、场所：中国境内所得	

三、税率

现行企业所得税实行 25%的比例税率。非居民企业在中国境内未设立机构、场所的，或者虽设立机构、场所但取得的所得与其所设机构、场所没有实际联系的，应当就其来源于中国境内的所得缴纳企业所得税，适用税率为 20%，但实际征税时适用 10%的税率。税率适用范围如表 5-2 所示。

此外，国家为了扶持小型微利企业和鼓励发展高新技术企业，规定了两档优惠税率。

(1) 符合条件的小型微利企业，减按 20%的税率征收企业所得税。

(2) 国家需要重点扶持的高新技术企业，减按 15%的税率征收企业所得税。

表 5-2　税率适用范围

税　　率	适用范围
25%	居民企业
	在中国境内设立机构、场所且所得与机构、场所有关联的非居民企业
20%（实际 10%）	在中国境内未设立机构、场所，但有来源于境内所得的非居民企业
	虽设立机构、场所但取得的境内所得与其所设机构、场所没有实际联系的非居民企业
20%	小型微利企业
15%	国家重点扶持的高新技术企业；技术先进性服务企业；设在西部地区，以《鼓励类产业目录》项目为主营业务收入占总收入 70%以上的

任务二　应纳税所得额的计算

企业所得税的计税依据是企业的应纳税所得额，应纳税所得额的计算以权责发生制为原则，《企业所得税法》明确规定："企业每一纳税年度的收入总额，减除不征税收入、免税收入、各项扣除以及允许弥补的以前年度亏损后的余额，为应纳税所得额。”

直接计算法的应纳税所得额计算公式：

应纳税所得额＝纳税年度的收入总额－不征税收入－免税收入－各项扣除－允许弥补以前年度亏损

间接计算法的应纳税所得额计算公式：

应纳纳税所得额＝会计利润总额＋纳税调整项目金额

一、收入总额

纳税人收入总额，指企业在某一纳税年度内以货币形式和非货币形式从各种来源取得的各项收入的总和，具体包括以下几类收入。

(1)销售货物收入，是指企业销售商品、产品、原材料、包装物、低值易耗品以及其他存货取得的收入。

销售货物收入确认的一般规定除企业所得税法及实施条例另有规定外，企业销售收入的确认，必须遵循权责发生制原则和实质重于形式原则。

企业销售货物同时满足以下条件的，应确认收入的实现：

①货物销售合同已签订，企业已将货物所有权相关的主要风险和报酬转移给购买方。

②企业对已售出的货物既没有保留通常与所有权相联系的继续管理权，也没有实施有效控制。

③收入的金额能够可靠计量。

④已发生或将发生的销售方成本能够可靠地核算。

(2) 劳务收入是指企业从事建筑安装、修理修配、交通运输、仓储租赁、金融保险、邮电通信、咨询经纪、文化体育、科学研究、技术服务、教育培训、餐饮住宿、中介代理、卫生保健、社区服务、旅游、娱乐、加工以及其他劳务服务活动取得的收入。

提供劳务收入确认的一般规定：企业在各个纳税期末，提供劳务交易的结果能够可靠估计的，应采用完工进度法确认提供劳务收入。提供劳务交易的结果能够可靠估计，是指同时满足下列条件：

①收入的金额能够可靠计量。

②交易的完工程度能够可靠地确定。

③交易中已发生的和将发生的成本能够可靠地核算。

(3) 转让财产收入，是指企业转让固定资产、生产物资、无形资产、股权、债权等财产取得的收入。企业转让股权收入，应于转让协议生效且完成股权变更手续时，确认收入的实现。

(4) 股息、红利等权益性投资收益，是指企业因权益性投资从被投资方取得的收入。权益性投资收益，除另有规定外，按照被投资方作出利润分配决定的日期确认收入的实现。

(5) 利息收入，指企业将资金提供给他人使用但不构成权益性投资，或者因为他人占用本企业资金取得的收入，包括存款利息、贷款利息、债券利息、欠款利息等收入。利息收入，按照合同约定的债务人应付利息的日期确认收入的实现。

(6) 租金收入，指企业提供固定资产、包装物或者其他有形资产的使用权取得的收入。租金收入，按照合同约定的承租人应付租金的日期确认收入的实现。

(7) 特许权使用费收入，指企业提供专利权、非专利技术、商标权、著作权以及其他特许权的使用权取得的收入。特许权使用费收入，按照合同约定的特许权使用人应付特许使用费的日期确定收入的实现。

(8) 接受捐赠收入，指企业接受的来自其他企业、组织或者个人无偿给予的货币性资产、非货币性资产。接受捐赠收入，按照实际收到捐赠资产的日期确认收入的实现。

(9) 其他收入，指企业取得的除以上收入外的其他收入，包括企业资产溢余收入、逾期未退包装物押金收入、确实无法偿还的应付款项、已作坏账损失处理后又收回的应收款项、债务重组收入、补贴收入、违约金收入、汇兑收益等。

二、不征税收入

所谓不征税收入，指从性质上属于其企业营利性活动带来的经济利益、不负有纳税义务并不作为应纳税所得额组成部分的收入。《企业所得税法》规定，收入总额中下列收入为不征税收入。

(1) 财政拨款，指各级人民政府对纳入预算管理的事业单位、社会团体等组织拨付的财政资金，但国务院和国务院财政、税务主管部门另有规定的除外。

(2) 依法收取并纳入财政管理的行政事业性收费、政府性基金。行政事业收费是指依照法律法规等有关规定，按照国务院规定程序批准，在实施社会公共管理，以及在向公民、法人或者其他组织提供特定公共服务过程中，向特定对象收取并纳入财政管理的费用。政府性基金是指企业依照法律、行政法规等有关规定，代政府收取的具有专项用途的财政资金。

(3) 国务院规定的其他不征税收入。

三、免税收入

免税收入是指属于企业的应纳税所得但按税法规定免于征收企业所得税的收入。《企业所得税法》规定的免税收入包括以下方面。

(1) 国债利息收入，指企业持有国务院财政部发行的国债取得的利息收入。

(2) 符合条件的居民企业之间的股息、红利等权益性投资收益，指居民企业直接投资于其他居民企业取得的投资收益，但不包括连续持有居民企业公开发行并上市流通的股票不足 12 个月取得的投资收益。

(3) 在中国境内设立机构、场所的非居民企业从居民企业取得与该机构、场所有实际联系的股息、红利等权益性投资收益，不包括连续持有居民企业公开发行并上市流通的股票不足 12 个月取得的投资收益。

(4) 符合条件的非营利组织的收入。包括：①接收其他单位或者个人捐赠的收入。②除税法规定的财政拨款以外的其他政府补助收入，但不包括因政府购买取得的收入。③按照省级以上民政、财政部门规定收取的会费。④不征税收入和免税收入孳生的银行存款利息收入。⑤财政部、国家税务总局规定的其他收入。

(5) 企业取得的 2009 年以后年度发行的地方政府债券利息所得。

四、准予扣除项目及其扣除标准的确定

准予扣除项目，即在计算企业应纳税所得额时准予从收入总额中予以扣除的项目。它

是企业实际发生的与取得收入有关的、合理的支出，包括成本、费用、税金、损失和其他支出。

(一) 准予扣除项目的一般规定

▶ 1. 成本

成本是指企业在生产经营中发生的销售成本、销货成本、业务支出以及其他耗费。成本分为直接成本和间接成本。直接成本是可以直接计入有关成本计算对象或劳务的经营成本中的直接材料、直接人工等。间接成本是指多个部门为同一成本对象提供服务的共同成本，或者同一种投入可以制造、提供两种或两种以上的产品或劳务的联合成本。

▶ 2. 费用

费用是指企业在生产经营活动中发生的销售费用、管理费用和财务费用。

(1) 销售费用，指应由纳税人负担的为销售商品而发生的费用，包括销售商品过程中的运杂费、装卸费、销售人员的差旅费。如果单设销售机构还应包括销售人员的工资、福利、奖金、销售机构的折旧费用等。

(2) 管理费用，指纳税人的行政管理部门为管理组织经营活动提供各项支援性服务而发生的费用，包括行政管理人员的工资福利奖金、办公费、董事会费、差旅费、低值易耗品摊销、无形资产摊销、保险费、折旧费、劳动保护费、业务招待费、印花税、房产税、土地使用税等费用。如果是工业企业，车间人员的工资、折旧等应计入产品成本。

(3) 财务费用，指纳税人筹集经营性资金而发生的费用，包括银行手续费、利息收入、利息支出、汇兑损益、有关资金方面的费用。

▶ 3. 税金

税金是指企业发生的除企业所得税和允许抵扣的增值税以外的各项税金及其附加，即纳税人缴纳的消费税、印花税、房产税、土地使用税、资源税、土地增值税、关税和城市维护建设税、教育费附加等营业税金及附加。企业缴纳的增值税因其属于价外税，也不属于本项目。

【例 5-1】某市一家居民企业为增值税一般纳税人，主要生产销售彩色电视机。假定2015 年度有关经营业务如下。

(1) 销售货物取得不含税收入 8 600 万元，与彩电配比的销售成本 5 660 万元。

(2) 接受原材料捐赠取得增值税专用发票注明材料金额 50 万元、增值税进项税金 8.5 万元，取得国债利息收入 30 万元。

(3) 购进原材料供给 3 000 万元，取得增值税专用发票注明进项税额 510 万元；支付购料运输费用共计 230 万元，取得运输公司开具的增值税专用发票。

城市维护建设税应按增值税税额的 7% 缴纳，教育费附加按应纳增值税税额的 3% 缴纳，地方教育费附加按 2% 缴纳。

问题：企业所得税税前可以扣除的税金金额是多少?

解析：依据税法规定，企业发生的除企业所得税和允许抵扣的增值税以外的各项税金及其附加，即纳税人缴纳的消费税、印花税、房产税、土地使用税、资源税、土地增值税、关税和城市维护建设税、教育费附加等营业税金及附加。企业缴纳的增值税因其属于价外税，也不属于本项目。

(1) 应纳增值税＝8 600×13％－6.5－390－230×9％＝700.8(万元)

(2) 应缴纳的城市维护建设税、教育费附加及地方教育费附加＝700.8×(7％＋3％＋2％)＝84.096(万元)

(3) 所得税前可以扣除的税金合计＝84.096(万元)

▶ 4. 损失

损失是指企业在生产经营活动中发生的固定资产和存货的盘亏、毁损、报废损失，转让财产损失，呆账损失，自然灾害等不可抗拒因素造成的损失以及其他损失。

▶ 5. 其他支出

其他支出是指除成本、费用、税金、损失外，企业在生产经营活动中发生的与生产经营有关的、合理的支出。

(二) 准予扣除项目的特殊规定及其标准

在计算应纳税所得额时，下列项目可按照实际发生额或者规定的标准扣除。

▶ 1. 工资、薪金支出

企业发生的合理的工资、薪金支出准予据实扣除。工资、薪金支出是企业每一纳税年度支付给本企业任职或与其有雇佣关系的员工的所有现金或非现金形式的劳动报酬，包括基本工资、奖金、津贴、补贴、年终加薪、加班工资，以及与任职或者受雇有关的其他支出。

合理的工资、薪金，指企业按照股东大会、董事会、薪酬委员会或有关管理机构制定的工资、薪金制度规定实际发放给员工的工资、薪金。

▶ 2. 职工福利费、工会经费、职工教育经费

企业发生的职工福利费、工会经费、职工教育经费按标准扣除，未超过标准的按实际数扣除，超过标准的只能按标准扣除。

(1) 企业发生的职工福利费支出，不超过工资薪金总额 14％的部分准予扣除。

(2) 企业拨缴的工会经费，不超过工资薪金总额的 2％的部分准予扣除。

(3) 根据《关于企业职工教育经费税前扣除政策的通知》(财税〔2018〕51 号)：企业发生的职工教育经费支出，不超过工资薪金总额 8％的部分，准予在计算企业所得税应纳税所得额时扣除；超过部分，准予在以后纳税年度结转扣除。

【例 5-2】某企业 2018 年发生职工薪酬支出 200 万元，实际发生职工福利费 30 万元，拨缴的工会经费 10 万元，发生职工教育经费支出 16 万元。

问题：请计算工资和三项经费的税前扣除额。

解析：依据税法规定，企业发生的职工福利费支出，不超过工资薪金总额 14％的部分准予扣除；企业拨缴的工会经费，不超过工资薪金总额的 2％的部分准予扣除；企业发生的职工教育经费支出，不超过工资薪金总额 8％的部分，准予在计算企业所得税应纳税所得额时扣除；超过部分，准予在以后纳税年度结转扣除。

(1) 允许扣除的工资薪金支出：200 万元

(2) 职工福利费扣除限额：200×14％＝28(万元)

实际发生 30 万元＞28 万元，允许扣除 28 万元

(3) 工会经费扣除限额：200×2％＝4(万元)

实际发生 10 万元＞4 万元，允许扣除 4 万元

(4) 职工教育经费扣除限额：200×8%=16(万元)

实际发生16万元，允许扣除16万元。

3. 社会保险费

(1) 企业依照国务院有关主管部门或者省级人民政府规定的范围和扣除标准为职工缴纳的五险一金，即基本养老保险费、基本医疗保险费、失业保险费、工伤保险费、生育保险费等基本社会保险费和住房公积金，准予扣除。

(2) 企业为投资者或者职工支付的补充养老保险费、补充医疗保险费分别在不超过职工工资总额的5%标准范围内的部分，在计算应纳税所得额时准予扣除；超过的部分，不予扣除。企业依照国家有关规定为特殊工种职工支付的人身安全保险费和符合国务院财政、税务主管部门规定可以扣除的商业保险费准予扣除。

(3) 企业参加财产保险，按照规定缴纳的保险费，准予扣除。企业为投资者或者职工支付的商业保险费，不得扣除。

(4) 企业参加雇主责任险、公众责任险等责任保险，按照规定缴纳的保险费，准予在企业所得税税前扣除。该项规定适用于2018年度及以后年度企业所得税汇算清缴。

(5) 人身意外险。企业职工因公出差乘坐交通工具发生的人身意外保险费支出，准予企业在计算应纳税所得额时扣除。

4. 利息支出

企业会计准则规定，利息支出是指纳税人为经营活动融资需要而承担的、与借入资金相关的借款费用，包括借款利息、折(溢)价摊销、借款时发生的辅助费用和因外币借款而发生的汇兑差额。企业发生的借款费用，可直接归属于符合资本化条件的资产或构建固定资产的，应当予以资本化，计入相关资产的成本；其他借款费用，应当在发生时根据其发生额确定计入当期损益。

税法关于利息支出的规定可归纳如下。

(1) 在生产、经营期间，非金融机构向金融机构借款的利息支出、金融机构的各项存款利息支出和同业拆借利息支出、企业经批准发行债券的利息支出可据实扣除。

(2) 非金融企业向非金融企业借款的利息支出，不超过按金融企业同期同类贷款利率计算的数额的部分可据实扣除，超过部分不许扣除。

【例5-3】某企业2019年度“财务费用”账户中有两笔利息费用：向银行借入生产用资金200万，借款利率5%，期限6个月，支付借款利息5万元；经过批准向本企业职工借入生产用资金60万元，借用期限10个月，支付借款利息3.5万(金融机构同类同期借款利率5%)。

问题：请计算该企业当年允许税前扣除的利息费用。

解析：依据税法规定，向银行借入的借款利息支出5万元允许全额扣除，向企业职工借入的利息不超过按金融企业同期同类贷款利率计算的数额的部分可据实扣除，超过部分不许扣除。

向企业职工借入的利息按银行同类同期借款利率扣除，则其扣除限额为60×5%÷12×10=2.5万元<3.5万元，则允许扣除2.5万元。

(3) 企业为购置、建造固定资产、无形资产和经过12个月以上的建造才能达到预定可销售状态的存货发生借款的，在有关资产购置、建造期间发生的合理的借款费用，应作为资本性支出计入有关资产的成本，不得直接扣除。不符合资本化条件的，应作为财务费用，准予在企业所得税前扣除。

(4) 纳税人从关联方取得的借款金额超过其注册资本 50%的，超过部分的利息支出，不论利率高低，全额不得在税前扣除；未超过部分只能按金融机构同期利率计算扣除。

▶ 5. 业务招待费

企业发生的与生产经营活动有关的业务招待费支出，按照发生额的 60%扣除，但最高不得超过当年销售(营业)收入的 5‰。

作为业务招待费允许扣除的基数是纳税人从事生产经营活动取得的收入(包括主营业务收入、其他业务收入及视同销售收入)，对补贴收入、营业外收入、投资收益，纳税人从联营企业分回的税后利润或从股份企业分回的股息等，不作为计算基数。

【例 5-4】某公司 2019 年账户资料显示当年实现的主营业务收入 6 800 万元，其他业务收入 200 万元，营业外收入 100 万元，管理费用中列支招待费 50 万元。

问题：该企业在计算企业所得税应纳税所得额时，准予扣除的业务招待费为多少？

解析：依据税法规定，企业发生的与生产经营活动有关的业务招待费支出，按照发生额的 60%扣除，但最高不得超过当年销售(营业)收入的 5‰。

业务招待费最高扣除额=(6 800+200)×5‰=35(万元)

实际发生额的 60%=50×60%=30(万元)

业务招待费税前扣除限额为 30 万元，因此，准予扣除的业务招待费为 30 万元。

▶ 6. 广告费和业务宣传费

企业发生的符合条件的广告费和业务宣传支出，除国务院财政、税务主管部门另有规定外，不超过当年销售(营业)收入 15%的部分准予扣除；超过部分准予在以后纳税年度结转扣除。

在筹建期间，发生的广告费和业务宣传费，可以按实际发生额计入企业筹办费，并按规定在税前扣除。

自 2016 年 1 月 1 日起至 2020 年 12 月 31 日，对化妆品制造或者销售、医药制造和饮料制造(不含酒类制造)企业发生的广告费和业务宣传费支出，不超过当年销售(营业)收入 30%的部分，准予扣除；超过部分，准予在以后年度结转扣除。

烟草企业的烟草广告费和业务宣传费支出，一律不得在计算纳税年度结转扣除。

【例 5-5】某公司 2019 年账户资料显示当年实现的主营业务收入 6 800 万元，其他业务收入 200 万元；管理费用中列支广告费和业务宣传费共 1 250 万元。

问题：该企业在计算企业所得税应纳税所得额时，准予扣除的广告费和业务宣传费为多少？

解析：依据税法规定，企业发生的符合条件的广告费和业务宣传支出，除国务院财政、税务主管部门另有规定外，不超过当年销售(营业)收入 15%的部分准予扣除；超过部分准予在以后纳税年度结转扣除。

广告费和业务宣传费税前扣除限额=(6 800+200)×15%=1 050(万元)

实际发生额为 1 250 万元超过了税前扣除限额，所以准予扣除的广告费和业务宣传费为 1 050 万元。

▶ 7. 租赁费

企业根据生产经营活动的需要租入固定资产支付的租赁费，按照以下方法扣除。

(1) 以经营方式租入固定资产发生的租赁费支出，按照租赁期限均匀扣除。经营性租赁是指所有权不转移的租赁。

(2) 以融资租赁方式租入固定资产发生的租赁费用支出，按照规定构成融资租赁租入固定资产价值的部分应当提取折旧费，分期扣除。融资租赁是指在实质上转移与一项资产所有权有关的全部风险和报酬的一种租赁。

▶ 8. 劳动保护费

企业发生的合理的劳动保护支出，准予扣除。

▶ 9. 公益性捐赠支出

捐赠支出分为公益性捐赠支出和非公益性捐赠支出。公益性捐赠支出是指企业通过公益性社会团体或者县级以上人民政府及其部门，用于《中华人民共和国公益事业捐赠法》规定的公益事业的捐赠。可税前扣除的捐赠支出是间接捐赠而非直接捐赠，即必须通过公益性社会团体或县级以上人民政府及其部门捐赠，直接向受赠者的捐赠(即赞助支出)不得税前扣除。

企业通过公益性社会组织或者县级(含县级)以上人民政府及其组成部门和直属机构，用于慈善活动、公益事业的捐赠支出，在年度利润总额12%以内的部分，准予在计算应纳税所得额时扣除；超过年度利润总额12%的部分，准予结转以后三年内在计算应纳税所得额时扣除。

用于公益事业的捐赠支出，指《中华人民共和国公益事业捐赠法》规定的向公益事业的捐赠支出，具体范围如下。

(1) 救助灾害、救助贫困、扶助残疾人等困难的社会群体和个人的活动。

(2) 教育、科学、文化、卫生、体育事业。

(3) 环境保护、社会公共设施建设。

(4) 促进社会发展和进步的其他社会公共和福利事业。

【例 5-6】2019 年某企业通过公益性社会团体向贫困地区捐赠 200 万元，该企业当年利润总额为 1 000 万元。

问题：该项捐赠允许税前扣除的金额为多少？

解析：依据税法规定，企业发生的公益性捐赠支出，在年度利润总额 12%以内的部分，准予在计算应纳税所得额时扣除。超过年度会计利润总额 12%的部分，准予结转以后三年内在计算应纳税所得额时扣除。

公益性捐赠支出扣除限额为：1 000×12%=120(万元)

企业实际捐赠 200 万元，超过限额，故当年允许税前扣除 120 万元。超过的部分 80 万元准予在以后三年内扣除。

▶ 10. 有关资产的费用

有关资产的费用包括以下方面。

(1) 企业按照规定计算的固定资产折旧、无形资产和递延资产的摊销费用，准予扣除。

（2）企业转让资产，该项资产的净值（指有关资产、财产的计税基础减除已经按照规定扣除的折旧、折耗、摊销、准备金等之后的余额），准予在计算应纳税所得额时扣除。

知识链接

企业所得税税前扣除原则

（1）权责发生制原则，指纳税人应在费用发生时而不是实际支付时确认扣除。

（2）配比原则，指纳税人发生的费用应在费用应配比或应分配的当期申报扣除。纳税人某一纳税年度应申报的可扣除费用不得提前或滞后申报扣除。

（3）相关性原则，指纳税人要扣除的费用从性质和根源上必须与取得应税收入相关。

（4）确定性原则，指纳税人可扣除的费用不论何时支付，其金额必须是确定的。

（5）合理性原则，指纳税人可扣除费用的计算和分配方法应符合一般的经营常规和会计惯例。

五、不得扣除的项目

在计算应纳税所得额时，下列支出不得扣除。

（1）向投资者支付的股息、红利等权益性投资收益款项。

（2）企业所得税税款。

（3）税收滞纳金，指纳税人违反税收法规，被税务机关处以的滞纳金。

（4）罚金、罚款和被没收财物的损失，指纳税人违反国家有关法律、法规规定，被有关部门处以的罚款，以及被司法机关处以的罚金和被没收财物。

（5）超过规定的捐赠支出。

（6）赞助支出，指企业发生的与生产经营活动无关的各种非广告性质支出。

（7）未经核定的准备金支出，指不符合国务院财政、税务主管部门规定的各项资产减值准备、风险准备等准备金支出。

（8）企业之间支付的管理费用、企业内营业机构之间支付的租金和特许权使用费，以及非银行企业内营业机构之间支付的利息，不得扣除。

（9）与取得收入无关的其他支出。

六、亏损弥补

亏损，指企业依照《企业所得税法》及其实施条例的规定，将每一纳税年度的收入总额减除不征税收入、免税收入和各种扣除后小于零的数额。税法规定，企业某一纳税年度发生的亏损可以用下一年度的所得弥补，下一年度的所得不足以弥补的，可以逐年延续弥补，但最长不得超过5年。企业在汇总计算缴纳企业所得税时，其境外营业机构的亏损不得抵减境内营业机构的盈利。

自2018年1月1日起，当年具备高新技术企业或科技型中小企业资格（以下统称资格）的企业，其具备资格年度之前5个年度发生的尚未弥补完的亏损，准予结转以后年度弥补，最长结转年限由5年延长至10年。

企业筹办期间不计算为亏损年度，企业自开始生产经营的年度，为开始计算企业损益的年度。企业从事生产经营之前进行筹办活动期间发生筹办费用支出，不得计算为当期的亏损，企业可以在开始经营之日的当年一次性扣除，也可以按照新税法有关长期待摊费用的处理方式处理，但一经选定，不得改变。

七、非居民企业的应纳税所得额

在中国境内未设立机构、场所的，或者虽设立机构、场所但取得的所得与其所设机构、场所没有实际联系的非居民企业，其来源于中国境内所得，按照以下方法计算器应纳税所得额：

（1）股息、红利等权益性投资收益、租金、特许权使用费所得，以收入全额为应纳税所得额。

（2）转让财产所得，以收入全额减除财产净值后的余额为应纳税所得额。

（3）其他所得，参照前两项规定的方法计算应纳税所得额。

非居民企业在中国境内设立的机构、场所，就其中国境外总机构发生的与该机构、场所生产经营有关的费用，能够提供总机构出具的费用汇集范围、定额分配依据和方法等证明文件并合理分摊的，准予扣除。

八、资产的税务处理

纳税人的资产，指由于资本投资而形成的资产，具体包括固定资产、生产性生物资产、无形资产、长期待摊费用、投资性资产、存货等。这些资产应以历史成本，即以纳税人取得该项资产时实际发生的支出为计税基础。纳税人持有各项资产期间其资产增值或减值，除国务院财政、税务主管部门规定可以确定损益外，不得调整该资产的计税基础。

资产的税务处理，指对于纳税人持有的各项资产，在计算应纳税所得额时，依法进行的计价，提取折旧以及摊销等方面的处理。其实质是为确定应纳税所得额而进行的所得税会计上的调整，这种调整应严格依照税法的规定进行。

（一）固定资产的税务处理

固定资产，指企业为生产产品、提供劳务、出租或者经营管理而持有的、使用时间超过12个月的非货币性资产，包括房屋、建筑物、机器、机械、运输工具以及其他与生产经营活动有关的设备、器具、工具等。

▶ 1. 固定资产的计税基础

固定资产按照以下方法确定计税基础。

（1）外购的固定资产，以购买价款和支付的相关税费以及直接归属于使该资产达到预定用途发生的其他支出为计税基础。

（2）自行建造的固定资产，以竣工结算前发生的支出为计税基础。

（3）融资租入的固定资产，以租赁合同约定的付款总额和承租人在签订租赁合同过程中发生的相关费用为计税基础。租赁合同未约定付款总额的，以该资产的公允价值和承租人在签订租赁合同过程中发生的相关费用为计税基础。

（4）盘盈的固定资产，以同类固定资产的重置完全价值为计税基础。

（5）通过捐赠、投资、非货币性资产交换、债务重组等方式取得的固定资产，以该资产的公允价值和支付的相关税费为计税基础。

（6）改建的固定资产，除已足额提取折旧的固定资产和租入的固定资产以外的其他固定资产，以改建过程中发生的改建支出增加计税基础。

▶ 2. 固定资产的折旧范围

在计算应纳税所得额时，企业按照规定计算的固定资产折旧，准予扣除。下列固定资产不得计算折旧扣除。

(1) 房屋、建筑物以外未投入使用的固定资产。

(2) 以经营租赁方式租入的固定资产。

(3) 以融资租赁方式租出的固定资产。

(4) 已足额提取折旧仍继续使用的固定资产。

(5) 与经营活动无关的固定资产。

(6) 单独估价作为固定资产入账的土地。

(7) 其他不得计算折旧扣除的固定资产。

▶ 3. 固定资产计提折旧的方法

固定资产计提折旧的方法为直线法。固定资产按照直线法计算的折旧，准予扣除。

企业应当自固定资产投入使用月份的次月起计算折旧；停止使用的固定资产，应当自停止使用月份的次月起停止计算折旧。企业应当根据固定资产的性质和使用情况，合理确定固定资产的预计净残值；固定资产的预计净残值一经确定，不得变更。

▶ 4. 固定资产折旧的最低年限

除国务院财政、税务主管部门另有规定外，固定资产计算折旧的最低年限如下。

(1) 房屋、建筑物，为 20 年。

(2) 飞机、火车、轮船、机器、机械和其他生产设备，为 10 年。

(3) 与生产经营活动有关的器具、工具、家具等，为 5 年。

(4) 飞机、火车、轮船以外的运输工具，为 4 年。

(5) 电子设备，为 3 年。

(二) 生产性生物资产的税务处理

生产性生物资产，指企业为产出农产品、提供劳务或者出租等目的而持有的生物资产，它是生物资产的一大类，包括经济林、薪炭林、产畜和役畜等。

▶ 1. 生产性生物资产的计税基础

生产性生物资产按照以下方法确定计税基础。

(1) 外购的生产性生物资产，以购买价款和支付的相关税费为计税基础。

(2) 通过捐赠、投资、非货币性资产交换、债务重组等方式取得的生产性生物资产，以该资产的公允价值和支付的相关税费为计税基础。

▶ 2. 生产性生物资产计提折旧的方法

生产性生物资产按照直线法计算的折旧，准予扣除。

企业应当自生产性生物资产投入使用月份的次月起计算折旧；停止使用的生产性生物资产，应当自停止使用月份的次月起停止计算折旧。企业应依据生产性生物资产的性质和使用情况，合理确定生产性生物资产的预计净残值；生产性生物资产的预计净残值一经确定，不得变更。

▶ 3. 生产性生物资产折旧的最低年限

生产性生物资产计算折旧的最低年限如下。

（1）林木类生产性生物资产，为 10 年。

（2）畜类生产性生物资产，为 3 年。

（三）无形资产的税务处理

无形资产，指企业为生产产品、提供劳务、出租或者经营管理而持有的、没有实物形态的非货币性长期资产，包括专利权、商标权、著作权、土地使用权、非专利技术、商誉等。

▶ 1. 无形资产的计税基础

无形资产按照以下方法确定计税基础。

（1）外购的无形资产，以购买价款和支付的相关税费以及直接归属于使该资产达到预定用途发生的其他支出为计税基础。

（2）自行开发的无形资产，以开发过程中该资产符合资本化条件后至达预定用途前发生的支出为计税基础。

（3）通过捐赠、投资、非货币性资产交换、债务重组等方式取得的无形资产，以该资产的公允价值和支付的相关税费为计税基础。

▶ 2. 不得摊销的无形资产范围

在计算应纳税所得额时，企业按照规定计算的无形资产摊销费用，准予扣除。但是，下列无形资产不得计算摊销费用扣除。

（1）自行开发的支出已在计算应纳税所得额时扣除的无形资产。

（2）自创商誉。

（3）与经营活动无关的无形资产。

（4）其他不得计算摊销费用扣除的无形资产。

▶ 3. 无形资产的摊销与年限

无形资产按照直线法计算的摊销费用，准予扣除。外购商誉的支出，在企业整体转让或者清算时，准予扣除。

无形资产的摊销年限不得低于 10 年。但作为投资或受让的无形资产，有关法律规定或合同约定了使用年限的，可以按照规定或约定的使用年限分期摊销。

思考：2019 年，某市区的一家企业购买一项无形资产的所有权。购买时支付 60 万元，会计上按五年直线法摊销。企业能否按五年直线法摊销进行税前扣除？如果不能，税法规定每年准予扣除摊销额是多少？

（四）长期待摊费用的税务处理

长期待摊费用，指企业发生的应在 1 个年度以上或几个年度进行摊销的费用。在计算应纳税所得额时，企业发生的下列支出作为长期待摊费用，按照规定摊销，准予扣除。

（1）已足额提取折旧的固定资产的改建支出，按照固定资产预计尚可使用年限分期摊销。

（2）租入固定资产的改建支出，按照合同约定的剩余租赁期分期摊销。

（3）固定资产的大修理支出，按照固定资产尚可使用年限分期摊销，是指同时符合下列条件的支出：

①修理支出达到取得固定资产时的计税基础 50％以上。

②修理后固定资产的使用年限延长 2 年以上。

(4) 其他应当作为长期待摊费用的支出，自支出发生月份的次月起，分期摊销，摊销年限不得低于 3 年。

(五) 存货的税务处理

存货，指企业持有以备出售的产品或者商品、处在生产过程中的在产品、产成品或者提供劳务过程中耗用的材料和物料等。

企业使用或者销售的存货的成本计算方法，可以在先进先出、加权平均、个别计价法中选用一种。计价方法一经选用，不得随意变更。

【例 5-8】某企业为在我国境内注册设立的工业企业，2019 年度发生下列业务。

(1) 销售产品取得收入 5 000 万元，固定资产盘盈收入 20 万元，其他业务收入 30 万元，取得国家发行的国债利息收入 50 万元。

(2) 销售成本 3 000 万元，应缴纳的增值税 90 万元，消费税 110 万元，城建税 14 万元，教育费附加 6 万元。

(3) 发生销售费用 250 万元(其中广告费 150 万元)，财务费用 12 万元，管理费用 802 万元(其中业务招待费 50 万元，新产品开发费用 90 万元)。

(4) 发生营业外支出 70 万元(其中含通过当地政府部门向某小学捐款 20 万元，直接为灾区捐款 9 万元，支付税收滞纳金 1 万元)。

问题：(1) 该企业年度收入总额及免税收入是多少?

(2) 准予扣除的成本及税金是多少?

(3) 准予扣除的三项期间费用是多少?

(4) 准予扣除的营业外支出是多少?

(5) 该企业应纳税所得额是多少?

解析：纳税人收入总额，指企业在某一纳税年度内以货币形式和非货币形式从各种来源取得的各项收入的总和。

应纳税所得额＝纳税年度的收入总额－不征税收入－免税收入－各项扣除－允许弥补以前年度亏损

会计利润总额＝营业收入—营业成本—营业税金及附加—期间费用—资产减值损失＋公允价值变动收益＋投资收益＋营业外收入—营业外支出

(1) 收入总额＝5 000＋20＋30＋50＝5 100(万元)，免税收入为 50 万元。

(2) 准予扣除的成本为 3 000 万元，准予扣除的税金＝110＋14＋6＝130(万元)。

(3) 广告费准予扣除限额＝5 030×15％＝754.5(万元)，实际发生 150 万元，可据实扣除，所以销售费准予扣除 250 万元。

业务招待费扣除限额＝5 030×5‰＝25.15(万元)，实际发生额的 60％＝50×60％＝30(万元)，大于 25.15 万元，允许扣除 25.15 万元。新产品开发可加计扣除 90×75％＝67.5(万元)，所以，管理费用准予扣除金额＝802－(50－25.15)＋67.5＝844.65(万元)。

准予扣除的三项期间费用＝250＋12＋844.65＝1 106.65(万元)。

(4) 会计利润＝5 000＋20＋30＋50－3 000－110－14－6－250－12－802－70＝836(万元)。

捐赠的扣除限额＝836×12％＝100.32(万元)，实际捐赠 20 万元，据实扣除，直接对外捐赠不得扣除，税收滞纳金不得扣除，所以准予扣除的营业外支出＝70－9－1＝60(万元)。

(5) 企业应纳税所得额＝5 100－50－3 000－130－1 106.65－60＝753.35(万元)。

思考：应纳税所得额就是纳税人的会计利润吗?

应纳税所得额与纳税人的会计利润是不同的，两者既有联系又有区别。会计利润是纳税人按照财务会计制度的规定进行核算得出的，它是企业的实际收入减去实际发生的各类支出后的数额。会计利润是确定应纳税所得额的基础，会计利润根据税法规定做相应的调整后，即为应纳税所得额。计算公式为

应纳税所得额＝会计利润总额±纳税调整项目金额＋境外应税所得弥补境内所得－弥补以前年度亏损

思考：请用另一种方法计算上述应纳税所得额。

任务三 税收优惠

税收优惠政策是指为了照顾某些纳税人的特殊情况而给予减征或免征所得税款的规定。税法规定的企业所得税的税收优惠方式包括免税、减税、加计扣除、减计扣除、税额抵免等。

一、免征与减征的优惠

企业从事农、林、牧、渔业项目的所得，可以免征、减征企业所得税，具体包括以下内容。

(一) 企业从事下列项目的所得，免征企业所得税

(1) 蔬菜、谷物、薯类、油料、豆类、棉花、麻类、糖料、水果、坚果的种植。

(2) 农作物新品种的选育。

(3) 中药材的种植。

(4) 林木的培育和种植。

(5) 牲畜、家禽的饲养。

(6) 林产品的采集。

(7) 灌溉、农产品初加工、兽医、农技推广、农机作业和维修等农、林、牧、渔服务业项目。

(8) 远洋捕捞。

(二) 企业从事下列项目的所得，减半征收企业所得税

(1) 花卉、茶以及其他饮料作物和香料作物的种植。

(2) 海水养殖、内陆养殖。

企业从事国家限制和禁止发展的项目，不得享受本条规定的企业所得税优惠。

(三) 国家重点扶持的公共基础设施项目的所得

国家重点扶持的公共基础设施项目，指《公共基础设施项目企业所得税优惠目录》规定

的港口码头、机场、铁路、公路、城市公共交通、电力、水利等项目。

(1) 企业从事国家规定的国家重点扶持的公共基础设施项目的投资经营的所得，自项目取得第一笔生产经营收入所属纳税年度起，第一年至第三年免征企业所得税，第四年至第六年减半征收企业所得税。

(2) 企业承包经营、承包建设和内部自建自用公共基础设施项目，不得享受本税收优惠。

(四) 符合条件的环境保护、节能节水项目的所得

符合条件的环境保护、节能节水项目，包括公共污水处理、公共垃圾处理、沼气综合开发利用、节能减排技术改造、海水淡化等。项目的具体条件和范围由国务院财政、税务主管部门及国务院有关部门制定，报国务院批准后公布施行。

(1) 企业从事符合条件的环境保护、节能节水项目的所得，自项目取得第一笔生产经营收入所属纳税年度起，第一年至第三年免征企业所得税，第四年至第六年减半征收企业所得税。

(2) 享受减免税优惠的项目，在减免税期限内转让的，受让方自受让之日起，可以在剩余期限内享受规定的减免税优惠；减免税期限届满后转让的，受让方不得就该项目重复享受减免税优惠。

(五) 符合条件的技术转让所得免征、减征企业所得税

符合条件的技术转让所得免征、减征企业所得税，指一个纳税年度内，居民企业技术转让所得不超过500万元的部分，免征企业所得税；超过500万元的部分，减半征收企业所得税。其计算公式为

技术转让所得＝技术转让收入－技术转让成本－相关税费

二、高新技术企业优惠

国家需要重点扶持的高新技术企业按15%的税率征收企业所得税。高新技术企业认定须同时满足以下条件。

(1) 企业申请认定时须注册成立一年以上。

(2) 企业通过自主研发、受让、受赠、并购等方式，获得对其主要产品(服务)在技术上发挥核心支持作用的知识产权的所有权。

(3) 对企业主要产品(服务)发挥核心支持作用的技术属于《国家重点支持的高新技术领域》规定的范围。

(4) 企业从事研发和相关技术创新活动的科技人员占企业当年职工总数的比例不低于10%。

其中，企业科技人员是指直接从事研发和相关技术创新活动，以及专门从事上述活动的管理和提供直接技术服务的，累计实际工作时间在183天以上的人员，包括在职、兼职和临时聘用人员。

企业职工总数包括企业在职、兼职和临时聘用人员。在职人员可以通过企业是否签订了劳动合同或缴纳社会保险费来鉴别；兼职、临时聘用人员全年须在企业累计工作183天以上。

企业当年职工总数、科技人员数均按照全年月平均数计算。

月平均数=(月初数+月末数)÷2

全年月平均数=全年各月平均数之和÷12

年度中间开业或者终止经营活动的,以其实际经营期作为一个纳税年度确定上述相关指标。

(5) 企业近三个会计年度(实际经营期不满三年的按实际经营时间计算,下同)的研究开发费用总额占同期销售收入总额的比例符合如下要求:

①最近一年销售收入小于5 000万元(含)的企业,比例不低于5%。

②最近一年销售收入在5 000万元至2亿元(含)的企业,比例不低于4%。

③最近一年销售收入在2亿元以上的企业,比例不低于3%。

其中,企业在中国境内发生的研究开发费用总额占全部研究开发费用总额的比例不低于60%;

其中,总收入是指收入总额减去不征税收入。收入总额与不征税收入按照《企业所得税法》及《企业所得税法实施条例》的规定计算。销售收入为主营业务收入与其他业务收入之和。主营业务收入与其他业务收入按照企业所得税年度纳税申报表的口径计算。

(6) 近一年高新技术产品(服务)收入占企业同期总收入的比例不低于60%。

(7) 企业创新能力评价应达到相应要求。

(8) 企业申请认定前一年内未发生重大安全、重大质量事故或严重环境违法行为。

三、小型微利企业税收优惠

(1) 符合条件的小型微利企业,是指从事国家非限制和禁止行业,并符合下列条件的企业。

① 符合条件的小型微利企业,减按20%的税率征收企业所得税。

② 年度应纳税所得额不超过300万元,从业人数不超过300人,资产总额不超过5 000万元。

从业人数,包括与企业建立劳动关系的职工人数和企业接受的劳务派遣用工人数。

从业人数和资产总额指标,应按企业全年的季度平均值确定。具体计算公式如下:

季度平均值=(季初值+季末值)÷2

全年季度平均值=全年各季度平均值之和÷4

年度中间开业或者终止经营活动的,以其实际经营期作为一个纳税年度确定上述相关指标。

(2) 自2019年1月1日至2022年12月31日,对小型微利企业年应纳税所得额不超过100万元、100万元到300万元的部分,分别减按25%、50%计入应纳税所得额,使税负降至5%和10%。

(3) 符合规定条件的小型微利企业自行申报享受减半征税政策。汇算清缴时,小型微利企业通过填报企业所得税年度纳税申报表中“资产总额、从业人数、所属行业、国家限制和禁止行业”等栏次履行备案手续。

(4) 企业预缴时享受小型微利企业所得税优惠政策,按照以下规定执行。

企业本年度第一季度预缴企业所得税时,如未完成上一纳税年度汇算清缴,无法判断上一纳税年度是否符合小型微利企业条件的，可暂按企业上一纳税年度第四季度的预缴申报情况判别。

① 查账征收企业。上一纳税年度为符合条件的小型微利企业，分别按照以下规定处理：

· 按照实际利润额预缴的，预缴时本年度累计实际利润额不超过 100 万元的，可以享受减半征税政策。

· 按照上一纳税年度应纳税所得额平均额预缴的，预缴时可以享受减半征税政策。

② 核定应税所得率征收企业。上一纳税年度为符合条件的小型微利企业，预缴时本年度累计应纳税所得额不超过 100 万元的，可以享受减半征税政策。

③ 核定应纳所得税额征收企业。根据减半征税政策规定需要调减定额的，由主管税务机关按照程序调整，依照原办法征收。

④ 上一纳税年度为不符合小型微利企业条件的企业，预计本年度符合条件的，预缴时本年度累计实际利润额或者累计应纳税所得额不超过 100 万元的，可以享受减半征税政策。

⑤ 本年度新成立的企业，预计本年度符合小型微利企业条件的，预缴时本年度累计实际利润额或者累计应纳税所得额不超过 100 万元的，可以享受减半征税政策。

(5) 企业预缴时享受了减半征税政策，年度汇算清缴时不符合小型微利企业条件的，应当按照规定补缴税款。

(6) 小型微利企业 2018 年度第一季度预缴时应享受未享受减半征税政策而多预缴的企业所得税，在以后季度应预缴的企业所得税税款中抵减。

四、加计扣除优惠

(一)研究开发费用的加计扣除

研究开发费用的加计扣除是指企业为开发新技术、新产品、新工艺发生的研究开发费用，未形成无形资产计入当期损益的，在按照规定据实扣除的基础上，按照研究开发费用的 50%加计扣除；形成无形资产的，按照无形资产成本的 150%摊销。

2018 年 9 月，为进一步激励企业加大研发投入，支持科技创新，企业开展研发活动中实际发生的研发费用，未形成无形资产计入当期损益的，在按规定据实扣除的基础上，在 2018 年 1 月 1 日至 2020 年 12 月 31 日期间，在按照实际发生额的 75%在税前加计扣除；形成无形资产的，在上述期间按照无形资产成本的 175%在税前摊销。

下列行业不使用税前加计扣除政策：烟草制造业；住宿和餐饮业；批发和零售行业；房地产行业；租赁和商务服务业；娱乐业；财政部规定的其他行业。研发费用的具体范围如下。

▶ 1. 人员人工费用

直接从事研发活动人员的工资薪金、基本养老保险费、基本医疗保险费、失业保险费、工伤保险费、生育保险费和住房公积金，以及外聘研发人员的劳务费用。

▶ 2. 直接投入费用

(1) 研发活动直接消耗的材料、燃料和动力费用。

(2) 用于中间试验和产品试制的模具、工艺装备开发及制造费，不构成固定资产的样品、样机及一般测试手段购置费，试制产品的检验费。

(3) 用于研发活动的仪器、设备的运行维护、调整、检验、维修等费用，以及通过经营租赁方式租入的用于研发活动的仪器、设备租赁费。

▶ 3. 折旧费用

用于研发活动的仪器、设备的折旧费。

▶ 4. 无形资产摊销

用于研发活动的软件、专利权、非专利技术(包括许可证、专有技术、设计和计算方法等)的摊销费用。

▶ 5. 新产品设计费、新工艺规程制定费、新药研制的临床试验费、勘探开发技术的现场试验费

(解析略)

▶ 6. 其他相关费用

与研发活动直接相关的其他费用，如技术图书资料费、资料翻译费、专家咨询费、高新科技研发保险费，研发成果的检索、分析、评议、论证、鉴定、评审、评估、验收费用，知识产权的申请费、注册费、代理费，差旅费、会议费等。此项费用总额不得超过可加计扣除研发费用总额的10%。

▶ 7. 财政部和国家税务总局规定的其他费用

(解析略)

【例 5-8】A公司自行研究开发一项技术，截至2018年6月30日，发生研发支出200万元，经测试该项研发活动完成了研究阶段，从2014年7月1日开始进入开发阶段。该阶段发生研发支出240万元，假定符合无形资产准则规定的开发支出资本化的条件。2018年12月31日，该项研发活动结束，最终开发出一项非专利技术。该非专利技术摊销年限10年，假设2018年度会计利润600万元，2019年度会计利润700万元，假定2018年度及2019年度按企业所得税法规定没有其他调整。

问题：(1) 2018年度应纳税所得额是多少？

(2) 2019年度应纳税所得额是多少？

解析：在按规定据实扣除的基础上，在2018年1月1日至2020年12月31日期间，在按照实际发生额的75%在税前加计扣除；形成无形资产的，在上述期间按照无形资产成本的175%在税前摊销。

2018年度应纳税所得额＝600－200×75%＝450(万元)

2019年度该项非专利技术摊销＝240÷10＝24(万元)

2019年度应纳税所得额＝700－24×75%＝682(万元)

(二) 企业安置残疾人员所支付的工资的加计扣除

企业安置残疾人员所支付的工资的加计扣除，指企业安置残疾人员的，在按照支付给残疾职工工资据实扣除的基础上，按照支付给残疾职工工资的100%加计扣除。残疾人员的范围适用《中华人民共和国残疾人保障法》的有关规定。

五、非居民企业优惠

在中国境内未设立机构、场所的，或者虽设立机构、场所但取得的所得与其所设机构、场所没有实际联系的非居民企业，其取得的来源于中国境内的所得，减按10%的税率征收企业所得税。下列所得可以免征企业所得税：

(1) 外国政府向中国政府提供贷款取得的利息所得。

(2) 国际金融组织向中国政府和居民企业提供优惠贷款取得的利息所得。

(3) 经国务院批准的其他所得。

从2014年11月7日起，对合格境外机构投资者(QFII)、人民币合格境外机构投资者(RQFII)取得来源于中国境内的股票等权益性投资资产转让所得，暂免征收企业所得税。

知识链接

特殊行业优惠

1. 关于鼓励软件产业和集成电路产业发展的优惠政策

为进一步支持集成电路产业发展，现就有关企业所得税政策问题通知如下：

(1) 2018年1月1日后投资新设的集成电路，线宽小于130纳米，且经营期在10年以上的集成电路生产企业或项目，第一年至第二年免征企业所得税，第三年至第五年按照25%的法定税率减半征收企业所得税，并享受至期满为止。

(2) 2018年1月1日后投资新设的集成电路，线宽小于65纳米或投资额超过150亿元，且经营期在15年以上的集成电路生产企业或项目，第一年至第五年免征企业所得税，第六年至第十年按照25%的法定税率减半征收企业所得税，并享受至期满为止。

(3) 对于按照集成电路生产企业享受本通知第一条、第二条税收优惠政策的，优惠期自企业获利年度起计算；对于按照集成电路生产项目享受上述优惠的，优惠期自项目取得第一笔生产经营收入所属纳税年度起计算。

(4) 享受本通知第一条、第二条税收优惠政策的集成电路生产项目，其主体企业应符合集成电路生产企业条件，且能够对该项目单独进行会计核算、计算所得，并合理分摊期间费用。

(5) 2017年12月31日前设立但未获利的集成电路，线宽小于0.25微米或投资额超过80亿元，且经营期在15年以上的集成电路生产企业，自获利年度起第一年至第五年免征企业所得税，第六年至第十年按照25%的法定税率减半征收企业所得税，并享受至期满为止。

(6) 2017年12月31日前设立但未获利的集成电路，线宽小于0.8微米(含)的集成电路生产企业，自获利年度起第一年至第二年免征企业所得税，第三年至第五年按照25%的法定税率减半征收企业所得税，并享受至期满为止。

2. 关于鼓励证券投资基金发展的优惠政策

(1) 对证券投资基金从证券市场中取得的收入，包括买卖股票、债券的差价收入，股权的股息、红利收入，债券的利息收入及其他收入，暂不征收企业所得税。

(2) 对投资者从证券投资基金分配中取得的收入，暂不征收企业所得税。

(3) 对证券投资基金管理人运用基金买卖股票、债券的差价收入，暂不征收企业所得税。

3. 节能服务公司享受企业所得税的优惠政策

财政部国家税务总局《关于促进节能服务产业发展增值税、营业税和企业所得税政策问题的通知》(财税〔2010〕110 号)第二条第(一)项规定："对符合条件的节能服务公司实施合同能源管理项目，符合企业所得税税法有关规定的，自项目取得第一笔生产经营收入所属纳税年度起，第一年至第三年免征企业所得税，第四年至第六年按照25%的法定税率减半征收企业所得税。"

4. 电网企业电网新建项目享受企业所得税的优惠政策

根据《中华人民共和国企业所得税法》及其实施条例的有关规定，居民企业从事符合《公共基础设施项目企业所得税优惠目录(2008 年版)》规定条件和标准的电网(输变电设施)的新建项目，可依法享受"三免三减半"的企业所得税优惠政策。基于企业电网新建项目的核算特点，暂以资产比例法，即以企业新增输变电固定资产原值占企业总输变电固定资产原值的比例，合理计算电网新建项目的应纳税所得额，并据此享受"三免三减半"的企业所得税优惠政策。

六、加速折旧优惠

▶ 1. 加速折旧和设备、器具一次性税前扣除

企业的固定资产由于技术进步等原因，确需加速折旧的，可以缩短折旧年限或者采取加速折旧的方法。可采用加速折旧方法的固定资产如下。

(1) 由于技术进步，产品更新换代较快的固定资产。

(2) 常年处于强震动、高腐蚀状态的固定资产。

采用缩短折旧年限方法的，最低折旧年限不得低于规定年限的 60%；采取加速折旧方法的，可以采取双倍余额递减法或者年数总和法。

▶ 2. 加速折旧的特殊规定

为落实国务院扩大固定资产加速折旧优惠范围的决定，根据《中华人民共和国企业所得税法》(以下简称企业所得税法)及其实施条例(以下简称实施条例)、《财政部 国家税务总局关于进一步完善固定资产加速折旧企业所得税政策的通知》(财税〔2015〕106 号)规定，现就有关固定资产加速折旧企业所得税政策问题规定如下。

(1) 对轻工、纺织、机械、汽车四个领域重点行业的企业 2015 年 1 月 1 日后新购进的固定资产，可由企业选择缩短折旧年限或采取加速折旧的方法。

(2) 对上述行业的小型微利企业在 2018 年 1 月 1 日至 2020 年 12 月 31 日期间新购进(包括自行建造)的设备、器具，单位价值不超过 500 万元的，允许一次性计入当期成本费用在计算应纳税所得额时扣除，不再分年度计算折旧；单位价值超过 500 万元的，可由企业选择缩短折旧年限或采取加速折旧的方法。

(3) 企业按以上规定缩短折旧年限的，最低折旧年限不得低于企业所得税法规定的折旧年限的 60%；采取加速折旧方法的，可采取双倍余额递减法或者年数总和法。

按照企业所得税法及其实施条例有关规定，企业根据自身生产经营需要，也可选择不实行加速折旧政策。

任务四 应纳税额的计算

应纳税额是企业按照税法规定应向国家缴纳的税款，企业所得税的征收方式有查账征收和核定征收两种，实行查账征收企业的计算公式如下：

应纳税额＝应纳税所得额×适用税率－减免税额－抵免税额

在查账征收企业所得税的过程中，应纳税所得额的计算方法一般有两种：直接计算法和间接计算法。

一、直接计算法

企业每一纳税年度的收入总额减除不征税收入、免税收入、各项扣除以及允许弥补的以前年度亏损后的余额为应纳税所得额。计算公式与前述相同。

应纳税所得额＝收入总额－不征税收入－免税收入－各项扣除金额－弥补亏损

二、间接计算法

在会计利润总额的基础上加或减按照税法规定调整的项目金额后，即为应纳税额所得额。计算公式为

应纳税所得额＝会计利润总额±纳税调整项目金额

税收调整项目金额包括两方面内容：一是企业的财务会计处理和税收规定扣除范围不一致的应予以调整的金额；二是企业的财务会计处理和税收规定扣除标准不一致的应予以调整的金额。

【例 5-9】某企业为居民企业，2019 年经营业务如下。

(1) 取得销售收入 5 000 万元。

(2) 发生销售成本 2 200 万元。

(3) 发生销售费用 1 340 万元(其中广告费 900 万元)，管理费用 960 万元(其中业务招待费 30 万元)，财务费用 120 万元。

(4) 营业税金及附加 80 万元。

(5) 营业外收入 140 万元，营业外支出 100 万元(含通过公益性社会团体向贫困山区捐款 60 万元，支付税收滞纳金 12 万元)。

(6) 计入成本、费用中的实发工资总额 300 万元、拨缴职工工会经费 6 万元、提取并发放职工福利费 46 万元、职工教育经费 10 万元。本年度已经预缴企业所得税 100 万元。

计算该企业实际应缴纳的企业所得税税额。

解析：在间接计算法下，是在会计利润总额的基础上加或减按照税法规定调整的项目金额后，即为应纳税额所得额。计算公式为

应纳税所得额＝会计利润总额±纳税调整项目金额

间接计算法计算企业应缴纳的企业所得税税额：

(1) 年度利润总额＝5 000＋140－2 200－1 340－960－120－80－100＝340(万元)

(2) 广告费发生 900 万元，超过扣除限额 5 000×15%=750(万元)，允许扣除 750 万元。

调增所得额=实际发生额－允许扣除额=900－5 000×15%=900－750=150(万元)

下年调减 150 万元。

(3) 业务招待费=5 000×5‰=25(万元)>30×60%=18(万元)

允许扣除 18 万元。

业务招待费调增所得额=30－18=12(万元)

(4) 捐赠支出扣除限额=340×12%=40.8(万元)<60(万元)

允许扣除 40.8 万元。超过的 19.2(万元)准予在以后三年内扣除。

应调增所得额=60－40.8=19.2(万元)

(5) 工会经费的扣除限额为 300×2%=6(万元)，实际拨缴 6 万元，无须调整。

职工福利费扣除限额为 300×14%=42(万元)

实际发生 46 万元，应调增 46－42=4(万元)

职工教育经费的扣除限额为 300×8%=24(万元)，实际发生 10 万元，无须调控。三项经费总共调整 4 万元。

三项经费总共调增 4+2.5=6.5(万元)

(6) 税收滞纳金不得扣除，调增所得额 12 万元。

(7) 应纳税所得额=340+150+12+19.2+4+12=537.2(万元)

(8) 2019 年应缴纳企业所得税税额=537.2×25%=134.3(万元)

已经预缴企业所得税 100 万元，所以应补税 134.3－100=34.3(万元)

三、核定征收应纳税额的计算

税务机关应根据纳税人具体情况，对核定征收企业所得税的纳税人，核定应税所得率或者核定应纳所得税额。

(一) 具有下列情形之一的，核定其应税所得率

(1) 能正确核算(查实)收入总额，但不能正确核算(查实)成本费用总额的。

(2) 能正确核算(查实)成本费用总额，但不能正确核算(查实)收入总额的。

(3) 通过合理方法，能计算和推定纳税人收入总额或成本费用总额的。

纳税人不属于以上情形的，核定其应纳所得税税额。

(二) 税务机关采用下列方法核定征收企业所得税

(1) 参照当地同类行业或者类似行业中经营规模和收入水平相近的纳税人的税负水平核定。

(2) 按照应税收入额或成本费用支出额定率核定。

(3) 按照耗用的原材料、燃料、动力等推算或测算核定。

(4) 按照其他合理方法核定。

采用以上所列一种方法不足以正确核定应纳税所得额或应纳税额的，可以同时采用两种以上的方法核定。采用两种以上方法测算的应纳税额不一致时，可按测算的应纳税额从高核定。

采用应税所得率方式核定征收企业所得税的，应纳所得税税额计算公式如下：

应纳税所得税额＝应税收入额×应税所得率

或

应纳所得税税额＝成本(费用)支出额/(1－应税所得率)×应税所得率

实行应税所得率方式核定征收企业所得税的纳税人，经营多业的，无论其经营项目是否单独核算，均由税务机关根据其主营项目确定适用的应税所得率。

主营项目应为纳税人所有经营项目中，收入总额或者成本(费用)支出额或者耗用原材料、燃料、动力数量所占比重最大的项目。

应税所得率按表 5-3 规定的幅度标准确定。

表 5-3 应税所得率的幅度标准

行 业	应税所得率
农、林、牧、渔业	3％～10％
制造业	5％～15％
批发和零售贸易业	4％～15％
交通运输业	7％～15％
建筑业	8％～20％
饮食业	8％～25％
娱乐业	15％～30％
其他行业	10％～30％

【例 5-10】甲零售企业 2019 年度自行申报收入总额 200 万元、成本费用 200 万元，经营亏损 10 万元。经主管税务机关审核，发现其发生的成本费用真实，实现的收入无法确认，税务机关依据规定对其进行核定征收，应税所得率为 9％。

问题：计算该企业 2019 年度应纳所得税额。

解析：依据税法规定，采用应税所得率方式核定征收企业所得税的，应纳所得税额计算公式如下：

应纳所得税税额＝应税收入额×应税所得率

或

应纳所得税税额＝成本(费用)支出额/(1－应税所得率)×应税所得率

应纳税所得额＝200÷(1－9％)×9％＝19.78(万元)

应纳所得税税额＝19.78×25％＝4.95(万元)

四、境外已纳税额的扣除

企业取得的下列所得已在境外缴纳的所得税税额，可以从其当期应纳税额中抵免，抵免限额为该项所得依照本法规定计算的应纳税额；超过抵免限额的部分，可以在以后 5 个年度内，继续进行抵补。

(1) 居民企业来源于中国境外的应税所得。

(2) 非居民企业在中国境内设立机构、场所，取得发生在中国境外但与该机构、场所有实际联系的应纳所得。

我国实行的是限额抵免办法。抵免限额，指企业来源于中国境外的所得，依照企业所得税法和实施条例的规定计算的应纳税额。除国务院财政、税务主管部门另有规定外，该抵免限额应当分国家(地区)不分项计算。计算公式：

抵免限额＝中国境内、境外所得依照企业所得税法和实施条例的规定计算的应纳税总额×来源于某国(地区)的应纳税所得额÷中国境内、境外应纳税所得总额
＝某国(地区)的应纳税所得额×税率

若纳税人在境外已纳税款不超过抵免限额，则按境外实际已纳税款抵免；超过抵免限额，则按抵免限额抵免。

【例 5-11】某企业 2019 年度境内应纳税所得额为 100 万元，适用 25%的企业所得税税率。另外，该企业分别在 A、B 两国设有分支机构(我国与 A、B 两国已经缔结避免双重征税协定)，在 A 国分支机构的应纳税所得额为 50 万元，A 国税率为 20%；在 B 国的分支机构的应纳税所得额为 30 万元，B 国税率为 30%。假设该企业在 A、B 两国所得按我国税法计算的应纳税所得额和按 A、B 两国税法计算的应纳税所得额一致，两个分支机构在 A、B 两国分别缴纳了企业所得税税额。

问题：计算该企业汇总时在我国应缴纳的企业所得税税额。

解析：依据税法规定，企业取得的下列所得已在境外缴纳的所得税税额，可以从其当期应纳税额中抵免，抵免限额为该项所得依照税法规定计算的应纳税额；超过抵免限额的部分，可以在以后 5 个年度内，继续进行抵补。

(1) 该企业按我国税法计算的境内、境外所得的应纳税额＝(100＋50＋30)×25%＝45(万元)

(2) A、B 两国的扣除限额：

A 国扣除限额＝45×[50÷(100＋50＋30)]＝50×25%＝12.5(万元)

B 国扣除限额＝45×[30÷(100＋50＋30)]＝30×25%＝7.5(万元)

在 A 国缴纳的所得税为 10 万元，低于扣除限额 12.5 万元，其超过扣除限额的部分 1.5 万元当年不能扣除。但可以在 5 年内补扣。

在 B 国缴纳的所得税为 9 万元，高于扣除限额 7.5 万元，允许按 7.5 万元扣除。

(3) 汇总时在我国应缴纳的所得税＝45－10－7.5＝27.5(万元)

居民企业从其直接或者间接控制的外国企业分得的来源于中国境外的股息、红利等权益性投资收益，外国企业在境外实际缴纳的所得税税额中属于该项所得负担的部分，可以作为该居民企业的可抵免境外所得额，在企业所得税税法规定的抵免限额内抵免。

上述所称直接控制，指居民企业直接持有外国企业 20%以上股份。

上述所称间接控制，指居民企业以间接持有外国企业 20%以上股份，具体认定办法由国务院财政、税务主管部门另行制定。

知识链接

源泉扣除

1. 扣缴义务人

对非居民企业在中国境内未设立机构、场所的，或者虽设立机构、场所但取得的所得与其所设机构、场所没有实际联系的，就其来源于中国境内的所得缴纳的所得税，实行源

泉扣缴，以支付人为扣缴义务人。税款由扣缴义务人在每次支付或者到期应支付时，从支付或者到期应支付的款项中扣缴。

2. 扣缴方法

(1) 扣缴义务人扣缴税款时，按非居民企业计算方法计算税款。

(2) 应当扣缴的所得税，扣缴义务人未依法扣缴或者无法履行扣缴义务的，由企业在所得发生地缴纳。企业未依法缴纳的，税务机关可以从该企业在中国境内其他收入项目的支付人应付的款项中，追缴该企业的应纳税款。

(3) 税务机关在追缴该企业应纳税款时，应当将追缴理由、追缴数额、缴纳期限和缴纳方式等告知该企业。

(4) 扣缴义务人每次代扣的税款，应当自代扣之日起 7 日内缴入国库，并向所在地的税务机关报送扣缴企业所得税报告表。

任务五 征收管理

一、纳税时间

按月或按季预缴的，应当自月份或者季度终了日起 15 日内，向税务机关报送预缴企业所得税申报表，预缴税款。

企业在报送企业所得税申报表时，应当按照规定附送财务会计报告和其他有关资料。

企业应当办理注销登记前，就其清算所得向税务机关申报并依法缴纳企业所得税。

依照企业所得税法缴纳的企业所得税，以人民币计算。所得以人民币以外的货币计算的，应当折合成人民币计算并缴纳税款。

企业在纳税年度内无论盈利或者亏损，都应当依照企业所得税法规定的期限，向税务机关报送预缴企业所得税纳税申报表、年度企业所得税纳税申报表、财务会计报告和税务机关规定应当报送的其他资料。

二、纳税期限

企业所得税按年计征，分月或者分季度预缴，年终汇算清缴，多退少补。

企业所得税的纳税年度，自公历 1 月 1 日起至 12 月 31 日止。企业在一个纳税年度的中间开业，或者由于合并、关闭等原因终止经营活动，使该纳税年度的实际经营期不足 12 个月的，应当以其实际经营期为 1 个纳税年度。企业清算时，应当以清算期间作为 1 个纳税年度。

自年度终了之日起 5 个月内，向税务机关报送年度企业所得税纳税申报表，并汇算清缴，结清应缴应退税款。

企业在年度中间终止经营活动的，应当自实际经营终止之日起 60 日内，向税务机关办理当期企业所得税汇算清缴。

三、纳税地点

(1) 除税收法律、行政法规另有规定外，居民企业以企业注册地为纳税地点；但登记注册地在境外的，以实际管理机构所在地为纳税地点。企业注册登记地是指企业依照国家有关规定登记注册的住所地。

(2) 居民企业在中国境内设立不具有法人资格的营业机构的，应当汇总计算并缴纳企业所得税。企业汇总计算并缴纳企业所得税时，应当统一核算应纳税所得额，具体办法由国务院财政、税务主管部门另行制定。

(3) 非居民企业在中国境内设立机构、场所的，应当就其所设机构、场所取得的来源于中国境内的所得，以及发生在中国境内外但与其所设机构、场所有实际联系的所得，以机构、场所所在地为纳税地点。非居民企业在中国境内设立两个或者两个以上机构、场所的，经税务机关审核批准，可以选择由其主要机构、场所汇总缴纳企业所得税。非居民企业经批准汇总缴纳企业所得税后，需要增设、合并、迁移、关闭机构、场所或者停止机构、场所业务的，应当事先由负责汇总申报缴纳企业所得税的主要机构、场所向其所在地税务机关报告；需要变更汇总缴纳企业所得税的主要机构、场所的，依照前款规定办理。

(4) 非居民企业在中国境内未设立机构、场所的，或者虽设立机构、场所但取得的所得与其所设机构、场所没有实际联系的所得，以扣缴义务人所在地为纳税地点。

(5) 除国务院另有规定外，企业之间不得合并缴纳企业所得税。

四、纳税申报

(一)企业所得税预缴纳税申报表填制

查账征收企业所得税的居民纳税人及在中国境内设立机构的非居民企业纳税人在月(季)度预缴企业所得税时应填制《中华人民共和国企业所得税月(季)度预缴纳税申报表(A类，2018年版)》(见表5-4)；实行核定征收办法缴纳企业所得税的纳税人在月(季)度申报缴纳企业所得税时应填制《中华人民共和国企业所得税月(季)度预缴纳税申报表(B类，2018年版)》(见表5-9)。

表5-4 中华人民共和国企业所得税月(季)度预缴纳税申报表(A类，2018年版)

预缴方式	□按照实际利润额预缴	□按照上一纳税年度应纳税所得额平均额预缴	□按照税务机关确定的其他方法预缴
企业类型	□一般企业	□跨地区经营汇总纳税企业总机构	□跨地区经营汇总纳税企业分支机构
预缴税款计算			
行次	项目		本年累计金额
1	营业收入		
2	营业成本		
3	利润总额		
4	加：特定业务计算的应纳税所得额		
5	减：不征税收入		
6	减：免税收入、减计收入、所得减免等优惠金额(填写A201010)		
7	减：固定资产加速折旧(扣除)调减额(填写A201020)		

续表

<table>
<tr><th>行 次</th><th colspan="2">项 目</th><th>本年累计金额</th></tr>
<tr><td>8</td><td colspan="2">减：弥补以前年度亏损</td><td></td></tr>
<tr><td>9</td><td colspan="2">实际利润额(3＋4－5－6－7－8)＼按照上一纳税年度应纳税所得额平均额确定的应纳税所得额</td><td></td></tr>
<tr><td>10</td><td colspan="2">税率(25％)</td><td></td></tr>
<tr><td>11</td><td colspan="2">应纳所得税税额(9×10)</td><td></td></tr>
<tr><td>12</td><td colspan="2">减：减免所得税税额(填写 A201030)</td><td></td></tr>
<tr><td>13</td><td colspan="2">减：实际已缴纳所得税税额</td><td></td></tr>
<tr><td>14</td><td colspan="2">减：特定业务预缴(征)所得税税额</td><td></td></tr>
<tr><td>15</td><td colspan="2">本期应补(退)所得税税额(11－12－13－14)＼税务机关确定的本期应纳所得税税额</td><td></td></tr>
<tr><td colspan="4">汇总纳税企业总分机构税款计算</td></tr>
<tr><td>16</td><td rowspan="4">总机构填报</td><td>总机构本期分摊应补(退)所得税税额(17＋18＋19)</td><td></td></tr>
<tr><td>17</td><td>其中：总机构分摊应补(退)所得税税额(15×总机构分摊比例__％)</td><td></td></tr>
<tr><td>18</td><td>财政集中分配应补(退)所得税税额(15×财政集中分配比例__％)</td><td></td></tr>
<tr><td>19</td><td>总机构具有主体生产经营职能的部门分摊所得税税额(15×全部分支机构分摊比例__％×总机构具有主体生产经营职能部门分摊比例__％)</td><td></td></tr>
<tr><td>20</td><td rowspan="2">分支机构填报</td><td>分支机构本期分摊比例</td><td></td></tr>
<tr><td>21</td><td>分支机构本期分摊应补(退)所得税额</td><td></td></tr>
</table>

附报信息

小型微利企业	□ 是 □ 否	科技型中小企业	□ 是 □ 否
高新技术企业	□ 是 □ 否	技术入股递延纳税事项	□ 是 □ 否

谨声明：此纳税申报表是根据《中华人民共和国企业所得税法》《中华人民共和国企业所得税法实施条例》以及有关税收政策和国家统一会计制度的规定填报的，是真实的、可靠的、完整的。

法定代表人(签章)： 年 月 日

纳税人公章： 会计主管： 填表日期： 年 月 日	代理申报中介机构公章： 经办人： 经办人执业证件号码： 代理申报日期： 年 月 日	主管税务机关受理专用章： 受理人： 受理日期： 年 月 日

国家税务总局监制

表 5-5　免税收入、减计收入、所得减免等优惠明细表　　A201010

行　次	项　　目	本年累计金额
1	一、免税收入(2+3+6+7+…+15)	
2	(一)国债利息收入免征企业所得税	
3	(二)符合条件的居民企业之间的股息、红利等权益性投资收益免征企业所得税	
4	其中:内地居民企业通过沪港通投资且连续持有H股满12个月取得的股息红利所得免征企业所得税	
5	内地居民企业通过深港通投资且连续持有H股满12个月取得的股息红利所得免征企业所得税	
6	(三)符合条件的非营利组织的收入免征企业所得税	
7	(四)符合条件的非营利组织(科技企业孵化器)的收入免征企业所得税	
8	(五)符合条件的非营利组织(国家大学科技园)的收入免征企业所得税	
9	(六)中国清洁发展机制基金取得的收入免征企业所得税	
10	(七)投资者从证券投资基金分配中取得的收入免征企业所得税	
11	(八)取得的地方政府债券利息收入免征企业所得税	
12	(九)中国保险保障基金有限责任公司取得的保险保障基金等收入免征企业所得税	
13	(十)中国奥委会取得北京冬奥组委支付的收入免征企业所得税	
14	(十一)中国残奥委会取得北京冬奥组委分期支付的收入免征企业所得税	
15	(十二)其他	
16	二、减计收入(17+18+22+23)	
17	(一)综合利用资源生产产品取得的收入在计算应纳税所得额时减计收入	
18	(二)金融、保险等机构取得的涉农利息、保费减计收入(19+20+21)	
19	1. 金融机构取得的涉农贷款利息收入在计算应纳税所得额时减计收入	
20	2. 保险机构取得的涉农保费收入在计算应纳税所得额时减计收入	
21	3. 小额贷款公司取得的农户小额贷款利息收入在计算应纳税所得额时减计收入	
22	(三)取得铁路债券利息收入减半征收企业所得税	
23	(四)其他	
24	三、加计扣除(25+26+27+28)	*
25	(一)开发新技术、新产品、新工艺发生的研究开发费用加计扣除	*
26	(二)科技型中小企业开发新技术、新产品、新工艺发生的研究开发费用加计扣除	*

续表

行次	项目	本年累计金额
27	(三)企业为获得创新性、创意性、突破性的产品进行创意设计活动而发生的相关费用加计扣除	*
28	(四)安置残疾人员所支付的工资加计扣除	*
29	四、所得减免(30＋33＋34＋35＋36＋37＋38＋39＋40)	
30	(一)从事农、林、牧、渔业项目的所得减免征收企业所得税(31＋32)	
31	1. 免税项目	
32	2. 减半征收项目	
33	(二)从事国家重点扶持的公共基础设施项目投资经营的所得定期减免企业所得税	
34	(三)从事符合条件的环境保护、节能节水项目的所得定期减免企业所得税	
35	(四)符合条件的技术转让所得减免征收企业所得税	
36	(五)实施清洁发展机制项目的所得定期减免企业所得税	
37	(六)符合条件的节能服务公司实施合同能源管理项目的所得定期减免企业所得税	
38	(七)线宽小于130纳米的集成电路生产项目的所得减免企业所得税	
39	(八)线宽小于65纳米或投资额超过150亿元的集成电路生产项目的所得减免企业所得税	
40	(九)其他	
41	合计(1＋16＋24＋29)	

表 5-6　固定资产加速折旧(扣除)优惠明细表

A201020

行次	资产原值	本年累计折旧(扣除)金额				
		账载折旧金额	按照税收一般规定计算的折旧金额	享受加速折旧优惠计算的折旧金额	纳税调减金额	享受加速折旧优惠金额
	1	2	3	4	5	6(4-3)
1						
2						
3						
4						
5						

表 5-7　减免所得税优惠明细表　A201030

行　次	项　　目	本年累计金额
1	一、符合条件的小型微利企业减免企业所得税	
2	二、国家需要重点扶持的高新技术企业减按15%的税率征收企业所得税	
3	三、经济特区和上海浦东新区新设立的高新技术企业在区内取得的所得定期减免企业所得税	
4	四、受灾地区农村信用社免征企业所得税	
5	五、动漫企业自主开发、生产动漫产品定期减免企业所得税	
6	六、线宽小于0.8微米(含)的集成电路生产企业减免企业所得税	
7	七、线宽小于0.25微米的集成电路生产企业减按15%税率征收企业所得税	
8	八、投资额超过80亿元的集成电路生产企业减按15%税率征收企业所得税	
9	九、线宽小于0.25微米的集成电路生产企业减免企业所得税	
10	十、投资额超过80亿元的集成电路生产企业减免企业所得税	
11	十一、线宽小于130纳米的集成电路生产企业减免企业所得税	
12	十二、线宽小于65纳米或投资额超过150亿元的集成电路生产企业减免企业所得税	
13	十三、新办集成电路设计企业减免企业所得税	
14	十四、国家规划布局内集成电路设计企业可减按10%的税率征收企业所得税	
15	十五、符合条件的软件企业减免企业所得税	
16	十六、国家规划布局内重点软件企业可减按10%的税率征收企业所得税	
17	十七、符合条件的集成电路封装、测试企业定期减免企业所得税	
18	十八、符合条件的集成电路关键专用材料生产企业、集成电路专用设备生产企业定期减免企业所得税	
19	十九、经营性文化事业单位转制为企业的免征企业所得税	
20	二十、符合条件的生产和装配伤残人员专门用品企业免征企业所得税	
21	二十一、技术先进型服务企业减按15%的税率征收企业所得税	
22	二十二、服务贸易类技术先进型服务企业减按15%的税率征收企业所得税	
23	二十三、设在西部地区的鼓励类产业企业减按15%的税率征收企业所得税	
24	二十四、新疆困难地区新办企业定期减免企业所得税	
25	二十五、新疆喀什、霍尔果斯特殊经济开发区新办企业定期免征企业所得税	

续表

行　次	项　　目	本年累计金额
26	二十六、广东横琴、福建平潭、深圳前海等地区的鼓励类产业企业减按15%税率征收企业所得税	
27	二十七、北京冬奥组委、北京冬奥会测试赛赛事组委会免征企业所得税	
28	二十八、其他	
29	二十九、民族自治地方的自治机关对本民族自治地方的企业应缴纳的企业所得税中属于地方分享的部分减征或免征（ □ 免征　 □ 减征：减征幅度____%　）	
30	合计(1＋2＋3＋4＋5＋6＋…＋29)	

表 5-8　企业所得税汇总纳税分支机构所得税分配表

A202000　　税款所属期间：　年　月　日至　年　月　日

总机构名称(盖章)：

总机构统一社会信用代码(纳税人识别号)：　　金额单位：元(列至角分)

<table>
<tr><td colspan="2">应纳所得税额</td><td>总机构分摊所得税额</td><td colspan="3">总机构财政集中分配所得税额</td><td colspan="2">分支机构分摊所得税额</td></tr>
<tr><td rowspan="15">分支机构情况</td><td rowspan="2">分支机构统一社会信用代码(纳税人识别号)</td><td rowspan="2">分支机构名称</td><td colspan="3">三项因素</td><td rowspan="2">分配比例</td><td rowspan="2">分配所得税额</td></tr>
<tr><td>营业收入</td><td>职工薪酬</td><td>资产总额</td></tr>
<tr><td></td><td></td><td></td><td></td><td></td><td></td><td></td></tr>
<tr><td></td><td></td><td></td><td></td><td></td><td></td><td></td></tr>
<tr><td></td><td></td><td></td><td></td><td></td><td></td><td></td></tr>
<tr><td></td><td></td><td></td><td></td><td></td><td></td><td></td></tr>
<tr><td></td><td></td><td></td><td></td><td></td><td></td><td></td></tr>
<tr><td></td><td></td><td></td><td></td><td></td><td></td><td></td></tr>
<tr><td></td><td></td><td></td><td></td><td></td><td></td><td></td></tr>
<tr><td></td><td></td><td></td><td></td><td></td><td></td><td></td></tr>
<tr><td></td><td></td><td></td><td></td><td></td><td></td><td></td></tr>
<tr><td></td><td></td><td></td><td></td><td></td><td></td><td></td></tr>
<tr><td></td><td></td><td></td><td></td><td></td><td></td><td></td></tr>
<tr><td></td><td></td><td></td><td></td><td></td><td></td><td></td></tr>
<tr><td colspan="2">合　计</td><td></td><td></td><td></td><td></td><td></td></tr>
</table>

表 5-9　中华人民共和国企业所得税月(季)度预缴和年度

B100000　　纳税申报表(B类，2018年版)

税款所属期间：　　年　月　日至　　年　月　日

纳税人识别号(统一社会信用代码)：□□□□□□□□□□□□□□□□□□

纳税人名称：　　金额单位：人民币元(列至角分)

<table>
<tr><td>核定征收方式</td><td colspan="2">核定应税所得率(能核算收入总额的)　核定应税所得率(能核算成本费用总额的)
核定应纳所得税额</td></tr>
<tr><td>行　次</td><td>项　　目</td><td>本年累计金额</td></tr>
<tr><td>1</td><td>收入总额</td><td></td></tr>
<tr><td>2</td><td>减：不征税收入</td><td></td></tr>
<tr><td>3</td><td>减：免税收入(4+5+8+9)</td><td></td></tr>
<tr><td>4</td><td>国债利息收入免征企业所得税</td><td></td></tr>
<tr><td>5</td><td>符合条件的居民企业之间的股息、红利等权益性投资收益免征企业所得税</td><td></td></tr>
<tr><td>6</td><td>其中：通过沪港通投资且连续持有H股满12个月取得的股息红利所得免征企业所得税</td><td></td></tr>
<tr><td>7</td><td>通过深港通投资且连续持有H股满12个月取得的股息红利所得免征企业所得税</td><td></td></tr>
<tr><td>8</td><td>投资者从证券投资基金分配中取得的收入免征企业所得税</td><td></td></tr>
<tr><td>9</td><td>取得的地方政府债券利息收入免征企业所得税</td><td></td></tr>
<tr><td>10</td><td>应税收入额(1－2－3) \ 成本费用总额</td><td></td></tr>
<tr><td>11</td><td>税务机关核定的应税所得率(%)</td><td></td></tr>
<tr><td>12</td><td>应纳税所得额(第10×11行) \ [第10行÷(1－第11行)×第11行]</td><td></td></tr>
<tr><td>13</td><td>税率(25%)</td><td></td></tr>
<tr><td>14</td><td>应纳所得税额(12×13)</td><td></td></tr>
<tr><td>15</td><td>减：符合条件的小型微利企业减免企业所得税</td><td></td></tr>
<tr><td>16</td><td>减：实际已缴纳所得税额</td><td></td></tr>
<tr><td>17</td><td>本期应补(退)所得税额(14－15－16) \ 税务机关核定本期应纳所得税额</td><td></td></tr>
</table>

<table>
<tr><td>月(季)度申报填报</td><td>小型微利企业</td><td>□是　□否</td><td>期末从业人数</td><td></td></tr>
<tr><td rowspan="2">年度申报填报</td><td>所属行业明细代码</td><td></td><td>国家限制或禁止行业</td><td>□是　□否</td></tr>
<tr><td>从业人数</td><td></td><td>资产总额(万元)</td><td></td></tr>
</table>

谨声明：此纳税申报表是根据《中华人民共和国企业所得税法》《中华人民共和国企业所得税法实施条例》以及有关税收政策和国家统一会计制度的规定填报的，是真实的、可靠的、完整的。

法定代表人(签章)：　　年　月　日

纳税人公章： 会计主管： 填表日期：　年　月　日	代理申报中介机构公章： 经办人： 经办人执业证件号码： 代理申报日期：　年　月　日	主管税务机关受理专用章： 受理人： 受理日期：　年　月　日

国家税务总局监制

表 5-10 中华人民共和国企业所得税年度纳税申报表

纳税人识别号：																				

纳税人名称： 金额单位：人民币元(列至角分)

税款所属期间： 年 月 日至 年 月 日

谨声明：此纳税申报表是根据《中华人民共和国企业所得税法》《中华人民共和国企业所得税法实施条例》、有关税收政策以及国家统一会计制度的规定填报的，是真实的、可靠的、完整的。

法定代表人(签章)： 年 月 日

纳税人公章：	代理申报中介机构公章：	主管税务机关受理专用章：
会计主管：	经办人： 经办人执业证件号码：	受理人：
填表日期： 年 月 日	代理申报日期： 年 月 日	受理日期： 年 月 日

国家税务总局监制

表 5-11　中华人民共和国企业所得税年度纳税申报表(A 类)

A100000

行次	类别	项　　目	金　额
1	利润总额计算	一、营业收入(填写 A101010\101020\103000)	
2		减：营业成本(填写 A102010\102020\103000)	
3		营业税金及附加	
4		销售费用(填写 A104000)	
5		管理费用(填写 A104000)	
6		财务费用(填写 A104000)	
7		资产减值损失	
8		加：公允价值变动收益	
9		投资收益	
10		二、营业利润(1－2－3－4－5－6－7＋8＋9)	
11		加：营业外收入(填写 A101010\101020\103000)	
12		减：营业外支出(填写 A102010\102020\103000)	
13		三、利润总额(10＋11－12)	
14	应纳税所得额计算	减：境外所得(填写 A108010)	
15		加：纳税调整增加额(填写 A105000)	
16		减：纳税调整减少额(填写 A105000)	
17		减：免税、减计收入及加计扣除(填写 A107010)	
18		加：境外应税所得抵减境内亏损(填写 A108000)	
19		四、纳税调整后所得(13－14＋15－16－17＋18)	
20		减：所得减免(填写 A107020)	
21		减：抵扣应纳税所得额(填写 A107030)	
22		减：弥补以前年度亏损(填写 A106000)	
23		五、应纳税所得额(19－20－21－22)	
24	应纳税额计算	税率(25%)	
25		六、应纳所得税额(23×24)	
26		减：减免所得税额(填写 A107040)	
27		减：抵免所得税额(填写 A107050)	
28		七、应纳税额(25－26－27)	
29		加：境外所得应纳所得税额(填写 A108000)	
30		减：境外所得抵免所得税额(填写 A108000)	
31		八、实际应纳所得税额(28＋29－30)	

续表

行次	类别	项目	金额
32	应纳税额计算	减：本年累计实际已预缴的所得税额	
33		九、本年应补(退)所得税额(31－32)	
34		其中：总机构分摊本年应补(退)所得税额(填写A109000)	
35		财政集中分配本年应补(退)所得税额(填写A109000)	
36		总机构主体生产经营部门分摊本年应补(退)所得税额(填写A109000)	
37	附列资料	以前年度多缴的所得税额在本年抵减额	
38		以前年度应缴未缴在本年入库所得税额	

表5-12　一般企业收入明细表

A101010

行次	项目	金额
1	一、营业收入(2＋9)	
2	(一)主营业务收入(3＋5＋6＋7＋8)	
3	1. 销售商品收入	
4	其中：非货币性资产交换收入	
5	2. 提供劳务收入	
6	3. 建造合同收入	
7	4. 让渡资产使用权收入	
8	5. 其他	
9	(二)其他业务收入(10＋12＋13＋14＋15)	
10	1. 销售材料收入	
11	其中：非货币性资产交换收入	
12	2. 出租固定资产收入	
13	3. 出租无形资产收入	
14	4. 出租包装物和商品收入	
15	5. 其他	
16	二、营业外收入(17＋18＋19＋20＋21＋22＋23＋24＋25＋26)	
17	(一)非流动资产处置利得	
18	(二)非货币性资产交换利得	
19	(三)债务重组利得	
20	(四)政府补助利得	

续表

行　次	项　　目	金　额
21	(五)盘盈利得	
22	(六)捐赠利得	
23	(七)罚没利得	
24	(八)确实无法偿付的应付款项	
25	(九)汇兑收益	
26	(十)其他	

表 5-13　一般企业成本支出明细表

A101010

行　次	项　　目	金　额
1	一、营业成本(2+9)	
2	(一)主营业务成本(3+5+6+7+8)	
3	1. 销售商品成本	
4	其中：非货币性资产交换成本	
5	2. 提供劳务成本	
6	3. 建造合同成本	
7	4. 让渡资产使用权成本	
8	5. 其他	
9	(二)其他业务成本(10+12+13+14+15)	
10	1. 材料销售成本	
11	其中：非货币性资产交换成本	
12	2. 出租固定资产成本	
13	3. 出租无形资产成本	
14	4. 包装物出租成本	
15	5. 其他	
16	二、营业外支出(17+18+19+20+21+22+23+24+25+26)	
17	(一)非流动资产处置损失	
18	(二)非货币性资产交换损失	
19	(三)债务重组损失	
20	(四)非常损失	
21	(五)捐赠支出	
22	(六)赞助支出	

续表

行次	项目	金额
23	（七）罚没支出	
24	（八）坏账损失	
25	（九）无法收回的债券股权投资损失	
26	（十）其他	

表 5-14 期间费用明细表

A104000

行次	项目	销售费用	其中：境外支付	管理费用	其中：境外支付	财务费用	其中：境外支付
		1	2	3	4	5	6
1	一、职工薪酬		*		*	*	*
2	二、劳务费					*	*
3	三、咨询顾问费					*	*
4	四、业务招待费		*		*	*	*
5	五、广告费和业务宣传费		*		*	*	*
6	六、佣金和手续费						
7	七、资产折旧摊销费		*		*	*	*
8	八、财产损耗、盘亏及毁损损失		*		*	*	*
9	九、办公费		*		*	*	*
10	十、董事会费		*		*	*	*
11	十一、租赁费					*	*
12	十二、诉讼费		*		*	*	*
13	十三、差旅费		*		*	*	*
14	十四、保险费		*		*	*	*
15	十五、运输、仓储费					*	*
16	十六、修理费					*	*
17	十七、包装费		*		*	*	*
18	十八、技术转让费					*	*
19	十九、研究费用					*	*
20	二十、各项税费		*		*	*	*
21	二十一、利息收支	*	*	*	*		

续表

行次	项　　目	销售费用	其中：境外支付	管理费用	其中：境外支付	财务费用	其中：境外支付
		1	2	3	4	5	6
22	二十二、汇兑差额	*	*	*	*		
23	二十三、现金折扣	*	*	*	*		*
24	二十四、党组织工作经费						
25	二十五、其他						
26	合计(1+2+3+…+25)						

表 5-15　纳税调整项目明细表

A105000

行次	项　　目	账载金额	税收金额	调增金额	调减金额
		1	2	3	4
1	一、收入类调整项目(2+3+4+5+6+7+8+10+11)	*	*		
2	(一)视同销售收入(填写 A105010)	*			*
3	(二)未按权责发生制原则确认的收入(填写 A105020)				
4	(三)投资收益(填写 A105030)				
5	(四)按权益法核算长期股权投资对初始投资成本调整确认收益	*	*	*	
6	(五)交易性金融资产初始投资调整	*	*		*
7	(六)公允价值变动净损益		*		
8	(七)不征税收入	*	*		
9	其中：专项用途财政性资金(填写 A105040)	*	*		
10	(八)销售折扣、折让和退回				
11	(九)其他				
12	二、扣除类调整项目(13+14+15+16+17+18+19+20+21+22+23+24+26+27+28+29+30)	*	*		
13	(一)视同销售成本(填写 A105010)	*		*	
14	(二)职工薪酬(填写 A105050)				
15	(三)业务招待费支出				*
16	(四)广告费和业务宣传费支出(填写 A105060)	*	*		
17	(五)捐赠支出(填写 A105070)				*
18	(六)利息支出				
19	(七)罚金、罚款和被没收财物的损失		*		*

续表

行次	项　　目	账载金额	税收金额	调增金额	调减金额
		1	2	3	4
20	(八)税收滞纳金、加收利息		*		*
21	(九)赞助支出		*		*
22	(十)与未实现融资收益相关在当期确认的财务费用				
23	(十一)佣金和手续费支出				*
24	(十二)不征税收入用于支出所形成的费用	*	*		*
25	其中：专项用途财政性资金用于支出所形成的费用(填写A105040)	*	*		*
26	(十三)跨期扣除项目				
27	(十四)与取得收入无关的支出		*		*
28	(十五)境外所得分摊的共同支出	*	*		*
29	(十六)党组织工作经费				
30	(十七)其他				
31	三、资产类调整项目(32＋33＋34＋35)	*	*		
32	(一)资产折旧、摊销(填写A105080)				
33	(二)资产减值准备金		*		
34	(三)资产损失(填写A105090)				
35	(四)其他				
36	四、特殊事项调整项目(37＋38＋39＋40＋41)	*	*		
37	(一)企业重组(填写A105100)				
38	(二)政策性搬迁(填写A105110)	*	*		
39	(三)特殊行业准备金(填写A105120)				
40	(四)房地产开发企业特定业务计算的纳税调整额(填写A105010)	*			
41	(五)有限合作企业法人合作方应分得的应纳税所得额				
42	(六)其他	*	*		
43	五、特别纳税调整应税所得	*	*		
44	六、其他	*	*		
45	合计(1＋12＋31＋36＋43＋44)	*	*		

表 5-16　职工薪酬纳税调整明细表

A105050

行次	项　　目	账载金额	税收规定扣除率	以前年度累计结转扣除额	税收金额	纳税调整金额	累计结转以后年度扣除额
		1	2	3	4	5(1－4)	6(1＋3－4)
1	一、工资薪金支出		*	*			*
2	其中：股权激励		*	*			*
3	二、职工福利费支出			*			*
4	三、职工教育经费支出		*				
5	其中：按税收规定比例扣除的职工教育经费						
6	按税收规定全额扣除的职工培训费用			*			*
7	四、工会经费支出			*			*
8	五、各类基本社会保障性缴款		*	*			*
9	六、住房公积金		*	*			*
10	七、补充养老保险			*			*
11	八、补充医疗保险			*			*
12	九、其他		*				
13	合计(1＋3＋4＋7＋8＋9＋10＋11＋12)		*				

表 5-17　广告费和业务宣传费跨年度纳税调整明细表

A105060

行　次	项　　目	金　额
1	一、本年广告费和业务宣传费支出	
2	减：不允许扣除的广告费和业务宣传费支出	
3	二、本年符合条件的广告费和业务宣传费支出(1－2)	
4	三、本年计算广告费和业务宣传费扣除限额的销售(营业)收入	
5	税收规定扣除率	
6	四、本企业计算的广告费和业务宣传费扣除限额(4×5)	
7	五、本年结转以后年度扣除额(3＞6，本行＝3－6；3≤6，本行＝0)	
8	加：以前年度累计结转扣除额	

行 次	项 目	金 额
9	减：本年扣除的以前年度结转额[3>6，本行=0；3≤6，本行=8或(6-3)孰小值]	
10	六、按照分摊协议归集至其他关联方的广告费和业务宣传费(10≤3或6孰小值)	
11	按照分摊协议从其他关联方归集至本企业的广告费和业务宣传费	
12	七、本年广告费和业务宣传费支出纳税调整金额(3>6，本行=2+3-6+10-11；3≤6，本行=2+10-11-9)	
13	八、累计结转以后年度扣除额(7+8-9)	

表 5-18 捐赠支出及纳税调整明细表

A105070

行 次	项 目	账载金额	以前年度结转可扣除的捐赠额	按税收规定计算的扣除限额	税收金额	纳税调增金额	纳税调减金额	可结转以后年度扣除的捐赠额
		1	2	3	4	5	6	7
1	一、非公益性捐赠		*	*	*		*	*
2	二、全额扣除的公益性捐赠		*	*		*	*	*
3	三、限额扣除的公益性捐赠(4+5+6+7)							
4	前三年度(　　年)	*		*	*	*		*
5	前二年度(　　年)	*		*	*	*		
6	前一年度(　　年)	*		*	*	*		
7	本　　年(　　年)		*				*	
8	合计(1+2+3)							

表 5-19　资产折旧、摊销及纳税调整明细表

A105080

行次	项　目		账载金额			税收金额					纳税调整金额
			资产原值	本年折旧、摊销额	累计折旧、摊销额	资产计税基础	税收折旧额	享受加速折旧政策的资产按税收一般规定计算的折旧、摊销额	加速折旧统计额	累计折旧、摊销额	
			1	2	3	4	5	6	7=5-6	8	9(2-5)
1	一、固定资产(2+3+4+5+6+7)							*	*		
2	所有固定资产	(一)房屋、建筑物						*	*		
3		(二)飞机、火车、轮船、机器、机械和其他生产设备						*	*		
4		(三)与生产经营活动有关的器具、工具、家具等						*	*		
5		(四)飞机、火车、轮船以外的运输工具						*	*		
6		(五)电子设备						*	*		
7		(六)其他						*	*		

续表

行次	项目		账载金额			税收金额						纳税调整金额
			资产原值	本年折旧、摊销额	累计折旧、摊销额	资产计税基础	税收折旧额	享受加速折旧政策的资产按税收一般规定计算的折旧、摊销额	加速折旧统计额	累计折旧、摊销额	
			1	2	3	4	5	6	7=5−6	8	9(2−5)
8	其中：享受固定资产加速折旧及一次性扣除政策的资产加速折旧额大于一般折旧额的部分	(一)重要行业固定资产加速折旧(不含一次性扣除)									*
9		(二)其他行业研发设备加速折旧									*
10		(三)允许一次性扣除的固定资产(11+12+13)									*
11		1. 单价不超过100万元专用研发设备									*
12		2. 重要行业小型微利企业单价不超过100万元研发生产共用设备									*
13		3. 5 000元以下固定资产									*
14		(四)技术进步、更新换代固定资产									*
15		(五)常年强震动、高腐蚀固定资产									*
16		(六)外购软件折旧									*
17		(七)集成电路企业生产设备									*

表 5-20 免税、减计收入及加计扣除优惠明细表

A107010

行次	项目	金额
1	一、免税收入(2+3+6+7+…+16)	
2	(一)国债利息收入免征企业所得税	
3	(二)符合条件的居民企业之间的股息、红利等权益性投资收益免征企业所得税(填写A107011)	
4	其中：内地居民企业通过沪港通投资且连续持有H股满12个月取得的股息红利所得免征企业所得税(填写A107011)	
5	内地居民企业通过深港通投资且连续持有H股满12个月取得的股息红利所得免征企业所得税(填写A107011)	
6	(三)符合条件的非营利组织的收入免征企业所得税	
7	(四)符合条件的非营利组织(科技企业孵化器)的收入免征企业所得税	
8	(五)符合条件的非营利组织(国家大学科技园)的收入免征企业所得税	
9	(六)中国清洁发展机制基金取得的收入免征企业所得税	
10	(七)投资者从证券投资基金分配中取得的收入免征企业所得税	
11	(八)取得的地方政府债券利息收入免征企业所得税	
12	(九)中国保险保障基金有限责任公司取得的保险保障基金等收入免征企业所得税	
13	(十)中央电视台的广告费和有线电视费收入免征企业所得税	
14	(十一)中国奥委会取得北京冬奥组委支付的收入免征企业所得税	
15	(十二)中国残奥委会取得北京冬奥组委分期支付的收入免征企业所得税	
16	(十三)其他	
17	二、减计收入(18+19+23+24)	
18	(一)综合利用资源生产产品取得的收入在计算应纳税所得额时减计收入	
19	(二)金融、保险等机构取得的涉农利息、保费减计收入(20+21+22)	
20	1. 金融机构取得的涉农贷款利息收入在计算应纳税所得额时减计收入	
21	2. 保险机构取得的涉农保费收入在计算应纳税所得额时减计收入	
22	3. 小额贷款公司取得的农户小额贷款利息收入在计算应纳税所得额时减计收入	
23	(三)取得铁路债券利息收入减半征收企业所得税	
24	(四)其他	
25	三、加计扣除(26+27+28+29+30)	
26	(一)开发新技术、新产品、新工艺发生的研究开发费用加计扣除(填写A107012)	
27	(二)科技型中小企业开发新技术、新产品、新工艺发生的研究开发费用加计扣除(填写A107012)	
28	(三)企业为获得创新性、创意性、突破性的产品进行创意设计活动而发生的相关费用加计扣除	
29	(四)安置残疾人员所支付的工资加计扣除	
30	(五)其他	
31	合计(1+17+25)	

表 5-21 符合条件的居民企业之间的股息、红利等权益性投资收益优惠明细表

A107011

行次	被投资企业	被投资企业统一社会信用代码(纳税人识别号)	投资性质	投资成本	投资比例	被投资企业利润分配确认金额		被投资企业清算确认金额			撤回或减少投资确认金额						合计
						被投资企业做出利润分配或转股决定时间	依决定归属于本公司的股息、红利等权益性投资收益金额	分得的被投资企业清算剩余资产	被清算企业累计未分配利润和累计盈余公积应享有部分	应确认的股息所得	从被投资企业撤回或减少投资取得的资产	减少投资比例	收回初始投资成本	取得资产中超过收回初始投资成本部分	撤回或减少投资应享有被投资企业累计未分配利润和累计盈余公积	应确认的股息所得	
	1	2	3	4	5	6	7	8	9	10(8与9孰小)	11	12	13(4×12)	14(11－13)	15	16(14与15孰小)	17(7＋10＋16)
1																	
2																	
3																	
8	合计																
9	其中:股票投资—沪港通 H 股																
10	股票投资—深港通 H 股																

表 5-22　所得减免优惠明细表

A107020

行次	减免项目	项目名称	优惠事项名称	优惠方式	项目收入	项目成本	相关税费	应分摊期间费用	纳税调整额	项目所得额		减免所得额
										免税项目	减半项目	
		1	2	3	4	5	6	7	8	9	10	11(9+10×50%)
1	一、农、林、牧、渔业项目											
2												
3		小计	*	*								
4	二、国家重点扶持的公共基础设施项目											
5												
6		小计	*	*								
7	三、符合条件的环境保护、节能节水项目											
8												
9		小计	*	*								
10	四、符合条件的技术转让项目	*	*						*	*	*	
11		*	*						*	*	*	
12		*	*									
13	五、实施清洁机制发展项目		*									
14			*									
15		小计	*	*								
16	六、符合条件的节能服务公司实施合同能源管理项目		*									
17			*									
18		小计	*	*								
19	七、其他											
20												
21		小计	*	*								
22	合计	*	*	*								

表 5-23 抵扣应纳税所得额明细表

A107030

行次	项目	合计金额	投资于未上市中小高新技术企业	投资于种子期、初创期科技型企业
		1=2+3	2	3
一、创业投资企业直接投资按投资额一定比例抵扣应纳税所得额				
1	本年新增的符合条件的股权投资额			
2	税收规定的抵扣率	70%	70%	70%
3	本年新增的可抵扣的股权投资额(1×2)			
4	以前年度结转的尚未抵扣的股权投资余额		*	*
5	本年可抵扣的股权投资额(3+4)		*	*
6	本年可用于抵扣的应纳税所得额		*	*
7	本年实际抵扣应纳税所得额			
8	结转以后年度抵扣的股权投资余额		*	*
二、通过有限合伙制创业投资企业投资按一定比例抵扣分得的应纳税所得额				
9	本年从有限合伙创投企业应分得的应纳税所得额			
10	本年新增的可抵扣投资额			
11	以前年度结转的可抵扣投资额余额		*	*
12	本年可抵扣投资额(10+11)		*	*
13	本年实际抵扣应分得的应纳税所得额			
14	结转以后年度抵扣的投资额余额		*	*
三、抵扣应纳税所得额合计				
15	合计(7+13)			

表 5-24 减免所得税优惠明细表

A107040

行次	项目	金额
1	一、符合条件的小型微利企业减免企业所得税	
2	二、国家需要重点扶持的高新技术企业减按 15% 的税率征收企业所得税(填写 A107041)	
3	三、经济特区和上海浦东新区新设立的高新技术企业在区内取得的所得定期减免企业所得税(填写 A107041)	
4	四、受灾地区农村信用社免征企业所得税(4.1+4.2)	
4.1	(一)芦山受灾地区农村信用社免征企业所得税	
4.2	(二)鲁甸受灾地区农村信用社免征企业所得税	

续表

行次	项　　目	金额
5	五、动漫企业自主开发、生产动漫产品定期减免企业所得税	
6	六、线宽小于0.8微米(含)的集成电路生产企业减免企业所得税(填写A107042)	
7	七、线宽小于0.25微米的集成电路生产企业减按15%税率征收企业所得税(填写A107042)	
8	八、投资额超过80亿元的集成电路生产企业减按15%税率征收企业所得税(填写A107042)	
9	九、线宽小于0.25微米的集成电路生产企业减免企业所得税(填写A107042)	
10	十、投资额超过80亿元的集成电路生产企业减免企业所得税(填写A107042)	
11	十一、新办集成电路设计企业减免企业所得税(填写A107042)	
12	十二、国家规划布局内集成电路设计企业可减按10%的税率征收企业所得税(填写A107042)	
13	十三、符合条件的软件企业减免企业所得税(填写A107042)	
14	十四、国家规划布局内重点软件企业可减按10%的税率征收企业所得税(填写A107042)	
15	十五、符合条件的集成电路封装、测试企业定期减免企业所得税(填写A107042)	
16	十六、符合条件的集成电路关键专用材料生产企业、集成电路专用设备生产企业定期减免企业所得税(填写A107042)	
17	十七、经营性文化事业单位转制为企业的免征企业所得税	
18	十八、符合条件的生产和装配伤残人员专门用品企业免征企业所得税	
19	十九、技术先进型服务企业减按15%的税率征收企业所得税	
20	二十、服务贸易创新发展试点地区符合条件的技术先进型服务企业减按15%的税率征收企业所得税	
21	二十一、设在西部地区的鼓励类产业企业减按15%的税率征收企业所得税	
22	二十二、新疆困难地区新办企业定期减免企业所得税	
23	二十三、新疆喀什、霍尔果斯特殊经济开发区新办企业定期免征企业所得税	
24	二十四、广东横琴、福建平潭、深圳前海等地区的鼓励类产业企业减按15%税率征收企业所得税	
25	二十五、北京冬奥组委、北京冬奥会测试赛赛事组委会免征企业所得税	
26	二十六、享受过渡期税收优惠定期减免企业所得税	
27	二十七、其他	
28	二十八、减：项目所得额按法定税率减半征收企业所得税叠加享受减免税优惠	
29	二十九、支持和促进重点群体创业就业企业限额减征企业所得税(29.1+29.2)	
29.1	(一)下岗失业人员再就业	
29.2	(二)高校毕业生就业	
30	三十、扶持自主就业退役士兵创业就业企业限额减征企业所得税	
31	三十一、民族自治地方的自治机关对本民族自治地方的企业应缴纳的企业所得税中属于地方分享的部分减征或免征(□免征　□减征：减征幅度____%　)	
32	合计(1+2+…+26+27－28+29+30+31)	

表 5-25 税额抵免优惠明细表

A107050

行次	项目	年度	本年抵免前应纳税额	本年允许抵免的专用设备投资额	本年可抵免税额	以前年度已抵免额						本年实际抵免的各年度税额	可结转以后年度抵免的税额
						前五年度	前四年度	前三年度	前二年度	前一年度	小计		
		1	2	3	4=3×10%	5	6	7	8	9	10(5+6+7+8+9)	11	12(4−10−11)
1	前五年度												*
2	前四年度					*							
3	前三年度					*	*						
4	前二年度					*	*	*					
5	前一年度					*	*	*	*				
6	本年度					*	*	*	*	*	*		
7	本年实际抵免税额合计												*
8	可结转以后年度抵免的税额合计												
9	专用设备投资情况	本年允许抵免的环境保护专用设备投资额											
10	专用设备投资情况	本年允许抵免节能节水的专用设备投资额											
11	专用设备投资情况	本年允许抵免的安全生产专用设备投资额											

项目小结

企业所得税是对我国境内的企业和其他取得收入的组织的生产经营所得和其他所得征收的税种。

企业所得税的纳税义务人，指中华人民共和国境内的企业和其他取得收入的组织。

企业所得税的纳税人分居民企业和非居民企业；企业所得税实行比例税率，基本税率为25%，低税率为20%。企业所得税的征税对象，指企业的生产经营所得、其他所得和清算所得。

应纳税所得额是企业所得税的计税依据，按照企业所得税法的规定，应纳税所得额为企业每一个纳税年度的收入总额，减除不征税收入、免税收入、各项扣除以及允许弥补以前年度亏损后的余额。也可以采用间接法计算应纳税所得额。

应纳税所得额＝会计利润±纳税调整项目金额

应纳税额＝应纳税所得×税率

本项目中，企业所得税要点整理如表5-26所示。

表5-26　企业所得税要点整理

序　号	项　　目	具体规定
1	适用范围	中华人民共和国境内，企业和其他取得收入的组织
		个人独资企业、合伙企业不适用本法
2	纳税基础	居民企业应当就其来源于中国境内、境外的所得缴纳企业所得税
		非居民企业在中国境内设立机构、场所的，应当就其所设机构、场所取得的来源于中国境内的所得，以及发生在中国境外但与其所设机构、场所有实际联系的所得，缴纳企业所得税
		非居民企业在中国境内未设立机构、场所的，或者虽设立机构、场所但取得的所得与其所设机构、场所没有实际联系的，应当就其来源于中国境内的所得缴纳企业所得税
3	所得税税率	居民企业所得税的税率为25%
		非居民企业在中国境内未设立机构、场所的，或者虽设立机构、场所但取得的所得与其所设机构、场所没有实际联系的，应当就其来源于中国境内的所得缴纳企业所得税，适用税率为20%(实际税率10%)
		小微企业的条件如下： (1)工业企业，年度应纳税所得额不超过30万元，从业人数不超过100人，资产总额不超过3 000万元。 (2)其他企业，年度应纳税所得额不超过30万元，从业人数不超过80人，资产总额不超过1 000万元
		符合条件的小型微利企业，减按20%的税率征收企业所得税

续表

序 号	项 目	具 体 规 定
4	应纳税所得额	损益表中的利润总额 减：按规定减免所得税的金额 加：按规定不得扣除或超过标准的金额
5	税前扣除规定	企业实际发生的与取得收入有关的、合理的支出，包括成本、费用、税金、损失和其他支出，准予在计算应纳税所得额时扣除。企业发生的合理的工资薪金支出(包括基本工资、奖金、津贴、补贴、年终加薪、加班工资，以及与员工任职或者受雇有关的其他支出)，准予扣除
		企业依照规定的范围和标准为职工缴纳的基本养老保险费、基本医疗保险费、失业保险费、工伤保险费、生育保险费等基本社会保险费和住房公积金，准予扣除
		企业为投资者或者职工支付的补充养老保险费、补充医疗保险费，在国务院财政、税务主管部门规定的范围和标准内，准予扣除
		企业参加财产保险，按照规定缴纳的保险费，准予扣除
		下列利息支出，准予扣除。 (1)非金融企业向金融企业借款的利息支出、金融企业的各项存款利息支出和同业拆借利息支出、企业经批准发行债券的利息支出。 (2)非金融企业向非金融企业借款的利息支出，不超过按照金融企业同期同类贷款利率计算的数额的部分
		企业的下列支出，可以在计算应纳税所得额时加计扣除。 (1)开发新技术、新产品、新工艺发生的研究开发费用。研究开发费用的加计扣除，指企业为开发新技术、新产品、新工艺发生的研究开发费用，未形成无形资产计入当期损益的，在按照规定据实扣除的基础上，按照研究开发费用的50%加计扣除；形成无形资产的，按照无形资产成本的150%摊销。 (2)安置残疾人员及国家鼓励安置的其他就业人员所支付的工资。安置残疾人员所支付的工资的加计扣除，是指企业安置残疾人员的，在按照支付给残疾职工工资据实扣除的基础上，按照支付给残疾职工工资的100%加计扣除
		企业发生的职工福利费支出，不超过工资薪金总额14%的部分，准予扣除
		企业拨缴的工会经费，不超过工资薪金总额2%的部分，准予扣除
		除国务院财政、税务主管部门另有规定外，企业发生的职工教育经费支出，不超过工资薪金总额2.5%的部分，准予扣除；超过部分，准予在以后纳税年度结转扣除

续表

序　号	项　　目	具 体 规 定
5	税前扣除规定	企业发生的与生产经营活动有关的业务招待费支出，按照发生额的60%扣除，但最高不得超过当年销售(营业)收入的5‰。企业发生的符合条件的广告费和业务宣传费支出，除国务院财政、税务主管部门另有规定外，不超过当年销售(营业)收入15%的部分，准予扣除；超过部分，准予在以后纳税年度结转扣除
6	减免税规定	下列收入为不征税收入。 (1)财政拨款。 (2)依法收取并纳入财政管理的行政事业性收费、政府性基金。 (3)国务院规定的其他不征税收入
		企业的下列收入为免税收入。 (1)国债利息收入。 (2)符合条件的居民企业之间的股息、红利等权益性投资收益(从被投资企业分红所得的投资收益免税)。 (3)在中国境内设立机构、场所的非居民企业从居民企业取得与该机构、场所有实际联系的股息、红利等权益性投资收益。 (4)符合条件的非营利组织的收入
		《国家税务总局关于贯彻落实企业所得税法若干税收问题的通知》：企业取得的各项免税收入所对应的各项成本费用，除另有规定者外，可以在计算企业应纳税所得额时扣除
		企业的下列所得，可以免征、减征企业所得税。 (1)从事农、林、牧、渔业项目的所得。 (2)从事国家重点扶持的公共基础设施项目投资经营的所得。 (3)从事符合条件的环境保护、节能节水项目的所得。 (4)符合条件的技术转让所得
7	不得扣除规定	下列支出不得扣除。 (1)向投资者支付的股息、红利等权益性投资收益款项。 (2)企业所得税税款。 (3)税收滞纳金。 (4)罚金、罚款和被没收财物的损失。 (5)企业的普通捐赠支出；公益性捐赠支出，在年度利润总额12%以内的部分，准予在计算所得税时扣除，超出部分准予在以后三年内扣除。 (6)赞助支出。 (7)未经核定的准备金支出(如坏账准备、损失准备、跌价准备等)。 (8)与取得收入无关的其他支出

续表

序　号	项　　目	具体规定
8	亏损弥补	企业纳税年度发生的亏损，准予向以后年度结转，用以后年度的所得弥补，但结转年限最长不得超过五年。将高新技术企业和科技型中小型企业亏损结转年限由5年延长至10年
		企业在汇总计算缴纳企业所得税时，其境外营业机构的亏损不得抵减境内营业机构的赢利

本章习题
扫描二维码
可下载。

6 项目六 Chapter 6 个人所得税法

>>> 学习目标

1. 了解个人所得税的概念与特点。
2. 熟悉我国个人所得税法的优惠政策。
3. 掌握纳税人的划分与现行税率的适用。
4. 掌握个人所得税的应纳税额的计算方法。
5. 能够根据不同类别的纳税主体，选择适用税率。
6. 能够根据业务资料计算不同项目的个人所得税税额。

>>> 项目导入

对于职场人士而言，能够在年末时拿到一份沉甸甸的年终奖，是对辛苦工作了一年的最好奖赏。但是，年终奖到底在什么时候发？应该怎样发？个税应该怎么计算？这些小秘密，你都知道吗？

从世界范围来看，个人所得税的征收已经有200余年的历史，个人所得税是世界各国普遍征收的一个税种，在有的国家已经成为主体税种。个人所得税的征收在我国有30余年的历史，它是我国财政收入的重要来源之一，对国家进行收入再分配具有重要作用。个人所得税法是所得税法的重要组成部分，在我国税法体系中的地位逐年提高。

任务一　个人所得税法概述

一、个人所得税概述

个人所得税是以自然人取得的各项应税所得为征税对象所征收的一种所得税，是政府利用税收对个人收入进行调节的一种手段。

个人所得税法是指国家制定的用来调整个人所得税征收与缴纳之间权利及义务关系的法律规范。1980 年 9 月 10 日，第五届全国人民代表大会第三次会议通过并公布了《中华人民共和国个人所得税法》。1993 年 10 月 31 日，第八届全国人民代表大会常务委员会第四次会议《关于修改〈中华人民共和国个人所得税法〉的决定》第一次修正；1999 年 8 月 30 日，第九届全国人民代表大会常务委员会第十一次会议《关于修改〈中华人民共和国个人所得税法〉的决定》第二次修正；2005 年 10 月 27 日，第十届全国人民代表大会常务委员会第十八次会议《关于修改〈中华人民共和国个人所得税法〉的决定》第三次修正；2007 年 6 月 29 日，第十届全国人民代表大会常务委员会第二十八次会议《关于修改〈中华人民共和国个人所得税法〉的决定》第四次修正；2007 年 12 月 29 日，第十届全国人民代表大会常务委员会第三十一次会议《关于修改〈中华人民共和国个人所得税法〉的决定》第五次修正；2011 年 6 月 30 日，第十一届全国人民代表大会常务委员会第二十一次会议《关于修改〈中华人民共和国个人所得税法〉的决定》第六次修正；2018 年 8 月 31 日，第十三届全国人民代表大会常务委员会第五次会议《关于修改〈中华人民共和国个人所得税法〉的决定》第七次修正。

知识链接

个税的历史

个人所得税的开始起源于筹措军费。英国是世界上最早开征个人所得税的国家。为了筹集对法战争的费用，英国于 1798 年创设个人所得税，次年开始征收，征收对象主要是高收入者群体。当时英国筹措军费的主要办法除了征收个税，还发行国债。无论是向高收入者征收个税，还是发行国债，都是比向全社会摊派战争费用更为公平的办法。开征个税在当时只是临时举措，1802 年，随着战争结束，个税也被废止。以后时兴时废，到 1874 年才稳定下来。在最近的二三十年中，英国个税约占税收总额的 40%，是第一大税。“二战”以后，其他国家才开始普遍开征个人所得税。

世界各国普遍征收个人所得税，各有特点，我国个人所得税的主要特点有以下五个方面。

（一）实行分类征收

世界各国的个人所得税制大体可包括三种类型：分类所得税制、综合所得税制和混合所得税制。这三种税制各有所长，各国可以根据本国具体情况选择与运用。我国现行个人所得税采用的是混合所得税制，即对纳税人不同来源、性质的所得，先分别按不同的税率征税，然后将全年的各项所得进行汇总征税。

（二）累进税率与比例税率并用

分类所得税制一般采用比例税率，综合所得税制通常采用累进税率。比例税率计算简便，便于实行源泉扣缴；累进税率可以合理调节收入分配，体现公平。我国现行个人所得税根据各项个人所得的不同性质与特点，将这两种形式的税率综合运用于个人所得税制。其中，对综合所得、经营所得，采用累进税率，实行量能负担；对利息、股息、红利所得、财产租赁所得、财产转让所得和偶然所得，采用比例税率，实行等比负担。

（三）费用扣除额较宽

各国的个人所得税都有费用扣除的规定，只是扣除的方法与额度不尽相同。我国以费用扣除从宽、从简的原则，采取费用定额扣除和定率扣除两种方法。居民个人的综合所得，以每一纳税年度的收入额减除费用6万元以及专项扣除、专项附加扣除和依法确定的其他扣除后的余额，为应纳税所得额；对财产租赁所得，每次收入不超过4 000元的，减除费用800元；4 000元以上的，减除20%的费用，其余额为应纳税所得额，按照这样的标准减除费用。实际上等于对绝大部分的综合所得予以免税或只征很少的税款。

(四) 计算简便

我国个人所得税的费用扣除采用总额扣除法，免去了对个人实际生活费用支出逐项计算的麻烦；各种所得项目实行分类计算，并且具有明确的费用扣除规定，费用扣除项目与方法易于掌握，计算比较简单，符合税制的简便原则。

(五) 采取课源制和申报制两种征纳方法

我国《个人所得税法》规定，对纳税人的应纳税额分别采取由支付单位源泉扣缴以及纳税人自行申报两种方法。对于凡是可以在应税所得的支付环节扣缴个人所得税的，均由扣缴义务人履行代扣代缴义务；对于没有扣缴义务人的，并且个人在两处以上取得工资、薪金所得的以及年所得12万元以上的，由纳税人自行申报纳税。此外，对其他不便于扣缴税款的，也规定由纳税人自行申报纳税。

二、个人所得税的纳税义务人

个人所得税的纳税义务人是取得各项应纳税所得的个人，具体包括中国公民、个人独资企业、合伙企业、个体工商户、在中国有所得的外籍人员和中国香港、澳门、台湾同胞等。上述纳税义务人根据住所和居住时间两个标准，可以区分为居民和非居民，分别承担不同的纳税义务。居民纳税人负有无限纳税义务，非居民纳税人负有有限纳税义务。

个人独资企业和合伙企业分别是指依照我国相关法律登记成立的个人独资、合伙性质的企业以及其他相关机构或组织。个人独资企业以投资者个人为纳税义务人，合伙企业以每一个合伙人为纳税义务人。

(一) 居民个人

在中国境内有住所，或者无住所而一个纳税年度内在中国境内居住累计满183天的个人，为居民个人。居民个人从中国境内和境外取得的所得，依照《个人所得税法》规定缴纳个人所得税。

(1) 在中国境内有住所，是指因户籍、家庭、经济利益关系而在中国境内习惯性居住。

(2) 在中国境内居住的时间按照在中国境内的时间计算。纳税年度，自公历1月1日起至12月31日止。

(3) 从中国境内和境外取得的所得，分别是指来源于中国境内的所得和来源于中国境外的所得。

知识链接

“猴子”也纳税

在澳大利亚的维多利亚州，一个名叫莎梅达的人有一只猴子帮她干活。当地税务人员认为这只能开拖拉机送草料、会把饲料放进马槽里、在拖拉机启动前还会检查引擎线路的猴子是熟练的劳动者，平均每月的劳动价值约 9 000 美元，所以认为猴子也有义务缴纳所得税。

看来，当地税务人员把猴子和人等同起来了。

(二)非居民个人

在中国境内无住所又不居住，或者无住所而一个纳税年度内在中国境内居住累计不满 183 天的个人，为非居民个人。非居民个人从中国境内取得的所得，缴纳个人所得税。即在一个纳税年度中，没有在中国境内居住，或者在中国境内居住不满 183 年的外籍人员、华侨或我国香港、澳门、台湾同胞。

在中国境内无住所的个人，在中国境内居住累计满 183 天的，年度连续不满 6 年的，经向主管税务机关备案，其来源于中国境外且由境外单位或者个人支付的所得，免予缴纳个人所得税；也就是说，对来源于境内所得和来源于境外且境外支付的部分征税。在中国境内居住累计满 183 天的任一年度中有一次离境超过 30 天的，其在中国境内居住累计满 183 天的年度的连续年限重新起算。

在中国境内无住所的个人，在一个纳税年度内在中国境内居住累计不超过 90 天的，其来源于中国境内的所得，由境外雇主支付并且不由该雇主在中国境内的机构、场所负担的部分，免予缴纳个人所得税。

三、所得来源的确定

除国务院财政、税务主管部门另有规定外，下列所得，不论支付地点是否在中国境内，均为来源于中国境内的所得。

(1) 因任职、受雇、履约等在中国境内提供劳务取得的所得。

(2) 将财产出租给承租人在中国境内使用而取得的所得。

(3) 许可各种特许权在中国境内使用而取得的所得。

(4) 转让中国境内的不动产等财产或者在中国境内转让其他财产取得的所得。

(5) 从中国境内企业、事业单位、其他组织以及居民个人取得的利息、股息、红利所得。

四、个人所得税的纳税范围

纳税人取得的应税所得即为个人所得税的征税对象。下列各项个人所得应纳个人所得税，具体纳税范围包括以下项目。

(一) 工资、薪金所得

工资、薪金所得，指个人因任职或者受雇而取得的工资、薪金、奖金、年终加薪、劳动分红、津贴、补贴以及与任职或者受雇有关的其他所得。

▶ 1. 一般规定

一般来说，工资、薪金所得属于非独立个人劳动所得。“工资、薪金所得”是个人从事非独立劳动，从所在单位(雇主)领取的报酬，存在雇佣与被雇佣的关系，即在机关、团体、学校、部队、企事业单位及其他组织中任职、受雇而得到的报酬。除工资、薪金以外，奖金、年终加薪、劳动分红、津贴、补贴也被确定为工资、薪金范畴。其中，年终加薪、劳动分红不分种类和取得情况，一律按工资、薪金所得课税；津贴、补贴等则有例外。根据我国目前个人收入的构成情况，规定对于一些不属于工资、薪金性质的补贴、津贴或者不属于纳税人本人工资、薪金所得项目的收入，不予征税，包括以下项目。

(1) 独生子女补贴。

(2) 执行公务员工资制度未纳入基本工资总额的补贴、津贴差额和家属成员的副食品补贴。

(3) 托儿补助费。

(4) 差旅费津贴、误餐补助。

▶ 2. 特殊规定

(1) 实行内部退养的个人在办理内部退养手续后至法定离退休年龄之间从原任职单位取得的工资、薪金，按“工资、薪金所得”计征个人所得税。办理内退手续后从原单位取得的一次性收入应按办理内退手续后至法定离退休年龄之间的所属月份进行平均，并与领取当月的“工资、薪金”所得合并后减除当月费用扣除标准，以余额为基数确定适用税率，再将当月工资、薪金加上取得的一次性收入，减去费用扣除标准，按适用税率计征个人所得税；办理内退手续后至法定离退休年龄之间重新就业取得的“工资、薪金”所得，应与其从原单位取得的同一月份的“工资、薪金”所得合并，并依法自行向主管税务机关申报个人所得税。

(2) 退休人员再任职取得的收入，在减除按税法规定的扣除标准后，按“工资、薪金所得”应税项目缴纳个人所得税。

(3) 公司职工取得的用于购买国有股权的劳动分红按“工资、薪金”计征个人所得税。

(4) 单车承包或承租方式运营，出租车驾驶员从事客货营运取得的收入按“工资、薪金”计征个人所得税。

(5) 企业和单位对营销业绩突出的雇员以培训班、研讨会、工作考察等名义组织旅游活动，通过免收差旅费、旅游费对个人实行的营销业绩奖励(包括实物、有价证券等)，全额并入营销人员当期的工资、薪金，按“工资、薪金”计征个人所得税。

(二) 劳务报酬所得

劳务报酬所得，指个人从事劳务取得的所得设计、装潢、安装、制图、化验、测试、医疗、法律、会计、咨询、讲学、新闻、广播、翻译、审稿、书画、雕刻、影视、录音、录像、演出、表演、广告、展览、技术服务、介绍服务、经纪服务、代办服务以及其他劳务取得的所得。

在实际操作过程中，还可能出现难以判定一项所得是属于工资、薪金所得，还是属于劳务报酬所得的情况。这两者的区别在于：工资、薪金所得是属于非独立个人劳务活动，即在机关、团体、学校、部队、企业、事业单位及其他组织中任职、受雇而得到的报酬；而劳务报酬所得，则是个人独立从事各种技艺、提供各项劳务取得的报酬。

例如，演员从其所属单位领取工资，教师从学校领取工资就属于“工资、薪金所得”，而不属于“劳务报酬所得”

(1) 个人兼职取得的收入按照“劳务报酬所得”项目缴纳个人所得税。

(2) 律师以个人名义再聘请其他人员为其工作而支付的报酬，应由该律师按“劳务报酬所得”项目负责代扣代缴个人所得税。

(3) 保险营销员、证券经纪人取得的佣金收入，属于劳务报酬所得，以不含增值税的收入减除20%的费用后的余额为收入额，收入额减去展业成本以及附加税费后，并入当年综合所得，计算缴纳个人所得税。保险营销员、证券经纪人展业成本按照收入额的25%计算。

思考： 郭先生任职于一家防盗器材生产企业，因他会制作3D动画，日前帮助企业制作了一个新产品的3D宣传片。企业为此支付了6 000元劳务费，会计将这笔收入并入他的工资代扣了个税，他很不理解。明明是劳务报酬为什么要按工资薪金扣个税呢？

（三）稿酬所得

稿酬所得，指个人因其作品以图书、报刊形式出版、发表而取得的所得。将稿酬所得独立划归一个征税项目，而对不以图书、报刊形式出版、发表的翻译、审稿、书画所得归为劳务报酬所得，主要是考虑了出版、发表作品的特殊性。第一，它是一种依靠较高智力创作的精神产品；第二，它具有普遍性；第三，它与社会主义精神文明和物质文明密切相关；第四，它的报酬相对偏低。因此，稿酬所得应当与一般劳务报酬相区别，并给予适当优惠照顾。

有关稿酬所得的特殊规定如下。

（1）任职、受雇于报刊等单位的记者、编辑等专业人员，在本单位的报刊上发表作品取得的所得，应与其当月工资收入合并且按工资薪金项目征税；其他人员在本单位的报刊、杂志上发表作品取得的所得，应按稿酬项目征收个人所得税。

（2）出版社的专业作者的作品，由本社以图书形式出版取得的稿费收入按稿酬项目征收个人所得税。

（3）作者去世后，财产继承人取得的遗作稿酬，也应征个人所得税。

（四）特许权使用费所得

特许权使用费所得，指个人提供专利权、商标权、著作权、非专利技术以及其他特许权的使用权取得的所得。注意，提供著作权的使用权取得的所得，不包括稿酬所得。

（五）经营所得

经营所得是指：

（1）个体工商户从事生产、经营活动取得的所得，个人独资企业投资人、合伙企业的个人合伙人来源于境内注册的个人独资企业、合伙企业生产、经营的所得。

（2）个人依法从事办学、医疗、咨询以及其他有偿服务活动取得的所得。

（3）个人对企业、事业单位承包经营、承租经营以及转包、转租取得的所得。

（4）个人从事其他生产、经营活动取得的所得。

（六）利息、股息、红利所得

利息、股息、红利所得，指个人因拥有债权、股权而取得的利息、股息、红利所得。利息，指个人拥有债权而取得的利息，包括存款利息、贷款利息与各种债券的利息。按照税法规定，个人取得的利息所得，除国债和国家发行的金融债券利息外，应当依法缴纳个人所得税。股息、红利，指个人拥有股权取得的股息、红利，按照一定的比率对每股发给的息金叫股息；公司、企业应分配的利润，按股份分配的叫红利。股息、红利所得，除另有规定外，都应当缴纳个人所得税。

（七）财产租赁所得

财产租赁所得，指个人出租不动产、机器设备、车船以及其他财产取得的所得。个人取得的财产转租收入，属于“财产租赁所得”的征税范围，由财产转租人缴纳个人所得税。

(八) 财产转让所得

财产转让所得，指个人转让有价证券、股权、合伙企业中的财产份额，不动产、机器设备、车船以及其他财产取得的所得。

在现实生活中，个人进行的财产转让主要是个人财产所有权的转让。财产转让实际上是一种买卖行为，当事人双方通过签订、履行财产转让合同，形成财产买卖的法律关系，使出让财产的个人从对方取得价款(收入)或其他经济利益。财产转让所得因其性质的特殊性，需要单独列举项目征税。对个人取得的各项财产转让所得，除股票转让所得外，都要征收个人所得税。

(九) 偶然所得

偶然所得，指个人得奖、中奖、中彩以及其他偶然性质的所得。得奖是指参加各种有奖竞赛活动，取得名次得到的奖金；中奖、中彩是指参加各种有奖活动，如有奖销售、有奖储蓄或者购买彩票，经过规定程序，抽中、摇中号码而取得的奖金。偶然所得应缴纳的个人所得税税款，一律由发奖单位或机构代扣代缴。

个人取得的所得，难以界定应纳税所得项目的，由国务院税务主管部门确定。

居民个人取得前款第一项至第四项所得(以下称综合所得)，按纳税年度合并计算个人所得税；非居民个人取得前款第一项至第四项所得，按月或者按次分项计算个人所得税。纳税人取得前款第五项至第九项所得，依照本法规定分别计算个人所得税。

知识链接

购物中奖也须纳税，税率20%

春节将至，商家举办的有奖销售活动日渐增多，“×××里有金砖”“购物中奖100%”等广告充斥着人们的视听。有一件事情被大家忽视了，即根据法律规定，购物中奖无论其奖品是现金还是实物，也无论其价值是多少，都应计征20%的个人所得税。按照《个人所得税法》，偶然所得是指个人得奖、中奖、中彩以及其他偶然性质的所得。消费者在商场和其他经营单位的抽奖、摸奖等活动中所获得的奖金及实物等奖励，都属于偶然所得定义的范围，应当依法缴纳个人所得税。

(十) 经国务院财政部门确定征税的其他所得

除上述列举的各项个人应税所得外，其他确有必要征税的个人所得，由国务院财政部门确定。个人取得的所得，难以界定应纳税所得项目的，由主管税务机关确定。

知识链接

购物卡也须缴所得税

按照税法的规定，即便是以工会费、福利费形式发放的购物卡，也应缴纳个人所得税。我国《个人所得税法》中对福利费的解释是：根据国家有关规定，从单位提留的福利费或者从工会经费中支付给个人的生活补助费。具体，是指由于某些特定事件或原因，而给纳税人正常生活造成一定困难，其任职单位按国家规定从提留的福利费或工会经费中，向其支付的临时生活补助，因此，像单位发放给员工的购物卡、交通卡、月饼票等福利也须缴纳个人所得税。

四、税收优惠

(一) 免征个人所得税的优惠

(1) 省级人民政府、国务院部委和中国人民解放军军以上单位，以及外国组织颁发的科学、教育、技术、文化、卫生、体育、环境保护等方面的奖金。

(2) 国债和国家发行的金融债券利息，国债利息，指个人持有中华人民共和国财政部发行的债券而取得的利息所得以及2009年、2010年和2011年发行的地方政府债券利息所得；国家发行的金融债券利息，指个人持有经国务院批准发行的金融债券而取得的利息所得。

(3) 按照国家统一规定发给的补贴、津贴，指按照国务院规定发给的政府特殊津贴和国务院规定免纳个人所得税的补贴、津贴，发给中国科学院资深院士和中国工程院资深院士每人每年1万元的资深院士津贴免予征收个人所得税。

(4) 福利费、抚恤金、救济金，福利费，指根据国家有关规定，从企业、事业单位、国家机关、社会团体提留的福利费或者工会经费中支付给个人的生活补助费；救济金，指国家民政部门支付给个人的生活困难补助费。

(5) 军人的转业费、复员费。

(6) 按照国家统一规定发给干部、职工的安家费、退职费、退休工资、离休工资、离休生活补助费。

(7) 保险赔款。

(8) 依照我国有关法律规定应予免税的各国驻华使馆、领事馆的外交代表、领事官员和其他人员的所得。

(9) 经国务院财政部门批准的所得。

(二) 减征个人所得税的优惠

(1) 残疾、孤老人员和烈属的所得。

(2) 因严重自然灾害造成重大损失的。

(3) 其他经国务院财政部门批准减税的。

《个人所得税法》是经全国人民代表大会制定的税收法律，各地、各部门、单位和个人都有自觉维护个人所得税法严肃性、完整性和统一性的义务，没有随意改变税法规定的权利。《中华人民共和国税收征收管理法》规定："任何机关、单位和个人不得违反法律、行政法规的规定，擅自做出税收开征、停征以及减税、免税、退税、补税和其他同税收法律、行政法规相抵触的决定。"《中华人民共和国税收征收管理法实施细则》规定："任何部门、单位和个人做出的与税收法律、行政法规相抵触的决定一律无效，税务机关不得执行，并应当向上级税务机关报告。"

知识链接

瑞典个人所得税政策

实现高福利需要以高税收为基础，因此瑞典向来以高税收、高工资、高福利闻名于世。瑞典个人所得税中，个人非劳动收入的税率为30%，主要包括投资收入(红利和净利息)以及资本盈余。个人劳动收入(包括工资、农业和商业收益)实行累进制税率。为吸引外来人才，税法规定在瑞典公司工作(合同期少于5年)的外国专家、高管和科研人员前三年可减免25%的缴税额。瑞典居民还要缴3%的教区税，作为国民登记、人口统计、教会和公共墓地管理等开支。

任务二 税率和预扣率

个人所得税率是个人所得税税额与应纳税所得额之间的比例。个人所得税率是由国家相应的法律法规所规定的，根据个人的收入计算，缴纳个人所得税是收入达到缴纳标准的公民应尽的义务。

一、综合所得(工资、薪金所得，劳务报酬所得，稿酬所得和特许权使用所得)

(1) 居民个人取得的工资、薪金所得，劳务报酬所得，稿酬所得和特许权使用所得合并为综合所得。综合所得按纳税年度合并计算个人所得税，适用3%～45%的超额累进税率。具体税率表见表6-1和表6-2。

表6-1　个人所得税税率(综合所得适用)

级　数	全年应纳税所得额	税率(%)	速算扣除数
1	不超过36 000元的部分	3	0
2	超过36 000元至144 000元的部分	10	2 520
3	超过144 000元至300 000元的部分	20	16 920
4	超过300 000元至420 000元的部分	25	31 920
5	超过420 000元至660 000元的部分	30	52 920
6	超过660 000元至960 000元的部分	35	85 920
7	超过960 000元的部分	45	181 920

注：本表所称全年应纳税所得额是指依照法律法规，居民个人取得综合所得以每一纳税年度收入额减除费用6万元以及专项扣除、专项附加扣除和依法确定的其他扣除后的余额。

表6-2　按月换算后的综合所得税率表

级　数	全年应纳税所得额	税率(%)	速算扣除数
1	不超过3 000元的部分	3	0
2	超过3 000元至12 000元的部分	10	210
3	超过12 000元至25 000元的部分	20	1 410
4	超过25 000元至35 000元的部分	25	2 660
5	超过35 000元至55 000元的部分	30	4 410
6	超过55 000元至80 000元的部分	35	7 160
7	超过80 000元的部分	45	15 160

(2) 工资、薪金所得预扣率。工资、薪金适用于累计预扣法，预扣率为 3%～45%。

累计预扣法，是指扣缴义务人在一个纳税年度内预扣预缴税款时，以纳税人在本单位截至当前月份工资、薪金所得累计收入减除累计免税收入、累计减除费用、累计专项扣除、累计专项附加扣除和累计依法确定的其他扣除后的余额为累计预扣预缴应纳税所得额，适用个人所得税预扣率表一(见表 6-3)。

表 6-3　个人所得税预扣率表一

(居民个人工资、薪金所得预扣预缴适用)

级　　数	累计预扣预缴应纳税所得额	预扣率(%)	速算扣除数
1	不超过 36 000 元的部分	3	0
2	超过 36 000 元至 144 000 元的部分	10	2 520
3	超过 144 000 元至 300 000 元的部分	20	16 920
4	超过 300 000 元至 420 000 元的部分	25	31 920
5	超过 420 000 元至 660 000 元的部分	30	52 920
6	超过 660 000 元至 960 000 元的部分	35	85 920
7	超过 960 000 元的部分	45	181 920

注：本表所称累计预扣预缴应纳税所得额＝累计收入－累计免税收入－累计减除费用－累计专项扣除－累计专项附加扣除－累计依法确定的其他扣除。

(3) 劳务报酬所得、稿酬所得、特许权使用费所得，以每次收入额为预扣预缴应纳税所得额，计算应预扣预缴税额。劳务报酬所得适用个人所得税预扣率表二(见表 6-4)，稿酬所得、特许权使用费所得适用 20%预扣率。

收入额指的是劳务报酬所得、稿酬所得、特许权使用费所得以收入减除费用后的余额，其中，稿酬所得的收入额减按 70%计算。

减除费用：预扣预缴税款时，劳务报酬所得、稿酬所得、特许权使用费所得每次收入不超过 4 000 元的，减除费用按 800 元计算；每次收入 4 000 元以上的，减除费用按收入的 20%计算。

表 6-4　个人所得税预扣率表二

(居民个人劳务报酬所得预扣预缴适用)

级　　数	预扣预缴应纳税所得额	预扣率(%)	速算扣除数
1	不超过 20 000 元的部分	20	0
2	超过 20 000 元至 50 000 元的部分	30	2 000
3	超过 50 000 元的部分	40	7 000

(4) 非居民个人取得的工资、薪金所得，劳务报酬所得，稿酬所得及特许权使用所得，按月或者按次分项计算个人所得税(见表 6-5)。

表 6-5　个人所得税税率表三

(非居民个人工资、薪金所得，劳务报酬所得，稿酬所得，特许权使用费所得适用)

级　　数	应纳税所得额	税率(%)	速算扣除数
1	不超过 3 000 元的部分	3	0
2	超过 3 000 元至 12 000 元的部分	10	210
3	超过 12 000 元至 25 000 元的部分	20	1 410
4	超过 25 000 元至 35 000 元的部分	25	2 660
5	超过 35 000 元至 55 000 元的部分	30	4 410
6	超过 55 000 元至 80 000 元的部分	35	7 160
7	超过 80 000 元的部分	45	15 160

思考： 综合所得年收入额减除专项扣除的余额不超过 6 万，是否需要办理汇算清缴?

解析： 不需要，取得综合所得需要办理汇算清缴的情形包括：

(1) 从两处以上取得综合所得，且综合所得年收入额减除专项扣除的余额超过 6 万元。

(2) 取得劳务报酬所得、稿酬所得、特许权使用费所得中一项或者多项所得，且综合所得年收入额减除专项扣除的余额超过 6 万元。

(3) 纳税年度内预缴税额低于应纳税额。

(4) 纳税人申请退税。

二、经营所得

经营所得适用 5%～35%的超额累进税率。具体税率表见表 6-5。

表 6-6　个人所得税税率表

级　　数	全年应纳税所得额	税率(%)	速算扣除数
1	不超过 30 000 元的部分	5	0
2	超过 30 000～90 000 元的部分	10	1 500
3	超过 90 000～300 000 元的部分	20	10 500
4	超过 300 000～500 000 元的部分	30	40 500
5	超过 500 000 元的部分	35	65 500

注：本表所称全年含税应纳税所得额是指依照法律规定，以每一纳税年度的收入总额，减除成本、费用以及损失后的余额。

三、利息、股息、红利所得，财产租赁所得，财产转让所得和偶然所得，适用比例税率，税率为 20%

自 2001 年 1 月 1 日起，对个人出租住房取得的所得暂减按 10%的税率征收个人所得税。

知识链接

世界各国个税税率比较

从网易财经发布的世界各国最高个税税率排行榜来看，税率排名靠前的基本都是欧洲国家。瑞典、丹麦和荷兰三个欧洲国家税率最高，如瑞典个税最高税率高达57%，居世界之首。不过，津巴布韦和塞内加尔这两个非洲国家的税率也均超过了50%。日本最高税率51%，中国最高税率45%位于中游位置，美国没有出现在该榜单上。

任务三 个人所得税应纳税额和预扣额的计算

个人所得税的计税依据是纳税人取得的应纳税所得额。应纳税所得额为个人取得的各项收入减去税法规定的费用扣除金额和减免税收入后的余额。由于个人所得税的应税项目不同，扣除费用标准也不同，需要按不同应税项目分项确定。

一、居民个人的综合所得

(一) 综合所得应纳税所得额的计算

居民个人取得称综合所得，按纳税年度合并计算个人所得税，适用3%～45%的超额累进税率。

应纳税所得额＝每一纳税年度的收入额－费用6万－专项扣除－专项附加扣除－依法确定的其他扣除

综合所得，包括工资、薪金所得，劳务报酬所得，稿酬所得，特许权使用费所得四项。劳务报酬所得、稿酬所得、特许权使用费所得以收入减除20%的费用后的余额为收入额。稿酬所得的收入额减按70%计算。

1. 专项扣除

专项扣除包括居民个人按照国家规定的范围和标准缴纳的基本养老保险、基本医疗保险、失业保险等社会保险和住房公积金等。

2. 专项附加扣除

专项附加扣除包括子女教育、继续教育、大病医疗、住房贷款利息或者住房租金、赡养老人等支出。

1) 子女教育专项附加扣除

纳税人的子女接受学前教育和学历教育的相关支出，按照每个子女每年12 000元(每月1 000元)。

学前教育阶段，为子女年满3周岁当月至小学入学前一月。学历教育包括义务教育(小学和初中教育)、高中阶段教育(普通高中、中等职业教育)、高等教育(大学专科、大学本科、硕士研究生、博士研究生教育)，为子女接受全日制学历教育入学的当月至全日制学历教育结束的当月。

受教育子女的父母分别按扣除标准的50%扣除；经费目约定，也可以选择由其中一方按扣除标准的100%扣除。具体扣除方式在一个纳税年度内不得变更。

2）继续教育专项附加扣除

纳税人在中国境内接受学历(学位)继续教育的支出，在学历(学位)教育期间按照每年4 800元(每月400元)定额扣除。同一学历(学位)继续教育的扣除期限不能超过48个月。

纳税人接受技能人员职业资格继续教育、专业技术人员职业资格继续教育的支出，在取得相关证书的当年，按照3 600元定额扣除。

【例6-1】某纳税人在2019年度接受一项学历教育和两项职业资格继续教育，请问该纳税人当年最多允许扣除的继续教育专项附加为多少？

解析：学历(学位)教育当年允许扣除4 800元，职业资格继续教育3 600元，尽管取得两项职业资格但只能按一项扣，合计扣除＝4 800＋3 600＝8 400(元)。

个人接受本科及以下学历(学位)继续教育，符合本办法规定扣除条件的，可以选择由其父母扣除，也可以选择由本人扣除，但不得同时扣除。

3）大病医疗专项附加扣除

在一个纳税年度内，纳税人发生的与基本医保相关的医药费用支出，扣除医保报销后个人负担(指医保目录范围内的自付部分)累计超过15 000元的部分，由纳税人在办理年度汇算清缴时，在80 000元限额内据实扣除。大病医疗专项扣除由纳税人办理汇算清缴时扣除。

纳税人发生的医药费用支出可以选择由本人或者其配偶扣除；未成年子女发生的医药费用支出可以选择由其父母一方扣除。纳税人应当留存医疗服务收费相关票据原件。

【例6-2】甲纳税人2019年发生大病医疗费用扣除医疗报销后个人负担12 000元，乙纳税人2019年发生大病医疗费用扣除医疗报销后个人负担16 000元，丙纳税人2019年发生大病医疗费用扣除医疗报销后个人负担100 000元。请问甲、乙、丙纳税人当年扣除医疗报销后准予扣除的大病医疗专项附加扣除为多少？

解析：在一个纳税年度内，纳税人发生的与基本医保相关的医药费用支出，扣除医保报销后个人负担(指医保目录范围内的自付部分)累计超过15 000元的部分，由纳税人在办理年度汇算清缴时，在80 000元限额内据实扣除。

甲纳税人准予扣除的大病医疗专项附加扣除＝0(元)

乙纳税人准予扣除的大病医疗专项附加扣除＝16 000－15 000＝1 000(元)

丙纳税人实际发生大病医疗扣除＝100 000－15 000＝85000(元)＞扣除限额80 000(元)，允许扣除额为80 000(元)

4）住房贷款利息专项附加扣除

纳税人本人或者配偶单独或者共同使用商业银行或者住房公积金个人住房贷款为本人或者其配偶购买中国境内住房，发生的首套住房贷款利息支出，在实际发生贷款利息的年度，按照每年12 000元(每月1 000元)的标准定额扣除，扣除期限最长不超过240个月。纳税人只能享受一次首套住房贷款的利息扣除。首套住房贷款是指购买住房享受首套住房贷款利率的住房贷款。

经夫妻双方约定，可以选择由其中一方扣除，具体扣除方式在一个纳税年度内不能变更。

夫妻双方婚前分别购买住房发生的首套住房贷款，其贷款利息支出，婚后可以选择其中一套购买的住房，由购买方按扣除标准的100%扣除，也可以由夫妻双方对各自购买的住房分别按扣除标准的50%扣除，具体扣除方式在一个纳税年度内不能变更。

纳税人应当留存住房贷款合同、贷款还款支出凭证备查。

5）住房租金专项附加扣除

纳税人在主要工作城市没有自有住房而发生的住房租金支出，可以按照以下标准定额扣除。

（1）直辖市、省会（首府）城市、计划单列市以及国务院确定的其他城市，扣除标准为每月1 500元。

（2）除第一项所列城市以外，市辖区户籍人口超过100万的城市，扣除标准为每月1 100元；市辖区户籍人口不超过100万的城市，扣除标准为每月800元。

纳税人的配偶在纳税人的主要工作城市有自有住房的，视同纳税人在主要工作城市有自有住房。

市辖区户籍人口，以国家统计局公布的数据为准。

6）赡养老人专项附加扣除

纳税人赡养一位及以上被赡养人的赡养支出，统一按照以下标准定额扣除。

（1）纳税人为独生子女的，按照每月2 000元的标准定额扣除。

（2）纳税人为非独生子女的，由其与兄弟姐妹分摊每月2 000元的扣除额度，每人分摊的额度不能超过每月1 000元。可以由赡养人均摊或者约定分摊，也可以由被赡养人指定分摊。约定或者指定分摊的须签订书面分摊协议，指定分摊优先于约定分摊。具体分摊方式和额度在一个纳税年度内不能变更。

被赡养人是指年满60岁的父母，以及子女均已去世的年满60岁的祖父母、外祖父母。

（二）综合所得应纳税额的计算

综合所得应纳税额的计算公式为

应纳税额＝应纳税所得额×适用税率－速算扣除数

＝（每一纳税年度的收入额－费用6万－专项扣除－专项附加扣除－依法确定的其他扣除）×使用税率－速算扣除数

二、预扣预缴税额

（一）工资、薪金所得累计预扣预缴税额的计算

扣缴义务人向居民个人支付工资、薪金所得时，应当按照累计预扣法计算预扣税款，并按月办理扣缴申报。

▶ 1. 累计预扣预缴应纳税所得额的计算

累计预扣预缴应纳税所得额＝累计收入－累计免税收入－累计减除费用－累计专项扣除－累计专项附加扣除－累计依法确定的其他扣除

其中累计减除费用，按照5 000元/月乘以纳税人当年截至本月在本单位的任职受雇月份数计算。

▶ 2. 应预扣预缴税额的计算

应预扣预缴税额＝（累计预扣预缴应纳税所得额×预扣率－速算扣除数）－累计减免税额－累计已预扣预缴税额

知识链接

为贯彻落实修改后的《中华人民共和国个人所得税法》，现将个人所得税优惠政策衔接有关事项通知如下：

一、关于全年一次性奖金、中央企业负责人年度绩效薪金延期兑现收入和任期奖励的政策

居民个人取得全年一次性奖金，符合《国家税务总局关于调整个人取得全年一次性奖金等计算征收个人所得税方法问题的通知》(国税发〔2005〕9号)规定的，在2021年12月31日前，不并入当年综合所得，以全年一次性奖金收入除以12个月得到的数额，按照本通知所附按月换算后的综合所得税率表(以下简称月度税率表)，确定适用税率和速算扣除数，单独计算纳税。计算公式为

应纳税额＝全年一次性奖金收入×适用税率－速算扣除数

居民个人取得全年一次性奖金，也可以选择并入当年综合所得计算纳税。

自2022年1月1日起，居民个人取得全年一次性奖金，应并入当年综合所得计算缴纳个人所得税。

中央企业负责人取得年度绩效薪金延期兑现收入和任期奖励，符合《国家税务总局关于中央企业负责人年度绩效薪金延期兑现收入和任期奖励征收个人所得税问题的通知》(国税发〔2007〕118号)规定的，在2021年12月31日前，参照本通知第一条第(一)项执行；2022年1月1日之后的政策另行明确。

二、关于上市公司股权激励的政策

(1) 居民个人取得股票期权、股票增值权、限制性股票、股权奖励等股权激励(以下简称股权激励)，符合《财政部 国家税务总局关于个人股票期权所得征收个人所得税问题的通知》(财税〔2005〕35号)、《财政部 国家税务总局关于股票增值权所得和限制性股票所得征收个人所得税有关问题的通知》(财税〔2009〕5号)、《财政部 国家税务总局关于将国家自主创新示范区有关税收试点政策推广到全国范围实施的通知》(财税〔2015〕116号)第四条、《财政部 国家税务总局关于完善股权激励和技术入股有关所得税政策的通知》(财税〔2016〕101号)第四条第(一)项规定的相关条件的，在2021年12月31日前，不并入当年综合所得，全额单独适用综合所得税率表，计算纳税。计算公式为

应纳税额＝股权激励收入×适用税率－速算扣除数

(2) 居民个人一个纳税年度内取得两次以上(含两次)股权激励的，应合并按本通知第二条第(一)项规定计算纳税。

(3) 2022年1月1日之后的股权激励政策另行明确。

三、关于保险营销员、证券经纪人佣金收入的政策

保险营销员、证券经纪人取得的佣金收入，属于劳务报酬所得，以不含增值税的收入减除20%的费用后的余额为收入额，收入额减去展业成本以及附加税费后，并入当年综合所得，计算缴纳个人所得税。保险营销员、证券经纪人展业成本按照收入额的25%计算。

扣缴义务人向保险营销员、证券经纪人支付佣金收入时，应按照《个人所得税扣缴申报管理办法(试行)》(国家税务总局公告2018年第61号)规定的累计预扣法计算预扣税款。

四、关于个人领取企业年金、职业年金的政策

个人达到国家规定的退休年龄，领取的企业年金、职业年金，符合《财政部 人力资源社会保障部 国家税务总局关于企业年金 职业年金个人所得税有关问题的通知》(财税〔2013〕103号)规定的，不并入综合所得，全额单独计算应纳税款。其中按月领取的，适用月度税率表计算纳税；按季领取的，平均分摊计入各月，按每月领取额适用月度税率表计算纳税；按年领取的，适用综合所得税率表计算纳税。

个人因出境定居而一次性领取的年金个人账户资金，或个人死亡后，其指定的受益人或法定继承人一次性领取的年金个人账户余额，适用综合所得税率表计算纳税。对个人除上述特殊原因外一次性领取年金个人账户资金或余额的，适用月度税率表计算纳税。

五、关于解除劳动关系、提前退休、内部退养的一次性补偿收入的政策

(1) 个人与用人单位解除劳动关系取得一次性补偿收入(包括用人单位发放的经济补偿金、生活补助费和其他补助费)，在当地上年职工平均工资3倍数额以内的部分，免征个人所得税；超过3倍数额的部分，不并入当年综合所得，单独适用综合所得税率表，计算纳税。

(2) 个人办理提前退休手续而取得的一次性补贴收入，应按照办理提前退休手续至法定离退休年龄之间实际年度数平均分摊，确定适用税率和速算扣除数，单独适用综合所得税率表，计算纳税。计算公式为

应纳税额={〔(一次性补贴收入÷办理提前退休手续至法定退休年龄的实际年度数)－费用扣除标准〕×适用税率－速算扣除数}×办理提前退休手续至法定退休年龄的实际年度数

(3) 个人办理内部退养手续而取得的一次性补贴收入，按照《国家税务总局关于个人所得税有关政策问题的通知》(国税发〔1999〕58号)规定计算纳税。

六、关于单位低价向职工售房的政策

单位按低于购置或建造成本价格出售住房给职工，职工因此而少支出的差价部分，符合《财政部 国家税务总局关于单位低价向职工售房有关个人所得税问题的通知》(财税〔2007〕13号)第二条规定的，不并入当年综合所得，以差价收入除以12个月得到的数额，按照月度税率表确定适用税率和速算扣除数，单独计算纳税。计算公式为

应纳税额=职工实际支付的购房价款低于该房屋的购置或建造成本价格的差额×适用税率－速算扣除数

七、关于外籍个人有关津补贴的政策

(1) 2019年1月1日至2021年12月31日期间，外籍个人符合居民个人条件的，可以选择享受个人所得税专项附加扣除，也可以选择按照《财政部 国家税务总局关于个人所得税若干政策问题的通知》(财税〔1994〕20号)、《国家税务总局关于外籍个人取得有关补贴征免个人所得税执行问题的通知》(国税发〔1997〕54号)和《财政部 国家税务总局关于外籍个人取得港澳地区住房等补贴征免个人所得税的通知》(财税〔2004〕29号)规定，享受住房补贴、语言训练费、子女教育费等津补贴免税优惠政策，但不得同时享受。外籍个人一经选择，在一个纳税年度内不得变更。

(2) 自2022年1月1日起，外籍个人不再享受住房补贴、语言训练费、子女教育费津补贴免税优惠政策，应按规定享受专项附加扣除。

八、除上述衔接事项外，其他个人所得税优惠政策继续按照原文件规定执行

(二)劳务报酬所得预扣预缴税额的计算

扣缴义务人向居民个人支付劳务报酬所得、稿酬所得、特许权使用费所得时，应当按照以下方法按次或者按月预扣预缴税额。

1. 劳务报酬所得预扣预缴应纳税所得空页的计算

以每次取得的劳务报酬收入，扣除费用标准后的余额为应纳税所得额。具体减除费用标准如下。

(1) 每次所得不超过 4 000 元的，减除费用 800 元；每次所得超过 4 000 元的，减除费用为收入额的 20%。

(2) 对个人提供劳务过程中所支付的中介费，如能提供有效合法凭证的，允许从其所得中扣除。

(3) 对个人取得的董事费收入，允许扣除有合法凭证证明其按规定上交派遣单位部分。

2. 劳务报酬预扣预缴税额的计算

对劳务报酬所得，其个人所得税应纳税额的计算公式如下。

(1) 每次收入不足 4 000 元的：

预扣预缴税额＝预扣预缴应纳税所得额×适用税率＝(每次收入额－800)×20%

(2) 每次收入超过 4 000 元的：

预扣预缴税额＝预扣预缴应纳税所得额×适用税率＝每次收入额×(1－20%)×20%

(3) 每次收入的应纳税所得额超过 20 000 元的：

预扣预缴税额＝预扣预缴应纳税所得额×适用税率－速算扣除数

＝每次收入额×(1－20%)×适用税率－速算扣除数

知识链接

关于劳务报酬所得“每次收入”中“次”的规定

这里所说的“次”，指属于一次性收入的，以取得的该项收入为一次；属于同一项目连续性收入的，以一个月内取得的收入为一次。同一项目，指劳务报酬所得列举项目中的某一单项。

【例 6-3】2019 年 3 月，歌星张某一次取得表演收入 40 000 元，扣除 20%的费用后，应纳税所得额为 32 000 元。

问题：该歌星 2019 年 3 月预扣预缴税额为多少?

解析：根据我国《个人所得税法》规定，每次所得不超过 4 000 元的，减除费用 800 元；每次所得超过 4 000 元的，减除费用 20%。

预扣预缴税额＝每次收入额×(1－20%)×适用税率－速算扣除数

＝40 000×(1－20%)×30%－2 000＝7 600 (元)

【例 6-4】林某 2019 年 6 月 6 日为一企业介绍一笔销售业务，取得介绍服务费 18 000 元，6 月 11—20 日被聘为经济法培训班讲课，每天得授课费 200 元。

问题：林某取得劳务收入的预扣预缴税额为多少?

解析：根据我国《个人所得税法》规定，以每次取得的劳务报酬收入，扣除费用标准后的余额为应纳税所得额。具体减除费用标准为，每次所得不超过 4 000 元的，减除费用 800 元；每次所得超过 4 000 元的，减除费用 20%。

(1) 中介收入：

预扣预缴应纳税所得额＝18 000×(1－20%)＝14 400(元)

预扣预缴税额＝14 400×20%＝2 880(元)

(2) 讲课收入：

预扣预缴税额＝(200×10－800)×20%＝240(元)

林某 6 月预扣预缴税额＝2 880＋240＝3 120(元)

(三) 稿酬所得预扣预缴税额的计算

1. 应纳税所得额的计算

稿酬所得，指个人因其作品以图书、报刊形式出版、发表而取得的所得。稿酬所得以个人每次取得的收入，定额或定率减除规定费用后的余额为应纳税所得额，每次收入不超过 4 000 元，定额减除费用 800 元；每次收入在 4 000 元以上的，定率减除 20%的费用。适用 20%的比例税率，并按规定对应纳税额减征 30%，故其实际税率为 14%。

2. 税额的计算

(1) 每次收入不超过 4 000 元的：

预扣预缴税额＝预扣预缴应纳税所得额×适用税率×(1 －30%)

＝(每次收入额－800)×20%×(1－30%)

(2) 每次收入超过 4 000 元的：

预扣预缴税额＝预扣预缴应纳税所得额×适用税率×(1－30%)

＝每次收入额×(1－20%)×20%×(1－30%)

知识链接

关于稿酬中“次”的规定

在计算稿酬所得的应缴纳个人所得税时，确定每次收入是一个难点。所谓每次取得的收入，指以每次出版、发表作品取得的收入为一次，确定应纳税所得额。在实际生活中，稿酬的支付或取得形式是多种多样的，比较复杂。为了便于合理确定不同形式、不同情况、不同条件下稿酬的税收负担，国家税务总局另有具体规定。

(1) 个人每次以图书、报刊方式出版、发表同一作品，不论出版单位是预付还是分笔支付稿酬，或者加印该作品后再付稿酬，均应合并为一次征税。

(2) 在两处或两处以上出版、发表或再版同一作品而取得的稿酬，则可以分别各处取得的所得或再版所得分次征税。

(3) 个人的同一作品在报刊上连载，应合并其因连载而取得的所得为一次。连载之后又出书取得稿酬的，或先出书后连载取得稿酬的，应视同再版稿酬分次征税。

(4) 作者去世后，对取得其遗作稿酬的个人，按稿酬所得征税。

【例 6-5】某作家取得一次未扣除个人所得税的稿酬收入 20 000 元。

问题：某作家应缴纳的个人所得税税额为多少？

解析：根据我国《个人所得税法》规定，稿酬所得以个人每次取得的收入，定额或定率减除规定费用后的余额为应纳税所得额，每次收入不超过4 000元，定额减除费用800元；每次收入在4 000元以上的，定率减除20%的费用。适用20%的比例税率，并按规定对应纳税额减征30%，故其实际税率为14%。

预扣预缴税额=预扣预缴应纳税所得额×适用税率×(1-30%)
=20 000×(1-20%)×20%×(1-30%)=2 240(元)

思考：杨先生喜爱写作，平时靠为报纸、杂志供稿，赚稿费维持生活。近3个月来，杨先生将自己的故事编成小说，并将初稿送至某报刊审阅。该报刊领导看后，当即表示可在该报连载刊登，并同意分期给付稿酬。杨先生的好友得知此事后提醒他，不能同意报社分期付稿酬，因为那样需分期缴个人所得税，不但麻烦而且不合算。杨先生听后半信半疑，那么，他朋友的说法究竟对不对呢？

(四)特许权使用费所得预扣预缴税额的计算

特许权使用费所得，指个人提供专利权、商标权、著作权、非专利技术以及其他特许权的使用权取得的所得。提供著作权的使用权取得的所得，不包括稿酬所得。

▶ 1. 预扣预缴应纳税所得额的计算

特许权使用费所得，每次收入不超过4 000元的，减除费用800元；4 000元以上的，减除20%的费用，其余额为应纳税所得额；对于个人从事技术转让中所支付的中介费，若能提供有效合法凭证，允许从其所得中扣除。

▶ 2. 预扣预缴应纳税额的计算

(1) 每次收入不超过4 000元的：

预扣预缴税额=预扣预缴税所得额×适用税率=(每次收入额-800)×20%

(2) 每次收入超过4 000元的：

预扣预缴税额=预扣预缴应纳税所得额×适用税率=每次收入额×(1-20%)×20%

【例6-6】洪某于2019年7月出让其一项专利权，取得收入50 000元。

问题：洪某2019年7月出让该项专利权应纳税额为多少？

解析：根据我国《个人所得税法》规定，特许权使用费所得，每次收入不超过4 000元的，减除费用800元；4 000元以上的，减除20%的费用，其余额为应纳税所得额；对于个人从事技术转让中所支付的中介费，若能提供有效合法凭证，允许从其所得中扣除。

预扣预缴应纳税所得额=50 000×(1-20%)=40 000(元)

预扣预缴税额=40 000×20%=8 000(元)

三、非居民个人工资、薪金所得，劳务报酬、稿酬和特许权所得应纳税额的计算

非居民个人的工资、薪金所得，以每月收入额减除费用5 000元后的余额为应纳税所得额；劳务报酬所得、稿酬所得、特许权使用费所得，以每次收入额为应纳税所得额，适用个人所得税税率表三计算应纳税额。劳务报酬所得、稿酬所得、特许权使用费所得以收入减除20%的费用后的余额为收入额；其中，稿酬所得的收入额减按70%计算。

四、经营所得应纳税额的计算

(一)应纳税所得额的计算

个体工商户业主、个人独资企业投资者、合伙企业个人合伙人以及从事其他生产、经

营活动的个人，以其每一纳税年度来源于个体工商户、个人独资企业、合伙企业以及其他生产、经营活动的所得，减除费用6万元、专项扣除以及依法确定的其他扣除后的余额，为应纳税所得额。

▶ 1. 收入总额

个体工商户、个人独资企业、合伙企业从事生产经营以及与生产经营有关的活动(以下简称生产经营)取得的货币形式和非货币形式的各项收入，为收入总额。包括：销售货物收入、提供劳务收入、转让财产收入、利息收入、租金收入、接受捐赠收入、其他收入。

▶ 2. 准予扣除的项目

(1)成本，是指个体工商户在生产经营活动中发生的销售成本、销货成本、业务支出及其他耗费。

(2)费用，是指个体工商户在生产经营活动中发生的销售费用、管理费用和财务费用，但已经计入成本的有关费用除外；其中，个体工商户业主、个人独资企业和合伙企业投资者本人的费用扣除标准为5 000元/月。

(3)税金，是指个体工商户在生产经营活动中发生的除个人所得税以及允许抵扣的增值税以外的各项税金及其附加。

(4)损失，是指个体工商户在生产经营活动中发生的固定资产和存货的盘亏、毁损、报废损失、转让财产损失、坏账损失、自然灾害等不可抗力因素造成的损失及其他损失。

个人独资企业、合伙企业生产经营所得不缴企业所得税，按个体工商户生产、经营所得项目缴纳个人所得税。其缴税原理与个体工商户生产、经营所得相同。

▶ 3. 不得扣除项目

(1)个人所得税税款。

(2)税收滞纳金。

(3)罚金、罚款和没收财物损失。

(4)不符合规定的捐赠支出。

(5)赞助支出。

(6)用于个人和家庭支出。

(7)与取得生产经营无关的支出。

(8)国家税务总局规定不准扣除的支出。

(二)应纳税额的计算

(1) 个体工商户的生产经营所得应纳税额的计算公式为

应纳税额＝应纳税所得额×适用税率－速算扣除数

＝(全年收入总额－成本、费用以及损失)×适用税率－速算扣除数

【例6-7】李某2019年承包某加工厂，根据协议变更登记为个体工商户，2019年加工厂取得收入总额70万元，发生成本、费用及相关支出合计63万元(不含生计费)，其中含李某每月从加工厂领取的工资2 700元。假设没有其他纳税调整事项。

问题：李某2019年的应纳税所得额为多少？

分析：根据我国《个人所得税法》规定，个体工商户的生产、经营所得，以每一纳

税年度的收入总额，减除成本、费用、税金、损失、其他支出以及允许弥补的以前年度亏损后的余额，为应纳税所得额。其中，个体工商户业主的费用扣除标准为 5 000 元/月。

计算：应纳税所得额＝70－63＋0.27×12－(0.5×12)＝4.24(万元)

(2) 对企事业单位的承包经营、承租经营所得，其个人所得税应纳税额的计算公式为

应纳税额＝应纳税所得额×适用税率－速算扣除数

＝(纳税年度收入总额－必要费用)×适用税率－速算扣除数

【例 6-8】2019 年 1 月 1 日，某个人与事业单位签订承包合同经营招待所，承包期为 3 年，2019 年招待所实现承包经营利润 150 000 元(未扣除含承包人工资报酬)，按合同规定承包人每年应从承包经营利润中上缴承包费 30 000 元。

问题：该承包人 2019 年应纳税所得额是多少？

分析：根据我国《个人所得税法》规定，对企事业单位的承包经营、承租经营所得应纳税所得额是指对企事业单位的承包经营所得，以每一纳税年度的收入总额，减除必要费用(指按每月减除 5 000 元)后的余额。

计算：2019 年应纳税所得额＝承包经营利润－上缴费用－每月必要费用扣减合计

＝150 000－30 000－5 000 ×12 ＝60 000 (元)

五、财产租赁所得应纳税额的计算

(一) 应纳税所得额的计算

根据《中华人民共和国个人所得税法》第六条规定：“劳务报酬所得、稿酬所得、特许权使用费所得、财产租赁所得，每次收入不超过四千元的，减除费用八百元；四千元以上的，减除百分之二十的费用，其余额为应纳税所得额。”个人出租财产取得的财产租赁收入，在计算个人所得税时，应依次扣除以下费用。

(1) 财产租赁过程中缴纳的税费。

(2) 由纳税人负担的该出租财产实际开支的修缮费用。

(3) 税法规定的费用扣除标准。

(二) 应纳税额的计算

(1) 每次收入不超过 4 000 元的：

应纳税额＝应纳税所得额×适用税率

＝[每次(月)收入额－准予扣除项目－修缮费用(800 元为限)－800]×20%

(2) 每次收入超过 4 000 元的：

应纳税额＝应纳税所得额×适用税率

＝[每次(月)收入额－准予扣除项目－修缮费用(800 元为限)]×(1－20%)×20%

六、财产转让所得应纳税额的计算

(一) 应纳税所得额的计算

财产转让所得是指个人转让有价证券、股权、建筑物、土地使用权、机器设备、车船以及其他财产取得的所得，其应纳税所得额是指以个人每次转让财产取得的收入额减除财产原值、相关税费和合理费用后的余额。其中，每次是指一次转让财产取得的收入为一次。财产原值具体包括以下内容。

(1) 有价证券，为买入价以及买入时按照规定缴纳的有关费用。

(2) 建筑物，为建造费或购进价格以及其他有关费用。

(3) 土地使用权，为取得土地使用权所支付的金额，开发土地的费用以及其他有关费用。

(4) 机器设备、车船，为购进价格、运输费、安装费以及其他有关费用。

(5) 其他财产，参照以上方法确定。

(6) 纳税义务人未提供完整、准确的财产原值凭证的，不能正确计算财产原值的，由主管税务机关核定其财产原值。

(二) 应纳税额的计算

应纳税额的计算公式为

应纳税额＝应纳税所得额×税率＝(收入总额－财产原值－合理费用)×20％

七、利息、股息、红利所得应纳税额的计算

一般规定，利息、股息、红利所得的基本规定是收入全额计税，不得从收入额中扣除任何费用。利息、股息、红利所得应纳税额的计算公式为

应纳税额＝应纳税所得额×适用税率＝每次收入额×20％

八、偶然所得应纳税额的计算

偶然所得是指个人得奖、中奖、中彩以及其他偶然性质的所得。偶然所得税是对个人得奖、中奖、中彩以及其他偶然性质的所得而征收的一种税。

(一) 应纳税所得额的计算

偶然所得以收入金额为应纳税所得额，纳税率以20％计算。对于大家常说的1万元的起征点，是专指个人购买福利、体育彩票(奖券)一次中奖收入不超过1万元(含1万元)的暂免征收个人所得税；一次中奖收入超过1万元的，应按税法规定全额征税。纳税人通过民政部门进行捐赠，捐赠部分不超过应纳税所得额30％的部分可以从应纳税所得额中进行扣除。

(二) 应纳税额的计算

偶然所得应纳税额的计算公式为

应纳税额＝应纳税所得额×适用税率＝每次收入额×20％

【例6-9】陈某在参加商场的有奖销售过程中，中奖所得共计价值20 000元。陈某领奖时告知商场，从中奖收入中拿出4 000元通过教育部门向某希望小学捐赠。

问题：按照规定计算商场代扣代缴个人所得税后，陈某实际可得中奖金额为多少？

解析：根据税法有关规定，个人将其所得对教育、扶贫、济困等公益慈善事业进行捐赠，捐赠额未超过纳税人申报的应纳税所得额30％的部分，可以从其应纳税所得额中扣除；国务院规定对公益慈善事业捐赠实行全额税前扣除的，从其规定。陈某的捐赠额可以全部从应纳税所得额中扣除(因为4 000÷20 000＝20％，小于捐赠扣除比例30％)。

应纳税所得额＝偶然所得－捐赠额＝20 000 －4 000＝16 000(元)

应纳税额(即商场代扣税款)＝应纳税所得额×适用税率＝16 000×20％ ＝3 200 (元)

陈某实际可得金额＝20 000－4 000－3 200 ＝ 12 800(元)

知识链接

个人所得税费用扣除标准不是“起征点”或“免征额”

很多人对个人所得税费用扣除标准往往误读为“起征点”或者“免征额”。

所谓起征点，是征税对象达到征税数额开始征税的界限。征税对象的数额未达到起征点时不征税。一旦征税对象的数额达到或超过起征点时，则要就其全部的数额征税，而不是仅对其超过起征点的部分征税。

所谓免征额是在征税对象总额中免予征税的数额。它是按照一定标准从征税对象总额中预先减除的数额。免征额部分不征税，只对超过免征额部分征税。

两者都是税收上的一种优惠政策。所谓优惠政策，即对于某些单位或者个人的一种奖励措施。既然是优惠，那自然不是所有纳税人都能享有的，就如对外资企业的企业所得税的减半征收一样。而公众所提及的“起征点”是平等的，是所有公民都能够享有的，显然它和优惠政策没有任何关系。

严格意义上说，个人薪酬中扣除的费用，是对个人在提供劳务过程中所消耗的时间、精力等的一种补偿，是你在劳动过程中放弃的其他一切所具有的价值，就和企业所得税在计算前需扣除成本一个道理。两个都是“费用扣除标准”的一种形式。

任务四　征收管理

一、纳税时间和期限

(1) 居民个人取得综合所得，按年计算个人所得税；有扣缴义务的，由扣缴义务人按每月或者每次预扣、代扣税款；需要办理汇算清缴的，应当在取得所得的次年 3 月 1 日至 6 月 30 日内办理汇算清缴。预扣预缴办法由国务院税务主管部门制定。

(2) 非居民个人取得工资、薪金所得，劳务报酬所得，稿酬所得和特许权使用费所得，有扣缴义务人的，由扣缴义务人按月或者按次代扣代缴税款，不办理汇算清缴。

(3) 纳税人取得经营所得，按年计算个人所得税，由纳税人在月度或者季度终了后十五日内向税务机关报送纳税申报表，并预缴税款；在取得所得的次年 3 月 31 日前办理汇算清缴。

(4) 纳税人取得利息、股息、红利所得，财产租赁所得，财产转让所得和偶然所得，按月或者按次计算个人所得税，有扣缴义务人的，由扣缴义务人按月或者按次代扣代缴税款。

(5) 纳税人取得应税所得没有扣缴义务人的，应当在取得所得的次月 15 日内向税务机关报送纳税申报表，并缴纳税款。

(6) 纳税人取得应税所得，扣缴义务人未扣缴税款的，纳税人应当在取得所得的次年 6 月 30 日前，缴纳税款；税务机关通知限期缴纳的，纳税人应当按照期限缴纳税款。

(7) 居民个人从中国境外取得所得的，应当在取得所得的次年 3 月 1 日至 6 月 30 日内申报纳税。

(8) 非居民个人在中国境内从两处以上取得工资、薪金所得的，应当在取得所得的次月 15 日内申报纳税。

(9) 纳税人因移居境外注销中国户籍的，应当在注销中国户籍前办理税款清算。

(10) 扣缴义务人每月或者每次预扣、代扣的税款，应当在次月 15 日内缴入国库，并向税务机关报送《个人所得税扣缴申报表》。

二、纳税申报

个人所得税以所得人为纳税人，以支付所得的单位或者个人为扣缴义务人。个人所得税的纳税办法，有扣缴义务人申报和综合所得年度自行申报两种。对扣缴义务人按照所扣缴的税款，付给百分之二的手续费。

(一) 扣缴义务人申报

扣缴义务人，是指向个人支付所得的单位或者个人。扣缴义务人应当依法办理全员全额扣缴申报。

全员全额扣缴申报，是指扣缴义务人应当在代扣税款的次月 15 日内，向主管税务机关报送其支付所得的所有个人的有关信息、支付所得数额、扣除事项和数额、扣缴税款的具体数额和总额以及其他相关涉税信息资料。

(二) 综合所得年度自行申报

根据新修改的《中华人民共和国个人所得税法》及其实施条例，现就个人所得税自行纳税申报有关问题公告如下：

(1) 取得综合所得需要办理汇算清缴的纳税申报。取得综合所得且符合下列情形之一的纳税人，应当依法办理汇算清缴。

① 从两处以上取得综合所得，且综合所得年收入额减除专项扣除后的余额超过 6 万元。

② 取得劳务报酬所得、稿酬所得、特许权使用费所得中一项或者多项所得，且综合所得年收入额减除专项扣除的余额超过 6 万元。

③ 纳税年度内预缴税额低于应纳税额。

④ 纳税人申请退税。

需要办理汇算清缴的纳税人，应当在取得所得的次年 3 月 1 日至 6 月 30 日内，向任职、受雇单位所在地主管税务机关办理纳税申报，并报送《个人所得税年度自行纳税申报表》。纳税人有两处以上任职、受雇单位的，选择向其中一处任职、受雇单位所在地主管税务机关办理纳税申报。纳税人没有任职、受雇单位的，向户籍所在地或经常居住地主管税务机关办理纳税申报。

纳税人办理综合所得汇算清缴，应当准备与收入、专项扣除、专项附加扣除、依法确定的其他扣除、捐赠、享受税收优惠等相关的资料，并按规定留存备查或报送。

纳税人取得综合所得办理汇算清缴的具体办法，另行公告。

(2) 取得经营所得的纳税申报。个体工商户业主、个人独资企业投资者、合伙企业个人合伙人、承包承租经营者个人以及其他从事生产、经营活动的个人取得经营所得，包括以下情形：

① 个体工商户从事生产、经营活动取得的所得，个人独资企业投资人、合伙企业的个人合伙人来源于境内注册的个人独资企业、合伙企业生产、经营的所得。

② 个人依法从事办学、医疗、咨询以及其他有偿服务活动取得的所得。

③ 个人对企业、事业单位承包经营、承租经营以及转包、转租取得的所得。

④ 个人从事其他生产、经营活动取得的所得。

纳税人取得经营所得，按年计算个人所得税，由纳税人在月度或季度终了后 15 日内，向经营管理所在地主管税务机关办理预缴纳税申报，并报送表 6-8《个人所得税经营所得纳税申报表(A 表)》。在取得所得的次年 3 月 31 日前，向经营管理所在地主管税务机关办理汇算清缴，并报送表 6-9《个人所得税经营所得纳税申报表(B 表)》；从两处以上取得经营所得的，选择向其中一处经营管理所在地主管税务机关办理年度汇总申报，并报送表 6-12《个人所得税经营所得纳税申报表(C 表)》。

(3) 取得应税所得，扣缴义务人未扣缴税款的纳税申报。

(4) 取得境外所得的纳税申报。

(5) 因移居境外注销中国户籍的纳税申报。

(6) 非居民个人在中国境内从两处以上取得工资、薪金所得的纳税申报。

(7) 国务院规定的其他情形。

三、纳税申报方式

纳税人可以采用远程办税端、邮寄等方式申报，也可以直接到主管税务机关申报。

四、其他有关问题

(1) 纳税人办理自行纳税申报时，应当一并报送税务机关要求报送的其他有关资料。首次申报或者个人基础信息发生变化的，还应报送《个人所得税基础信息表(B 表)》。

本公告涉及的有关表证单书，由国家税务总局统一制定式样，另行公告。

(2) 纳税人在办理纳税申报时需要享受税收协定待遇的，按照享受税收协定待遇有关办法办理。

知识链接

个税征收考虑家庭因素更能体现公平

事实上，个人所得税“推行以家庭为单位进行综合扣除”，比较符合国际惯例。比如，美国政府就没有对个人所得税设定统一的起征点，只是随纳税人申报状态、家庭结构及个人情况的不同而有所差异。美国联邦个人所得税是按照纳税人家庭实际支付能力征税，而不是按总收入征税。很多家庭的必要支出都可以在税前扣除，如合理数额的家庭生活费用支出、离婚或分居赡养费、高教费用、慈善捐助、住房贷款利息、个人职业发展费用等。除此之外，美国政府还规定了很多税收抵免项目，如抚养孩子、托儿费、收养孩子、老年与残疾、终身学习等，使得个人所得税制度设计体现了量能征税的人性化原则。而在英国，个人所得税的计税依据是应税所得。应税所得是指所得税分类表规定的各种源泉所得，各自扣除允许扣除的必要费用后，加以汇总，再统一扣除生计费用后的余额。允许扣除的生计费用的金额按法律规定，每年随物价指数进行调整。对比之下，我国个人所得税征收的“游戏规则”显得有些死板。

表 6-7 个人所得税扣缴申报表

税款所属期： 年 月 日至 年 月 日

扣缴义务人名称：

扣缴义务人纳税人识别号(统一社会信用代码)：□□□□□□□□□□□□□□□□□□□□□□□□□ 金额单位：人民币元(列至角分)

<table>
<tr><td rowspan="3">序号</td><td rowspan="3">姓名</td><td rowspan="3">身份证件类型</td><td rowspan="3">身份证件号码</td><td rowspan="3">纳税人识别号</td><td rowspan="3">是否为非居民个人</td><td rowspan="3">所得项目</td><td colspan="14">本月(次)情况</td><td colspan="9">累计情况(工资、薪金)</td><td rowspan="3">减按计税比例</td><td rowspan="3">准予扣除的捐赠额</td><td colspan="7">税款计算</td><td rowspan="3">备注</td></tr>
<tr><td colspan="3">收入额计算</td><td rowspan="2">减除费用</td><td colspan="5">专项扣除</td><td colspan="5">其他扣除</td><td rowspan="2">累计收入额</td><td rowspan="2">累计减除费用</td><td rowspan="2">累计专项扣除</td><td colspan="5">累计专项附加扣除</td><td rowspan="2">累计其他扣除</td><td rowspan="2">应纳税所得额</td><td rowspan="2">税率/预扣率</td><td rowspan="2">速算扣除数</td><td rowspan="2">应纳税额</td><td rowspan="2">减免税额</td><td rowspan="2">已扣缴税额</td><td rowspan="2">应补(退)税额</td></tr>
<tr><td>收入</td><td>费用</td><td>免税收入</td><td>基本养老保险费</td><td>基本医疗保险费</td><td>失业保险费</td><td>住房公积金</td><td>年金</td><td>商业健康保险</td><td>税延养老保险</td><td>财产原值</td><td>允许扣除的税费</td><td>其他</td><td>子女教育</td><td>赡养老人</td><td>住房贷款利息</td><td>住房租金</td><td>继续教育</td></tr>
<tr><td>1</td><td>2</td><td>3</td><td>4</td><td>5</td><td>6</td><td>7</td><td>8</td><td>9</td><td>10</td><td>11</td><td>12</td><td>13</td><td>14</td><td>15</td><td>16</td><td>17</td><td>18</td><td>19</td><td>20</td><td>21</td><td>22</td><td>23</td><td>24</td><td>25</td><td>26</td><td>27</td><td>28</td><td>29</td><td>30</td><td>31</td><td>32</td><td>33</td><td>34</td><td>35</td><td>36</td><td>37</td><td>38</td><td>39</td><td>40</td></tr>
<tr><td></td><td></td><td></td><td></td><td></td><td></td><td></td><td></td><td></td><td></td><td></td><td></td><td></td><td></td><td></td><td></td><td></td><td></td><td></td><td></td><td></td><td></td><td></td><td></td><td></td><td></td><td></td><td></td><td></td><td></td><td></td><td></td><td></td><td></td><td></td><td></td><td></td><td></td><td></td><td></td></tr>
<tr><td></td><td></td><td></td><td></td><td></td><td></td><td></td><td></td><td></td><td></td><td></td><td></td><td></td><td></td><td></td><td></td><td></td><td></td><td></td><td></td><td></td><td></td><td></td><td></td><td></td><td></td><td></td><td></td><td></td><td></td><td></td><td></td><td></td><td></td><td></td><td></td><td></td><td></td><td></td><td></td></tr>
<tr><td></td><td></td><td></td><td></td><td></td><td></td><td></td><td></td><td></td><td></td><td></td><td></td><td></td><td></td><td></td><td></td><td></td><td></td><td></td><td></td><td></td><td></td><td></td><td></td><td></td><td></td><td></td><td></td><td></td><td></td><td></td><td></td><td></td><td></td><td></td><td></td><td></td><td></td><td></td><td></td></tr>
<tr><td></td><td></td><td></td><td></td><td></td><td></td><td></td><td></td><td></td><td></td><td></td><td></td><td></td><td></td><td></td><td></td><td></td><td></td><td></td><td></td><td></td><td></td><td></td><td></td><td></td><td></td><td></td><td></td><td></td><td></td><td></td><td></td><td></td><td></td><td></td><td></td><td></td><td></td><td></td><td></td></tr>
<tr><td colspan="7">合 计</td><td></td><td></td><td></td><td></td><td></td><td></td><td></td><td></td><td></td><td></td><td></td><td></td><td></td><td></td><td></td><td></td><td></td><td></td><td></td><td></td><td></td><td></td><td></td><td></td><td></td><td></td><td></td><td></td><td></td><td></td><td></td><td></td></tr>
</table>

谨声明：本扣缴申报表是根据国家税收法律法规及相关规定填报的，是真实的、可靠的、完整的。

扣缴义务人(签章)： 年 月 日

代理机构签章： 代理机构统一社会信用代码： 经办人签字： 经办人身份证件号码：	受理人： 受理税务机关(章)： 受理日期： 年 月 日

国家税务总局监制

表 6-8　个人所得税基础信息表(A 表)

(适用于扣缴义务人填报)

扣缴义务人名称:

扣缴义务人纳税人识别号(统一社会信用代码):□□□□□□□□□□□□□□□□□□

序号	纳税人基本信息(带 * 必填)						任职受雇从业信息					联系方式					银行账户		投资信息		其他信息		华侨、港澳台、外籍个人信息(带 * 必填)					备注
	纳税人识别号	* 纳税人姓名	* 身份证件类型	* 身份证件号码	* 出生日期	* 国籍/地区	类型	职务	学历	任职受雇从业日期	离职日期	手机号码	户籍所在地	经常居住地	联系地址	电子邮箱	开户银行	银行账号	投资额(元)	投资比例	是否残疾/孤老/烈属	残疾/烈属证号	* 出生地	* 性别	* 首次入境时间	* 预计离境时间	* 涉税事由	
1	2	3	4	5	6	7	8	9	10	11	12	13	14	15	16	17	18	19	20	21	22	23	24	25	26	27	28	29

谨声明:本表是根据国家税收法律法规及相关规定填报的,是真实的、可靠的、完整的。

扣缴义务人(签章):　　　　年　　月　　日

经办人签字: 经办人身份证件号码: 代理机构签章: 代理机构统一社会信用代码:	受理人: 受理税务机关(章): 受理日期:　　年　　月　　日

国家税务总局监制

表 6-9　个人所得税基础信息表(B 表)

(适用于自然人填报)

纳税人识别号：□□□□□□□□□□□□□□□□□□

<table>
<tr><td colspan="7">基本信息(带 * 必填)</td></tr>
<tr><td rowspan="4">基本信息</td><td>* 纳税人姓名</td><td>中文名</td><td></td><td>英文名</td><td colspan="2"></td></tr>
<tr><td rowspan="2">* 身份证件</td><td>证件类型一</td><td></td><td>证件号码</td><td colspan="2"></td></tr>
<tr><td>证件类型二</td><td></td><td>证件号码</td><td colspan="2"></td></tr>
<tr><td>* 国籍/地区</td><td colspan="2"></td><td>* 出生日期</td><td colspan="2">年　月　日</td></tr>
<tr><td rowspan="4">联系方式</td><td>户籍所在地</td><td colspan="5">省(区、市)　市　区(县)　街道(乡、镇)______</td></tr>
<tr><td>经常居住地</td><td colspan="5">省(区、市)　市　区(县)　街道(乡、镇)______</td></tr>
<tr><td>联系地址</td><td colspan="5">省(区、市)　市　区(县)　街道(乡、镇)______</td></tr>
<tr><td>* 手机号码</td><td colspan="2"></td><td>电子邮箱</td><td colspan="2"></td></tr>
<tr><td rowspan="3">其他信息</td><td>开户银行</td><td colspan="2"></td><td>银行账号</td><td colspan="2"></td></tr>
<tr><td>学历</td><td colspan="5">□研究生　□大学本科　□大学本科以下</td></tr>
<tr><td>特殊情形</td><td colspan="5">□残疾　残疾证号______　□烈属　烈属证号______　□孤老</td></tr>
<tr><td colspan="7">任职、受雇、从业信息</td></tr>
<tr><td rowspan="3">任职受雇从业单位一</td><td>名称</td><td colspan="2"></td><td>国家/地区</td><td colspan="2"></td></tr>
<tr><td>纳税人识别号(统一社会信用代码)</td><td colspan="2"></td><td>任职受雇从业日期</td><td>年　月</td><td>离职日期　年　月</td></tr>
<tr><td>类型</td><td colspan="2">□雇员　□保险营销员
□证券经纪人　□其他</td><td>职务</td><td colspan="2">□高层　□其他</td></tr>
<tr><td rowspan="3">任职受雇从业单位二</td><td>名称</td><td colspan="2"></td><td>国家/地区</td><td colspan="2"></td></tr>
<tr><td>纳税人识别号(统一社会信用代码)</td><td colspan="2"></td><td>任职受雇从业日期</td><td>年　月</td><td>离职日期　年　月</td></tr>
<tr><td>类型</td><td colspan="2">□雇员　□保险营销员
□证券经纪人　□其他</td><td>职务</td><td colspan="2">□高层　□其他</td></tr>
<tr><td colspan="7">该栏仅由投资者纳税人填写</td></tr>
<tr><td rowspan="2">被投资单位一</td><td>名称</td><td colspan="2"></td><td>国家/地区</td><td colspan="2"></td></tr>
<tr><td>纳税人识别号(统一社会信用代码)</td><td colspan="2"></td><td>投资额(元)</td><td></td><td>投资比例</td></tr>
<tr><td rowspan="2">被投资单位二</td><td>名称</td><td colspan="2"></td><td>国家/地区</td><td colspan="2"></td></tr>
<tr><td>纳税人识别号(统一社会信用代码)</td><td colspan="2"></td><td>投资额(元)</td><td></td><td>投资比例</td></tr>
<tr><td colspan="7">该栏仅由华侨、港澳台、外籍个人填写(带 * 必填)</td></tr>
<tr><td colspan="2">* 出生地</td><td colspan="2"></td><td>* 首次入境时间</td><td colspan="2">年　月　日</td></tr>
<tr><td colspan="2">* 性别</td><td colspan="2"></td><td>* 预计离境时间</td><td colspan="2">年　月　日</td></tr>
<tr><td colspan="2">* 涉税事由</td><td colspan="5">□任职受雇　□提供临时劳务
□转让财产　□从事投资和经营活动　□其他</td></tr>
<tr><td colspan="7">谨声明：本表是根据国家税收法律法规及相关规定填报的，是真实的、可靠的、完整的。
纳税人(签字)：　　年　月　日</td></tr>
<tr><td colspan="3">经办人签字：
经办人身份证件号码：
代理机构签章：
代理机构统一社会信用代码：</td><td colspan="4">受理人：

受理税务机关(章)：
受理日期：　年　月　日</td></tr>
</table>

表 6-10　个人所得税经营所得纳税申报表（A 表）

税款所属期：　　　年　　月　　日至　　　年　　月　　日

纳税人姓名：

纳税人识别号：□□□□□□□□□□□□□□□□□□　　　　金额单位：人民币元（列至角分）

被投资单位信息	名称		纳税人识别号（统一社会信用代码）	
征收方式	□查账征收（据实预缴）　□查账征收（按上年应纳税所得额预缴） □核定应税所得率征收　□核定应纳税所得额征收 □税务机关认可的其他方式 ______			

项　　目	行 次	金额/比例
一、收入总额	1	
二、成本费用	2	
三、利润总额（3＝1－2）	3	
四、弥补以前年度亏损	4	
五、应税所得率（%）	5	
六、合伙企业个人合伙人分配比例（%）	6	
七、允许扣除的个人费用及其他扣除（7＝8＋9＋14）	7	
（一）投资者减除费用	8	
（二）专项扣除（9＝10＋11＋12＋13）	9	
1. 基本养老保险费	10	
2. 基本医疗保险费	11	
3. 失业保险费	12	
4. 住房公积金	13	
（三）依法确定的其他扣除（14＝15＋16＋17）	14	
1.	15	
2.	16	
3.	17	
八、应纳税所得额	18	
九、税率（%）	19	
十、速算扣除数	20	
十一、应纳税额（21＝18×19－20）	21	
十二、减免税额（附报《个人所得税减免税事项报告表》）	22	
十三、已缴税额	23	
十四、应补/退税额（24＝21－22－23）	24	

谨声明：本表是根据国家税收法律法规及相关规定填报的，是真实的、可靠的、完整的。

纳税人签字：　　　　年　　月　　日

经办人： 经办人身份证件号码： 代理机构签章： 代理机构统一社会信用代码：	受理人： 受理税务机关（章）： 受理日期：　　年　　月　　日

国家税务总局监制

表 6-11 个人所得税经营所得纳税申报表(B 表)

税款所属期： 年 月 日至 年 月 日

纳税人姓名：

纳税人识别号：□□□□□□□□□□□□□□□□□□□□□□□□□ 金额单位：人民币元(列至角分)

被投资单位信息	名称		纳税人识别号(统一社会信用代码)	

项 目	行 次	金额/比例
一、收入总额	1	
其中：国债利息收入	2	
二、成本费用(3＝4＋5＋6＋7＋8＋9＋10)	3	
(一)营业成本	4	
(二)营业费用	5	
(三)管理费用	6	
(四)财务费用	7	
(五)税金	8	
(六)损失	9	
(七)其他支出	10	
三、利润总额(11＝1－2－3)	11	
四、纳税调整增加额(12＝13＋27)	12	
(一)超过规定标准的扣除项目金额(13＝14＋15＋16＋17＋18＋19＋20＋21＋22＋23＋24＋25＋26)	13	
1. 职工福利费	14	
2. 职工教育经费	15	
3. 工会经费	16	
4. 利息支出	17	
5. 业务招待费	18	
6. 广告费和业务宣传费	19	
7. 教育和公益事业捐赠	20	
8. 住房公积金	21	
9. 社会保险费	22	

续表

项　　目	行 次	金额/比例
10. 折旧费用	23	
11. 无形资产摊销	24	
12. 资产损失	25	
13. 其他	26	
(二)不允许扣除的项目金额(27＝28＋29＋30＋31＋32＋33＋34＋35＋36)	27	
1. 个人所得税税款	28	
2. 税收滞纳金	29	
3. 罚金、罚款和被没收财物的损失	30	
4. 不符合扣除规定的捐赠支出	31	
5. 赞助支出	32	
6. 用于个人和家庭的支出	33	
7. 与取得生产经营收入无关的其他支出	34	
8. 投资者工资薪金支出	35	
9. 其他不允许扣除的支出	36	
五、纳税调整减少额	37	
六、纳税调整后所得(38＝11＋12－37)	38	
七、弥补以前年度亏损	39	
八、合伙企业个人合伙人分配比例(%)	40	
九、允许扣除的个人费用及其他扣除(41＝42＋43＋48＋55)	41	
(一)投资者减除费用	42	
(二)专项扣除(43＝44＋45＋46＋47)	43	
1. 基本养老保险费	44	
2. 基本医疗保险费	45	
3. 失业保险费	46	
4. 住房公积金	47	

续表

项　　目	行次	金额/比例
(三)专项附加扣除(48＝49＋50＋51＋52＋53＋54)	48	
1. 子女教育	49	
2. 继续教育	50	
3. 大病医疗	51	
4. 住房贷款利息	52	
5. 住房租金	53	
6. 赡养老人	54	
(四)依法确定的其他扣除(55＝56＋57＋58＋59)	55	
1. 商业健康保险	56	
2. 税延养老保险	57	
3. 财产原值	58	
4. 允许扣除的税费	59	
十、投资抵扣	60	
十一、准予扣除的个人捐赠支出	61	
十二、应纳税所得额(62＝38－39－41－60－61)或[62＝(38－39)×40－41－60－61]	62	
十三、税率(%)	63	
十四、速算扣除数	64	
十五、应纳税额(65＝62×63－64)	65	
十六、减免税额(附报《个人所得税减免税事项报告表》)	66	
十七、已缴税额	67	
十八、应补/退税额(68＝65－66－67)	68	

谨声明：本表是根据国家税收法律法规及相关规定填报的，是真实的、可靠的、完整的。

纳税人签字：　　　　年　　月　　日

经办人： 经办人身份证件号码： 代理机构签章： 代理机构统一社会信用代码：	受理人： 受理税务机关(章)： 受理日期：　　年　　月　　日

国家税务总局监制

表 6-12 个人所得税经营所得纳税申报表(C 表)

税款所属期：　　年　月　日至　　年　月　日

纳税人姓名：

纳税人识别号：□□□□□□□□□□□□□□□□□□　　金额单位：人民币元(列至角分)

被投资单位信息	单位名称			纳税人识别号(统一社会信用代码)	投资者应纳税所得额
	汇总地				
	非汇总地	1			
		2			
		3			
		4			
		5			

项　　目	行 次	金额/比例
一、投资者应纳税所得额合计	1	
二、应调整的个人费用及其他扣除(2＝3＋4＋5＋6)	2	
(一)投资者减除费用	3	
(二)专项扣除	4	
(三)专项附加扣除	5	
(四)依法确定的其他扣除	6	
三、应调整的其他项目	7	
四、调整后应纳税所得额(8＝1＋2＋7)	8	
五、税率(%)	9	
六、速算扣除数	10	
七、应纳税额(11＝8×9－10)	11	
八、减免税额(附报《个人所得税减免税事项报告表》)	12	
九、已缴税额	13	
十、应补/退税额(14＝11－12－13)	14	

谨声明：本表是根据国家税收法律法规及相关规定填报的，是真实的、可靠的、完整的。

纳税人签字：　　　　年　　月　　日

经办人： 经办人身份证件号码： 代理机构签章： 代理机构统一社会信用代码：	受理人： 受理税务机关(章)： 受理日期：　　年　　月　　日

国家税务总局监制

知识链接

个税征收考虑家庭因素更能体现公平

事实上，个人所得税“推行以家庭为单位进行综合扣除”，比较符合国际惯例。例如，美国政府没有对个人所得税设定统一的起征点，而是随纳税人申报状态、家庭结构及个人情况的不同而有所差异。美国联邦个人所得税就是按照纳税人家庭实际支付能力征税，而不是按总收入征税。很多家庭的必要支出都可以在税前扣除，如合理数额的家庭生活费用支出、离婚或分居赡养费、高教费用、慈善捐助、住房贷款利息、个人职业发展费用等。除此之外，美国政府还规定了很多税收抵免项目，如抚养孩子、托儿费、收养孩子、老年与残疾、终身学习等，使个人所得税制度设计体现了量能征税的人性化原则。而在英国，个人所得税的计税依据是应税所得。应税所得就是指所得税分类表规定的各种源泉所得，各自扣除允许扣除的很必要费用后，加以汇总，再统一扣除生计费用后的余额。允许扣除的生计费用的金额按法律规定，每年随物价指数进行调整。

二、代扣代缴纳税

代扣代缴，指按照税法规定负有扣缴税款义务的单位或者个人，在向个人支付应纳税所得时，应计算应纳税额，从其所得中扣除并缴入国库，同时向税务机关报送扣缴个人所得税报告表。这种方法，有利于控制税源、防止漏税和逃税。

根据《个人所得税法》及其实施条例以及《税收征收管理法》及其实施细则的有关规定，国家税务总局制定下发了《个人所得税代扣代缴暂行办法》(以下简称《暂行办法》)。自 1995 年 4 月 1 日起执行的《暂行办法》，对扣缴义务人和代扣代缴的范围、扣缴义务人的义务及应承担的责任、代扣代缴期限等做了明确规定。

(一) 扣缴义务人和代扣代缴的范围

▶ 1. 扣缴义务人

凡支付个人应纳税所得的企业(公司)、事业单位、机关、社团组织、军队、驻华机构、个体户等单位或者个人，为个人所得税的扣缴义务人。

这里所说的驻华机构，包括外国驻华使领馆和联合国及其他依法享有外交特权和豁免的国际组织驻华机构。

▶ 2. 代扣代缴的范围

(1) 工资、薪金所得。

(2) 对企事业单位的承包经营、承租经营所得。

(3) 劳务报酬所得。

(4) 稿酬所得。

(5) 特许权使用费所得。

(6) 利息、股息、红利所得。

(7) 财产租赁所得。

(8) 财产转让所得。

(9) 偶然所得。

(10) 经国务院财政部门确定征税的其他所得。

扣缴义务人向个人支付应纳税所得(包括现金、实物和有价证券)时，不论纳税人是否属于本单位人员，均应代扣代缴其应纳的个人所得税税款。前款所说支付方式包括现金支付、汇拨支付、转账支付和以有价证券、实物以及其他形式的支付。

(二) 扣缴义务人的义务及应承担的责任

(1) 扣缴义务人应指定支付应纳税所得的财务会计部门或其他有关部门的人员为办税人员，由办税人员具体办理个人所得税的代扣代缴工作。

代扣代缴义务人的有关领导要对代扣代缴工作提供便利，支持办税人员履行义务；确定办税人员或办税人员发生变动时，应将名单及时报告主管税务机关。

(2) 扣缴义务人的法人代表(或单位主要负责人)、财会部门的负责人及具体办理代扣代缴税款的有关人员，共同对依法履行代扣代缴义务负法律责任。

(3) 同一扣缴义务人的不同部门支付应纳税所得时，应报办税人员汇总。

(4) 扣缴义务人在代扣税款时，必须向纳税人开具税务机关统一印制的代扣代收税款凭证，并详细注明纳税人姓名、工作单位、家庭住址和居民身份证或护照号码(无上述证件的，可用其他能有效证明身份的证件)等个人情况。对工资、奖金所得和利息、股息、红利所得等，因纳税人数众多、不便一一开具代扣代收税款凭证的，经主管税务机关同意，可不开具代扣代收税款凭证，但应通过一定形式告知纳税人已扣缴税款。纳税人为持有完税依据而向扣缴义务人索取代扣代收税款凭证的，扣缴义务人不得拒绝。

扣缴义务人应主动向税务机关申领代扣代收税款凭证，据以向纳税人扣税。非正式扣税凭证，纳税人可以拒收。

(5) 扣缴义务人对纳税人的应扣未扣的税款，其应纳税款仍然由纳税人缴纳，扣缴义务人应承担应扣未扣税款 50%以上至 3 倍的罚款。

(6) 扣缴义务人应设立代扣代缴税款账簿，正确反映个人所得税的扣缴情况，并如实填写《扣缴个人所得税报告表》及其他有关资料。

(7) 关于行政机关、事业单位工资发放方式改革后扣缴个人所得税问题如下。

①行政机关、事业单位改革工资发放方式后，随着支付工资所得单位的变化，其扣缴义务人也有所变化，根据《个人所得税法》第八条规定，凡是有向个人支付工薪所得行为的财政部门(或机关事务管理、人事等部门)、行政机关、事业单位均为个人所得税的扣缴义务人。

②财政部门(或机关事务管理、人事等部门)向行政机关、事业单位工作人员发放工资时应依法代扣代缴个人所得税，行政机关、事业单位在向个人支付与其任职、受雇有关的其他所得时，应将个人的这部分所得与财政部门(或机关事务管理、人事等部门)发放的工资合并计算应纳税额，并纳税额与财政部门(或机关事务管理、人事等部门)已扣缴税款的差额部分代扣代缴所得税。

(三) 代扣代缴期限

扣缴义务人每月所扣的税款，应当在次月 15 日内缴入国库，并向主管税务机关报送《扣缴个人所得税报告表》、代扣代收税款凭证和包括每一纳税人姓名、单位、职务、收入、税款等内容的支付个人收入明细表以及税务机关要求报送的其他有关资料。扣缴个人所得税申报表的种类如表 6-13～表 6-16 所示。

表 6-13 个人所得税扣缴申报表

税款所属期： 年 月 日至 年 月 日

扣缴义务人名称：

扣缴义务人纳税人识别号（统一社会信用代码）：□□□□□□□□□□□□□□□□□□□□　　金额单位：人民币元（列至角分）

							本月（次）情况														累计情况											税款计算							
							收入额计算				专项扣除					其他扣除								累计专项附加扣除								减免税额		已缴税额					
序号	姓名	身份证件类型	身份证件号码	纳税人识别号	是否为非居民个人	所得项目	收入	费用	免税收入	减除费用	基本养老保险费	基本医疗保险费	失业保险费	住房公积金	年金	商业健康保险	税延养老保险	财产原值	允许扣除的税费	其他	累计收入额	累计减除费用	累计专项扣除	子女教育	赡养老人	住房贷款利息	住房租金	继续教育	累计其他扣除	减按计税比例	准予扣除的捐赠额	应纳税所得额	税率/预扣率	速算扣除数	应纳税额	减免税额	已缴税额	应补/退税额	备注
1	2	3	4	5	6	7	8	9	10	11	12	13	14	15	16	17	18	19	20	21	22	23	24	25	26	27	28	29	30	31	32	33	34	35	36	37	38	39	40
会计合计																																							

谨声明：本表是根据国家税收法律法规及相关规定填报的，是真实的、可靠的、完整的。

扣缴义务人（签章）：　　年 月 日

经办人签字： 经办人身份证件号码： 代理机构签章： 代理机构统一社会信用代码：	受理人： 受理税务机关（章）： 受理日期： 年 月 日

国家税务总局监制

扣缴义务人违反上述规定不报送或者报送虚假纳税资料，一经查实，其未在支付个人收入明细表中反映的向个人支付的款项，在计算扣缴义务人应纳税所得额时不得作为成本费用扣除。

扣缴义务人因有特殊困难不能按期报送《扣缴个人所得税报告表》及其他有关资料的，经县级税务机关批准，可以延期申报。

个人所得税具有很强的政策性，是世界上最复杂的税种之一。随着经济的发展，人们收入水平大幅度提高、收入多元化的普遍性、通胀压力激增以及民生问题凸显，现行的分类所得课税模式有失公平的弊端越来越突出。我国近年来收入分配不均、贫富分化以及个税流失等问题日益加剧，因此，个人所得税的修订有着里程碑式的意义。它不仅可以在降低中低收入阶层税负、保障人民基本生活上发挥作用，而且能使民众看到政府为百姓谋福利的举措。从这个角度来看，这次个人所得税起征点的上调具有深刻的现实意义。全面改革个人所得税法，一步到位是很难做到的。改革和完善个人所得税应与我国国情相结合，不能超越我国历史文化和经济发展所处阶段。特别是在税收诸多征管和配套条件不具备的情况下，我国个人所得税的改革必将是一个循序渐进、不断完善的过程。

目前，个人所得税改革基本思路已经敲定，长期来看将分四步走，包括合并部分税目、完善税前扣除、适时引入家庭支出申报制度、优化税率结构等。个税改革的方向很明确，就是分类和综合相结合，尽管综合个税制度还需要很多配套，涉及信息管理制度的完善等难点，但这些问题并不是不能解决的。随着改革的推进，个税的技术条件将得到保障。从长远来看，我国个人所得税的完善及其收入分配调节功能的发挥还有很长的路要走。

项目小结

本项目通过对个人所得税概念，纳税义务人、税目、税率、优惠政策等基本内容的阐述，使学生了解不同类型应纳税额的计算与个人所得税的征收管理。要正确计算个人所得税应纳税额，必须准确确认应纳税所得额，只有正确计算个人所得税应纳税额，才能正确进行纳税申报，各环节缺一不可，互为体系。

本章习题
扫描二维码
可下载。

7 项目七 Chapter 7 其他税法

学习目标

1. 了解关税、房产税、城镇土地使用税法、耕地占用税法、印花税、契税法、车辆购置税法、车船税法、资源税法和土地增值税法、环境保护税的基本概念和特点。

2. 熟悉关税、房产税等各个税种的征税范围。

3. 掌握关税、房产税等各个税种的税率。

4. 掌握关税、房产税等各个税种的计算方法。

项目导入

英机构“抱怨”英国对中国廉价钢铁所征收关税太低

美国商务部日前初步认定，来自中国冷轧扁钢产品存在倾销，美国将对中国的钢铁进口产品征收高达266%的关税。此外，美国对来自巴西、印度、韩国、俄罗斯、日本和英国的冷轧扁钢产品也征收关税。这种贸易保护主义举措得到一些外国机构的支持，某些外国机构甚至呼吁本国政府应“学习”美国的做法以保护其国内生产者。

英国行业组织“英国钢铁”的政策主管多米尼克指控英国官员对低价中国钢铁产品冲击地区产业的问题不够关心，并敦促欧盟应向中国的钢材征收更高关税。据BBC报道，多米尼克指责英国大臣们是“罪魁祸首”，原因是他们阻止对中国钢铁产品征收更高关税。此外，多米尼克还将美国与欧盟的做法做比较称，美国对中国的钢产品新征收226%的税，而欧盟却只对中国进口产品征收16%的税。他指责称：“我们看到欧盟委员会不仅不抑制中国向英国倾销产品，更不阻止中国向整个欧洲倾销产品。英国已经遭受了这场风暴，而欧洲的其他国家也即将被这场风暴袭击。”英国威尔士国务大臣史蒂芬·克拉博对相关指责回应表示，英国政府将继续做一切能够做的工作，来帮助英国的钢铁行业生存。

关税对国际贸易往来甚至国家之间的政治经济关系产生巨大的影响。什么是关税？关税的分类有哪些？关税的税率是如何规定的？如何对关税应纳税额进行计算？本项目对这些问题进行介绍，并对房产税、城镇土地使用税、耕地占用税、印花税、契税、车辆购置税、车船税、资源税和土地增值税的基础知识进行了阐述。

任务一　关　税

关税是世界各国最早采用的涉及税种，其通用性远超过其他任何税种，具有典型的世界性。对于对外贸易发达的国家而言，关税往往是国家税收乃至国家财政的主要收入，它是维护国家主权和经济权益的重要手段，因此，世界各国普遍开征关税。在我国，关税是流转税的重要组成部分，发展至今，关税已逐步与WTO规则及国际准则惯例相衔接。

一、关税概述

关税是指一国海关根据该国法律规定，对通过其关境的进出口货物课征的一种税收。关税与海关紧密相连，对通过海关进出境的货物征税，具有较强的涉外性。根据不同的分类标准，关税可以划分为不同的种类。

（一）按货物的流向分类

按货物的流向，可把关税分为进口关税、出口关税和过境关税。

1. 进口关税

进口关税，即对国外转入本国的货物所征收的一种关税。一般是在货物进入国境或关境时征收，或在货物从海关保税仓库转出，投入国内市场时征收。在许多国家已不征出口关税与过境关税的情况下，它成为保护关税政策的主要手段。

2. 出口关税

出口关税，即对本国出口货物在运出国境时征收的一种关税。由于征收出口关税会增加出口货物的成本，不利于本国货物在国际市场的竞争，目前西方发达国家都取消了出口税。还在征收出口关税的主要是发展中国家，目的是取得财政收入与调节市场供求关系。我国目前对少数货物还征收出口税。

3. 过境关税

过境关税，即对过境的货物所征收的关税。由于过境货物在海关监管下进出境，不准流入本国市场，因此对本国工农业生产和市场不产生影响，而且还可以从交通运输、港口使用、仓储保管等方面获得收入，因而目前绝大多数国家都不征过境关税，仅在外国货物通过时征收少量的签证费、印花税、统计费等，仍在征收过境关税的只有伊朗、委内瑞拉等少数国家。

（二）按计税标准分类

按计税标准不同，关税可分为从价关税、从量关税、复合关税、选择关税和滑动关税。

▶ 1. 从价关税

从价关税，即以货物的价格为计征标准而计算征收的税。从价关税的优点是税负较为合理，关税收入随货物价格的升降而增减，其不足之处是完税价格必须严格审定，手续比较复杂。从价关税是关税的主要征收形式。

▶ 2. 从量关税

从量关税，即以货物的计量单位(重量、容积、数量、体积、长度等)为计征标准而计算征收的一种关税。从量关税的优点是无须审定货物的价格、品质、规格，计税简便，对廉价进口商品有较强的抑制作用。其缺点是对同一税目的商品，在规格、质量、价格相差较大的情况下，接同一定额税率计征，税额不够合理，且在物价变动的情况下，税收的收入不能随之增减。

▶ 3. 复合关税

复合关税，即对同一种进口货物采用从价和从量两种标准计征的一种关税。计征时，或以从价税为主，加征从量税；或以从量税为主，加征从价税。计征手续较为烦琐，但在物价波动时，可以减少对财政收入的影响。

▶ 4. 选择关税

选择关税，即在税则中对同一税目规定从价和从量两种税率，在征税时可由海关选择其中一种计征。一般是选择税额较高的一种。选择的基本原则是，在物价上涨时，使用从价税；在物价下跌时，使用从量税，从而保证国家的财政收入，同时也能保护本国产业。

▶ 5. 滑动关税

滑动关税，也称为滑准关税或伸缩关税。滑动关税是根据进出口商品价格或数量的变动而升降税率的一种关税。如对某些输入商品，根据输入国同类商品国内市场价格高低确定其关税税率的高低。国内市场价格低时，提高其进口税率；国内市场价格高时，降低其进口税率，从而使该商品的国内市场价格保持稳定。滑动关税的优点就在于它能平衡物价。

(三) 按税收待遇分类

以税收待遇为标准，关税可以分为普通关税、差别关税和优惠关税。

▶ 1. 普通关税

普通关税，又称一般关税，指一国政府对与本国没有签署友好协定、经济互助协定的国家和地区按普通税率征收的关税。普通关税的税率一般由进口国自主制定，税率较高，一般比优惠税率高 1～5 倍，少数商品甚至更高。

▶ 2. 差别关税

差别关税，指针对不同国家的同种进口商品征收税率不同的关税。差别关税有广义和狭义之分。广义的差别关税，就是实行复式税则的关税；狭义的差别关税是对一部分进口商品，视其国家、价格或进口方式的不同，课以不同的税率的关税。差别关税主要有加重关税、反倾销关税、反补贴关税、报复关税等种类。加重关税，也称歧视关税，指对某些输出国、生产国的进口货物，因某种原因，如歧视、报复、保护和经济方面的需要等，使用比正常税率较高的税率所征收的关税；反倾销税是指进口国海关对被认定构成出口倾销并对其国内相关工业构成损害的进口产品所征收的一种临时进口附加税；反补贴税是对直接或间接接受任何津贴和补贴的外国商品在进口时所征收的附加关税；报复关税则是一国为报复他国对本国商品，如船舶、企业、投资或知识产权的不公正待遇而对从该国进口的商品所课征的进口附加税。

▶ 3. 优惠关税

优惠关税，指一国对特定的受惠国给予优惠待遇，使用比普通税率较低的优惠税率。具体形式有：互惠关税、特惠关税、普惠关税、最惠国待遇。

互惠关税是两国间相互给予对方比其他国家优惠的税率的一种协定关税，其目的在于发展双方之间的贸易关税，促进双方国家工农业生产的发展。

特惠关税是对有特殊关系的国家，单方面或相互间按协定采用特别低的进口税率，甚至免税的一种关税，其优惠程度高于互惠关税，但只限对有特殊关系的国家适用。

普惠关税是经济发达国家对发展中国家出口货物普遍给予的一种关税优惠制度。普惠制是广大发展中国家长期斗争的结果，它对打破发达国家的关税壁垒，扩大发展中国家货物进入给惠国市场，推动本国经济的发展有积极意义。

最惠国待遇是指缔约国一方现在和将来给予任何第三国的特权、优惠或豁免待遇。它是国际贸易协定中的一项重要内容。它的适用范围，最初限于关税的优惠，以后扩大到其他税收、配额、航运、港口使用、仓储、输出等许多方面，但关税仍是主要的。我国对外贸易条约或协定中，也规定有最惠国待遇条款，以利于在平等互利的基础上扩大贸易往来，促进双方经济发展，以及避免歧视待遇。

二、关税的纳税义务人

关税是以准许进出境的货物和物品为征税对象。货物是指贸易性商品；物品指入境旅客随身携带的行李物品、个人邮递物品、各种运输工具上的服务人员携带进口的自用物品、馈赠物品以及其他方式进境的个人物品。

根据我国现行的关税法律法规规定，负有向海关缴纳关税义务的单位和个人是进出口关税的纳税义务人。我国进口关税的纳税人为进口货物的收货人，出口关税的纳税人为出口货物的发货人、进出境物品的所有人。一般情况下，对于携带进境的物品，推定其携带人为所有人；对分离运输的行李，推定相应的进出境旅客为所有人；对以邮递方式进境的物品，推定其收件人为所有人；对以邮递或其他运输方式出境的物品，推定其寄件人或托运人为所有人。

知识链接

中国婴幼儿奶粉进口依赖度陡升　同比增近四成

国内婴幼儿配方奶粉市场对进口的依赖正与日俱增，这一变化也体现在中国海关数据上。中国海关统计数据显示，2017 年我国进口婴幼儿配方奶粉达 29.59 万吨，同比增长 33.7%，进口额达 39.8 亿美元，同比增长 32.3%。从进口来源国来看：我国婴幼儿奶粉进口主要来自荷兰、新西兰和法国。2017 年，从新西兰进口婴幼儿奶粉达 8.76 万吨，占 29.6%，同比增长 10.8%；从新西兰进口婴幼儿奶粉达 4.73 万吨，占 16%，同比增长

97.9%；从法国进口 4.29 万吨，占 14.5%，同比增长 185.3%。值得提出的是：2017 年进口来源国前 5 个国家约占中国总进口的 82.1% 。2018 年是婴幼儿奶粉配方注册新政真正实施落地的第一年。在整体业务布局上，各大乳企则加快全球化的步伐 。

三、关税税则和税率

关税税则又称海关税则、关税税率表，指一国制定和公布的对进出其关境的货物征收关税的条例和税率的分类表。表内包括各项征税或免税货物的详细名称、税率、征税标准(从价或从量)和计税单位等。税则中的商品分类，有的按商品加工程度划分，有的按商品性质划分，也有的按两者结合划分。《中华人民共和国海关进出口税则》是我国海关征收关税的法律依据，也是我国关税政策的具体体现。

(一) 进出口关税税则

在现实工作中，为了适用于海关监管、海关征税及海关统计，需要按照进出口商品的性质、用途、功能或加工程度等将商品准确地归入《商品名称及编码协调制度》(简称 H. S.)中与之对应的类别和编号。H. S. 于 1988 年 1 月 1 日正式实施，每 4 年修订 1 次，世界上已有 200 多个国家、地区使用 H. S. ，全球贸易总量 90% 以上的货物都是以 H. S. 分类的。它除了用于海关税则和贸易统计外，对运输商品的计费、统计、计算机数据传递、国际贸易单证简化以及普遍优惠制税号的利用等方面，都提供了一套可使用的国际贸易商品分类体系。我国的进出口关税税则是以《商品名称及编码协调制度》为基础的。

(二) 进口关税税率

我国目前实施的主要进口税种有最惠国税率、协定税率、特惠税率和普通税率等。我国进出口关税条例中规定，对原产于与中国未订有关税互惠协议的国家或者地区的进口货物，按照普通税率征税；对原产于与中国订有关税互惠协议的国家或者地区的进口货物，按照优惠税率征税；对原产于对中国出口货物有歧视性待遇的国家或地区的进口货物，征收特别关税。从 2010 年起，我国已全部履行加入世贸组织的降税承诺。

知识链接

增设进境免税店，扩大品种和额度

日前，财政部、商务部、海关总署、国家税务总局、国家旅游局发布公告，为满足国内消费需求，丰富国内消费者购物选择，方便国内消费者在境内购买国外产品，决定自 2016 年 2 月 18 日起，增设和恢复口岸进境免税店，合理扩大免税品种，增加一定数量的免税购物额。

(三) 出口关税税率

我国仅对少数资源性产品及易于竞相杀价、盲目进口需要规范出口秩序的半制成品征收出口关税。2018 年 1 月 1 日起，征收出口关税的产品共 202 项。主要是各类金属非金属矿砂、煤炭、钢坯、化肥、纸浆等资源、能源和高耗能产品，除了钾肥出口税率(30%或 600 元/吨)不变，出口关税税率在 3%～20%之间。

知识链接

2018 年 1 月 1 日起我国调整进出口关税

自 2018 年 1 月 1 日起对 948 项进口商品实施暂定税率，其中 27 项信息技术产品暂定税率实施至 2018 年 6 月 30 日止；对《中华人民共和国加入世界贸易组织关税减让表修正案》附表所列信息技术产品最惠国税率自 2018 年 1 月 1 日至 2018 年 6 月 30 日继续实施第二次降税，自 2018 年 7 月 1 日起实施第三次降税；继续对小麦等 8 类商品实施关税配额管理，税率不变。其中，对尿素、复合肥、磷酸氢铵 3 种化肥的配额税率继续实施 1%的暂定税率。继续对配额外进口的一定数量棉花实施滑准税；根据我国与有关国家或地区签署的贸易或关税优惠协定，对中国与格鲁吉亚自贸协定项下的部分产品开始实施协定税率，对中国与东盟、巴基斯坦、韩国、冰岛、瑞士、哥斯达黎加、秘鲁、澳大利亚、新西兰的自贸协定以及内地分别与港澳的更紧密经贸安排(CEPA)项下的部分商品的协定税率进一步降低；对铬铁等 202 项出口商品征收出口关税或实行出口暂定税率。根据国内需要对部分税则税目进行调整。经调整后，2018 年税则税目数共计 8 549 个。

四、关税应纳税额的计算

(一) 关税的完税价格

我国关税的基本计税方法，主要为从价税和从量税，这也是国际上通常采用的计税标准。从价税是以进出口货物价格作为计税依据，计税时，货物价格乘以税率即得出其应纳税额。由于以进出口货物的价格作为计税依据，因此，进出口货物完税价格的确定是贯彻关税政策的一个重要环节，也是对关税税负产生直接影响的重要因素。

▶ 1. 进口货物的完税价格

按照《海关法》的规定，进口货物的完税价格包括货物的货价、运抵输入地点起卸前的运输及其相关费用，以及保险费。

在进口货物的成交价格中应当包括下列费用，如果未包括的，则应计入完税价格。

(1) 进口人为在国内生产、制造、出版、发行或使用该项货物而向国外支付的软件费。

(2) 该项货物成交过程中，进口人向采购代理人支付的购货佣金。

(3) 货物运抵中华人民共和国关境内输入地点起卸前的包装费、运费和其他劳务费用。

(4) 保险费。

▶ 2. 特殊进口货物的完税价格

(1) 运往境外加工的货物，出境时已向海关报明，并在海关规定期限内复运进境的，应当以加工后的货物进境时到岸价格与原出境货物(包括相同、类似货物)在进境时的到岸价格之间的差额作为完税价格。

(2) 对于运往境外修理的机械器具、运输工具或者其他货物，出境时已向海关报明并在海关规定期限内复运进境的，应当以审查确定的修理费和料件费作为完税价格。

(3) 租赁和租借方式进境的货物，以海关审查确定的货物的租金作为完税价格。

(4) 准予暂时进口的施工机械、工程车辆、供安装使用的仪器和工具、电视或电影摄制机械，以及盛装货物的容器，如超过半年仍留在境内使用的，应自第七个月起，按月征收进口关税，其完税价格按原货物进口时的到岸价格确定。

(5) 对于国内单位留购的进口货样、展览品和广告陈列品，以留购价格作为完税价格。

(6) 按照特定减免税办法减税或免税进口的货物需予补税时，其完税价格仍按该项货物原进口时的成交价格确定。

▶ 3. 出口货物的完税价格

《海关法》规定，出口货物的完税价格包括货物的货价、货物运至中华人民共和国境内输出地点装载前的运输及相关费用，以及保险费。如果在其中包含了出口关税税额的，则应当予以扣除。

当出口货物的离岸价格不能确定时，关税的完税价格由海关估定。

海关审定的出口货物成交价格，应当是该项出口货物的买方向卖方实际支付或应当支付的价格。如果纳税人向海关申报的出口货物成交价格明显偏低或经查明成交双方具有特殊经济关系，海关可以对申报价格不予承认，并按有关规定另行估定完税价格。一般来说，由于我国不对出口商品征收出口税，即使由于某种情况需要征收出口税，也是对少数商品征收并且税率较低，因此对出口货物估定完税价格相对是较为简便的。

(二) 关税应纳税额的计算

▶ 1. 从价计税应纳税额的计算

关税税额＝应税进(出)口货物的数量×单位完税价格×适用税率

【例 7-1】某公司从德国进口钢铁盘条 10 万吨，其成交价格为 CIF 天津新港 125 000 美元，外汇牌价为 1 美元＝6.52 人民币元，关税税率为 15%。

问题：该公司应纳关税税额为多少？

解析：按照我国《海关法》规定，我国关税的基本计税方法，主要为从价税和从量税，从价税是以进出口货物价格作为计税依据，计税时，货物价格乘以税率即得出其应纳税额。

完税价格＝125 000×6.52＝815 000 (元)

应纳关税税额＝815 000×15%＝122 250(元)

▶ 2. 从量计税应纳税额的计算

关税税额＝应税进(出)口货物数量×单位货物税额

【例 7-2】公司进口美国产某品牌啤酒 600 箱，每箱 24 瓶，每瓶容积 500 毫升，价格为 CIF 上海 3 000 美元，外汇牌价为 1 美元＝6.587 人民币元，适用优惠汇率为 3 元/升。

问题：该公司应纳关税税额为多少？

解析：按照我国《海关法》规定，从量计税应纳税额的计算公式为

关税税额＝应税进(出)口货物数量×单位货物税额

应纳关税税额＝600×24×500/1 000×3＝21 600(元)

▶ 3. 复合税应纳税额的计算

我国目前实行的复合税都是先计征从量税，再计征从价税。

关税税额＝应税进(出)口货物数量×单位货物税额＋应税进(出)口货物数量×单位完税价格×适用税率

【例 7-3】某公司进口 2 台日本产电视摄像机，价格为 CIF 天津 13 000 美元，外汇牌价为 1 美元＝6.946 人民币元。

问题：该公司应纳关税为多少？(适用优惠税率为每台完税价格高于 5 000 美元的，从量税为每台 13 280 元，再征从价税 3%。)

解析：按照我国《海关法》规定，我国目前实行的复合税都是先计征从量税，再计征从价税。

应纳关税税额＝2×13 280＋13 000×6.946×3%＝26 560＋2 708.94＝29 268.94(元)

▶ 4. 出口关税应纳税额的计算

关税税额＝出口完税价格×税率

【例 7-4】某铁合金厂向日本出口一批铬铁，国内港口 FOB 价格折合人民币 5 600 000 元，铬铁出口关税税率为 40%。

问题：该铁合金厂应纳出口关税税额为多少？

解析：按照我国《海关法》规定，出口货物的完税价格包括货物的货价、货物运至中华人民共和国境内输出地点装载前的运输及相关费用，以及保险费。如果在其中包含了出口关税税额的，则应当予以扣除。

出口关税税额＝5 600 000/(1＋40%)×40%＝1 600 000(元)

▶ 5. 滑准税应纳税额的计算

实行滑准税率，进口商品应纳关税税额的计算方法与从价税的计算方法相同，其计算公式如下：

关税税额＝应税进(出)口货物数量×单位完税价格×滑准税税率

五、关税的征收管理

(一) 关税的缴纳

(1) 关税申报：进口货物自运输工具申报进境之日起 14 日内，出口货物在货物运抵海关监管区后装货的 24 小时以前，向货物进(出)境地海关申报。

(2) 在海关填发税款缴款书之日起 15 日内，向指定银行缴纳税款。

(3) 关税纳税义务人因不可抗力或者在国家税收政策调整的情形下，不能按期缴纳税款的，经海关总署批准，可以延期缴纳税款，但最长不得超过 6 个月。

(二) 关税的强制执行

▶ 1. 征收关税滞纳金

自关税缴纳期限届满之日起，至纳税义务人缴纳关税之日止，按滞纳税款 0.5‰的比例按日征收，周末或法定节假日不予扣除。具体计算公式为

关税滞纳金金额＝滞纳关税税额×滞纳金征收比例(0.5‰)×滞纳天数

▶ 2. 强制征收

如纳税义务人自海关填发缴款书之日起 3 个月仍未缴纳税款，经海关关长批准，海关

可以采取强制扣缴、变价抵缴等强制措施。

【例 7-5】某公司进口机械设备一套，完税价格为人民币 1 000 万元，进口关税率为 10%，海关于 201×年 8 月 1 日填发税款交款书，公司于 201×年 8 月 28 日才缴纳税款。

问题：该公司应缴纳多少滞纳金？

解析：按照《海关法》规定，在海关填发税款缴款书之日起 15 日内，向指定银行缴纳税款；自关税缴纳期限届满之日起，至纳税义务人缴纳关税之日止，按滞纳税款 0.5‰的比例按日征收，周末或法定节假日不予扣除。因此，8 月 1 日至 8 月 15 日免滞纳金，8 月 16 日至 8 月 28 日，13 天应缴滞纳金。

$$应缴滞纳金=1\ 000\times10\%\times0.5‰\times13=0.65(万元)$$

(三) 关税退还

关税退还是关税纳税义务人按海关核定的税额缴纳关税后，因某种原因的出现，海关将实际征收多于应当征收的税额退还给原纳税义务人的一种行政行为。根据《海关法》规定，海关多征的税款，海关发现后应当立即退还。有下列情形之一的，进出口货物的纳税义务人，可以自缴纳税款之日起 1 年内，书面声明理由，连同原纳税收据向海关申请退税并加算银行同期活期存款利息，逾期不予受理。

(1) 因海关误征，多纳税款的。

(2) 海关核准免验进口的货物，在完税后，发现有短缺情况，经海关审查认可的。

(3) 已征出口关税的货物，因故未装运出口，申报退关，经海关查验属实的。

注意：对已征出口关税的出口货物和已征进口关税的进口货物，因货物品种或规格原因(非其他原因)原状复运进境或出境的，经海关查验属实也应退还已征关税。

(四) 关税补征和追征

(1) 补征是因非纳税人违反海关规定造成的少征或漏征关税，关税补征期为缴纳税款或货物放行之日起 1 年内。

(2) 关税追征是因纳税人违反海关规定造成少征或漏征关税，关税追征期为进出口货物完税之日或货物放行之日起 3 年内，并加收滞纳金。

(五) 关税纳税争议

纳税义务人同海关发生争议时，可以向海关申请复议，但同时应当在规定期限内按海关核定的税额缴纳关税，逾期则构成滞纳，海关有权按规定采取强制执行措施。

纳税争议的申诉程序如下。

(1) 纳说义务人自海关填发税款缴款书之日起 30 日内，向原征税海关的上一级海关书面申请复议。逾期申请复议的，海关不予受理。

(2) 海关应当自收到复议申请之日起 60 日内做出复议决定，并以复议决定书的形式正式答复纳税义务人。

(3) 纳税义务人对海关复议决定仍然不服的，可以自收到复议决定书之日起 15 日内，向人民法院提起诉讼。

六、税收优惠

关税减免是对某些纳税人和征税对象给予鼓励和照顾的一种特殊调节手段。因此，关税减免是贯彻国家关税政策的一项重要措施。根据《海关法》规定，除法定减免税外的其他减免税均由国务院决定，减征关税在我国加入世界贸易组织之后以最惠国税率或者普通税率为基准。

(一) 法定减免

法定减免是指根据海关法、关税条例和进出口税则规定的减免。我国《海关法》和《进出口条例》明确规定，下列货物、物品予以减免关税。

(1) 关税税额在 50 人民币元以下的一票货物，可免征关税。

(2) 无商业价值的广告品和货样，可免征关税。

(3) 外国政府、国际组织无偿赠送的物资，可免征关税。

(4) 进出境运输工具装载的途中必需的燃料、物料和饮食用品，可予免税。

(5) 经海关核准暂时进境或者暂时出境，并在 6 个月内复运出境或复运进境的，在货物收发货人向海关缴纳相当于税款的保证金或提供担保后，可予暂时免税。

在海关放行前遭受损坏的货物，可以根据海关认定的受损程度减征关税。

法律规定的其他免征或者减征关税的货物，海关根据规定予以免征或者减征。

(二) 特定减免

特定减免是指在法定减免之外，为了适应经济发展的需要，由海关总署、财政部根据国务院的政策所规定的减免税，以及对某些情况经过特别批准实施的减免税，具体内容如下。

(1) 科教用品。

(2) 残疾人专用品。

(3) 扶贫、慈善性捐赠物资。

(4) 加工贸易产品。

(5) 边境贸易进口物资。

(6) 保税区进出口货物。

(7) 出口加工区进出口货物。

(8) 进口设备。

(9) 特定行业或用途的减免税政策。

(10) 特定地区的减免税政策。

(三) 临时减免

临时减免是指由国务院运用一案一批原则，针对某个纳税人、某类商品、某个项目或某批货物的特殊情况，特别照顾，临时给予的减免。

另外，国家为了促进电子商务健康有序发展，加强跨境电子商务零售进出口商品监管工作，海关总署于 2016 年 4 月 7 日发布 2016 年第 26 号公告，关于跨境电子商务零售进出口商品有关监管事宜的公告，根据《海关法》和国家有关政策规定：跨境电子商务零售进口商品的单次交易限值为人民币 2 000 元，个人年度交易限值为人民币 20 000 元。在限值以内进口的跨境电子商务零售进口商品，关税税率暂设为 0%；进口环节增值税、消费税取消免征税额，暂按法定应纳税额的 70%征收。超过单次限值、累加后超过个人年度限值的单次交易，以及完税价格超过 2 000 元限值的单个不可分割商品，均按照一般贸易方式全额征税。

任务二 房产税法、城镇土地使用税法和耕地占用税法

一、房产税法

房产税是以房屋为征税对象，按房屋的计税余值或租金收入为计税依据，向产权所有人征收的一种财产税。现行的房产税是第二步利改税以后开征的。1986 年 9 月 15 日，国务院正式发布了《中华人民共和国房产税暂行条例》，从 1986 年 10 月 1 日起开始实施。国家对房产征税的目的是运用税收杠杆，加强对房产的管理，提高房产使用效率，控制固定资产投资规模和配合国家房产政策的调整，合理调节房产所有人和经营人的收入。

知识链接

房产税的起源

房产税是中外各国政府广为开征的古老的税种。欧洲中世纪时，房产税就成为封建君主敛财的一项重要手段，且名目繁多，如窗户税、灶税、烟囱税等，这类房产税大多以房屋的某种外部标志作为确定负担的标准。中国古籍《周礼》上所称"廛布"即为最初的房产税，至唐代的间架税、清代和中华民国时期的房捐，均属房产税性质。

(一) 房产税的特点

房产税的特点如下。

(1) 房产税属于财产税中的个别财产税，其征税对象只是房屋。

(2) 征收范围限于城镇的经营性房屋。

(3) 区别房屋的经营使用方式规定征税办法，对于自用的按房产计税余值征收，对于出租房屋按租金收入征税。

(二) 征税对象及范围

房产税的征税对象是房产。所谓房产，指有屋面和围护结构，能够遮风避雨，可供人们在其中生产、学习、工作、娱乐、居住或储藏物资的场所。独立于房屋的建筑物，例如围墙、暖房、水塔、烟囱、室外游泳池等不属于房产，但室内游泳池属于房产。

由于房地产开发企业开发的商品房在出售前，对房地产开发企业而言是一种产品，因此，对房地产开发企业建造的商品房，在售出前，不征收房产税；但对售出前房地产开发企业已使用或出租、出借的商品房应按规定征收房产税。

思考：房地产开发企业开发的商品房是否缴纳房产税？

(三) 纳税义务人

房产税的纳税义务人为负有缴纳房产税义务的单位与个人，房产税由产权所有人缴纳，具体情况如下。

(1) 产权属国家所有的，由经营管理单位纳税；产权属集体和个人所有的，由集体单

位和个人纳税。

(2) 产权出典的，由承典人纳税。

(3) 产权所有人、承典人不在房屋所在地的，由房产代管人或者使用人纳税。

(4) 产权未确定及租典纠纷未解决的，亦由房产代管人或者使用人纳税。

(5) 无租使用其他房产的问题。纳税单位和个人无租使用房产管理部门、免税单位及纳税单位的房产，应由使用人代为缴纳房产税。

(6) 产权属于集体所有制的，由实际使用人纳税。

外商投资企业和外国企业、外籍个人、海外华侨、中国港澳台地区同胞所拥有的房产不征收房产税。

(四) 税率

房产税税率采用比例税率。根据《中华人民共和国房产税暂行条例》，依照房产余值计算缴纳的，税率为 1.2%；依照房产租金收入计算缴纳的，税率为 12%。

根据文件《财政部 国家税务总局关于廉租住房、经济适用住房和住房租赁有关税收政策的通知》(财税〔2008〕24 号)，对个人出租住房，不区分用途，按 4%的税率征收房产税；对企事业单位、社会团体以及其他组织按市场价格向个人出租用于居住的住房，减按 4%的税率征收房产税。

(五) 应纳税额的计算

1. 计税方法

房产税采用比例税率，从价计征与从租计征。房产税的计税依据有两种：一是房产的计税余值；二是房产租金收入。依照房产余值计划缴纳的，年税率为 1.2%；依照房产租金收入计划缴纳的，年税率为 12%。如表 7-1 所示。

表 7-1　房产税应纳税额的计算

计税方法	计税依据	税　率	计税公式
从价计税	按照房产原值一次减除 10%至 30%的自然耗费等因素后的余额(房产原值，应包括与房屋不可分割的各种附属设备或一般不单独计算价值的配套设施)；具体减除幅度，由省、自治区、直辖市人民政府遵照本地具体情形确定，原值明显不合理的应予评估；没有原值的由所在地税务机关参考同类房屋的价值核定	年税率为 1.2%	应纳税额＝应税房产原值×(1－扣除比例)×年税率 1.2%(计算出来的结果是年税额)
从租计税	按照房产租金收入为房产税的计税依据，包括实物和货币收入；以劳务或其他形式抵付房租收入，按当地同类房产租金水平确定	年税率为 12%	应纳税额＝租金收入×12%
	个人按市场价格出租的居民用房	年税率为 4%	应纳税额＝租金收入×4%

以上要领是按年计征的，若分期缴纳，如果是按半年缴纳，则以年应纳税额除以 2；按季缴纳，则以年应纳税额除以 4；按月缴纳，则以年应纳税额除以 12。

▶ 2. 注意事项

(1) 房产出租的，以房产租金收入为房产税的计税依据。对投资联营的房产，在计征房产税时应予以区别对待。共担风险的，按房产余值作为计税依据，计征房产税；对收取固定收入，应由出租方按租金收入计缴房产税。

(2) 对融资租赁房屋的情况，在计征房产税时应以房产余值计算征收，租赁期内房产税的纳税人，由当地税务机关根据实际情况确定。

(3) 新建房屋交付使用时，如中央空调设备已计算在房产原值之中，则房产原值应包括中央空调设备；旧房安装空调设备，一般都作单项固定资产入账，不应计入房产原值。

【例 7-6】某企业 201×年度有自有房屋 10 栋，其中 8 栋用于经营生产，房产原值 1 000 万元；2 栋房屋租给某公司作为经营用房，年租金收入 50 万元。

问题：该企业当年应纳的房产税税额为多少？（该企业适用按房产原值一次扣除 20%后的余值计税）

解析：按照《中华人民共和国房产税暂行条例》规定，房产税采用比例税率，从价计征与从租计征。房产税的计税依据有两种：一是房产的计税余值；二是房产租金收入。依照房产余值计划缴纳的，年税率为 1.2%；依照房产租金收入计划缴纳的，年税率为 12%。

自有房产应纳税额＝1 000×(1－20%)×1.2%＝9.6（万元）

租金收入应纳税额＝50×12%＝6(万元)

全年应纳房产税税额＝9.6＋6＝15.6(万元)

(六) 税收优惠

有关房产税方面的税收优惠政策主要情况如下。

(1) 国家机关、人民团体、军队自用的房产，免征房产税，但上述免税单位的出租房产不属于免税范围。

(2) 由国家财政部门拨付事业经费的单位自用的房产免征房产税，但如学校的工厂、商店、招待所等应照章纳税。

(3) 宗教寺庙、公园、名胜古迹自用的房产免征房产税，但经营用的房产不免。

(4) 个人所有非营业用的房产免征房产税，但个人拥有的营业用房或出租的房产，应照章纳税。

(5) 中国人民银行总行对其自用的房产免征房产税；中国人民银行总行所属并由国家财政部门拨付事业经费单位的房产，按房产税有关规定办理；中国人民银行各省、自治区、直辖市分行及其所属机构的房产，应征收房产税。

(6) 经财政部批准免税的其他房产。

(七) 征收管理

▶ 1. 房产税纳税义务发生时间

(1)根据国税总局、财政部及各省的相关规定，购置新建商品房，自房屋交付使用之次月起计征房产税和城镇土地使用税。

(2)购置存量房，自办理房屋全数转移、变更登记手续，房地产权属登记机关签发房屋权属证书之次月起计征房产税、土地使用税。

(3)纳税人自建的房屋用于生产经营的，自建成之次月起计征房产税。

(4)纳税人委托施工企业建设的房屋，从办理验收手续之次月起征收房产税。对于办理验收手续前已使用或出租、出借的新建房屋，应从使用或出租、出借的当月起按规定计征房产税。

(5)将原有房屋用于生产经营的，从生产经营之月起计征房产税。

(6)出租、出借房产，自交付出租、出借房产之次月起计征房产税。

(7)房地产开发企业自用、出租、出借本企业建造的商品房，自房屋使用或交付之次月起计征房产税。

纳税单位新建、扩建、翻建的房屋，从建成验收的次月起缴纳房产税；未办理验收手续而已使用的，自使用的次月起缴纳房产税，其房产价格尚未入账的，可先按基建计划价格计算征税。待工程验收结算后，再按入账后价格进行调整，并办理税款的退补手续。

以取得房产证、土地证的次月为纳税义务发生时间只适用于购置存量房这一种情况，纳税人应该根据自己的具体情况，按照法律法规的规定确定房产税、土地使用税的纳税义务发生时间，以免因理解错误而发生漏税现象。

2. 纳税地点

房产税应在房产所在地缴纳。房产不在同一地方的纳税人，应按房产的坐落地点分别向房产所在地的税务机关缴纳。

3. 缴纳期限

房产税实行按年征收，分期缴纳。纳税期限由省、自治区、直辖市人民政府规定，各地一般按季或半年征收。

4. 纳税申报

房产税的纳税人应按照有关规定，及时办理纳税申报，并如实填写《房产税纳税申报表》。

知识链接

公租房房产税可再免征三年

2016年2月4日，财政部网站发布《关于公共租赁住房税收优惠政策的通知》，决定继续对公共租赁住房建设和运营给予税收优惠，公租房将免征房产税，其他的优惠政策涵盖城镇土地使用税、印花税、契税、土地增值税等7大税种，执行期限为2016年1月1日至2018年12月31日。

二、城镇土地使用税法

城镇土地使用税是以开征范围的土地为征税对象，以实际占用的土地面积为计税标准，按规定税额对拥有土地使用权的单位和个人征收的一种资源税。《中华人民共和国城镇土地使用税暂行条例》于1988年9月27日，由中华人民共和国国务院令第17号发布，根据2006年12月31日《国务院关于修改〈中华人民共和国城镇土地使用税暂行条例〉的决定》第一次修订，根据2011年1月8日《国务院关于废止和修改部分行政法规的决定》第二次修订，根据2013年12月7日《国务院关于修改部分行政法规的决定》第三次修订。

(一) 城镇土地使用税的特点

▶ 1. 对占用土地的行为征税

现行的城镇土地使用税实质上是对占用土地资源或行为的课税。

▶ 2. 征税对象是土地

开征城镇土地使用税，实质上是运用国家政治权力，将纳税人获取的本应属于国家的土地收益集中到国家手中。

▶ 3. 征税范围有所限定

现行城镇土地使用税征税范围限定在城市、县城、建制镇和工矿区，不包括农村集体所有的土地。

▶ 4. 实行差别幅度税额

不同城镇适用不同税额，对同一城镇的不同地段，根据市政建设状况和经济繁荣程度也确定不等的负担水平。

(二) 征税范围

城镇土地使用税征税范围包括城市、县城、建制镇和工矿区的国家所有、集体所有的土地。

城市的征税范围为市区和郊区；县城的征税范围为县人民政府所在的城镇；建制镇的征税范围为镇人民政府所在地；城市、县城、建制镇、工矿区的具体征税范围，由各省、自治区、直辖市人民政府划定。

(三) 纳税义务人

现行《中华人民共和国城镇土地使用税暂行条例》规定：在城市、县城、建制镇、工矿区范围内使用土地的单位和个人，为城镇土地使用税(以下简称土地使用税)的纳税义务人(以下简称纳税人)，应当依照本条例的规定缴纳土地使用税。

(1) 拥有土地使用权的单位和个人是纳税人。

(2) 拥有土地使用权的单位和个人不在土地所在地的，其土地的实际使用人和代管人为纳税人。

(3) 土地使用权未确定的或权属纠纷未解决的，其实际使用人为纳税人。

(4) 土地使用权共有的，共有各方都是纳税人，由共有各方分别纳税。

例如，几个单位共有一块土地使用权，一方占 60%，另两方各占 20%，如果计算出的税额为 100 万元，则分别按 60 万元、20 万元、20 万元的数额负担土地使用税。

(四) 税率

城镇土地使用税实行分级幅度税额，土地使用税税率如表 7-2 所示。

表 7-2　城镇土地使用税税率表

级　　别	人口(人)	税额(元/平方米)
大城市	50 万以上	1.5～30
中等城市	20 万～50 万	1.2～24
小城市	20 万以下	0.9～18
县城、建制镇、工矿区	—	0.6～12

经济落后地区，城镇土地使用税的适用税额标准可适当降低，但降低额不得超过上述规定最低税额标准的30%；经济发达地区的适用税额标准可以适当提高，但须报财政部批准。

(五) 应纳税额的计算

1. 计税依据

城镇土地使用税以纳税人实际占用的土地面积(平方米)为计税依据。凡有由省、自治区、直辖市人民政府确定的单位组织测定土地面积的，以测定的面积为准；尚未组织测量，但纳税人持有政府部门核发的土地使用证书的，以证书确认的土地面积为准；尚未核发出土地使用证书的，应由纳税人申报土地面积，据以纳税，待核发土地使用证以后再做调整。注意：税务机关不能核定纳税人实际使用的土地面积。

2. 应纳税额的计算

应纳税额＝实际占用的土地面积×适用税额

思考：某公司实际占地23 000平方米，由于经营规模扩大，年初该公司又受让了一尚未办理土地使用证的土地3 000平方米，公司按其当年开发使用的2 000平方米土地面积进行申报纳税，以上土地均适用2元/平方米的城镇土地使用税税额。该公司当年应缴纳城镇土地使用税是多少?

(六) 税收优惠

城镇土地使用税的免税项目具体如下。

(1) 国家机关、人民团体、军队自用的土地。

(2) 由国家财政部门拨付事业经费的单位自用的土地。

(3) 宗教寺庙、公园、名胜古迹自用的土地，以上单位的生产、营业用地和其他用地，不属于免税范围，应按规定缴纳土地使用税。

(4) 市政街道、广场、绿化地带等公共用地。

(5) 直接用于农、林、牧、渔业的生产用地，是指直接从事于种植、养殖、饲养的专业用地，不包括农副产品加工场地和生活、办公用地。

(6) 经批准开山填海整治的土地和改造的废弃土地，从使用的月份起免缴土地使用税5年至10年，具体免税期限由各省、自治区、直辖市地方税务局在条例规定期限内自行确定。

(7) 企业办的学校、医院、托儿所、幼儿园，其用地能与企业其他用地明确区分的，可以比照由国家财政部门拨付事业经费的单位自用的土地，免征土地使用税。

(8) 由财政部另行规定免税的能源、交通、水利设施用地和其他用地。

(七) 征收管理

土地使用税的征收管理，依照《中华人民共和国税收征收管理法》及本条例的规定执行。土地使用税按年计算、分期缴纳，缴纳期限由省、自治区、直辖市人民政府确定。土地使用税由土地所在地的税务机关征收，土地管理机关应当向土地所在地的税务机关提供土地使用权属资料。纳税人使用的土地不属于同一省(自治区、直辖市)管辖范围的，应由纳税人分别向土地所在地的税务机关缴纳土地使用税；在同一省(自治区、直辖市)管辖范围内，纳税人跨地区使用的土地，如何确定纳税地点，由各省、自治区、直辖市税务局确定。

知识链接

对农产品批发市场给予城镇土地使用税优惠

2016 年 1 月 29 日，财政部网站发布通知称，为进一步支持农产品行情，自 2016 年 1 月 1 日至 2018 年 12 月 31 日，继续对农产品批发市场、农贸市场给予房产税和城镇土地使用税优惠。通知称，对专门经营农产品的农产品批发市场、农贸市场使用(包括自有和承租，下同)的房产、土地，暂免征收房产税和城镇土地使用税。农产品包括粮油、肉禽蛋、蔬菜、干鲜果品、水产品、调味品、棉麻、活畜、可食用的林产品以及由省、自治区、直辖市财税部门确定的其他可食用的农产品。此外，享受上述税收优惠的房产、土地，指农产品批发市场农贸市场直接为农产品交易提供服务的房产、土地。

三、耕地占用税法

耕地占用税是国家对占用耕地建房或者从事其他非农业建设的单位和个人，依据实际占用耕地面积、按照规定税额一次性征收的一种税。2018 年 12 月 29 日第十三届全国人民代表大会常务委员会第七次会议通过了《中华人民共和国耕地占用税法》，(以下简称《耕地占用税法》)，自 2019 年 9 月 1 日起施行。

(一) 耕地占用税的特点

耕地占用税主要特点如下。

▶ 1. 税收性质的双重性

耕地占用税以占用农用耕地建房或从事其他非农用建设的行为为征税对象，以约束纳税人占用耕地的行为、促进土地资源的合理运用为课征目的，除具有资源占用税的属性外，还具有明显的特定行为税的特点。

▶ 2. 征收标准的灵活性

耕地占用税采用地区差别税率，根据不同地区的具体情况，分别制定差别税额，以适应我国地域辽阔、各地区之间耕地质量差别较大、人均占有耕地面积相差悬殊的具体情况，具有因地制宜的特点。

▶ 3. 税收课征的一次性

耕地占用税在纳税人获准占用耕地的环节征收，除对获准占用耕地后超过两年未使用者须加征耕地占用税外，此后不再征收耕地占用税。因而，耕地占用税具有一次性征收的特点。

▶ 4. 税收收入的补偿性

耕地占用税收入按规定应用于建立发展农业专项基金，主要用于开展宜耕土地开发和改良现有耕地之用，因此，具有“取之于地、用之于地”的补偿性特点。

(二) 征税范围

耕地占用税的征税范围包括纳税人为建房或从事其他非农业建设而占用的国家所有和集体所有的耕地。所谓耕地，指种植农业作物的土地，包括菜地、园地，其中，园地包括花圃、苗圃、茶园、果园、桑园和其他种植经济林木的土地。

思考：城镇土地使用税和耕地占用税有何不同?

(三) 纳税义务人

占用耕地建房或者从事非农业建设的单位或者个人，为耕地占用税的纳税人，应当依照本条例规定缴纳耕地占用税。所称单位，包括国有企业、集体企业、私营企业、股份制企业、外商投资企业、外国企业以及其他企业和事业单位、社会团体、国家机关、部队以及其他单位；所称个人，包括个体工商户以及其他个人。

(四) 税率

由于在我国的不同地区之间人口和耕地资源的分布极不均衡，有些地区人口稠密，耕地资源相对匮乏；而有些地区则人口稀少，耕地资源比较丰富。各地区之间的经济发展水平也有很大差异。考虑到不同地区之间客观条件的差别以及与此相关的税收调节力度和纳税人负担能力方面的差别，耕地占用税在税率设计上采用了地区差别定额税率。如表 7-3 所示。

表 7-3　耕地占用税的税额表

级　　别	人均耕地标准(以县级行政区域为单位)	税额幅度(元)	计 税 单 位
1	人均耕地不超过 1 亩的地区	10～50	每平方米
2	人均耕地超过 1 亩但不超过 2 亩的地区	8～40	每平方米
3	人均耕地超过 2 亩但不超过 3 亩的地区	6～30	每平方米
4	人均耕地超过 3 亩的地区	5～25	每平方米

各地适用税额，由省、自治区、直辖市人民政府在规定的税额幅度内，根据本地区情况核定，各省、自治区、直辖市人民政府核定的适用税额的平均水平，不得低于规定的平均税额。经济特区、经济技术开发区和经济发达、人均耕地低于 0.5 亩的地区，适用税额可以适当提高，但最多不得超过上述规定税额的 50%。占用基本农田的，应当按照确定的当地适用税额，加按 15%征收，各省、自治区、直辖市耕地占用税额的平均水平不得低于耕地占用税法所附《各省、自治区、直辖市耕地占用税平均税额表》规定的平均税额。各地平均税额表见表 7-4。

表 7-4　各省、自治区、直辖市耕地占用税平均税额表

地区	每平方米平均税额(元)
上海	45
北京	40
天津	35
江苏、浙江、福建、广东	30
辽宁、湖北、湖南	25
河北、安徽、江西、山东、河南、重庆、四川	22.5
广西、海南、贵州、云南、陕西	20
山西、吉林、黑龙江	17.5
内蒙古、西藏、甘肃、青海、宁夏、新疆	12.5

(五) 应纳税额的计算

1. 计税依据

耕地占用税以纳税人实际占用的应税土地面积(包括经批准占用面积和未经批准占用面积)为计税依据，以平方米为单位，按所占土地当地适用税额计税，实行一次性征收。

▶ 2. 应纳税额计算公式

应纳税额＝实际占用耕地面积(平方米)×适用定额税率

思考： 某单位在某高新技术开发区征用耕地5 000平方米用于建造工厂，该地区适用耕地占用税的单位税额为20元/平方米。该单位应纳耕地占用税税额为多少?

(六) 税收优惠

▶ 1. 免征耕地占用税

(1) 军事设施占用耕地；

(2) 学校、幼儿园、养老院、医院占用耕地；

(3) 社会福利机构、医疗机构占用耕地；

(4) 以下占用土地的行为不征收耕地占用税。

① 农田水利占用耕地的；

② 建设直接为农业生产服务的生产设施占用林地、牧草地、农田水利用地、养殖水面以及渔业水域滩涂等其他农田用地的；

③ 农村居民经批准搬迁、原宅基地恢耕种，凡新建住宅占用耕地不超过原宅基地面积的。

▶ 2. 减征耕地占用税

减征耕地占用税，包括铁路线路、公路线路、飞机场跑道、停机坪、港口、航道占用耕地，减按每平方米2元的税额征收耕地占用税；农村居民占用耕地新建住宅，按照当地适用税额减半征收耕地占用税；农村烈士家属、残疾军人、鳏寡孤独以及革命老根据地、少数民族聚居区和边远贫困山区生活困难的农村居民，在规定用地标准以内新建住宅缴纳耕地占用税确有困难的，经所在地乡(镇)人民政府审核，报经县级人民政府批准后，可以免征或者减征耕地占用税。

(七) 征收管理

▶ 1. 纳税义务发生时间

经批准占用应税土地的，耕地占用税纳税义务发生时间为纳税人收到土地管理部门办理占用农用地手续通知的当天；未经批准占用应税土地的，耕地占用税纳税义务发生时间为纳税人实际占地的当天。已享受减免税的应税土地改变用途，不再属于减免税范围的，耕地占用税纳税义务发生时间为纳税人改变土地用途的当天。

▶ 2. 纳税期限

耕地占用税纳税人依照税收法律法规及相关规定，应在获准占用应税土地收到土地管理部门的通知之日起30日内向主管地税机关申报缴纳耕地占用税；未经批准占用应税土地的纳税人，应在实际占地之日起30日内申报缴纳耕地占用税。对超过规定期限缴纳耕地占用税的，应按照《税收征管法》的有关规定加收滞纳金。

▶ 3. 纳税地点

耕地占用税原则上在应税土地所在地进行申报纳税。涉及集中征收、跨地区占地需要调整纳税地点的，由省地税机关确定。土地管理部门在通知单位或者个人办理占用耕地手续时，应当同时通知耕地所在地同级地方税务机关。土地管理部门凭耕地占用税完税凭证或者免税凭证和其他有关文件发放建设用地批准书。

▶ 4. 纳税申报

耕地占用税按规定税额一次性征收，获准占用应税土地收到土地管理部门的通知之日起 30 日内向主管地税机关申报缴纳耕地占用税并填写《耕地占用税纳税申报表》。耕地占用税实行全国统一申报表，各地不得自行减少项目。

纳税人临时占用耕地，应当依照本条例的规定缴纳耕地占用税。纳税人在批准临时占用耕地的期限内恢复所占用耕地原状的，全额退还已经缴纳的耕地占用税。

任务三 印花税法和契税法

一、印花税法

印花税是对经济活动和经济交往中书立、使用、领受具有法律效力的凭证的行为所征收的一种税。因采用在应税凭证上粘贴印花税票作为完税的标志而得名。1988 年 8 月 6 日，中华人民共和国国务院 11 号令发布《中华人民共和国印花税暂行条例》，规定重新在全国统一开征印花税。2011 年 1 月 8 日，中华人民共和国国务院令第 588 年对《印花税暂行条例》进行了修改。

知识链接

印花税在中国

我国自清代光绪年间已征收印花税，印制和使用印花税票的历史逾百年。辛亥革命后，北洋政府于 1912 年 10 月正式公布了《印花税法》，并于 1913 年正式实施，这是中国征收印花税的起始。1913 年至 1949 年年底，“中华民国”共印制发行了 9 套印花税票，地方印制 29 套印花税票，同时还印制了契税票、汇兑印纸、司法印纸等税票。中华人民共和国成立后，由于税收不统一，中央政府于 1951 年 1 月公布了《印花税暂行条例施行细则》，从此统一了印花税法。1988 年 8 月 6 日，中华人民共和国国务院 11 号令发布《中华人民共和国印花税暂行条例》，规定重新在全国统一开征印花税。是年 10 月 1 日，正式恢复征收印花税。2011 年 1 月 8 日，根据国务院令第 588 号《国务院关于废止和修改部分行政法规的决定》修订。2018 年，财政部、税务总局发布财税〔2018〕50 号《关于对营业账簿减免印花税的通知》，自 2018 年 5 月 1 日起，对按万分之五税率贴花的资金账簿减半征收印花税，对按件贴花五元的其他账簿免征印花税。

(一) 印花税的特点

▶ 1. 兼有凭证税和行为税性质

印花税是单位和个人书立、领受的应税凭证征收的一种税，具有凭证税性质。另外，任何一种应税经济凭证反映的都是某种特定的经济行为，因此，对凭证征税，实质上是对经济行为的课税。

▶ 2. 征税范围广泛

印花税的征税对象包括经济活动和经济交往中的各种应税凭证，凡书立和领受这些凭证的单位和个人都要缴纳印花税，其征税范围是极其广泛的。随着市场经济的发展和经济法制的逐步健全，依法书立经济凭证的现象将会越来越普遍。因此，印花税的征收面将更加广阔。

▶ 3. 税率低、税负轻

印花税与其他税种相比较，税率要低得多，其税负较轻，具有广集资金、积少成多的财政效应。

▶ 4. 由纳税人自行完成纳税义务

纳税人通过自行计算、购买并粘贴印花税票的方法完成纳税义务，并在印花税票和凭证的骑缝处自行盖戳注销或画销。这也与其他税种的缴纳方法存在较大区别。

(二) 征税范围

现行印花税只对《印花税暂行条例》列举的凭证征收，没有列举的凭证不征税。具体征税范围如下。

▶ 1. 经济合同

税目税率表中列举了10大类合同，分别为购销合同、加工承揽合同、建设工程勘察设计合同、建筑安装工程承包合同、财产租赁合同、货物运输合同、仓储保管合同、借款合同、财产保险合同、技术合同。

▶ 2. 产权转移书据

产权转移书据是在产权的买卖、交换、继承、赠与、分割等产权主体变更过程中，由产权出让人与受让人之间所订立的民事法律文书。我国印花税税目中的产权转移书据包括财产所有权、版权、商标专用权、专利权、专有技术使用权共5项产权的转移书据。其中，财产所有权转移书据，指经政府管理机关登记注册的不动产、动产所有权转移所书立的书据，包括股份制企业向社会公开发行的股票，因购买、继承、赠与所书立的产权转移书据，其他4项则属于无形资产的产权转移书据。另外，土地使用权出让合同、土地使用权转让合同、商品房销售合同按照产权转移书据征收印花税。

▶ 3. 营业账簿

按照营业账簿反映的内容不同，在税目中分为记载资金的账簿(简称资金账簿)和其他营业账簿两类，以便于分别采用按金额计税和按件计税两种计税方法。

▶ 4. 房屋产权证、工商营业执照、商标注册证、专利证、土地使用证、许可证照

略。

▶ 5. 经财政部确定征税的其他凭证

略。

知识链接

中国首套印花税票

中国首套印花税票于1949年11月设计发行。因主图是在两根柱子之间由齿轮和麦穗衬托下的五星红旗飘扬在地球之上，习惯称“旗球图”印花税票。

(三) 纳税义务人

中华人民共和国境内书立、领受本条例所列举凭证的单位和个人，都是印花税的纳税义务人。单位和个人，指国内各类企业、事业、机关、团体、军队以及中外合资企业、合

作企业、外资企业、外国公司企业和其他经济组织及其在华机构等单位和个人。按照征税项目划分的具体纳税人如下。

(1) 立合同人，指合同的当事人，但不包括合同的担保人、证人和鉴定人。

(2) 立账簿人，指设立并使用营业账簿的纳税人。

(3) 立据人，指产权转移数据的纳税人。

(4) 领受人，指对政府部门发给的权利、许可证照的纳税人。

(5) 使用人，在国外书立、领受，但在国内使用的应税凭证，其纳税人是使用人。

(6) 各类电子应税凭证的签订人，指以电子形式签订的各类应税凭证的单位和个人。

注意：凡由两方或两方以上当事人共同书立的合同，其当事人各方都是印花税的纳税人，应分别就其所持凭证的计税金额履行纳税义务。

(四) 税率

印花税的税率设计，遵循税负从轻、共同负担的原则，所以税率比较低。凭证的当事人，即对凭证有直接权利与义务关系的单位和个人均应就其所持凭证依法纳税。印花税的税率有两种形式，即比例税率和定额税率。

1. 比例税率

印花税的比例税率分为4档，分别为1‰、0.5‰、0.3‰、0.05‰，如表7-5所示。

表7-5　印花税税率表

税　目	范　围	计税依据	税　率	说　明
购销合同	包括供应、预购、采购、购销、结合及协作、调剂、补偿、易货等合同	购销金额	0.3‰	立合同人
加工承揽合同	包括加工、定作、修缮、修理、印刷广告、测绘、测试等合同	按加工或承揽收入	0.5‰	立合同人
建设工程勘察设计合同	包括勘察、设计合同	收取费用	0.5‰	立合同人
建筑安装工程承包合同	包括建筑、安装工程承包合同	承包金额	0.3‰	立合同人
财产租赁合同	包括租赁房屋、船舶、飞机、机动车辆、机械、器具、设备等合同	租赁金额	1‰	立合同人
货物运输合同	包括民用航空运输、铁路运输、海上运输、内河运输、公路运输和联运合同	运输费用	0.5‰	立合同人
仓储保管合同	包括仓储、保管合同	仓储保管费用	1‰	立合同人
借款合同	银行及其他金融组织和借款人(不包括银行同业拆借)所签订的借款合同	借款金额	0.05‰	立合同人
财产保险合同	包括财产、责任、保证、信用等保险合同	投保金额	1‰	立合同人
技术合同	包括技术开发、转让、咨询、服务等合同	所载金额	0.3‰	立合同人

续表

税　　目	范　　围	计税依据	税　　率	说　　明
产权转移书据	包括财产所有权和版权、商标专用权、专利权、专有技术使用权等转移书据、土地使用权出让合同、土地使用权转让合同、商品房销售合同	所载金额	0.5‰	立据人
营业账簿	生产、经营用账册	按实收资本和资本公积的合计金额	0.5‰	立账簿人
	其他账簿	按件	5 元	
权利、许可证照	包括政府部门发给的房屋产权证、工商营业执照、商标注册证、专利证、土地使用证	按件	5 元	领受人

注意：从 2008 年 9 月 19 日起，证券交易印花税实行单边征收，税率 1‰。

▶ 2. 定额税率

如表 7-4 所示，在印花税的税目中，权利、许可证照和营业账簿税目中的其他账簿，适用定额税率，均为按件贴花，税额为每件 5 元。

知识链接

2016 年政策调整：印花税收归中央

为妥善处理中央与地方的财政分配关系，国务院决定，从 2016 年 1 月 1 日起，将证券交易印花税由现行按中央 97%、地方 3%比例分享全部调整为中央收入。影响的地域主要限于上海和深圳。

(五) 印花税的计税依据

▶ 1. 计税依据的一般规定

1）购销合同

购销合同以合同记载的购销金额为计税依据。以货换货方式进行商品交易签订的合同，应按合同所载的购、销合计金额计税贴花。

2）加工承揽合同

加工承揽合同的计税依据为加工或承揽收入。由受托方提供原材料，在合同中分别记载加工费金额和原材料金额的，加工费金额按“加工承揽全同”0.5‰计税，原材料金额按“购销合同”0.3‰计税；合同中未分别记载金额的，全部金额按“加工承揽全同” 0.5‰计税贴花。由委托方提供原材料，对委托方提供的主要材料或原料金额不计税贴花，加工费用和辅助材料不论是否分别记载，均以加工费用和辅助材料的合计金额，按“加工承揽全同” 0.5‰计税贴花。

3）建设工程勘察设计合同

建设工程勘察设计合同的计税依据为收取的费用。

4）建筑安装工程承包合同

建筑安装工程承包合同的计税依据为承包金额，不得剔除任何费用。施工单位将自己承包的建设项目，分包或转包给其他施工单位所签订的分包合同、转包合同，应以新的分包或转包合同所载金额为依据计算应纳税额。

5）财产租赁合同

财产租赁合同的计税依据为租赁金额。经计算税额不足1元的按照1元贴花。另外，财产租赁合同只规定(月)天租金而不确定租期的，先按定额5元贴花，结算时再按实际补贴印花。

6）货物运输合同

货物运输合同的计税依据为取得的运输费金额(即运费收入)，不包括所运货物的金额、装卸费和保险费等。

①国内货运。国内各种形式的货物联运，在起运地统一结算全程运费，以全程运费作为计税依据，由起运地运费结算双方缴纳印花税；分程结算运费，以分程运费作为计税依据，分别由办理运费结算的各方缴纳印花税。

②国际货运。由我国运输企业运输的，运输企业所持的运费结算凭证，以全程运费为计税依据；托运方所持的运费结算凭证，以全程运费为计税依据。

由外国企业运输进出口货物的，运输企业所持的运费结算凭证，免征印花税；托运方所持的运费结算凭证，应计算缴纳印花税；国际货运运费结算凭证在国外办理的，应在凭证转回我国境内时按规定缴纳印花税。

7）仓储保管合同

仓储保管合同的计税依据为收取的仓储保管费用。

8）借款合同

借款合同的计税依据为借款本金。①凡是一项信贷业务既签订借款合同，又一次或分次填开借据的，只以借款合同所载金额为计税依据计税贴花。②凡只填开借据并作为合同使用的，应以借据所载金额为计税依据计税贴花。③借贷双方签订的流动周转性借款合同，只以其规定的最高限额为计税依据，在签订时贴花一次，在限额内随借随还不签订新合同的，不再贴花。④对借款方以财产作抵押，从贷款方取得一定数量抵押贷款的合同，应按借款合同贴花。在借款方因无力偿还借款而将抵押财产转移给贷款方时，应再就双方书立的产权书据，按产权转移书据的有关规定计税贴花。⑤对银行及其他金融组织的融资租赁业务签订的融资租赁合同，应按合同所载租金总额，暂按借款合同计税贴花。

9）财产保险合同

财产保险合同计税依据为支付(收取)的保险费金额，不包括所保财产的金额。

10）技术合同

技术合同的计税依据为合同所载的价款、报酬或使用费。对技术开发合同，只对合同所载的报酬金额计税，研究开发经费不作为计税依据。

11）产权转移书据

产权转移书据的计税依据为所载金额。对股票交易征收印花税均依书立时证券市场当日实际成交价格计算金额，按1‰的税率缴纳印花税。

12）营业账簿

记载资金的营业账簿以实收资本和资本公积的两项合计金额为计税依据，凡“资金账簿”在次年度的实收资本和资本公积未增加的，对其不再计算贴花；其他营业账簿，计税依据为应税凭证件数。

13）权利、许可证照

权利、许可证照的计税依据为应税凭证件数，每件 5 元。

▶ 2. 计税依据的特殊规定

(1)以“金额”“收入”“费用”作为计税依据的，应当全额计税，不得作任何扣除。

(2)同一凭证，载有两个或两个以上经济事项而适用不同税目税率，分别记载金额的，分别计算税额；未分别记载金额的，按税率高的计税。

(3)按金额比例贴花的应税凭证，未标明金额的，应按照凭证所载数量及国家牌价计算金额；没有国家牌价的，按市场价格计算金额，然后按规定税率计算应纳税额。

(4)应税凭证所载金额为外国货币的，应按凭证书立当日国家外汇管理局公布的外汇牌价折合成人民币，然后计算应纳税额。

(5)应纳税额不足 1 角的，免纳印花税；1 角以上的，四舍五入。

(6)有些合同在签订时无法确定计税金额，可在签订时先按定额 5 元贴花，以后结算时再按实际金额计税，补贴印花。

(7)应税合同在签订时纳税义务即已产生，应计算应纳税额并贴花。所以不论合同是否兑现或是否按期兑现，均应贴花完税。对已履行并贴花的合同，所载金额与合同履行后实际结算金额不一致的，只要双方未修改合同金额，一般不再办理完税手续。

(六) 应纳税额的计算

▶ 1. 计税依据

印花税根据不同征税项目，分别实行从价计征和从量计征两种征收方式。

(1) 从价计税情况下计税依据的确定：各类经济合同，以合同上记载的金额、收入或费用为计税依据；产权转移书据以书据中所载的金额为计税依据；记载资金的营业账簿，以实收资本和资本公积两项合计的金额为计税依据；技术合同中研究开发经费不作为计税依据；有些合同在签订时无法确定计税金额，可在签订时先按定额 5 元贴花，以后结算时再按实际金额计税，补贴印花。

(2) 从量计税情况下计税依据的确定：实行从量计税的其他营业账簿和权利、许可证照，以计税数量为计税依据。

▶ 2. 应纳税额的计算公式

印花税以应纳税凭证所记载的金额、费用、收入额和凭证的件数为计税依据，按照适用税率或者税额标准计算应纳税额。

(1) 按比例税率计算应纳税额的方法：

$$应纳税额=计税金额\times 适用税率$$

(2) 按定额税率计算应纳税额的方法：

$$应纳税额=凭证数量\times 单位税额$$

【例 7-7】某房地产企业 201×年有关业务如下：领取国有土地使用证 1 份；收取股东投入资本，实收资本增加 500 万元，与 A 代理公司签订代理销售商品房合同，按实际成交价的 3‰支付代理费用；签订广告合同 2 份，共计金额 50 万元。

问题：该房地产企业 201×年应缴纳的印花税额为多少？

解析：按照《中华人民共和国印花税暂行条例》规定，在印花税的税目中，权利、许可证照和营业账簿税目中的其他账簿，适用定额税率，均为按件贴花，税额为每件 5 元；加工承揽合同，按加工或承揽收入 0.5‰贴花；记载资金的账簿，按实收资本和资本公积的合计金额 0.5‰贴花，其他账簿按件贴花 5 元。

领受权利、许可证应纳印花税＝1×5＝5(元)

实收资本增加应纳印花税＝5 000 000×0.5‰＝2 500(元)

签订代理合同应纳印花税＝ 5(元)

签订广告合同应纳印花税＝500 000×0.5‰＝250(元)

该房地产企业 201×年应缴纳印花税＝5＋ 2 500＋5＋250＝2 760(元)

【例 7-8】某建筑工程公司具备建筑业施工(安装)资质，201×年发生经营业务如下：总承包一项工程，承包合同记载总承包额 12 000 万元。之后将总承包额的三分之一即 4 000 万元分包给某安装公司。建筑工程公司签订合同应缴纳多少印花税?

计算：建筑工程公司签订合同应缴纳的印花税＝12 000×0.3‰＋4 000×0.3‰＝4.8(万元)

【例 7-9】201×年 1 月，甲公司将闲置厂房出租给乙公司，合同约定每月租金 3 500 元，租期未定。签订合同时，预收租金 8 000 元，双方已按定额贴花。8 月底合同解除，甲公司收到乙公司补交租金 20 000 元。甲公司 8 月份应补缴印花税多少元?

解析：合同在签订时无法确定计税金额，可在签订时先按定额 5 元贴花，以后结算时再按实际金额计税，应补缴印花税＝(8 000＋20 000)×1‰－5＝23(元)。

【例 7-10】某交通运输企业 201×年 12 月签订以下合同：(1)与某银行签订融资租赁合同购置新车 15 辆，合同载明租赁期限为 3 年，每年支付租金 100 万元；(2)与某客户签订货物运输合同，合同载明货物价值 500 万元，运输费用 65 万元(含装卸费 5 万元，货物保险费 10 万元)；(3)与某运输企业签订租赁合同，合同载明将本企业闲置的总价值 300 万元的 10 辆货车出租，每辆车月租金 4 000 元，租期未定；(4)与某保险公司签订保险合同，合同载明为本企业的 50 辆车上第三方责任险，每辆车每年支付保险费 4 000 元。该企业当月应缴纳的印花税多少元?

解析：融资租赁合同应纳印花税＝100×3×0.05‰＝0.015(万元)

货物运输合同应纳印花税＝(65－5－10)×0.5‰＝0.025(万元)

货车租赁合同应纳印花税 5 元。

保险合同应纳印花税＝50×0.4×1‰＝0.02(万元)

该企业当月应纳印花税＝0.015＋0.025＋5/10 000＋0.02＝0.060 5(万元)＝605(元)

(七) 税收优惠

《印花税暂行条例》及《实施细则》规定下列情形免纳印花税。

(1) 已缴纳印花税的凭证的副本或者抄本。

(2) 财产所有人将财产赠给政府、社会福利单位、学校所立的书据。

(3) 无息、贴息贷款合同。

(4) 国家指定的收购部门与村民委员会、农民个人书立的农副产品收购合同。

(5) 外国政府、国际金融组织向中国政府、国家金融机构提供优惠贷款所书立的合同。

按照有关税收文件规定，对于军事物资运输、抢险救灾物资运输、新建铁路的工程监管线运输、国防科工委管辖的军工企业和科研单位，与军队、武警部队、公安、国家安全部为研制和提供军火武器(包括指挥、侦察通信装备，下同)所签订的合同、房地产管理部门与个人订立的房租合同(凡房屋属于用于生活居住的)、企业集团内部执行计划使用的不具有合同性质的凭证、农民专业合作社与本社成员签订的农业产品和农业生产资料购销合同、个人销售或购买住房、与高校学生签订的学生公寓租赁合同、个人出租、承租住房签订的租赁合同以及廉租住房、经济适用住房经营管理单位与廉租住房、经济适用住房相关的印花税以及廉租住房承租人、经济适用住房购买人涉及的印花税予以免征，免征印花税。

(6) 自 2018 年 5 月 1 日起，对按件 5 元贴花征收的其他账簿免征印花税。

知识链接

2015 年印花税票的图案

印花税票是印有固定金额、专门用于征收印花税税款的有价证券，具有组织税收收入、证明纳税、税收宣传等作用，由国家税务总局定期换版发行。为展示税收历史、弘扬税收文化，2015 年中国印花税票《中国古代税收思想家》选取中国古代历史上推动重大税赋制度改革或提出著名财税思想的九位税收思想家，作为九枚印花税票表现内容。税收思想家人选经由多位财政史专家共同研讨确定，入选人物包括管仲(春秋)、商鞅(战国)、桑弘羊(西汉)、傅玄(西晋)、杨炎(唐)、王安石(北宋)、耶律楚材(金末元初)、张居正(明)和黄宗羲(明末清初)。

(八) 征收管理

▶ 1. 纳税时间与地点

凡印花税纳税单位均应按季进行申报，于每季度终了后 10 日内向所在地地方税务机关报送“印花税纳税申报表”或“监督代表报告表”。只办理税务注册登记的机关、团体、部队、学校等印花税纳税单位，可在次年 1 月底前到当地税务机关申报上年税款。

印花税的纳税期限是在印花税应税凭证书立、领受时贴花完税的。对实行印花税汇总缴纳的单位，缴款期限最长不得超过 1 个月。

▶ 2. 纳税方法

印花税的纳税方法，根据税额大小、贴花次数以及税收征收管理的需要，可以分别采用下列三种纳税方法。

(1) 自行贴花办法。自行贴花办法即“三自”纳税办法，指纳税人在发生纳税义务时，应当根据应税凭证的性质和适用的税目税率，自行计算应纳税额，自行购买印花税票，自行一次贴足印花税票并加以注销或画销。这种办法，一般适用于应税凭证较少或者贴花次数较少的纳税人。

对已贴花的凭证，修改后所载金额增加的，其增加部分应当补贴印花税票。凡多贴印花税票者，不得申请退税或者抵用。

(2) 汇贴或汇缴办法。汇贴办法是指一份凭证应纳税额超过 500 元的，应当向当地税务机关申请填写缴款书或者完税证，将其中一联粘贴在凭证上或者由税务机关在凭证上加盖完税标记代替贴花；汇缴办法是指同一种类应税凭证，需要频繁贴花的，应当向当地税务机关申请按期汇总缴纳印花税。获准汇总缴纳印花税的纳税人，应持有税务机关发给的汇缴许可证。汇总缴纳的期限限额由当地税务机关确定，但最长期限不得超过 1 个月。汇贴或汇缴办法一般适用于应纳税额较大或者贴花次数频繁的纳税人。

(3) 委托代征办法。委托代征办法是指通过税务机关的委托，由发放或者办理应纳税凭证的单位代为征收印花税税款。税务机关与代征单位签订代征委托书，并按代售金额5%的比例支付代征手续费。

思考

1. 副本或者抄本作为正本使用的是否需要贴花？

2. 施工单位将自己承包的建设项目，分包或转包给其他施工单位所签订的分包合同、转包合同，应以什么金额为依据计算应纳税额？

二、契税法

契税是以所有权发生转移变动的不动产为征税对象，向产权承受人征收的一种财产税。现行的《中华人民共和国契税暂行条例》于1997年10月1日起施行。

知识链接

中国契税的历史

中国契税起源于东晋时期的“估税”，至今已有1 600多年的历史。当时规定，凡买卖田宅、奴婢、牛马，立有契据者，每一万钱交易额官府征收四百钱，即税率为4%，其中卖方缴纳3%，买方缴纳1%。北宋时期，开始征收印契钱(性质上是税，只是名称为钱)。这时不再由买卖双方分摊，而是由买方缴纳了，并规定缴纳期限为两个月。从此，开始以保障产权为由征收契税。以后历代封建王朝对土地、房屋的买卖、典当等产权变动都征收契税，但税率和征收范围不完全相同。新中国成立后，政务院发布《契税暂行条例》，规定对土地、房屋的买卖、典当、赠与和交换征收契税。社会主义改造完成以后，土地禁止买卖和转让，征收土地契税也就自然停止了。改革开放后，国家重新调整了土地、房屋管理方面的有关政策，为适应形势的要求，全国契税征管工作全面恢复。

(一) 契税的特点

和其他税种相比，契税自身的特点如下。

(1) 土地、房屋权属每转移一次，就征收一次契税。

(2) 契税由承受房屋、土地权属的一方缴纳。一般税种都确定销售者为纳税人，即卖方纳税，契税属于土地、房屋产权发生交易过程中的财产税，由买方纳税。

知识链接

免税你了解多少

在婚姻关系存续期间，房屋、土地权属原归夫妻一方所有变更为夫妻双方共有或另一方所有的，或者房屋、土地权属原归夫妻双方共有变更为其中一方所有的，或者房屋、土地权属原归夫妻双方共有变更共有份额的，免征契税。

(二) 征税范围

契税的征税对象是境内转移的土地、房屋权属，具体包括以下三项内容。

1. 国有土地使用权的出让

国有土地使用权的出让，由承受方交，指土地使用者向国家交付土地使用权出让费用，国家将国有土地使用权在一定年限内让与土地使用者的行为。

▶ 2. 土地使用权的转让

土地使用权的转让，除了考虑土地增值税外，另由承受方交契税，指土地使用者以出售、赠与、交换或者其他方式将土地使用权转移给其他单位和个人的行为。土地使用权的转让不包括农村集体土地承包经营权的转移。

▶ 3. 房屋买卖

房屋买卖，即以货币为媒介，出卖者向购买者过渡房产所有权的交易行为。以下几种特殊情况，视同买卖房屋。

(1) 以房产抵债或实物交换房屋，应由产权承受人，按房屋现值缴纳契税。

(2) 以房产作投资或股权转让，以自有房产作股投入本人独资经营的企业，免纳契税。

(3) 买房拆料或翻建新房，应照章纳税。

(4) 房屋赠与，赠与方不纳土地增值税，但承受方应纳契税。

对承受国有土地使用权所应支付的土地出让金，要计征契税，不得因减免土地出让金而减免契税。

思考： 承受与房屋相关的附属设施(如停车位等)是否需要缴纳契税？

(三) 纳税义务人

契税的纳税义务人是境内转移土地、房屋权属，承受的单位和个人。境内是指中华人民共和国实际税收行政管辖范围内；单位是指企业单位、事业单位、国家机关、军事单位和社会团体以及其他组织；个人是指个体经营者及其他个人，包括中国公民和外籍人员；土地、房屋权属是指土地使用权和房屋所有权。

(四) 税率

目前，契税实行3%～5%的幅度税率。实行幅度税率是考虑到中国经济发展的不平衡，各地经济差别较大的实际情况。因此，各省、自治区、直辖市人民政府可以在3%～5%的幅度税率规定范围内，按照该地区的实际情况决定。

知识链接

商品房交易契税新政实施

按照财政部的规定，对个人购买家庭唯一住房，面积为90平方米及以下的，减按1%的税率征收契税；面积为90平方米以上的，减按1.5%的税率征收契税。对个人购买家庭第二套改善性住房，面积为90平方米及以下的，减按1%的税率征收契税；面积为90平方米以上的，减按2%的税率征收契税。2016年2月22日起施行。

(五) 应纳税额的计算

▶ 1. 计税依据

契税的计税依据，归纳起来有如下4种。

(1) 按成交价格计算，成交价格经双方敲定，形成合同，税务机关以此为据，直接计税。这种定价方式，主要适用于国有土地使用权出让、土地使用权出售、房屋买卖。

(2) 根据市场价格计算，土地、房屋价格，绝不是一成不变的。例如，北京成为2008年奥运会主办城市后，奥运村地价立即飙升，该地段土地使用权赠送、房屋赠送时，定价依据只能是市场价格，而不是土地或房屋原值。

(3) 依据土地、房屋交换差价定税。随着二手房市场兴起，房屋交换走进百姓生活。假设A房价格30万元，B房价格40万元，A、B两房交换，契税的计算，自然是两房差额，即10万元。同理，土地使用权交换，也要依据差额。等额交换时，差额为零，意味着交换双方均免缴契税。

(4) 按照土地收益定价，这种情形不常遇到。假设2000年，国家以划拨方式，把甲单位土地使用权给了乙单位，3年后，经许可，乙单位把该土地转让，那么，乙单位就要补交契税。纳税依据就是土地收益，即乙单位出让土地使用的所得。

房屋附属设施征收契税的依据，采取分期付款方式购买房屋附属设施土地使用权、房屋所有权的，应按合同规定的总价款计征契税；承受的房屋附属设施权属如为单独计价的，按照当地确定的适用税率征收契税；如与房屋统一计价的，适用与房屋相同的契税税率。

成交价格明显低于市场价格并且无正当理由的，或者所交换土地使用权、房屋的价格的差额明显不合理并且无正当理由的，由征收机关参照市场价格核定。

知识链接

如何缴纳车位的契税

根据《财政部、国家税务总局关于房屋附属设施有关契税政策的批复》(财税〔2004〕126号)规定，对于承受与房屋相关附属设施(包括停车位、汽车库、自行车库、顶层阁楼以及储藏室等)所有权或土地使用权的行为，按照相关法律、法规的规定征收契税。对于不涉及土地使用权和房屋所有权转移变动的，不征收契税。

▶ 2. 应纳税额的计算公式

应纳税额＝计税依据×税率

【例7-11】居民甲某有四套住房，将一套价值120万元的别墅折价给乙某抵偿了100万元的债务；用市场价值70万元的第二、三两套两室住房与丙某交换一套四室住房，另取得丙某赠送价值12万元的小轿车一辆；将第四套市场价值50万元的公寓房折成股份投入本人独资经营的企业。当地确定的契税税率为3%。

问题：甲、乙、丙纳税契税的情况是什么？

解析：按照我国《中华人民共和国契税暂行条例》规定，甲不用缴纳契税。

乙应缴纳契税＝100×3%＝3(万元)

丙应缴纳契税＝12×3%＝0.36(万元)

(六) 税收优惠

▶ 1. 税收优惠的一般规定

(1) 国家机关、事业单位、社会团体、军事单位承受土地、房屋用于办公、教学、医疗、科研和军事设施的，免征契税。

(2) 城镇职工按规定第一次购买公有住房，免征契税。

(3) 因不可抗力灭失住房而重新购买住房的，酌情减免。不可抗力是指自然灾害、战争等不能预见、不可避免，并不能克服的客观情况。

(4) 土地、房屋被县级以上人民政府征用、占用后，重新承受土地、房屋权属的，由省级人民政府确定是否减免。

(5) 承受荒山、荒沟、荒丘、荒滩土地使用权，并用于农、林、牧、渔业生产的，免征契税。

(6) 两个或两个以上的企业，依据法律规定、合同约定，合并改建为一个企业，对其合并后的企业承受原合并各方的土地、房屋权属，免征契税。

(7) 对于《中华人民共和国继承法》规定的法定继承人(包括配偶、子女、父母、兄弟姐妹、祖父母、外祖父母)继承土地、房屋权属，不征契税。

(8) 财政部、国家税务总局规定：自2000年11月29日起，对各类公有制单位为解决职工住房而采取集资建房方式建成的普通住房，或由单位购买的普通商品住房，经当地县以上人民政府房改部门批准、按照国家房改政策出售给本单位职工的，如属职工首次购买住房，均可免征契税。

(9)2008年11月1日起对个人首次购买90平方米以下普通住房的，契税税率暂统一下调到1%。

(10)外交部确认，依照中国有关法律规定以及中国缔结或参加的双边和多边条约或协定，应当予以免税的外国驻华使馆、领事馆、联合国驻华机构及其外交代表、领事官员和其他外交人员承受土地、房屋权属。

▶ 2. 税收优惠的特殊规定

1) 企业公司制改造

公司制企业，按照《中华人民共和国公司法》的规定，整体改建为有限责任公司(含国有独资公司)或股份有限公司，或者有限责任公司整体改建为股份有限公司的，对改建后的公司承受原企业土地、房屋权属，免征契税。

公司制国有独资企业或国有独资有限责任公司，以其部分资产与他人组建新公司，且该国有独资企业(公司)在新设公司中所占股份超过50%的，对新设公司承受该国有独资企业(公司)的土地、房屋权属，免征契税。

2) 企业股权重组

股权转让中，单位、个人承受企业股权，企业土地、房屋权属不发生转移，不征收契税。

国有、集体企业实施“企业股份合作制改造”，由职工买断企业产权，或向其职工转让部分产权，或者通过其职工投资增资扩股，将原企业改造为股份合作制企业的，对改造后的股份合作制企业承受原企业的土地、房屋权属，免征契税。

3) 企业合并

两个或两个以上的企业，依据法律规定、合同约定；合并改建为一个企业，对其合并后的企业承受原合并各方的土地、房屋权属，免征契税。

4) 企业分立

企业依照法律规定、合同约定分设为两个或两个以上投资主体相同的企业，对派生方、新设方承受原企业土地、房屋权属，不征收契税。

5) 房屋附属设施

对于承受与房屋相关的附属设施(包括停车位、汽车库、自行车库、顶层阁楼以及储藏室，下同)所有权或土地使用权的行为，按照契税法律、法规的规定征收契税；对于不涉及土地使用权和房屋所有权转移变动的，不征收契税。

6) 其他情形

对拆迁居民因拆迁重新购置住房的，对购房成交价格中相当于拆迁补偿款的部分免征契税；成交价格超过拆迁补偿款的，对超过部分征收契税。

自2011年9月1日起，婚姻关系存续期间，房屋、土地权属原归夫妻一方所有，变更为夫妻双方共有的，免征契税。

(七) 征收管理

1. 纳税义务发生时间

契税的纳税义务发生时间是纳税人签订土地、房屋权属转移合同的当天，或者纳税人取得其他具有土地、房屋权属转移合同性质凭证的当天。

2. 纳税期限

纳税人应当自纳税义务发生之日起 10 日内，向土地、房屋所在地的契税征收机关办理纳税申报，并在契税征收机关核定的期限内缴纳税款。

3. 纳税地点

契税在土地、房屋所在地的征收机关缴纳。

纳税人办理纳税事宜后，征收机关应向纳税人开具契税完税凭证。纳税人持契税完税凭证和其他规定的文件材料，依法向土地管理部门、房产管理部门办理有关土地、房屋的权属变更登记手续。土地管理部门和房产管理部门应向契税征收机关提供有关资料，并协助契税征收机关依法征收契税。

思考：自从添了二娃后，汪女士越发觉得现在住的两房一厅不够用，加上大娃快要上小学，总想留个房间让他好好读书，于是便动了买房的念头。这天，她走进房产中介了解行情。经过几个月的“货比三家”，汪女士终于看中了一间“大套间”，中介告诉她如果这房子属于“家庭唯一住房”，还可以享受契税优惠。正当她满怀兴致地回家和老公商量时，老公却说这契税是买家交的，他们家再买房就不是唯一房产，不能享受税收优惠了。究竟谁说得对呢？

任务四 车辆购置税法和车船税法

一、车辆购置税法

车辆购置税是以在中华人民共和国境内购置规定的车辆为课税对象、在特定环节向车辆购置者征收的一种税，它由车辆购置附加费演变而来。就其性质而言，属于直接税的范畴。现行车辆购置税法的基本规范是从 2001 年 1 月 1 日起实施的《中华人民共和国车辆购置税暂行条例》。对“购置”的解析如表 7-6 所示。

表 7-6 “购置”解析表

应税行为	解释
购买使用行为	包括购买使用国产和进口应税车辆
进口使用行为	直接从境外进口或委托代理进口应税车辆
受赠使用行为	接受他人馈赠并使用应税车辆
自产自用使用行为	纳税人将自己生产的应税车辆作为最终消费品用于自己消费使用
获奖使用行为	包括从各种奖励形式中取得并使用应税车辆
其他使用行为	指除上述以外其他方式取得并使用应税车辆

(一) 车辆购置税的特点

车辆购置税的特点如下。

▶ 1. 征收范围单一

作为财产税的车辆购置税，是以购置的特定车辆为课税对象，而不是对所有的财产或消费财产征税，范围窄，是一种特种财产税。

▶ 2. 征收环节单一

车辆购置税实行一次课征制，它不是在生产、经营和消费的每一环节实行道道征收，而只是在退出流通进入消费领域的特定环节征收。

▶ 3. 征税具有特定目的

车辆购置税具有专门用途，由中央财政根据国家交通建设投资计划，统筹安排。这种特定目的的税收，可以保证国家财政支出的需要，既有利于统筹合理地安排资金，又有利于保证特定事业和建设支出的需要。

▶ 4. 价外征收，不转嫁税负

车辆购置税的计税依据中不包含车辆购置税税额，车辆购置税税额是附加在价格之外的，且纳税人即为负税人，税负不发生转嫁。

▶ 5. 征收方法单一

车辆购置税根据纳税人购置应税车辆的计税价格实行从价计征，以价格为计税标准，课税与价值直接发生关系，价值高者多征税，价值低者少征税。

▶ 6. 税率单一

车辆购置税只确定一个统一比例税率征收，税率具有不随课税对象数额变动的特点，计征简便、负担稳定，有利于依法治税。

(二) 征税范围

车辆购置税的征收范围包括汽车、摩托车、电车、挂车、农用运输车，具体规定如表7-7所示。车辆购置税征收范围的调整，由国务院决定并公布。

表 7-7 车辆购置税征收范围表

应税车辆	具体范围	注释
汽车	各类汽车	
摩托车	轻便摩托车	最高设计时速不大于 50km/h，发动机汽缸总排量不大于 $50cm^3$ 的两个或者三个车轮的机动车
	二轮摩托车	最高设计车速大于 50km/h，或者发动机汽缸总排量大于 $50cm^3$ 的两个车轮的机动车
	三轮摩托车	最高设计车速大于 50km/h，或者发动机汽缸总排量大于 $50cm^3$，空车重量不大于 400kg 的三个车轮的机动车
电车	无轨电车	以电能为动力，由专用输电电缆线供电的轮式公共车辆
	有轨电车	以电能为动力，在轨道上行驶的公共车辆

续表

应税车辆	具体范围	注释
挂车	全挂车	无动力设备，独立承载，由牵引车辆牵引行驶的车辆
	半挂车	无动力设备，与牵引车辆共同承载，由牵引车辆牵引行驶的车辆
农用运输车	三轮农用运输车	柴油发动机，功率不大于7.4kW，载重量不大于500kg，最高车速不大于40km/h的三个车轮的机动车
	四轮农用运输车	柴油发动机，功率不大于28kW，载重量不大于1 500kg，最高车速不大于50km/h的四个车轮的机动车

(三) 纳税义务人

在中华人民共和国境内购置本条例规定的车辆(以下简称应税车辆)的单位和个人，为车辆购置税的纳税人，应当依照本条例缴纳车辆购置税。所称单位，包括国有企业、集体企业、私营企业、股份制企业、外商投资企业、外国企业以及其他企业和事业单位、社会团体、国家机关、部队以及其他单位；所称个人，包括个体工商户以及其他个人。

(四) 税率

车辆购置税实行统一比例税率，税率为10%。车辆购置税税率的调整，由国务院决定并公布。

(五) 应纳税额的计算

1. 计税依据

车辆购置税的计税依据是应税车辆的价格。由于应税车辆购置的来源不同，计税价格的组成也就不一样。车辆购置税的计税依据有以下几种情况。

(1) 购买自用：计税依据为纳税人购买应税车辆而支付给销售方的全部价款和价外费用(不含增值税)。

知识链接

谨防利用车辆购置税设陷阱：推出包牌价格讹你钱

某人近日打算在某车行买一部包牌的国产小轿车，但是因为车辆购置税的计算问题，其与车行争执不休。某人对该车行说，他是从事会计行业的，《中华人民共和国车辆购置税暂行条例》规定车辆购置税实行从价定率的方法来计算应纳税额，计算公式为：应纳税额=计税价格×税率，但是车行的计算公式明显出现错误，计税价格中没有剔除增值税。

对此，市国税局相关负责人分析，车行在销售车辆时有推出包牌价格的服务，其中车辆购置税的价格是按车身价×10%来算的，其实这是用计算公式误导消费者。车辆购置税的税率为10%。其计税公式是：车身价÷(1+增值税税率)×10%。例如，一辆价值11.3万元的车，其车辆购置税应该是11.3÷(1+13%)×10%=1(万元)，而不法车行的车辆购置税是11.3×10%=1.13(万元)，使车主多交1 300元。

(2) 进口自用：以组成计税价格为计税依据。

组成计税价格=关税完税价格+关税+消费税=(关税完税价格+关税)/(1-消费税率)

如果进口自用的是应缴消费税的小轿车，这个组价也是进口消费税、增值税的计税依据。

(3) 其他自用：如自产、受赠、获奖和以其他方式取得并自用，凡不能或不能准确提供车辆价格的，由主管税务机关依国家税务总局核定的、相应类型的应税车辆的最低计税价格确定。

(4) 最低计税价格作为计税依据的确定。纳税人购买自用或者进口自用应税车辆，申报的计税价格低于同类型应税车辆的最低计税价格，又无正当理由的，按照最低计税价格征收车辆购置税。

▶ 2. 应纳税额的计算

车辆购置税实行从价定率的办法计算应纳税额，如表 7-8 所示，应纳税额的计算公式为

应纳税额＝计税价格×税率

表 7-8 车辆购置税应纳税额计算表

应税行为	计税依据	税额计算
购买自用	支付给销售方的全部价款和价外费用(不含增值税)	应纳税额＝支付的不含增值税价款×10%
进口自用	组成计税价格＝关税完税价格＋关税＋消费税	应纳税额＝组价×10%
其他自用	凡不能提供或准确提供车辆价格的，以国家税务总局核定的最低计税价格为计税依据	应纳税额＝最低计税价格×10%
申报的计税价格低于同类型应税车辆的最低计税价格，又无正当理由的	最低计税价格为计税依据	应纳税额＝最低计税价格×10%

【例 7-12】张某购进一辆进口车辆，关税完税价格为 200 000 元，关税税率 10%，消费税税率 8%。

问题：该车辆购置税应纳税额为多少？

解析：按照《中华人民共和国车辆购置税暂行条例》规定，进口自用的车辆，以组成计税价格为计税依据。

组成计税价格＝200 000×1.1÷0.92＝239 130.43(元)

应纳税额＝239 130.43×0.1＝23 913.04(元)

【例 7-13】尹某从上海大众汽车有限公司购买一辆厂牌型号为桑塔纳的轿车供自己使用，支付含增值税价款 189 000 元，另支付代收临时牌照费 150 元、代收保险费 2 850 元、车辆装饰费 2 650 元。支付的各项价费均由上海大众汽车有限公司开具“机动车销售统一发票”和有关票据。

问题：该车辆购置税应纳税额为多少？

解析：按照《中华人民共和国车辆购置税暂行条例》规定，购买自用的车辆，计税依据为纳税人购买应税车辆而支付给销售方的全部价款和价外费用(不含增值税)。

计税价格＝(189 000＋2 650)÷(1＋13%)＝169 601.77(元)

应纳税额＝169 601.77×10%＝16 960.18(元)

(六) 税收优惠

车辆购置税减免税规定如下。

(1) 外国驻华使馆、领事馆和国际组织驻华机构及其外交人员自用车辆免税。

(2) 中国人民解放军和中国人民武装警察部队列入军队武器装备订货计划的车辆免税。

(3) 设有固定装置的非运输车辆免税。

(4) 有国务院规定予以免税或减税的其他情形，按照规定免税或减税。

知识链接

已经缴纳车辆购置税的车辆，发生下列情形之一的，纳税人应到车购办申请退税。

(1)因质量原因，车辆被退回生产企业或者经销商的。

(2)应当办理车辆登记注册的车辆，公安机关车辆和管理机构不予办理车辆登记注册的。

知识链接

买新能源汽车享车补、免购置税

近年来，有关新能源汽车的各类优惠政策相继出台，带来消费者的购买热潮。无论是购车前的单独摇号、购车时的现金补贴、免车辆购置税、免车船使用税，还是一些大城市给予的“不限行”、直接上牌等政策，新能源汽车正越来越多地走进百姓家中。

(七) 征收管理

▶ 1. 纳税期限

纳税人购买自用的应税车辆，自购买之日起 60 日内申报纳税；进口自用的应税车辆，应当自进口之日起 60 日内申报纳税；自产、受赠、获奖和以其他方式取得并自用的应税车辆，应当自取得之日起 60 日内申报纳税。

▶ 2. 车辆购置税的缴纳地点

纳税人购置应税车辆，应当向车辆登记注册地的主管税务机关申报纳税；购置不需要办理车辆登记注册手续的应税车辆，应当向纳税人所在地的主管税务机关申报纳税。

二、车船税法

车船税是对在中华人民共和国境属于《中华人民共和国车船税法》中《车船税税目税额表》所规定的车辆船舶(以下简称车船)的所有人或者管理人征收的一种税。现行的《中华人民共和国车船税法》自 2012 年 1 月 1 日起施行。从 2007 年 7 月 1 日开始，有车族需要在投保交强险时缴纳车船税。

知识链接

车船税来源

对车船课税，是世界上许多国家普遍实行的一种征税制度，也有着悠久的历史。在我国，对车船征税由来已久。汉代“算缗钱”的课征对象，就包括车船在内。当时规定：“平民车一辆，征税一算，商人加倍。船五丈以上，征税一算。”“算”是单位税额，每“算”二十钱。明代也对船只征税，名曰“船料”，规定按船只载料多少和运途远近计算征税。后因丈量估料复杂，改以船只梁头的广狭为计税标准，从五尺到三丈六尺，分等定税，又叫“梁头税”。

鸦片战争以后，我国沿海港口，常有外国船只出入。对这些外船，按吨位征税，称为“吨税”，对内地船只仍征“船料”。但此后一度停征，至 1942 年，才改征“使用牌照税”。新中国成立后，也征收此税，后因在执行中往往被误认为是对牌照征税，故删去“牌照”两字，叫作“车船使用税”。

(一) 车船税的特点

车船税具有涉及面广、税源流动性强的特点，且纳税人多为个人，征管难度较大。

(二) 征税范围

1. 依法应当在我国车船管理部门登记的车船(除规定减免的车船外)；

2. 依法不需要在车辆管理部门登记、在单位内部场所行驶或者作业的机动车辆和船舶。

(三) 纳税义务人

在中华人民共和国境内，车辆、船舶(以下简称车船)的所有人或者管理人为车船税的纳税人，应当依照规定缴纳车船税。车船的所有人或者管理人未缴纳车船税的，使用人应当代为缴纳车船税。所称的管理人，指对车船具有管理使用权，不具有所有权的单位。

(四) 税率

车船税实行定额税率。国务院财政部门、税务主管部门可以根据实际情况，在《车船税税目税额表》规定的税目范围和税额幅度内，划分子税目，并明确车辆的子税目税额幅度和船舶的具体适用税额。车辆的具体适用税额由省、自治区、直辖市人民政府在规定的子税目税额幅度内确定。

车船税采用定额税率。定额税率，也称固定税额，即对征税的车船规定单位固定税额，是税率的一种特殊形式。定额税率计算简便，适宜于从量计征的税种。车船税的适用税额，依照条例所附的《车船税税目税额表》执行。车船税确定税额总的原则是：非机动车船的税负轻于机动车船；人力车的税负轻于畜力车；小吨位船舶的税负轻于大船舶。由于车辆与船舶的行驶情况不同，车船税的税额也有所不同，如表 7-9 所示。

表 7-9 车船税税目税额

税目		计税单位	每年税额	备注
乘用车〔按发动机汽缸容量(排气量)分楼〕	1.0 升(含)以下的	每辆	180 元	核定载客人数 9 人(含)以下
	1.0 升以上至 1.6 升(含)的		360 元	
	1.6 升以上至 2.0 升(含)的		420 元	
	2.0 升以上至 2.5 升(含)的		720 元	
	2.5 升以上至 3.0 升(含)的		1 800 元	
	3.0 升以上至 4.0 升(含)的		3 000 元	
	4.0 升以上的		4 500 元	
商用车	大型客车	核定载客≥2 人每辆	600 元	核定载客人数 9 人以上，包括电车
	中型客车	核定载客 10～19 人每辆	480 元	
	货　车	整备质量每吨	96 元	包括半挂牵引车、三轮汽车和低速载货汽车等
挂车		整备质量每吨	48 元	
其他车辆	专用作业车	整备质量每吨	96 元	不包括拖拉机
	车式专用机械车		96 元	

续表

税目		计税单位	每年税额(元)	备注
摩托车		每辆	36 元	
船舶	机动船舶	净吨位≤200 吨每吨	3 元	拖船、非机动驳船分别按照机动船舶税额的 50%计算
		净吨位 201～2 000 吨每吨	4 元	
		净吨位 2 001～10 000 吨每吨	5 元	
		净吨位≥10 001 吨每吨	6 元	
	游艇	长度≤10 米　每米	600 元	长度指游艇总长
		长度 11～18 米　每米	900 元	
		长度 19～30 米　每米	1 300 元	
		长度≥31 米　每米	2 000 元	

(五) 应纳税额的计算

1. 计税依据

车船税实行从量计税的办法，按照车船的各类，车船税采用了辆、净吨位和自重吨位三种计税单位。

(1) 拖船：按照发动机功率每 2 马力折合净吨位 1 吨计算征收车船税。

(2) 车船的核定载客人数、自重、净吨位、马力等计税标准，以车船管理部门核发的车船登记证书或者行驶证书相应项目所载数额为准；纳税人未按规定到车船管理部门办理登记手续的，上述计税标准以车船出厂合格证明或者进口凭证相应项目所载数额为准；对未提供车船出厂合格证明或者进口凭证的，由主管地方税务机关根据车船自身状况并参照同类车船核定。

(3) 车辆自重尾数在 0.5 吨以下(含 0.5 吨)的，按照 0.5 吨计算；超过 0.5 吨的，按照 1 吨计算。船舶净吨位尾数在 0.5 吨以下(含 0.5 吨)的不予计算，超过 0.5 吨的按照 1 吨计算。1 吨以下的小型船，一律按照 1 吨计算。

(4) 无法准确获得自重数值或自重数值明显不合理的载货汽车、三轮汽车、低速货车、专项作业车和轮式专用机械车，由主管机关根据车辆自身状况并参照同类车辆核定计税依据，对能够获得总质量和核定载质量的，可按照车辆的总质量和核定载质量的差额作为车辆的自重；无法获得核定载质量的专项作业车和轮式专用机械车，可按照车辆的总质量确定自重。

2. 应纳税额的计算

应纳税额的计算公式如下：

应纳税额＝年应纳税额÷12×应纳税月份数

应税车船应纳税额表如表 7-10 所示。

表 7-10　应税车船应纳税额表

应税车船	应纳税额
载货汽车	自重吨位数×适用单位税额

续表

应税车船	应纳税额
载客汽车	车辆数×适用单位税额
机动车挂车	挂车自重吨位数×载货汽车适用单位税额
客货两用汽车	自重吨位数×适用单位税额
机动船	净吨位数×适用单位税额 其中：拖船应纳税额＝净吨位数×适用单位税额×50％
非机动驳船	净吨位数×适用单位税额×50％

【例 7-14】某运输公司拥有载货汽车 15 辆(货车自重全部为 10 吨)；乘人大客车 20 辆；小客车 10 辆。(注：载货汽车按自重每吨年税额 80 元，乘人大客车每辆年税额 500 元，小客车每辆年税额 400 元。)

问题：该公司应纳车船税为多少？

解析：按照《中华人民共和国车船税法》规定，载货汽车的应纳税额为自重吨位数×适用单位税额；载客汽车的应纳税额为车辆数×适用单位税额。

(1) 载货汽车应纳税额＝15×10×80＝12 000(元)

(2) 乘人汽车应纳税额＝20×500＋10×400＝14 000(元)

(3) 全年应纳车船税税额＝12 000＋14 000＝26 000(元)

【例 7-15】某个体工商户 201×年 4 月 12 日购小轿车 1 辆，到当年 12 月 31 日未到车辆管理部门登记。已知小轿车年单位税额 480 元。

问题：该个体工商户 201×年应缴纳车船税(　　)元。

A. 240　　B. 320　　C. 360　　D. 480

解析：纳税人未按照规定到车船管理部门办理应税车船登记手续的，以车船购置发票所载开具时间的当月作为车船税的纳税义务发生时间。

应缴纳车船税＝480×9÷12＝360(元)，答案为 C。

(六) 税收优惠

(1) 捕捞、养殖渔船。

(2) 军队、武装警察部队专用的车船。

(3) 警用车船。

(4) 依照法律规定应当予以免税的外国驻华使领馆、国际组织驻华代表机构及其有关人员的车船。

(5) 对节约能源、使用新能源的车船可以减征或者免征车船税，节约能源乘用车的排量必须限定为 1.6L 以下(含 1.6L)；对受严重自然灾害影响纳税困难以及有其他特殊原因确需减税、免税的，可以减征或者免征车船税。具体办法由国务院规定，并报全国人民代表大会常务委员会备案。

(6) 省、自治区、直辖市人民政府根据当地实际情况，可以对公共交通车船，农村居民拥有并主要在农村地区使用的摩托车、三轮汽车和低速载货汽车定期减征或者免征车船税。

(七)征收管理

▶ 1. 纳税义务发生时间与纳税期限

车船税纳税义务发生时间为取得车船所有权或者管理权的当月。纳税人未按照规定到车船管理部门办理应税车船登记手续的,以车船购置发票所载开具时间的当月作为车船税的纳税义务发生时间。对未办理车船登记手续且无法提供车船购置发票的,由主管地方税务机关核定纳税义务发生时间。

车船税按年申报缴纳。纳税年度自公历1月1日起至12月31日止。具体申报纳税期限由省、自治区、直辖市人民政府确定。

▶ 2. 纳税地点

车船税的纳税地点为车船的登记地或者车船税扣缴义务人所在地。依法不需要办理登记的车船,车船税的纳税地点为车船的所有人或者管理人所在地。

任务五　资源税法和土地增值税法

一、资源税

资源税是以各种应税自然资源为课税对象、为了调节资源级差收入并体现国有资源有偿使用而征收的一种税。资源税在理论上可区分为对绝对矿租课征的一般资源税和对级差矿租课征的级差资源税,体现在税收政策上就叫作“普遍征收,级差调节”,即:所有开采者开采的所有应税资源都应缴纳资源税;同时,开采中、优等资源的纳税人还要相应多缴纳一部分资源税。

我国资源关系到国家经济命脉,在社会发展过程中发挥着举足轻重的作用。1984年,为了逐步建立和健全我国的资源税体系,我国开始征收资源税。鉴于当时的一些客观原因,资源税税目只有煤炭、石油和天然气三种,后来又扩大到对铁矿石征税。

1987年4月和1988年11月,我国相继建立了耕地占用税制度和城镇土地使用税制度。国务院于1993年12月25日重新修订颁布了《中华人民共和国资源税暂行条例》,财政部同年还发布了资源税实施细则,自1994年1月1日起执行。2011年9月30日,国务院公布了《国务院关于修改〈中华人民共和国资源税暂行条例〉的决定》,2011年10月28日,财政部公布了修改后的《中华人民共和国资源税暂行条例实施细则》,两个文件都于2011年11月1日起施行。修订后的“条例”扩大了资源税的征收范围,由过去的煤炭、石油、天然气、铁矿石少数几种资源扩大到原油、天然气、煤炭、其他非金属矿原矿、黑色金属矿原矿、有色金属矿原矿和盐等七种,其中,原油仅指开采的天然原油,不包括以油母页岩等炼制的原油天然气,暂不包括煤矿生产的天然气煤炭,不包括以原煤加工的洗煤和选煤等金属矿产品和非金属矿产品,均指原矿石;盐,系指固体盐、液体盐。但总的来看,资源税仍只囿于矿藏品,对大部分非矿藏品资源都没有征税。

2016年5月10日,财政部、国家税务总局联合对外发文《关于全面推进资源税改革的通知》(以下简称《通知》),《通知》宣布,自2016年7月1日起,我国全面推进资源税改革，根据《通知》要求，我国将开展水资源税改革试点工作，并率先在河北试点，采取水资源费改税方式，将地表水和地下水纳入征税范围，实行从量定额计征，对高耗水行业、超计划用水以及在地下水超采地区取用地下水，适当提高税额标准，正常生产生活用水维持原有负担水平不变。其他自然资源将逐步纳入征收范围。

2016 年 7 月 1 日，我国实行资源税改革，资源税征收方式由从量征收改为从价征收。

(一) 资源税的特点

▶ 1. 征税范围较窄

自然资源是生产资料或生活资料的天然来源，它包括的范围很广，如矿产资源、土地资源、水资源、动植物资源等。目前我国的资源税征税范围较窄，仅选择了部分级差收入差异较大，资源较为普遍，易于征收管理的矿产品和盐列为征税范围。随着我国经济的快速发展，对自然资源的合理利用和有效保护将越来越重要，因此，资源税的征税范围应逐步扩大。

▶ 2. 实行差别税额从价征收

2016 年 7 月 1 日，我国实行资源税改革，资源税征收方式由从量征收改为从价征收。

▶ 3. 实行源泉课征

不论采掘或生产单位是否属于独立核算，资源税均规定在采掘或生产地源泉控制征收，这样既照顾了采掘地的利益，又避免了税款的流失。这与其他税种由独立核算的单位统一缴纳不同。

(二) 征税范围

根据《中华人民共和国资源税暂行条例》所附《资源税税目税率表》中所列部分税目的征税范围限定如下。

▶ 1. 原油

原油，指专门开采的天然原油，不包括人造石油。

▶ 2. 天然气

天然气，指专门开采或与原油同时开采的天然气，暂不包括煤矿生产的天然气，海上石油、天然气也应属于资源税的征收范围，但考虑到海上油气资源的勘探和开采难度大、投入和风险也大，过去一直按照国际惯例对其征收矿区使用费，为了保持涉外经济政策的稳定性，对海上石油、天然气的开采仍然征收矿区使用费，暂不改为征收资源税。

▶ 3. 煤炭

煤炭，指原煤，不包括洗煤、选煤及其他煤炭制品。

▶ 4. 其他非金属矿原矿

其他非金属矿原矿，指上列产品和井矿盐以外的非金属矿原矿。

▶ 5. 黑色金属矿原矿

黑色金属矿原矿，指纳税人开采后自用、销售的，用于直接入炉冶炼或作为主产品先入选精矿、制造人工矿、再最终入炉冶炼的黑色金属矿石原矿。包括铁矿石、锰矿石和铬矿石。

▶ 6. 有色金属矿原矿

有色金属矿原矿，指纳税人开采后自用、销售的，用于直接入炉冶炼或作为主产品先入选精矿、制造人工矿、再最终入炉冶炼的金属矿石原矿。包括铜矿石、铅锌矿石、铝土矿石等。

▶ 7. 盐

盐，包括固体盐和液体盐。固体盐是指海盐原盐、湖盐原盐和井矿盐，液体盐(俗称卤水)是指氯化钠含量达到一定浓度的溶液，是用于生产碱和其他产品的原料。

《通知》扩大了资源税的征税范围，主要包括：

(1)开展水资源税改革试点。

(2)将其他自然资源逐步纳入征收范围。考虑到森林、草场、滩涂等资源在各地区的市场开发利用情况不尽相同，对其全面开征资源税条件尚不成熟，此次改革不在全国范围统一规定对森林、草场、滩涂等资源征税，但对具备征收条件的，授权省级政府可结合本地实际，根据森林、草场、滩涂等资源开发利用情况提出征收资源税具体方案建议，报国务院批准后实施。

(三) 纳税义务人

《资源税暂行条例》第一条规定，在中华人民共和国境内开采应税资源的矿产品或生产盐的单位和个人，为资源税的纳税义务人，应依法缴纳资源税。

上述所称中华人民共和国境内，指我国实际税收管理行政范围内。所称单位，指国有企业、集体企业、私有企业、股份制企业、其他企业和行政单位、事业单位、军事单位、社会团体及其他单位；所称个人，指个体经营者及其他个人；其中，其他单位和其他个人包括外商投资企业、外国企业和外籍人员。

(四) 税目

现行资源税包括原油、天然气、煤炭、其他非金属矿原矿、黑色金属矿原矿、有色金属矿原矿及盐 7 大类。这是资源税征收范围按产品类别或品种等的细化。

(五) 税率

资源税采用比例税率和定额税率两种形式。2016 年 7 月 1 日，我国实行资源税改革，资源税征收方式由从量征收改为从价征收。具体的适用税率见表 7-10 资源税的税目税率表和表 7-11 资源税的税目税率幅度表。表 7-11 资源税的税目税率幅度表中所列示的 1～21 种资源税目实行从价计征，对未列举名称的其他非金属矿产品，实行从价计征为主从量计征为辅的原则。

对于经营分散、多为现金交易难于控管的黏土、砂石和部分未列举名称的其他非金属矿产品，按照便利征管原则，仍实行从量定额计征。

考虑到资源税的税目多(还涉及划分矿产品等级的问题)、税额档次多，而且随着资源条件的变化需要适时调整税额，因此，资源税现行税额采用了分级核定的办法。

首先，资源税税目、税额幅度的确定和调整，由国务院决定。

其次，纳税人具体适用的税目(即子目)、税额，由财政部有关部门，在国务院规定的税额幅度内确定，并可根据纳税人资源条件及级差收入的变化等情况适当进行定期调整；

再次，一部分子目和一部分纳税人具体适用的税额授权省级人民政府确定(含调整)，并报财政部和国家税务总局备案。

“一部分子目”是指在财政部规定的《资源税税目税额明细表》中未列举名称的其他非金属矿原矿、其他有色金属矿原矿。这些子目由省(自治区、直辖市，下同)人民政府决定征收或暂缓征收资源税。

“一部分纳税人”是指在财政部规定的《几个主要品种的矿山资源等级表》中未列举名称的纳税人适用的税额，由省级人民政府根据纳税人的资源状况，参照表中确定的邻近矿山的税额标准，在浮动30%的幅度内核定。为确保不同的应税品目都能执行其相应的规定税额，如果纳税人开采或者生产不同的应税产品，未按规定分别核算或者不能准确提供不同税目应税产品的课税数量，则从高确定其适用税额。

资源税的税目及税率如表7-11、表7-12所示。

表7-11　资源税的税目税率表

税目		税率
一、原油		销售额的5%～10%
二、天然气		销售额的5%～10%
三、煤炭		销售额的2%～10%
四、有色金属矿原矿	稀土	精矿销售额7.5%～27%
	钨	精矿销售额6.5%
	钼	精矿销售额11%

表7-12　资源税的税目税率幅度表

	税目		征税对象	税率幅度
1	金属矿	铁矿	精矿	1%～6%
2		金矿	金锭	1%～4%
3		铜矿	精矿	2%～8%
4		铝土矿	原矿	3%～9%
5		铅锌矿	精矿	2%～6%
6		镍矿	精矿	2%～6%
7		锡矿	精矿	2%～6%
8		未列举名称的其他金属矿产品	原矿或精矿	税率不超过20%
9	非金属矿	石墨	精矿	3%～10%
10		硅藻土	精矿	1%～6%
11		高岭土	原矿	1%～6%
12		萤石	精矿	1%～6%
13		石灰石	原矿	1%～6%
14		硫铁矿	精矿	1%～6%
15		磷矿	原矿	3%～8%
16		氯化钾	精矿	3%～8%
17		硫酸钾	精矿	6%～12%

续表

	税目		征税对象	税率幅度
18	非金属矿	井矿盐	氯化钠初级产品	1%～6%
19		湖盐	氯化钠初级产品	1%～6%
20		提取地下卤水晒制的盐	氯化钠初级产品	3%～15%
21		煤层(成)气	原矿	1%～2%
22		黏土、砂石	原矿	每吨或立方米 0.1～5 元
23		未列举名称的其他非金属矿产品	原矿或精矿	从量税率每吨或立方米不超过 30 元；从价税率不超过 20%
24	海盐		氯化钠初级产品	1%～5%

备注：1. 铝土矿包括耐火级矾土、研磨级矾土等高铝黏土。

2. 氯化钠初级产品是指井矿盐、湖盐原盐、提取地下卤水晒制的盐和海盐原盐，包括固体和液体形态的初级产品。

3. 海盐是指海水晒制的盐，不包括提取地下卤水晒制的盐。

(六) 应纳税额的计算

1. 计税依据

资源税根据不同的应税产品，分别采用从价计征和从量计征两种方法计算应纳税额。第一种方法以应税产品的销售额为计税依据，按照适用税率计税；第二种方法以应税产品的销售数量为计税依据，按照适用税额标准计税。纳税人开采、生产应税产品，自用于连续生产应税产品的，不缴纳资源税；自用非生产项目和生产非应税产品的，视同销售，依法缴纳资源税。

纳税人以人民币以外的货币结算销售额的，应当折合成人民币计算。其销售额的人民币折合率可以选择销售额发生当天或者当月 1 日的人民币汇率中间价。纳税人应当在事先确定采用何种折合率计算方法，确定以后 1 年之内不能变更。

纳税人申报的应税产品销售额明显偏低并且无正当理由的，有视同销售应税产品行为而无销售额的，除了财政部、国家税务总局另有规定以外，按照下列顺序确定销售额。

(1) 按照纳税人最近时期同类产品的平均销售价格确定。

(2) 按照其他纳税人最近时期同类产品的平均销售价格确定。

(3) 按照组成计税价格确定，组成计税价格为

$$组成计税价格=成本\times(1+成本利润率)\div(1-消费税税率)$$

上述公式中，成本指应税产品的实际生产成本，成本利润率由省级税务机关确定。

纳税人既对外销售应税产品，又将应税产品自用于非连续生产应税产品的，自用的这部分应税产品按照纳税人对外销售应税产品的平均价格计算销售额。

纳税人将其开采的应税产品直接出口的，按照其离岸价格(不包括增值税)计算销售额。

资源税的计税依据如表 7-13 所示。

表 7-13　资源税的计税依据

	具体情况		计税依据
从价定率	销售原油、天然气的		以销售额为计税依据，销售额是纳税人销售应税产品向购买方收取的全部价款和价外费用，不包括收取的增值税销项税额
从量定额	一般规定	开采或生产应税产品销售的	销售数量
		开采或生产应税产品自用，视同销售的	视同销售自用数量
	特殊规定	不能准确提供应税产品销售数量或移送使用数量的	以应税产品的产量或主管税务机关确定的折算比，换算成的数量为课税数量
		无法正确计算原煤移送使用量的煤炭	按加工产品的综合回收率，将加工产品实际销售量和自用量折算成原煤数量，以此作为课税数量
		无法准确掌握纳税人移送使用原矿数量的	将其精矿按选矿比折算成原矿数量，以此作为课税数量
		以自产的液体盐加工固体盐	按固体盐税额征税，以加工的固体盐数量为课税数量
		以外购的液体盐加工成固体盐	加工固体盐所耗用液体盐的已纳税额准予抵扣

▶ 2. 应纳税额的计算

(1) 计算方法一：

$$应纳税额=应税产品销售额\times适用税率$$

上述公式中，销售额包括纳税人销售应税产品向购买方收取的全部价款和价外费用，但是不包括收取的增值税销项税额。价外费用包括价外向购买方收取的手续费、补贴、基金、集资费、返还利润、奖励费、违约金、滞纳金、延期付款利息、赔偿金、代收款项、代垫款项、包装费、包装物租金、储备费、优质费、运输装卸费和其他各种性质的价外收费。

关于原矿销售额与精矿销售额的换算或折算：

①对同一种应税产品，征税对象为精矿的，纳税人销售原矿时，应将原矿销售额换算为精矿销售额缴纳资源税。

②征税对象为原矿的，纳税人销售自采原矿加工的精矿，应将精矿销售额折算为原矿销售额缴纳资源税。

③金矿以标准金锭为征税对象，纳税人销售金原矿、金精矿的，应比照上述规定将其销售额换算为金锭销售额缴纳资源税。

④换算比或折算率由省级财税部门确定，并报财政部、国家税务总局备案。

(2) 计算方法二:

应纳税额=应税产品销售数量×适用的单位税额

代扣代缴应纳税额=收购未税矿产品的数量×适用的单位税额

上述公式中,销售数量包括纳税人开采、生产应税产品的实际销售数量和视同销售的自用数量。

如果纳税人不能准确提供应税产品的销售数量,以应税产品的产量或者按照税务机关确定的折算比换算成的数量为计征资源税的销售数量。

如果纳税人开采、生产适用不同资源税税目的应税产品,应当分别核算不同税目应税产品的销售额或者销售数量,如果纳税人没有分别核算或者不能准确地提供不同税目应税产品的销售额或者销售数量,税务机关在征收资源税的时候适用税率(税额标准)从高。

【例 7-16】某石油开采企业本月销售原油 100 万吨,每吨销售价格为 0.6 万元,资源税适用税率为 6%。

问题: 该企业本月应纳资源税税额为多少?

解析: 按照我国《资源税暂行条例》规定,销售原油、天然气的,以销售额为计税依据,销售额是纳税人销售应税产品向购买方收取的全部价款和价外费用,不包括收取的增值税销项税额。

应纳税额=100 万吨×0.6 万元/吨×6%=3.6(亿元)

【例 7-17】某砂石开采企业本月销售煤炭 200 万吨,资源税适用税额标准为每吨 3 元。

问题: 该企业本月应纳资源税税额为多少?

解析: 按照我国《资源税暂行条例》规定,资源税根据不同的应税产品,分别采用从价计征和从量计征两种方法计算应纳税额。砂石采用从量计征的方法。

应纳税额=200 万吨×3 元/吨=600(万元)

▶ 3. 已税产品的税务处理——一次课征制

(1)纳税人用已纳资源税的应税产品进一步加工应税产品销售的,不再缴纳资源税;

(2)纳税人以未税产品和已税产品混合销售或者混合加工为应税产品销售的,应当准确核算已税产品的购进金额,在计算加工后的应税产品销售额时,准予扣减已税产品的购进金额;未分别核算的,一并计算缴纳资源税。

(七)税收优惠

(1) 开采原油过程中用于加热、修井的原油免税。

(2) 纳税人开采过程中由意外事故或自然灾害等造成重大损失的,可由省、自治区、直辖市人民政府酌情减免税。

(3) 自 2018 年 4 月 1 日至 2021 年 3 月 31 日,对页岩气资源税(按 6%的规定税率)减征 30%。

(4) 对符合条件的充填开采和衰竭期矿山减征资源税,实行备案管理制度。

(5) 对依法在建筑物下、铁路下、水体下(以下简称“三下”)通过充填开采方式采出的矿产资源,资源税减征 50%。“三下”的具体范围由省税务机关商同级国土资源主管部门确定。

(6) 对实际开采年限在 15 年(含)以上的衰竭期矿山开采的矿产资源，资源税减征 30%。

衰竭期矿山是指剩余可采储量下降到原设计可采储量的 20%(含)以下或剩余服务年限不超过 5 年的矿山。原设计可采储量不明确的，衰竭期以剩余服务年限为准。衰竭期矿山以开采企业下属的单个矿山为单位确定。

(7) 对鼓励利用的低品位矿、废石、尾矿、废渣、废水等提取的矿产品，由省级人民政府根据实际情况确定是否给予减免税。

(8) 对进口的盐和矿产品不征收资源税。

(9) 对出口应税产品不退(免)已纳的资源税。

(10) 国务院规定的其他减免税项目。

(八) 征收管理

1. 纳税义务发生时间

(1) 纳税人销售应税产品，其纳税义务发生时间：纳税人采取分期收款结算方式的，其纳税义务发生时间，为销售合同规定的收款日期的当天；纳税人采取预收货款结算方式的，其纳税义务发生时间，为发出应税产品的当天；纳税人采取其他结算方式的，其纳税义务发生时间，为收讫销售款或者取得索取销售款凭据的当天。

(2) 纳税人自产自用应税产品的纳税义务发生时间，为移送使用应税产品的当天。

(3) 扣缴义务人代扣代缴税款的纳税义务发生时间，为支付货款的当天。

2. 纳税期限

资源税纳税人的纳税期限为 1 日、3 日、5 日、10 日、15 日或者 1 个月，由主管税务机关根据实际情况具体核定。不能按固定期限计算纳税的，可以按次计算纳税。

纳税人以 1 个月为一期纳税的，自期满之日起 10 日内申报纳税；以 1 日、3 日、5 日、10 日或者 15 日为一期纳税的，自期满之日起 5 日内预缴税款，于次月 1 日起 10 日内申报纳税并结清上月税款。

3. 纳税地点

纳税人应纳的资源税，应当向应税产品的开采或者生产所在地主管税务机关缴纳。

纳税人在本省、自治区、直辖市范围内开采或者生产应税产品，其纳税地点需要调整的，由省、自治区、直辖市税务机关决定。

纳税人跨省开采资源税应税产品，其下属生产单位与核算单位不在同一省、自治区、直辖市的，对其开采的矿产品，一律在开采地纳税，其应纳税款由独立核算、自负盈亏的单位，按照开采地的实际销售量(或者自用量)及适用的单位税额计算划拨。

扣缴义务人代扣代缴的资源税，应当向收购地主管税务机关缴纳。

4. 纳税申报

资源税纳税人应按规定的纳税期限进行纳税申报，并如实填写《资源税纳税申报表》，为落实资源税改革政策，国家税务总局对原资源税纳税申报表进行了修订，形成了《资源税纳税申报表》、《资源税纳税申报表附表(一)》(原矿类税目适用)、《资源税纳税申报表附表(二)》(精矿类税目适用)、《资源税纳税申报表附表(三)》(减免税明细)，现予以发布，自 2016 年 7 月 1 日起施行，如表 7-14～表 7-17 所示。

表 7-14　资源税纳税申报表

根据国家税收法律法规及资源税有关规定制定本表。纳税人不论有无销售额，均应按照税务机关核定的纳税期限填写本表，并向当地税务机关申报。

税款所属时间：　年　月　日至　年　月　日　　填表日期：　年　月　日　　金额单位：元至角分

纳税人识别号																				

纳税人名称	（公章）		法定代表人姓名				注册地址		生产经营地址	
开户银行及账号				登记注册类型				电话号码		
税　目	子目	折算率或换算比	计量单位	计税销售量	计税销售额	适用税率	本期应纳税额	本期减免税额	本期已缴税额	本期应补（退）税额
1	2	3	4	5	6	7	8①＝6×7； 8②＝5×7	9	10	11＝8－9－10
合　计		—	—			—				
授权声明	如果你已委托代理人申报，请填写下列资料： 为代理一切税务事宜，现授权　　　　（地址） 为本纳税人的代理申报人，任何与本申报表有关的往来文件，都可寄予此人。 授权人签字：						申报人声明	本纳税申报表是根据国家税收法律法规及相关规定填写的，我确定它是真实的、可靠的、完整的。 声明人签字：		

主管税务机关：　　　　接收人：　　　　接收日期：　年　月　日

本表一式两份，一份纳税人留存，一份税务机关留存。

表 7-15 资源税纳税申报表附表(一)

(原矿类税目适用)

纳税人识别号																			

纳税人名称： (公章)

税款所属时间： 年 月 日至 年 月 日 金额单位：元至角分

序号	税目	子目	原矿销售额	精矿销售额	折算率	精矿折算为原矿的销售额	允许扣减的运杂费	允许扣减的外购矿购进金额	计税销售额	计量单位	原矿销售量	精矿销售量	平均选矿比	精矿换算为原矿的销售量	计税销售量
	1	2	3	4	5	6＝4×5	7	8	9＝3＋6－7－8	10	11	12	13	14＝12×13	15＝11＋14
1															
2															
3															
4															
5															
6															
7															
8															
合计															

表 7-16 资源税纳税申报表附表(二)

(精矿类税目适用)

纳税人识别号	

纳税人名称：　　　　　　　　(公章)

税款所属时间：　年　月　日至　年　月　日　　　　金额单位：元至角分

序号	税目	子目	原矿销售额	精矿销售额	换算比	原矿换算为精矿的销售额	允许扣减的运杂费	允许扣减的外购矿购进金额	计税销售额	计量单位	原矿销售量	精矿销售量	平均选矿比	原矿换算为精矿的销售量	计税销售量
	1	2	3	4	5	6=3×5	7	8	9=4+6−7−8	10	11	12	13	14=11÷13	15=12+14
1															
2															
3															
4															
5															
6															
7															
8															
合计															

表 7-17 资源税纳税申报表附表(三)

(减免税明细)

纳税人识别号																				

纳税人名称：　　　　　　　　(公章)

税款所属时间：　　年　　月　　日至　　年　　月　　日　　　　　　　　金额单位：元至角分

序号	税目	子目	减免项目名称	计量单位	减免税销售量	减免税销售额	适用税率	减免性质代码	减征比例	本期减免税额
	1	2	3	4	5	6	7	8	9	10①＝6×7×9； 10②＝5×7×9
1										
2										
3										
4										
5										
6										
7										
8										
合　计			—	—			—	—	—	

二、土地增值税法

土地增值税是指转让国有土地使用权、地上的建筑物及其附着物并取得收入的单位和个人，以转让所取得的收入包括货币收入、实物收入和其他收入减除法定扣除项目金额后的增值额为计税依据向国家缴纳的一种税赋，不包括以继承、赠与方式无偿转让房地产的行为。

(一) 土地增值税的特点

与其他税种相比，土地增值税具有以下四个特点。

▶ 1. 以转让房地产的增值额为计税依据

土地增值税的增值额是以征税对象的全部销售收入额扣除与其相关的成本、费用、税金及其他项目金额后的余额，与增值税的增值额有所不同。

▶ 2. 征税面比较广

凡在我国境内转让房地产并取得收入的单位和个人，除税法规定免税的外，均应依照土地增值税条例规定缴纳土地增值税。换言之，凡发生应税行为的单位和个人，不论其经济性质，也不分内、外资企业或中、外籍人员，无论专营或兼营房地产业务，均有缴纳增值税的义务。

▶ 3. 实行超率累进税率

土地增值税的税率是以转让房地产增值率的高低为依据来确认，按照累进原则设计，实行分级计税，增值率高的，税率高，多纳税；增值率低的，税率低，少纳税。

▶ 4. 实行按次征收

土地增值税在房地产发生转让的环节，实行按次征收，每发生一次转让行为，就应根据每次取得的增值额征一次税。

(二) 征税范围

▶ 1. 一般规定

土地增值税的征税对象是指有偿转让国有土地使用权及地上建筑物和其他附着物产权所取得的增值额。征税范围的一般规定如下。

(1) 土地增值税只对“转让”国有土地使用权的行为征税，对“出让”国有土地使用权的行为不征税。

(2) 土地增值税既对转让国有土地使用权的行为征税，也对转让地上建筑物及其他附着物产权的行为征税。

(3) 土地增值税只对“有偿转让”的房地产征税，对以“继承、赠与”等方式无偿转让的房地产，不予征税。

不予征收土地增值税的行为主要包括两种。

① 房产所有人、土地使用人将房产、土地使用权赠与“直系亲属或者承担直接赡养义务人”。

② 房产所有人、土地使用人通过中国境内非营利的社会团体、国家机关将房屋产权、土地使用权赠与教育、民政和其他社会福利、公益事业。

▶ 2. 特殊规定

(1) 以房地产进行投资联营一方以土地作价入股进行投资或者作为联营条件，免征收土地增值税。其中如果投资联营的企业从事房地产开发，或者房地产开发企业以其建造的商品房进行投资联营的就不能暂免征税。

(2) 房地产开发企业将开发的房产转为自用或者用于出租等商业用途，如果产权没有发生转移，不征收土地增值税。

(3) 房地产的互换，由于发生了房产转移，因此属于土地增值税的征税范围。但是对于个人之间互换自有居住用房的行为，经过当地税务机关审核，可以免征土地增值税。

(4) 合作建房，对于一方出地，另一方出资金，双方合作建房，建成后按比例分房自用的，暂免征收土地增值税；但建成后转让的，应征收土地增值税。

(5) 房地产的出租，指房产所有者或土地使用者，将房产或土地使用权租赁给承租人使用由承租人向出租人支付租金的行为。房地产企业虽然取得了收入，但没有发生房产产权、土地使用权的转让，因此，不属于土地增值税的征税范围。

(6) 房地产的抵押，指房产所有者或土地使用者作为债务人或第三人向债权人提供不动产作为清偿债务的担保而不转移权属的法律行为。这种情况下房产的产权、土地使用权在抵押期间并没有发生权属的变更，因此对房地产的抵押，在抵押期间不征收土地增值税。

(7) 企业兼并转让房地产，在企业兼并中，对被兼并企业将房地产转让到兼并企业中的，免征收土地增值税。

(8) 房地产的代建行为，是指房地产开发公司代客户进行房地产的开发，开发完成后向客户收取代建收入的行为。对于房地产开发公司而言，虽然取得了收入，但没有发生房地产权属的转移，其收入属于劳务收性质，故不在土地增值税征税范围。

(9) 房地产的重新评估，按照财政部门的规定，国有企业在清产核资时对房地产进行重新评估而产生的评估增值，因其既没有发生房地产权属的转移，房产产权、土地使用权人也未取得收入，所以不属于土地增值税征税范围。

(10) 土地使用者处置土地使用权，土地使用者转让、抵押或置换土地，无论其是否取得了该土地的使用权属证书，无论其在转让、抵押或置换土地过程中是否与对方当事人办理了土地使用权属证书变更登记手续，只要土地使用者享有占用、使用收益或处分该土地的权利，具有合同等到证据表明其实质转让、抵押或置换了土地并取得了相应的经济利益，土地使用者及其对方当事人就应当依照税法规定缴纳增值税、土地增值税和契税等。

(三) 纳税义务人

土地增值税的纳税义务人是有偿转让国有土地使用权、地上的建筑物及其附着物的单位和个人。包括各类企业单位、事业单位、机关、社会团体、个体工商业户以及其他单位和个人。根据《国务院关于外商投资企业和外国企业适用增值税、消费税、营业税等税收暂行条例的有关问题的通知》的规定，土地增值税也同样适用于涉外企业、单位和个人。因此，外商投资企业、外国企业、外国驻华机构、外国公民、华侨，以及中国港澳台同胞等，只要转让房地产并取得收入，就是土地增值税的纳税义务人，均应按《条例》的规定照章纳税。

(四) 税率

土地增值税只对“转让”国有土地使用权的行为征税，对“出让”国有土地使用权的行为不征税。它是以转让房地产取得的收入，减除法定扣除项目金额后的增值额作为计税依据，并按照四级超率累进税率进行征收。土地增值税税率设计的基本原则是：增值多的多征，增值少的少征，无增值的不征，如表 7-18 所示。

表 7-18　最新土地增值税税率表(2015 年)

档次	增值额与扣除项目金额的比率	税　率	速算扣除系数	税额计算公式	说　　明
1	不超过 50%的部分	30%	0	增值额 30%	扣除项目指取得土地使用权所支付的金额；开发土地的成本、费用；新建房及配套设施的成本、费用或旧房及建筑物的评估价格；与转让房地产有关的税金；财政部规定的其他扣除项目。
2	超过 50%～100%的部分	40%	5%	增值额 40%－扣除项目金额 5%	
3	超过 100%～200%的部分	50%	15%	增值额 50%－扣除项目金额 15%	
4	超过 200%的部分	60%	35%	增值额 60%－扣除项目金额 35%	

(五) 应纳税额的计算

▶ 1. 计税依据

土地增值税的计税依据是纳税人转让房地产所取得的增值额。转让房地产的增值额，是纳税人转让房地产的收入减除税法规定的扣除项目金额后的余额。土地增值额的大小，取决于转让房地产的收入额和扣除项目金额两个因素，对这两个因素的内涵、范围和确定方法等，税法做了较为明确的规定。

▶ 2. 扣除项目

1）房地产开发企业开发房地产扣除项目

房地产开发企业办理土地增值税清算时计算与清算项目有关的扣除项目金额，除另有规定外，须提供合法有效凭证；不能提供合法有效凭证的，不予扣除。

① 土地出让金。取得土地使用权所支付的金额指纳税人为取得土地使用权所支付的地价款和按国家统一规定交纳的有关费用。房地产开发企业为取得土地使用权所支付的契税，应视同“按国家统一规定交纳的有关费用”，计入“取得土地使用权所支付的金额”中扣除。

② 房地产开发成本。开发土地和新建房及配套设施的成本指纳税人房地产开发项目实际发生的成本，包括六大费用：土地征用及拆迁补偿费、前期工程费、建筑安装工程费、基础设施费、公共配套设施费、开发间接费用。

③ 房地产开发费用。房地产开发费用指与房地产开发项目有关的费用，包括销售费用、管理费用、财务费用。该费用的计算有两种方式：其一，凡能够按转让房地产项目计算分摊并提供金融机构证明的，利息支出允许据实扣除，但最高不能超过按商业银行同类同期贷款利率计算的金额。其他房地产开发费用按“取得土地使用权所支付的金额”与“房地产开发成本”金额之和的 5%以内计算扣除。其二，凡不能按转让房地产项目计算分摊利息支出或不能提供金融机构证明的，房地产开发费用按“取得土地使用权所支付的金额”与“房地产开发成本”金额之和的 10%以内计算扣除。

④ 与转让房地产有关的税金。在转让房地产时缴纳的城市维护建设税、印花税，可

在增值额中扣除。因转让房地产交纳的教育费附加、地方教育费附加，也可视同税金予以扣除。

⑤ 加计扣除。对从事房地产开发的纳税人可按"取得土地使用权所支付的金额"与"房地产开发成本"金额之和，加计20%的扣除。

2）企业转让旧房及建筑物扣除项目

①旧房及建筑物的评估价格

旧房及建筑物的评估价格指在转让已使用的房屋及建筑物时，由政府批准设立的房地产评估机构评定的重置成本价乘以成新度折扣率后的价格。评估价格须经当地税务机关确认。

②与转让旧房及建筑物有关的税金

在转让旧房及建筑物时缴纳的城市维护建设税、印花税，可在增值额中扣除。因转让旧房及建筑物交纳的教育费附加、地方教育费附加，也可视同税金予以扣除。

▶ 3. 应纳税额的计算

土地增值税的计算公式为

土地增值税应纳税额＝增值额×适用税率－扣除项目金额×速算扣除系数

【例 7-18】某房地产开发公司专门从事高档住宅商品房开发。2018 年 3 月 2 日，该公司出售高档住宅一幢，总面积 8 100 平方米，不含增值税的销售价格为 35 000 元/平方米。该房屋支付土地出让金 4 000 万元，房地产开发成本 9 800 万元，利息支出为 2 000 万元。假设城建税税率为 7%，印花税税率为 0.05%、教育费附加征收率为 3%，地方教育费附加征收率 2%。当地省级人民政府规定允许扣除的其他房地产开发费用的扣除比例为10%。假设该项目缴纳增值税 2 809 万元(不考虑地方教育附加)，请计算该项目应该计算缴纳的土地增值税。

计算：1. 销售收入＝8 100×35 000÷10 000＝28 350(万元)

2. 计算扣除项目：

(1)取得土地使用权所支付的金额：4 000 万元

(2)房地产开发成本：9 800 万元

(3)房地产开发费用＝(4 000＋9 800)×10%＝1 380(万元)

(4)税金：城建税及教育费附加＝2 809×(7%＋5%)＝337(万元)

(5)加计扣除＝(4 000＋9 800)×20%＝2 760(万元)

扣除项目金额合计＝4 000＋9 800＋1 380＋337＋2 760＝18 277(万元)

增值额＝28 350－18 277＝10 073(万元)

增值率＝10 073÷18 277× 100%＝55.11%＞50%，适用税率 40%

应纳土地增值税税额＝10 073×40%－18 277×5%＝4 029.2－913.85＝3 115.35(万元)

(六) 税收优惠

(1) 建造普通标准住宅出售，其增值率未超过 20%的，予以免税，增值率超过 20%的，应就其全部增值额按规定计税，对于纳税人既建造普通标准住宅又搞其他房地产开发的，应分别核算增值额，不分别核算增值额或不能准确核算增值额的，其建造的普通标准住宅不能适用这一免税规定。

(2) 因国家建设需要而被政府征用、收回的房地产，免征土地增值税。

(3) 个人销售住房，自2008年11月1日起，对居民个人销售住房一律免征土地增值税。

(4) 企事业单位、社会团体以及其他组织转让旧房作为廉租住房、经济适用房房源且增值额未超过扣除项目金额20%的，免征土地增值税。

(七) 征收管理

1. 纳税时间

(1) 纳税人应在转让房地产合同签订后7日内，到房地产所在地主管税务机关办理纳税申报；经常转让经审核可按月按季申报纳税。

(2) 纳税人采取预售方式销售房地产的，对在项目全部竣工结算前转让房地产取得的收入，税务机关可以预征土地增值税，之后办理纳税清算后，多退少补。

2. 纳税地点

土地增值税由房地产所在地的主管税务机关负责征收税款。

(1) 纳税人是法人的，当转让的房地产坐落地与其机构所在地或经营所在地一致时，则在办理税务登记的原管辖税务机关申报纳税即可；如果转让的房地产坐落地与其机构所在地或经营所在地不一致时，则应在房地产坐落地所管辖的税务机关申报纳税。

(2) 纳税人是自然人的，当转让的房地产坐落地与其居住所在地一致时，则在居住所在地税务机关申报纳税；当转让的房地产坐落地与其居住所在地不一致时，在办理过户手续所在地的税务机关申报纳税。

同时，凡在我国境内转让房地产并取得收入的单位和个人，除税法规定免税的外，均应依照土地增值税条例规定缴纳土地增值税。换言之，凡发生应税行为的单位和个人，不论其经济性质，也不分内、外资企业或中、外籍人员，无论专营或兼营房地产业务，均有缴纳增值税的义务。

任务六　环境保护税法

2016年12月25日，十二届全国人大常委会第二十五次会议通过了《中华人民共和国环境保护税法》(以下简称《环境保护税法》)，自2018年1月1日起施行。《环境保护税法》是我国第一部专门体现“绿色税制”的单行税法，对保护和改善环境、减少污染物排放、推进生态文明建设具有重要意义。

一、环境保护税概述

环境保护税对在中华人民共和国领域和中华人民共和国管辖的其他海域，直接向环境排放应税污染物的企业事业单位和其他生产经营者征收。

应税污染物，是指《环境保护税税目税额表》《应税污染物和当量值表》规定的大气污染物、水污染物、固体废物和噪声。依法设立的城乡污水集中处理、生活垃圾集中处理场所超过国家和地方规定的排放标准向环境排放应税污染物的，应当缴纳环境保护税；企业事业单位和其他生产经营者储存或者处置固体废物不符合国家和地方环境保护标准的，应当缴纳环境保护税。

但有下列情形之一的，不属于直接向环境排放污染物，不缴纳相应污染物的环境保护税：

(1)企业事业单位和其他生产经营者向依法设立的污水集中处理、生活垃圾集中处理场所排放应税污染物的。

(2)企业事业单位和其他生产经营者在符合国家和地方环境保护标准的设施、场所储存或者处置固体废物的。

思考1：居民个人也产生生活污水和垃圾，需要缴纳环境保护税吗？

解析：居民个人不属于税法规定的企业事业单位和其他生产经营者，不缴纳环境保护税。

思考2：建筑施工噪声、交通噪声征税吗？

解析：根据环境保护税法规定，目前未将建筑施工噪声和交通噪声纳入征收范围。

二、环境保护税的税目、税额

大气污染物税额幅度为每污染当量1.2元至12元，水污染物税额幅度为每污染当量1.4至14元，具体适用税额由各省(区、市)统筹考虑本地区环境承载能力、污染物排放现状和经济社会生态发展目标要求确定。固体废物按不同种类，税额标准为每吨5～1 000元。噪声按超标分贝数，税额标准为每月350～11 200元。

附表一：

环境保护税税目税额表

<table>
<tr><th colspan="2">税目</th><th>计税单位</th><th>税额</th><th>备注</th></tr>
<tr><td colspan="2">大气污染物</td><td>每污染当量</td><td>1.2元至12元</td><td></td></tr>
<tr><td colspan="2">大污染物</td><td>每污染当量</td><td>1.4元至14元</td><td></td></tr>
<tr><td rowspan="4">固体废物</td><td>煤矸石</td><td>每吨</td><td>5元</td><td rowspan="4"></td></tr>
<tr><td>尾矿</td><td>每吨</td><td>15元</td></tr>
<tr><td>危险废物</td><td>每吨</td><td>9 000元</td></tr>
<tr><td>冶炼渣、粉煤灰、炉渣、其他固体废物(含半固态、液态废物)</td><td>每吨</td><td>25元</td></tr>
<tr><td rowspan="6">噪声</td><td rowspan="6">工业噪声</td><td>超标1～3分贝</td><td>每月350元</td><td rowspan="6">1. 一个单位边界上有多处噪声超标，根据最高一处超标声级计算应纳税额；当沿边界长度超过100米有两处以上噪声超标，两个单位计算应纳税额。2. 一个单位有不同地点作业场所的，应当分别计算应纳税额，合并计征。3. 昼、夜均超标的环境噪声，昼、夜分别计算应纳税额，累计计征。4. 声源一个月内超标不足15天内，减半计算应纳税额。5. 夜色间频繁突发和夜间偶然突发厂界超标噪声，按等效声级和峰值噪声两种指标中超标分贝值高的一项计算应纳税额</td></tr>
<tr><td>超标4～6分贝</td><td>每月700元</td></tr>
<tr><td>超标7～9分贝</td><td>每月1 400元</td></tr>
<tr><td>超标10～12分贝</td><td>每月2 800元</td></tr>
<tr><td>超标13～15分贝</td><td>每月5 600元</td></tr>
<tr><td>超标16分贝以上</td><td>每月11 200元</td></tr>
</table>

附表二:

应税污染物和当量值表

一、第一类水污染物污染当量值

污染物	污染当量值(千克)
1. 总泵	0.000 5
2. 总镉	0.005
3. 总铬	0.04
4. 六价铬	0.02
5. 总砷	0.02
6. 总铅	0.025
7. 总镍	0.025
8. 苯并(a)芘	0.000 000 3
9. 总铍	0.01
10. 总银	0.02

二、第二类水污染物污染当量值

污染物	污染当量值(千克)	备注
11. 悬浮物(SS)	4	
12. 生化需氧量(BOD_5)	0.5	同一排放口中的化学需氧量、生化需氧量和总有机碳，只征收一项
13. 化学需氧量(COD_{Cr})	1	
14. 总有机碳(TOC)	0.49	
15. 石油类	0.1	
16. 动植物油	0.16	
17. 挥发酚	0.08	
18. 总氧化物	0.05	
19. 硫化物	0.125	
20. 氨氮	0.8	
21. 氟化物	0.5	
22. 甲醛	0.125	
23. 苯胺类	0.2	
24. 硝基苯类	0.2	
25. 阴离子表面活性剂(LAS)	0.2	
26. 总铜	0.1	
27. 总锌	0.2	
28. 总锰	0.2	

续表

污染物	污染当量值(千克)	备注
29. 彩色显影剂(CD-2)	0.2	
30. 总磷	0.25	
31. 单质磷(以 P 计)	0.05	
32. 有机磷农药(以 P 计)	0.05	
33. 乐果	0.05	
34. 甲基对硫磷	0.05	
35. 马拉硫磷	0.05	
36. 对硫磷	0.05	
37. 五氯酚及五氯酚钠(以五氯酚计)	0.25	
38. 三氯甲烷	0.04	
39. 可吸附有机卤化物(AOX)(以 Cl 计)	0.25	
40. 四氯化碳	0.04	
41. 三氯乙烯	0.04	
42. 四氯乙烯	0.04	
43. 苯	0.02	
44. 甲苯	0.02	
45. 乙苯	0.02	
46. 邻-二甲苯	0.02	
47. 对-二甲苯	0.02	
48. 间-二甲苯	0.02	
49. 氯苯	0.02	
50. 邻二氯苯	0.02	
51. 对二氯苯	0.02	
52. 对硝基氯苯	0.02	
53. 2,4-二硝基氯苯	0.02	
54. 苯酚	0.02	
55. 间-甲酚	0.02	
56. 2,4-二氯酚	0.02	
57. 2,4,6-三氯酚	0.02	
58. 邻苯二甲酸二丁酯	0.02	
59. 邻苯二甲酸二辛酯	0.02	
60. 丙烯腈	0.125	
61. 总硒	0.02	

三、pH 值、色度、大肠菌群数、余氯量水污染物污染当量值

污染物		污染当量值	备注
1. pH 值	1. 0～1，13～14 2. 1～2，12～13 3. 2～3，11～12 4. 3～4，10～10 5. 4～5，9～10 6. 5～6	0.06 吨污水 0.125 吨污水 0.25 吨污水 0.5 吨污水 1 吨污水 5 吨污水	pH 值 5～6 指大于等于 5，小于 6；pH 值 9～10 指大于 9，小于等于 10，其余类推
2. 色度		5 吨水·倍	
3. 大肠菌群数(超标)		3.3 吨污水	大肠菌群数和余氯量只征收一项
4. 余氯量(用氯消毒的医院废水)		3.3 吨污水	

四、禽畜养殖业、小型企业和第三产业水污染物污染当量值

(本表仅适用于计算无法进行实际监测或者物料衡算的禽畜养殖业、小型企业和第三产业等小型排污者的水污染物污染当量数。)

类　　型		污染当量值	备　　注
禽畜养殖场	1. 牛	0.1 头	仅对存栏规模大于 50 头牛、500 头猪、5 000 羽鸡鸭等的禽畜养殖场征收
	2. 猪	1 头	
	3. 鸡、鸭等家禽	30 羽	
4. 小型企业		1.8 吨污水	
5. 饮食娱乐服务业		0.5 吨污水	
6. 医院	消毒	0.14 床	医院病床数大于 20 张的，按照本表计算污染当量数
		2.8 吨污水	
	不消毒	0.07 床	
		1.4 吨污水	

五、大气污染物污染当量值

污　染　物	污染当量值(千克)
1. 二氧化硫	0.95
2. 氮氧化物	0.95
3. 一氧化碳	16.7
4. 氯气	0.34
5. 氯化氢	10.75
6. 氟化物	0.87
7. 氰化氢	0.005
8. 硫酸雾	0.6

续表

污 染 物	污染当量值(千克)
9. 铬酸雾	0.000 7
10. 汞及其化合物	0.000 1
11. 一般性粉尘	4
12. 石棉尘	0.53
13. 玻璃棉尘	2.13
14. 炭黑尘	0.59
15. 铅及其化合物	0.02
16. 镉及其化合物	0.03
17. 铍及其化合物	0.000 4
18. 镍及其化合物	0.13
19. 锡及其化合物	0.27
20. 烟尘	2.18
21. 苯	0.05
22. 甲苯	0.18
23. 二甲苯	0.27
24. 苯并(a)芘	0.000 002
25. 甲醛	0.09
26. 乙醛	0.45
27. 丙烯醛	0.06
28. 甲醇	0.67
29. 酚类	0.35
30. 沥青烟	0.19
31. 苯胺类	0.21
32. 氯苯类	0.72
33. 硝基苯	0.17
34. 丙烯腈	0.22
35. 氯乙烯	0.55
36. 光气	0.04
37. 硫化氢	0.29
38. 氨	9.09
39. 三甲胺	0.32
40. 甲硫醇	0.04
41. 甲硫醚	0.28
42. 二甲二硫	0.28
43. 苯乙烯	25
44. 二硫化碳	20

三、环境保护税的计税依据

环境保护税以污染物排放量为计税依据。

(1) 对应税大气污染物、水污染物,按照污染物排放量折合的污染当量数确定。污染当量数,以该污染物的排放数量除以该污染物的污染当量值计算。每种应税大气污染物、水污染物对应的污染当量值,依照税法所附《应税污染物和当量值表》执行。

(2) 对应税固体废物,按照固体废物的排放量确定。固体废物的排放量是指不符合国家和地方环境保护标准储存或者处置的固体废物的数量。

(3) 对工业噪声,按照超过国家规定标准的分贝数确定。超过国家规定标准的分贝数是指实际生产的工业噪声与国家规定的工业噪声排放标准限值之间的差值。

污染当量是指根据各种污染物或污染排放活动对环境的有害程度以及处理的技术经济性,衡量不同污染物对环境污染的一个综合性指标或计量单位。相同污染当量的不同污染物,其污染程度基本相当。

为准确地监测和计算污染物排放量,主要采取以下措施:

(1) 要求重点排污单位依法安装自动监测设备,按自动监测数据计算。

(2) 对未安装自动监测设备的企业,按监测机构出具的监测数据计算污染物排放量。

(3) 对污染物种类多且不具备监测条件的,按照国务院环境保护主管部门公布的排污系数或者物料衡算方法计算污染物排放量。

(4) 不能按照前三种方法计算的,按照抽样测算方法核定计算污染物的排放量,相关计算方法由省级环境保护主管部门制定并向社会公布。

对于纳税人自行对污染物进行监测所获取的监测数据,符合国家有关规定和监测规范的,在计算环境保护税时视同监测机构出具的监测数据;纳税人申报的污染物排放数据与环境保护主管部门交送的相关数据不一致的,按照环境保护主管部门交送的数据确定应税污染物的计税依据;从事海洋石油天然气勘探开发生产等作业活动,向海洋环境排放大气污染物的,按照每一排放口或者没有排放口的应税污染物排放量折合的污染当量数从大到小排序后的前三项污染物计征。

思考3: 工业园区的污水处理厂,需要缴纳环保税吗?

解析: 对为社会公众提供生活污水处理服务的城乡污水集中处理场所,在达标排放的情况下给予免征环境保护税的优惠。但对服务工业园区企业的污水处理厂,需要缴纳环境保护税。

四、环境保护税应纳税额的计算

环境保护税应纳税额按照下列方法计算:

(1) 应税大气污染物的应纳税额为污染当量数乘以具体适用税额。

(2) 应税水污染物的应纳税额为污染当量数乘以具体适用税额。

(3) 应税固体废物的应纳税额为固体废物排放量乘以具体适用税额。

(4) 应税噪声的应纳税额为超过国家规定标准的分贝数对应的具体适用税额。

以下以滨海市为例计算环境保护税应纳税额。

【例1】滨海市A企业201×年10月向大气中排放二氧化硫15千克,氮氧化物10千克,一氧化碳200千克,汞及其化合物1千克。滨海市大气污染物适用税额标准为二氧化硫7.5元/污染当量、氮氧化物8.5元/污染当量、其他大气污染物1.4元/污染当量。A企业只有一个排放口,计算该企业10月大气污染物应缴纳的环境保护税。(相应污染物的污染当量值分别为 0.95 千克、0.95 千克、16.7 千克和 0.000 1 千克。)

▶ 1. 计算各污染物的污染当量数

二氧化硫：15÷0.95=15.79(千克)

氮氧化物：10÷0.95=10.53(千克)

一氧化碳：200÷16.7=11.98(千克)

汞及其化合物：1÷0.000 1=10 000 (千克)

▶ 2. 按污染当量数排序

汞及其化合物(10 000)>二氧化硫(15.79)>一氧化碳(11.98)>氮氧化物(10.53)

▶ 3. 计算应纳税额

汞及其化合物：10 000×1.2=12 000 (元)

二氧化硫：15.79×7.5=148.43(元)

一氧化碳：11.98×1.2=14.38(元)

氮氧化物：10.53×8.5=89.51(元)

大气污染物应纳税额：12 000+148.43+14.38+89.51=12 252.32(元)

二、应税水污染物应纳税额的计算

应税水污染物应纳税额=污染当量数(第一类前五项、其他类前三项)×具体适用税额

应税水污染物污染当量数=该污染物排放量÷该污染物的污染当量值

【例 2】滨海市 B 企业 201×年 10 月向水体直接排放第一类水污染物总汞、总镉、总铬、六价铬、总铅、总铍各 1 千克。排放其他类水污染物悬浮物(SS)、化学需氧量(COD-Cr)、氨氮各 25 千克，pH 值检测出是 5.5、污水排放量 300 吨。滨海市水污染物适用税额标准为化学需氧量 6 元/污染当量、氨氮 5 元/污染当量、第一类水污染物 1.8 元/污染当量、其他类水污染物 1.6 元/污染当量。第一类水污染物的污染当量值分别为：0.000 5、0.005、0.04、0.02、0.02、0.025；第二类水污染物的污染当量值分别为 4、1、0.8(单位：千克)；pH 值 5—6 的污染当量值为 5 吨污水。

▶ 1. 计算第一类水污染物的污染当量数并排序

总汞：1÷0.0005=2 000 (千克)

总镉：1÷0.005=200(千克)

总铬：1÷0.04=25(千克)

六价铬：1÷0.02=50(千克)

总铅：1÷0.025=40 (千克)

总铍：1÷0.01=100 (千克)

总汞(2 000)>总镉(200)>总铍(100)>六价铬(50)>总铅(40)>总铬(25)

▶ 2. 计算第一类水污染物应纳税额

总汞：2 000×1.8=3 600 (元)

总镉：200×1.8=360(元)

总铍：100×1.8=180 (元)

六价铬：50×1.8=90 (元)

总铅：40×1.8=72(元)

第一类水污染物应纳税额：3 600+360+180+90+72=4 302(元)

▶ 3. 计算其他类水污染物的污染当量数并排序

悬浮物(SS)：25÷4＝6.25（千克）

化学需氧量(CODCr)：25÷1＝25(千克)

氨氮：25÷0.8＝31.25（千克）

pH 值：300÷5＝60（千克）

pH 值(60)＞氨氮(31.25)＞化学需氧量(CODCr)(25)＞悬浮物(SS)(6.25)

▶ 4. 计算其他类水污染物应纳税额

pH 值：60×1.6＝96(元)

氨氮：31.25×5＝156.25(元)

化学需氧量(CODCr)：25×6＝150（元）

其他类水污染物应纳税额：96＋156.25＋150＝402.25(元)

▶ 5. 计算应纳税额

水污染物应纳税额：4 302＋402.25＝4 704.25(元)

三、应税固体废物应纳税额的计算

计算公式：固体废物应纳税额＝[产生量－综合利用量(免征)－储存量和处置量(不属于直接向环境排放污染物)]×适用税额

【例 3】滨海市 C 企业 201×年 10 月产生尾矿 50 吨，其中综合利用的煤矸石 20 吨(符合国家和地方环境保护标准)，在符合国家和地方环境保护标准的设施储存 10 吨，计算 C 企业 10 月尾矿应缴纳的环境保护税。

计算方式：应纳税额＝(50－20－10)×15＝300(元)

四、应税噪声应纳税额的计算

计算公式：应税噪声应纳税额＝超过国家规定标准的分贝数对应的具体适用税额

【例 4】滨海市 D 企业 201×年 10 月在某施工作业场存在噪声超标。昼间，某施工作业场所超标 1～3 分贝，沿边界长度超过 100 米只有一处噪声超标，超标天数为 14 天；夜间，某施工作业场所超标 4～6 分贝，沿边界长度超过 100 米有两处以上噪声超标，超标天数为 15 天。计算 D 企业 201×年 10 月噪声污染应缴纳的环境保护税。

计算方式：昼、夜均超标的环境噪声，昼、夜分别计算应纳税额，累计计征。

某施工作业场昼间应纳税额＝350÷2(元)＝175(元)(注：声源一个月内超标不足 15 天，减半计算。)

某施工作业场夜间应纳税额＝700×2＝1 400(元)(注：沿边界长度超过 100 米有两处以上噪声超标，按两处计算。)

应纳税额＝175＋1 400＝1 575(元)

根据以上案例可知，计算应税大气、水污染物应纳税额的关键在于明确污染当量数、污染当量数的排序以及适用税额；噪声应纳税额计算，需注意是否符合《环境保护税税目税额表》中的备注条件。

五、税收优惠政策

(一)免税政策

税法规定了五项暂予免税的情形。

(1) 为支持农业发展，对除规模化养殖外的农业生产排放的应税污染物暂予免税。

(2) 考虑到现行税制中已有车船税、消费税、车辆购置税等税种对机动车的生产和使用进行调节，对促进节能减排发挥了积极作用，因此，对机动车、船舶和航空器等流动污染源排放的应税污染物暂免征税。

(3) 根据国家有关规定，达标排放污染物的城乡污水集中处理、生活垃圾集中处理场所免缴排污费，为保持政策的连续性，对依法设立的城乡污水集中处理、生活垃圾集中处理场所向环境达标排放的应税污染物暂予免税。

(4) 为鼓励固体废物综合利用，减少污染物排放，对纳税人符合标准综合利用的固体废物暂免征税。

(5) 国务院批准暂免征税的其他情形。

(二)减税政策

为充分发挥税收的激励引导作用，进一步调动企业改进技术工艺、减少污染物排放的积极性，税法根据纳税人排放污染物浓度值低于国家和地方规定排放标准的程度不同，设置了两档减税优惠，即纳税人排污浓度值低于规定标准30%的，减按75%征税；纳税人排污浓度值低于规定排放标准50%的，减按50%征税。

六、税收征管

环境保护税采取“企业申报、税务征收、环保协同、信息共享”的征管模式。

按照税法规定，环境保护税按月计算，按季申报缴纳。不能按固定期限计算缴纳的，可以按次申报缴纳。纳税人按季申报缴纳的，应当自季度终了之日起15日内，向税务机关办理纳税申报并缴纳税款。纳税人按次申报缴纳的，应当自纳税义务发生之日起15日内，向税务机关办理纳税申报并缴纳税款。纳税人可以通过网上申报、上门申报等方式办理纳税申报。

《环境保护税纳税申报表》分为A类申报表与B类申报表。A类申报表(附件1)包括1张主表和5张附表，适用于通过自动监测、监测机构监测、排污系数和物料衡算法计算污染物排放量的纳税人，享受减免税优惠的纳税人还需要填报减免税相关附表进行申报。B类申报表(附件2)适用于除A类申报之外的其他纳税人，包括按次申报的纳税人。

首次申报环境保护税的纳税人应同时填报《环境保护税基础信息采集表》(附件3)，包括1张主表和4张附表，用于采集纳税人与环境保护税相关的基础信息。纳税人与环境保护税相关的基础信息发生变化的，应及时向主管税务机关办理变更手续。

知识链接：环境保护税征管涉及税务、环保两个部门，如果发生征纳税争议，纳税人行政复议或诉讼对象是谁?

《环境保护税法》第14条规定：环境保护税由税务机关依照税收征收管理法和本法的有关规定征收管理。环境保护主管部门依照本法和有关环境保护法律法规的规定负责对污染物的监测管理。《行政复议法实施条例》第11条规定：公民、法人或者其他组织对行政机关的具体行政行为不服，依照行政复议法和本条例的规定申请行政复议的，作出该具体行政行为的行政机关为被申请人。《中华人民共和国行政诉讼法》第26条规定：公民、法人或者其他组织直接向人民法院提起诉讼的，作出行政行为的行政机关是被告。根据上述法律法规的规定，如果发生征纳税争议，纳税人行政复议或诉讼对象是作出具体税收征管行政行为的税务机关。

附件 1

环境保护税纳税申报表(A类)

税款所属期：自　　年　　月　　日至　　年　　月　　日

填表日期：　　年　　月　　日　　　　　　　　　　金额单位：元至角分

＊纳税人名称	（公章）				＊统一社会信用代码（纳税人识别号）				
税源编号	＊排放口名称或噪声源名称	＊税目	＊污染物名称	＊计税依据或超标噪声综合系数	＊单位税额	＊本期应纳税额	本期减免税额	＊本期已缴税额	＊本期应补（退）税额
(1)	(2)	(3)	(4)	(5)	(6)	(7)＝(5)×(6)	(8)	(9)	(10)＝(7)－(8)－(9)
合计	—	—	—	—	—				
授权声明	如果你已委托代理人申报，请填写下列资料：为代理一切税务事宜，现授权　　　（地址）　　　（统一社会信用代码）为本纳税人的代理申报人，任何与本申报表有关的往来文件，都可寄予此人。授权人签字：				＊申报人声明	本纳税申报表是根据国家税收法律法规及相关规定填写的，是真实的、可靠的、完整的。声明人签字：			

经办人：　　　主管税务机关：　　　受理人：　　　受理日期：　　年　　月　　日

本表一式两份，一份纳税人留存，一份税务机关留存。

填表说明：

1. 本表适用于按照《中华人民共和国环境保护税法》第十条前三项方法计算应税污染物排放量的纳税人填报。表内带 * 的为必填项。

2. 本表包含五张附表，分别为附表 1.1《环境保护税按月计算报表（大气污染物适用）》、附表 1.2《环境保护税按月计算报表（水污染物适用）》、附表 1.3《环境保护税按月计算报表（固体废物适用）》、附表 1.4《环境保护税按月计算报表（噪声适用）》、附表 1.5《环境保护税减免税明细计算报表》。

3. 第 1 栏"税源编号"：由税务机关通过征管系统根据纳税人的排放口信息赋予编号。

4. 第 2 栏"排放口名称或噪声源名称"：纳税人可自行命名每一个排放口名称或噪声源的具体名称。该项应与《环境保护税基础信息采集表》中填写的名称一致。

5. 第 3 栏"税目"：按照《中华人民共和国环境保护税法》附表一的税目填写，分别为"大气污染物""水污染物""固体废物（煤矸石）""固体废物（尾矿）""固体废物（危险废物）""固体废物（冶炼渣）""固体废物（粉煤灰）""固体废物（炉渣）""固体废物（其他固体废物）""噪声（工业噪声）"。

6. 第 4 栏"污染物名称"：大气污染物和水污染物根据《中华人民共和国环境保护税法》附表二的污染物名称填写。固体废物根据《中华人民共和国环境保护税法》附表一填写，其中：税目为"固体废物（危险废物）"的，按照国务院环境保护主管部门发布的国家危险废物名录中的相应代码填写；税目为"固体废物（其他固体废物）"的，按照其他应税固体废物具体名称填写。噪声填写"工业噪声超标 1～3 分贝""工业噪声超标 4～6 分贝""工业噪声超标 7～9 分贝""工业噪声超标 10～12 分贝""工业噪声超标 13～15 分贝""工业噪声超标 16 分贝以上"。从事海洋工程的纳税人排放应税大气污染物的，填写大气污染物具体名称，如"二氧化硫－海洋工程（气）""氮氧化物－海洋工程（气）""一氧化碳－海洋工程（气）"等；从事海洋工程的纳税人排放应税水污染物的，填写海洋工程相应水污染物名称："石油类－海洋工程（生产污水和机舱污水）""石油类－海洋工程（钻井泥浆和钻屑）""总汞－海洋工程（钻井泥浆和钻屑）""总镉－海洋工程（钻井泥浆和钻屑）""化学需氧量（CODCr）－海洋工程（生活污水）"；从事海洋工程的纳税人排放生活垃圾的，填写"生活垃圾－海洋工程"。

7. 第 5 栏"计税依据或超标噪声综合系数"：根据附表计算出的应税大气污染物和水污染物的污染当量数、应税固体废物的排放量，分污染物名称合计填写。噪声按照附表 1.4《环境保护税按月计算报表（噪声适用）》中的第 13 栏"超标噪声综合系数"填写。

8. 第 6 栏"单位税额"：按照《中华人民共和国环境保护税法》附表一和各省、自治区、直辖市公布的应税大气污染物、水污染物具体适用税额填写。

9. 第 8 栏"本期减免税额"：按照附表 1.5《环境保护税减免税明细计算报表》第 15 栏"本期减免税额"分污染物名称的合计数填写。

附表 1.1

环境保护税按月计算报表
(大气污染物适用)

税款所属期：自　　年　　月　　日至　　年　　月　　日

纳税人名称：　　　　　　　　　　统一社会信用代码(纳税人识别号)：

*月份	*税源编号	*排放口名称	*污染物名称	*污染物排放量计算方法	监测计算				排污系数计算		*污染物排放量(千克)	*污染当量值(千克)	*污染当量数
					废气排放量(万标立方米)	实测浓度值(毫克/标立方米)	计算基数	产污系数	排污系数	污染物单位			
(1)	(2)	(3)	(4)	(5)	(6)	(7)	(8)	(9)	(10)	(11)	(12)＝(6)×(7)÷100 (12)＝(8)×(9)×N (12)＝(8)×(10)×N	(13)	(14)＝(12)÷(13)

填表说明：

1. 本表用于大气污染物环境保护税的计算申报。表内带 * 的为必填项。

2. 第 1 栏“月份”：按税款所属期分月填写，如“1 月”“2 月”“3 月”。

3. 第 5 栏“污染物排放量计算方法”：填写“自动监测”“监测机构监测”“排污系数”或“物料衡算”。

4. 第 6 栏“废气排放量”：污染物排放量计算方法为“自动监测”或“监测机构监测”的填写该项。

5. 第 7 栏“实测浓度值”：采用自动监测的，按自动监测仪器当月读数填写；采用监测机构监测(含符合规定的自行监测)的，按监测机构出具的报告填写。

6. 第 8 栏“计算基数”：填写产品产量值或原材料耗用值。

7. 第 9 栏“产污系数”：使用产污系数法计算污染物排放量的，填写国务院环境保护主管部门发布的纳税人适用的产污系数，无需填写第 10 栏“排污系数”。

8. 第 10 栏“排污系数”：使用排污系数法计算污染物排放量的，填写国务院环境保护主管部门发布的纳税人适用的排污系数，无须填写第 9 栏“产污系数”。

9. 第 11 栏“污染物单位”：按照国务院环境保护主管部门发布的纳税人适用的产排污系数表中“单位”栏的分子项填写，包括“吨”“千克”“克”“毫克”。

10. 第 12 栏“污染物排放量”：采用自动监测方法计算污染物排放量的，按照自动监测仪器当月读数填写，此时，该栏可不等于第 6 栏×第 7 栏。采用监测机构监测方法计算污染物排放量的，污染物排放量＝废气排放量×实测浓度值÷100(注：将污染物排放量换算成千克)。采用排污系数方法计算污染物排放量的，污染物排放量＝计算基数×排污系数(或产污系数)×换算值 N(注：将污染物排放量换算成千克)。“污染物单位”为吨时，N 为 1 000；“污染物单位”为千克时，N 为 1；“污染物单位”为克时，N 为 0.001；“污染物单位”为毫克时，N 为 0.000 001。采用物料衡算方法计算污染物排放量的，按纳税人适用的物料衡算方法计算填写污染物排放量(注：将污染物排放量换算成千克)。

11. 第 13 栏“污染当量值”：根据《中华人民共和国环境保护税法》附表二填写。

附表 1.2

环境保护税按月计算报表
（水污染物适用）

税款所属期：自　　年　　月　　日至　　年　　月　　日
纳税人名称：　　　　统一社会信用代码（纳税人识别号）：

* 月份	* 税源编号	* 排放口名称	* 种类	* 污染物名称	* 污染物排放量计算方法	监测计算		排污系数计算				* 污染物排放量（千克或吨）	* 污染当量值（千克或吨）	* 污染当量数
						污水排放量（吨）	实测浓度值（毫克/升）	计算基数	产污系数	排污系数	污染物单位			
(1)	(2)	(3)	(4)	(5)	(6)	(7)	(8)	(9)	(10)	(11)	(12)	(13)＝(7)×(8)÷1 000 (13)＝(9)×(10)×N (13)＝(9)×(11)×N (13)＝(7)	(14)	(15)＝(13)÷(14)

填表说明：

1. 本表用于水污染物环境保护税的计算申报。表内带＊的为必填项。

2. 第1栏“月份”：按税款所属期分月填写，如“1月”“2月”“3月”。

3. 第4栏“种类”：填写“第一类水污染物”或“其他类水污染物”；“其他类水污染物”包括第二类水污染物、pH值、色度、大肠菌群数、余氯量。

4. 第5栏“污染物名称”：当污染物是“pH值”时，根据实测pH值对应填写“pH值(0～1,13～14)”“pH值(1～2，12～13)”“pH值(2～3，11～12)”“pH值(3～4，10～11)”“pH值(4～5，9～10)”“pH值(5～6)”。

5. 第6栏“污染物排放量计算方法”：填写“自动监测”“监测机构监测”“排污系数”或“物料衡算”。

6. 第7栏“污水排放量”：污染物排放量计算方法为“自动监测”或“监测机构监测”的填写该项。

7. 第8栏“实测浓度值”：采用自动监测的，按自动监测仪器当月读数填写；采用监测机构监测(含符合规定的自行监测)的，按监测机构出具的报告填写。

8. 第9栏“计算基数”：填写产品产量值或原材料耗用值。

9. 第10栏“产污系数”：使用产污系数法计算污染物排放量的，填写国务院环境保护主管部门发布的纳税人适用的产污系数，无需填写第10栏“排污系数”。

10. 第11栏“排污系数”：使用排污系数法计算污染物排放量的，填写国务院环境保护主管部门发布的纳税人适用的排污系数，无需填写第9栏“产污系数”。

11. 第12栏“污染物单位”：按照国务院环境保护主管部门发布的纳税人适用的产排污系数表中“单位”栏的分子项填写，包括“吨”“千克”“克”“毫克”。

12. 第13栏“污染物排放量”：采用自动监测方法计算污染物排放量的，按照自动监测仪器当月读数填写，此时，该栏可不等于第7栏×第8栏。采用监测机构监测方法计算污染物排放量的，污染物排放量＝污水排放量×实测浓度值÷1 000(注：将污染物排放量换算成千克)。采用排污系数方法计算污染物排放量的，污染物排放量＝计算基数×排污系数(或产污系数)×换算值N(注：将污染物排放量换算成千克)。“污染物单位”为吨时，N为1 000；“污染物单位”为千克时，N为1；“污染物单位”为克时，N为0.001；“污染物单位”为毫克时，N为0.000 001。采用物料衡算方法计算污染物排放量的，按纳税人适用的物料衡算方法计算填写污染物排放量(注：将污染物排放量换算成千克)。当污染物是“pH值”“大肠菌群数(超标)”“余氯量(用氯消毒的医院废水)”时，污染物排放量＝污水排放量(污染物排放量换算成吨)。当污染物是“色度”时，污染物排放量＝污水排放量(污染物排放量换算成吨)×色度超标倍数。

13. 第14栏“污染当量值”：根据《中华人民共和国环境保护税法》附表二填写。

附表 1.3

环境保护税按月计算报表
（固体废物适用）

税款所属期：自　　年　　月　　日至　　年　　月　　日

纳税人名称：　　　　　　　　统一社会信用代码（纳税人识别号）：

月份	污染物名称		本月固体废物的产生量（吨）	本月固体废物的贮存量（吨）	本月固体废物的处置量（吨）	本月应税固体废物的排放量（含综合利用量）（吨）
	固体废物类别	固体废物名称或危险废物代码				
（1）	（2）	（3）	（4）	（5）	（6）	（7）＝（4）－（5）－（6）

填表说明：

1. 本表用于固体废物环境保护税的计算申报。表内带 * 的为必填项。

2. 第 1 栏“月份”：按税款所属期分月填写，如“1 月”“2 月”“3 月”。

3. 第 2 栏“固体废物类别”：按行单项填写“煤矸石”“尾矿”“危险废物”“冶炼渣”“粉煤灰”“炉渣”“其他固体废物(含半固态、液态废物)”；海洋工程纳税人排放生活垃圾的，填写“生活垃圾—海洋工程”。

4. 第 3 栏“固体废物名称或危险废物代码”：固体废物类别为“其他固体废物(含半固态、液态废物)”的，填写其他固体废物的具体名称；固体废物类别为“危险废物”的，按照国务院环境保护主管部门发布的国家危险废物名录中的相应代码填写。

5. 第 4 栏“本月固体废物的产生量”：填写当月产生的应税固体废物数量。

6. 第 5 栏“本月固体废物的储存量”：填写当月在符合国家和地方环境保护标准的设施、场所贮存的固体废物数量。

7. 第 6 栏“本月固体废物的处置量”：填写当月在符合国家和地方环境保护标准的设施、场所处置的固体废物数量。

8. 第 7 栏“本月应税固体废物的排放量(含综合利用量)”：本月应税固体废物的排放量(含综合利用量)＝本月固体废物的产生量－本月固体废物的储存量－本月固体废物的处置量。综合利用应税固体废物的，填报《环境保护税减免税明细计算报表》。

附表 1.4

环境保护税按月计算报表
(噪声适用)

税款所属期：自　　年　　月　　日至　　年　　月　　日

纳税人名称：　　　　　　　　　　　　统一社会信用代码(纳税人识别号)：

* 月份	* 税源编号	* 噪声源名称	* 噪声时段	* 监测分贝数	* 标准限值	* 超标分贝数	* 污染物名称	* 超标不足 15 天	* 超标天数系数	* 两处以上噪声超标	* 边界超标系数	* 超标噪声综合系数
(1)	(2)	(3)	(4)	(5)	(6)	(7)=(5)-(6)	(8)	(9)	(10)	(11)	(12)	(13)=(10)×(12)

填表说明：

1. 本表用于噪声环境保护税的计算申报。表内带 * 的为必填项。

2. 第 1 栏“月份”：按税款所属期分月填写，如“1 月”“2 月”“3 月”。

3. 第 4 栏“噪声时段”：填写“昼间”或“夜间”，同一噪声源昼、夜均超标的，应分行填写。

4. 第 5 栏“监测分贝数”：填写实际监测的最高分贝数，不足一分贝的按“四舍五入”原则填写。

5. 第 6 栏“标准限值”：按照所属声功能区的执行标准中对应的“标准限值”填写。

6. 第 8 栏“污染物名称”：填写“工业噪声超标 1～3 分贝”“工业噪声超标 4～6 分贝”“工业噪声超标 7～9 分贝”“工业噪声超标 10～12 分贝”“工业噪声超标 13～15 分贝”或“工业噪声超标 16 分贝以上”。

7. 第 9 栏“超标不足 15 天”：超标天数区分昼、夜，分别计算。噪声源超标不足 15 昼(夜)的，填写“是”；达到或超过 15 昼(夜)的，填写“否”。

8. 第 10 栏“超标天数系数”：第 9 栏为“是”的，本栏填写“0.5”；第 9 栏为“否”的，本栏填写“1”。

9. 第 11 栏“两处以上噪声超标”：沿边界长度超过 100 米有两处以上噪声超标的填写“是”，其他情况填写“否”。

10. 第 12 栏“边界超标系数”：第 11 栏为“是”的，本栏填写“2”；第 11 栏为“否”的，本栏填写“1”。

附表 1.5

环境保护税减免税明细计算报表

税款所属期：自　　年　　月　　日至　　年　　月　　日

纳税人名称：　　　　统一社会信用代码(纳税人识别号)：　　　　金额单位：元至角分

*月份	税源编号	*排放口名称	*税目	*污染物名称	*污染物排放量计算方法	监测数据		执行标准	标准浓度值(毫克/升，毫克/标立方米)	污染物排放量(千克)	*减免性质代码(减免项目名称)	*污染当量数或综合利用量	*单位税额	*本期减免税额
						月均浓度(毫克/升，毫克/标立方米)	最高浓度(毫克/升，毫克/标立方米)							
(1)	(2)	(3)	(4)	(5)	(6)	(7)	(8)	(9)	(10)	(11)	(12)	(13)	(14)	(15)=(13)×(14) (15)=(13)×(14)×N

填表说明：

1. 本表用于环境保护税减免税的计算申报。表内带 * 的为必填项；享受大气污染物、水污染物减免税优惠的，须填写第 7、8、9、10、11 栏；享受固体废物减免税优惠的，无需填写第 2、3、6、7、8、9、10、11 栏。

2. 第 7 栏“月均浓度”：按照《中华人民共和国环境保护税法实施条例》第十条规定填写。

3. 第 8 栏“最高浓度”：采用自动监测的，按照应税大气污染物浓度值的最高小时平均值，或者应税水污染物浓度值的最高日平均值填写；采用监测机构监测（含符合规定的自行监测）的，按照当月监测的应税大气污染物、水污染物的最高浓度值填写。

4. 第 9 栏“执行标准”：按照孰严原则选择填写国家或地方污染物排放标准名称及编号。

5. 第 10 栏“标准浓度值”：填写执行标准对应的浓度值。

6. 第 11 栏“污染物排放量”：根据自动监测、监测机构监测的数据得出的污染物排放量填写。

7. 第 12 栏“减免性质代码（减免项目名称）”：按照减免税政策代码目录中相应的减免性质代码或名称填写。

8. 第 13 栏“污染当量数或综合利用量”：应税大气污染物、水污染物填写实际排放应税污染物的污染当量数；享受固体废物综合利用税收优惠的，填写固体废物综合利用量。

9. 第 14 栏“单位税额”：按照《中华人民共和国环境保护税法》附表一和各省、自治区、直辖市公布的应税大气污染物、水污染物具体适用税额填写。

10. 第 15 栏“本期减免税额”：享受大气污染物、水污染物减免税优惠的，本期减免税额＝“污染当量数或综合利用量”×“单位税额”×N（N 为减免幅度，包括 25％、50％、100％）；享受固体废物综合利用税收优惠的，本期减免税额＝“污染当量数或综合利用量”×“单位税额”。

附件 2

环境保护税纳税申报表(B 类)

税款所属期：自　　年　　月　　日至　　年　月　日　　　　填表日期：　　年　　月　　日　　　　金额单位：元至角分

纳税人名称：　　　　　　　　（公章）　　　统一社会信用代码(纳税人识别号)：

*月份	*税目	污染物名称	特征指标	单位	特征指标数量	特征系数	污染当量值(特征值)	计税依据	*单位税额	*本期应纳税额	减免性质代码(减免项目名称)	本期减免税额	本期已缴税额	*本期应补(退税额)
(1)	(2)	(3)	(4)	(5)	(6)	(7)	(8)	(9)	(10)	(11)=(9)×(10)	(12)	(13)	(14)	(15)=(11)-(13)-(14)
合计	—	—	—	—	—	—	—	—			—			
授权声明		如果你已委托代理人申报，请填写下列资料： 为代理一切税务事宜，现授权　　　　（地址）　　　　（统一社会信用代码）为本纳税人的代理申报人，任何与本申报表有关的往来文件，都可寄予此人。 授权人签字：						*申报人声明		本纳税申报表是根据国家税收法律法规及相关规定填写的，是真实的、可靠的、完整的。 声明人签字：				

经办人：　　　　　　主管税务机关：　　　　　　受理人：　　　　　　受理日期：　　年　　月　　日

本表一式两份，一份纳税人留存，一份税务机关留存。

填表说明：

1. 按照《中华人民共和国环境保护税法》第十条第四项方法计算应税污染物排放量或适用税法所附《禽畜养殖业、小型企业和第三产业水污染物当量值》表的纳税人，以及按次申报的纳税人填报本表。表内带＊的为必填项；按次申报的纳税人，无需填写第 1、5、6、7、8 栏。

2. 第 1 栏“月份”：按税款所属期分月填写，如“1 月”“2 月”“3 月”。

3. 第 2 栏“税目”：按照《中华人民共和国环境保护税法》附表一的税目填写，分别为“大气污染物”“水污染物”“固体废物（煤矸石）”“固体废物（尾矿）”“固体废物（危险废物）”“固体废物（冶炼渣）”“固体废物（粉煤灰）”“固体废物（炉渣）”“固体废物（其他固体废物）”“噪声（工业噪声）”。

4. 第 3 栏“污染物名称”：大气污染物和水污染物根据《中华人民共和国环境保护税法》附表二的污染物名称填写。水污染物是“pH 值”时，根据实测 pH 值对应填写“pH 值（0～1，13～14）”“pH 值（1～2，12～13）”“pH 值（2～3，11～12）”“pH 值（3～4，10～11）”“pH 值（4～5，9～10）”“pH 值（5～6）”；适用《中华人民共和国环境保护税法》所附《禽畜养殖业、小型企业和第三产业水污染物当量值》表的，按照表中“类型”填写，如“禽畜养殖场（牛）”“禽畜养殖场（猪）”“小型企业”等。固体废物根据《中华人民共和国环境保护税法》附表一填写，其中，税目为“固体废物（危险废物）”的，按照国务院环境保护主管部门发布的国家危险废物名录中的相应代码填写；税目为“固体废物（其他固体废物）”的，按照其他固体废物的具体名称填写。噪声填写“工业噪声超标 1～3 分贝”“工业噪声超标 4～6 分贝”“工业噪声超标 7～9 分贝”“工业噪声超标 10～12 分贝”“工业噪声超标 13～15 分贝”“工业噪声超标 16 分贝以上”。采用《中华人民共和国环境保护税法》第十条第四项方法计算应税污染物排放量的，按照省、自治区、直辖市人民政府环境保护主管部门规定的抽样测算污染物名称填写。

5. 第 4 栏“特征指标”：按照《中华人民共和国环境保护税法》所附《禽畜养殖业、小型企业和第三产业水污染物当量值》表和省、自治区、直辖市人民政府环境保护主管部门公布的抽样测算方法填写，如“牛”“猪”“鸡”“床”等。

6. 第 5 栏“单位”：填写“特征指标”的具体单位，如“头”“羽”“张”“吨”等。

7. 第 6 栏“特征指标数量”：填写“特征指标”的数量，若“特征指标”是“牛”的，填写具体头数，如“500”。

8. 第 7 栏“特征系数”：填写参与污染当量数计算的系数项。

9. 第 8 栏“污染当量值（特征值）”：按照《中华人民共和国环境保护税法》所附《禽畜养殖业、小型企业和第三产业水污染物当量值》表中污染当量值和省、自治区、直辖市人民政府环境保护主管部门公布的特征值填写。

10. 第 9 栏“计税依据”：按照《中华人民共和国环境保护税法》所附《禽畜养殖业、小型企业和第三产业水污染物当量值》表计算的，“计税依据”＝“特征指标数量”÷“污染当量值”。采用特征系数计算的，“计税依据”＝“特征指标数量”×“特征系数”÷“污染当量值”。采用特征值计算的，“计税依据”＝“特征指标数量”×“特征值”。

11. 第 10 栏“单位税额”：按照《中华人民共和国环境保护税法》附表一和各省、自治区、直辖市公布的应税大气污染物、水污染物具体适用税额填写。

12. 填表举例1：某存栏量500头牛的禽畜养殖业纳税人，采用本表申报时，“税目”栏应填写“水污染物”，“污染物名称”栏应填写“禽畜养殖场(牛)”，“特征指标”栏应填写“牛”，“单位”栏应填写“头”，“特征指标数量栏”应填写“500”，“特征系数”栏不填写，“污染当量值(特征值)”栏应填写牛的污染当量值“0.1”，“计税依据”栏＝“特征指标数量”÷“污染当量值”＝500÷0.1＝5 000。

13. 填表举例2：某省环境保护厅公布的抽样测算方法中规定住宿业纳税人按照3特征值/每床位・每月核定计算“污水”的环境保护税，若某住宿业纳税人有100张床位，采用本表申报时，“税目”栏应填写“水污染物”，“污染物名称”应填写“污水”，“特征指标”栏应填写“床位”，“单位”栏应填写“床”，“特征指标数量栏”应填写“100”，“特征系数”栏不填写，“污染当量值(特征值)”栏应填写特征值“3”，“计税依据”栏＝“特征指标数量”×“特征值”＝100×3＝300。

14. 填表举例3：某省环境保护厅公布的抽样测算方法中规定建筑扬尘(按一般性粉尘计)的特征系数为“1.2千克/(平方米・月)”，若某建筑施工单位某月施工面积为10 000平方米，采用本表申报时，“税目”栏应填写“大气污染物”，“污染物名称”应填写“一般性粉尘”，“特征指标”栏应填写“月施工面积”，“单位”栏应填写“平方米”，“特征指标数量”栏应填写“10 000”，“特征系数”栏应填写“1.2”，“污染当量值(特征值)”栏应填写一般性粉尘的污染当量值“4”，“计税依据”＝“特征指标数量”×“特征系数”÷“污染当量值”＝10 000×1.2÷4＝3 000。

附件 3

环境保护税基础信息采集表

新增 □　　变更 □

<table>
<tr><td rowspan="2">＊纳税人名称</td><td colspan="2" rowspan="2">（公章）</td><td colspan="2" rowspan="2">＊统一社会信用代码（纳税人识别号）</td><td colspan="2" rowspan="2"></td><td colspan="3">是否采用抽样测算法计算</td><td colspan="2">是□ 否□</td><td colspan="5">城乡污水集中处理场所 □</td></tr>
<tr><td colspan="3">＊是否从事海洋工程</td><td colspan="2">是□ 否□</td><td colspan="5">生活垃圾集中处理场所 □</td></tr>
<tr><td>＊是否取得排污许可证</td><td colspan="2">是□ 否□</td><td colspan="2">纳税人环保联系人</td><td colspan="2"></td><td colspan="2">联系电话</td><td colspan="3"></td><td colspan="2">＊污染物类别</td><td colspan="3">大气污染物□ 水污染物□ 固体废物□ 噪声□</td></tr>
<tr><td rowspan="2">排污许可证编号</td><td rowspan="2">＊生产经营场所地址</td><td rowspan="2">＊有效期起止</td><td rowspan="2">＊排放口大类</td><td rowspan="2">＊税源编号</td><td rowspan="2">排放口或噪声源编号</td><td rowspan="2">＊排放口名称或噪声源名称</td><td rowspan="2">＊所在区划</td><td rowspan="2">＊所在街乡</td><td rowspan="2">＊排放口位置或噪声源位置</td><td colspan="2">排放口地理坐标</td><td rowspan="2">排放方式</td><td rowspan="2">排放去向</td><td rowspan="2">许可证管控要求</td><td rowspan="2">大气污染物排放口类别</td><td rowspan="2">＊环境保护主管部门</td></tr>
<tr><td>经度</td><td>纬度</td></tr>
<tr><td></td><td></td><td></td><td></td><td></td><td></td><td></td><td></td><td></td><td></td><td></td><td></td><td></td><td></td><td></td><td></td><td></td></tr>
<tr><td></td><td></td><td></td><td></td><td></td><td></td><td></td><td></td><td></td><td></td><td></td><td></td><td></td><td></td><td></td><td></td><td></td></tr>
<tr><td></td><td></td><td></td><td></td><td></td><td></td><td></td><td></td><td></td><td></td><td></td><td></td><td></td><td></td><td></td><td></td><td></td></tr>
<tr><td colspan="2">授权声明</td><td colspan="7">如果你已委托代理人申报，请填写下列资料：
为代理一切税务事宜，现授权　　　　（地址）　　　　（统一社会信用代码）为本纳税人的代理申报人，任何与本采集表有关的往来文件，都可寄予此人。
授权人签字：</td><td colspan="2">＊申报人声明</td><td colspan="6">本表是根据国家税收法律法规及相关规定填写的，是真实的、可靠的、完整的。
声明人签字：</td></tr>
</table>

经办人：　　　填报日期：　　年　　月　　日　主管税务机关：　　　　受理人：　　　　受理日期：　　年　　月　　日

本表一式两份，一份纳税人留存，一份税务机关留存。

填表说明：

1. 本表为环境保护税基础信息采集表主表。表内带 * 的为必填项。本表包括四张附表，分别为附表 3.1《大气、水污染物基础信息采集表》、附表 3.2《固体废物基础信息采集表》、附表 3.3《噪声基础信息采集表》、附表 3.4《产排污系数基础信息采集表》。纳税人根据污染物类别分别填写附表 3.1 至附表 3.3，采用排污系数方法计算污染物排放量的，须填报附表 3.4。

2.“新增”：首次填报本表或新增排放口(噪声源)的纳税人，须勾选“新增”。新增排放口(噪声源)的，应填写新增排放口(噪声源)及其对应的全部应税污染物主表和附表信息。新增固体废物税源数据项的，须勾选“新增”，并在附表 3.2《固体废物基础信息采集表》中同步填写相关新增数据项。

3.“变更”：变更已填报排放口(噪声源)信息的纳税人，须勾选“变更”。变更排放口(噪声源)的，应填写变更排放口(噪声源)及其对应的全部应税污染物主表和附表信息；因排放口拆除或噪声源灭失等情形，导致排放口或噪声源不复存在的，应填写变更排放口(噪声源)相关信息并在“有效期起止”栏填写污染物排放口或噪声源的终止日期并注明“灭失”。变更固体废物税源数据项的，须勾选“变更”，并在附表 3.2《固体废物基础信息采集表》中同步变更相关数据项。

4.“是否采用抽样测算法计算”：按照《中华人民共和国环境保护税法》第十条第四项方法或适用税法所附《禽畜养殖业、小型企业和第三产业水污染物当量值》表计算应税污染物排放量的纳税人，勾选“是”，其他勾选“否”。

5.“是否取得排污许可证”：已纳入国务院环境保护主管部门发布的《固定污染源排污许可分类管理名录》且取得排污许可证的，勾选“是”；否则勾选“否”。

6.“污染物类别”：包括大气污染物、水污染物、固体废物、噪声，可多选。

7.“排污许可证编号”：“是否取得排污许可证”栏勾选“是”的纳税人必填。

8.“生产经营场所地址”：是指纳税人实际生产经营所在地址，应具体到县(旗、区)、乡(镇)、街(村)和门牌号码。

9.“有效期起止”：取得排污许可证的纳税人，填写排污许可证载明的有效期起止日期；未取得排污许可证的纳税人，填写污染物排放口启用时间或噪声源所在厂区的投入生产日期。

10.“排放口大类”：填写“大气污染物排放口”“水污染物排放口”或“噪声源”三类。

11.“税源编号”：该项由税务机关通过征管系统根据纳税人的排放口信息赋予编号。纳税人首次申报或新增排放口(噪声源)的无须填写。当纳税人发生税源变更情形时须填写该项。

12.“排放口或噪声源编号”：取得排污许可证的须按排污许可证载明的大气、水污染物排放口编号填写。

13.“排放口名称或噪声源名称”：纳税人可自行命名每一个排放口名称或噪声源的名称。

14.“所在区划”：填写“排放口或噪声源”所在的行政区，应具体到县(旗、区)。

15.“所在街乡”：填写“排放口或噪声源”所在街道乡镇。

16.“排放口位置或噪声源位置”：填写“排放口或噪声源”的具体位置。

17.“经度”“纬度”：取得排污许可证的纳税人，须按照排污许可证载明的经度、纬度填写。例如：120 度 34 分 28 秒。

18.“排放方式”：取得排污许可证的纳税人，须按照排污许可证载明的排放方式填写。排放口大类为“大气污染物排放口”时，填写“有组织排放”或“无组织排放”；排放口大类为“水污染物排放口”时，填写“不外排”“直接排放”或“间接排放”。

19.“排放去向”：排放口大类为“水污染物排放口”时必填，填写：“不外排”“排至厂内综合污水处理站”“直接进入海域”“直接进入江河、湖、库等水环境”“进入城市下水道(再入江河、湖、库)”“进入城市下水道(再入沿海海域)”“进入城乡污水处理厂”“进入其他单位”“工业废水集中处理厂”“其他(包括回喷、回填、回灌、回用、回注等)”。

20.“许可证管控要求”：取得排污许可证的纳税人，须按照排污许可证载明的管控要求填写“主要排放口”“一般排放口”或“设施和车间排放口”。

21.“大气污染物排放口类别”：“排放方式”为“有组织排放”的，须填写“燃烧废气排放口”或“工艺废气排放口”。

附表 3.1

大气、水污染物基础信息采集表

纳税人名称：　　　　统一社会信用代码(纳税人识别号)：

序号	* 排放口大类	* 税源编号	排放口编号	* 排放口名称	* 污染物名称	标准排放限值		* 污染物排放量计算方法
						执行标准	标准浓度值(毫克/升或毫克/标立方米)	
1								
2								
3								
4								

填表说明：

1. 本表用于大气、水污染物的基础信息采集。表内带 * 的为必填项。

2.“污染物名称”：按照《中华人民共和国环境保护税法》附表二中的污染物名称填写。从事海洋工程的纳税人排放应税大气污染物的，填写大气污染物具体名称，如“二氧化硫一海洋工程(气)”“氮氧化物一海洋工程(气)”“一氧化碳一海洋工程(气)”等；从事海洋工程的纳税人排放应税水污染物的，填写水污染物具体名称：“石油类一海洋工程(生产污水和机舱污水)”“石油类一海洋工程(钻井泥浆和钻屑)”“总汞一海洋工程(钻井泥浆和钻屑)”“总镉一海洋工程(钻井泥浆和钻屑)”“化学需氧量(CODCr)一海洋工程(生活污水)”。

3.“执行标准”：按照孰严原则选择填写国家或地方污染物排放标准名称及编号。海洋工程纳税人排放应税大气或水污染物，无对应国家和地方标准的，本栏可不填写。

4.“标准浓度值”：填写执行标准对应的浓度值。海洋工程纳税人排放应税大气或水污染物，无对应国家和地方标准的，本栏可不填写。

5.“污染物排放量计算方法”：填写“自动监测”“监测机构监测”“排污系数”或“物料衡算”。

附表 3.2

固体废物基础信息采集表

纳税人名称：　　　　　　　　　　　　统一社会信用代码(纳税人识别号)：

一、基本情况

*所在行政区划		*所在街道乡镇		*环境保护主管部门		主管税务所(科、分局)	—

二、固体废物产生情况

序号	*固体废物类别	固体废物名称或危险废物代码	固体废物描述
1			
2			

三、固体废物污染防治设施

1. 合规综合利用设施

设施编码	设施名称	综合利用固体废物名称或综合利用危险废物代码	综合利用固体废物来源	综合利用产物	综合利用方式	综合利用能力(吨/年)

2. 合规处置设施

设施编码	设施名称	处置固体废物名称或处置危险废物代码	处置固体废物来源	处置方式	处置能力(吨/年)

3. 合规储存场所(设施)

设施编码	场所(设施)名称	场所(设施)基本情况	储存固体废物名称或储存危险废物代码	储存容量(吨)	

四、接受或转出外单位处理情况

序号	类型	接受或转出单位名称	统一社会信用代码	接受或转出固体废物名称(危险废物代码)	处理方式	资质合法性说明	联系人及联系电话	合同期止
1								
2								

填表说明：

1. 本表用于固体废物的基础信息采集。表内带 * 的为必填项。

2.“所在行政区划”：填写固体废物产生地所在的行政区，应具体到县(旗、区)。

3.“所在街道乡镇”：填写固体废物产生地所在街道乡镇。

4.“主管税务所(科、分局)”：该项由税务机关填写。

5.“固体废物类别”：按行单项填写“煤矸石”“尾矿”“危险废物”“冶炼渣”“粉煤灰”“炉渣”“其他固体废物(含半固态、液态废物)”。海洋工程纳税人排放生活垃圾的，填写“生活垃圾－海洋工程”。

6.“固体废物名称或危险废物代码”：固体废物类别为“其他固体废物(含半固态、液态废物)”的，填写其他固体废物的具体名称；固体废物类别为“危险废物”的，按照国务院环境保护主管部门发布的国家危险废物名录中的相应代码填写。

7.“固体废物描述”：描述固体废物的类型、来源、危害特性等。

8.“设施编码”：按照环境保护主管部门确定的设施编码区别不同固体废物分行填写。

9.“设施名称”：分别填写综合利用、处置或者储存设施的具体名称。

10.“综合利用固体废物名称或综合利用危险废物代码”：按行单项填写“煤矸石”“尾矿”“冶炼渣”“粉煤灰”“炉渣”；属于“其他固体废物(含半固态、液态废物)”的，应填写具体名称；属于“危险废物”的，按照国务院环境保护主管部门发布的国家危险废物名录中的相应代码填写；海洋工程纳税人综合利用生活垃圾的，填写“生活垃圾－海洋工程”。

11.“综合利用固体废物来源”：填写“内部产生”或“外部转入”。

12.“综合利用方式”：填写“金属材料回收”“非金属材料回收”“能量回收”或“其他方式”。

13.“综合利用能力(吨/年)”：填写该设施的设计利用能力。

14.“处置方式”：填写“焚烧”“填埋”或“其他方式”。

15.“处置能力(吨/年)”：填写该设施的设计处置能力。

16.“场所(设施)基本情况”：简述场所(设施)的具体位置、类型和储存方式等。

17.“储存容量(吨)”：填写储存场所(设施)的设计储存容量。

18.“类型”：填写“接受”或“转出”。

19.“接受或转出单位名称”：填写接受或转出处置、综合利用固体废物的单位名称。“类型”栏填写“接受”的，应填写转出单位名称；“类型”栏填写“转出”的，应填写接受单位名称。

20.“处理方式”：填写“焚烧”“填埋”“综合利用”或“其他方式”。

21.“资质合法性说明”：可填写环评批复、三同时验收、排污许可、危险废物经营许可证等证书编号或文件编号。

22.“合同期止”：填写接受或转出外单位处置、综合利用固体废物合同的终止时间。

附表 3.3

噪声基础信息采集表

纳税人名称：　　　　　　　　统一社会信用代码(纳税人识别号)：

编号	* 税源编号	* 噪声源名称	* 噪声源位置	功能区类型	* 是否昼夜产生	执行标准	* 标准限值(分贝)	
							昼间	夜间
1								
2								
3								
4								

填表说明：

1. 本表用于噪声的基础信息采集。表内带 * 的为必填项。

2.“功能区类型”：填写“0 类”“1 类”“2 类”“3 类”“4a 类”或“4b 类”。0 类声环境功能区指康复疗养区等特别需要安静的区域；1 类声环境功能区指以居民住宅、医疗卫生、文化教育、科研设计、行政办公为主要功能，需要保持安静的区域；2 类声环境功能区指以商业金融、集市贸易为主要功能，或者居住、商业、工业混杂，需要维护住宅安静的区域；3 类声环境功能区指以工业生产、仓储物流为主要功能，需要防止工业噪声对周围环境产生严重影响的区域；4 类声环境功能区指交通干线两侧一定距离之内，需要防止交通噪声对周围环境产生严重影响的区域，包括 4a 类和 4b 类，4a 类为高速公路、一级公路、二级公路、城市快速路、城市主干路、城市次干路、城市轨道交通(地面段)、内河航道两侧区域，4b 类为铁路干线两侧区域。

3.“是否昼夜产生”：填写“是”或“否”。

4.“执行标准”：按照孰严原则选择填写国家或地方噪声排放标准名称及编号。

5.“标准限值(分贝)”：按照所属声功能区的执行标准中对应的“标准限值”填写。

附表 3.4

产排污系数基础信息采集表

纳税人名称：　　　　统一社会信用代码(纳税人识别号)：

产品生产信息				污染物信息						
产品名称	原料名称	工艺名称	规模等级	应税污染物类别	*应税污染物名称	*计税基数(产品产量或原料耗用量)单位	*污染物单位	*产污系数	末端治理技术名称	*排污系数

填表说明：

1. 本表用于采用排污系数法计算污染物排放量的基础信息采集。表内带 * 的为必填项。

2.“产品名称”“原料名称”“工艺名称”“规模等级”：按照国务院环境保护主管部门发布的纳税人适用的产排污系数表中对应的项目填写。

3.“应税污染物类别”：填写“大气污染物”“水污染物”或“固体废物”。

4.“应税污染物名称”：按照国务院环境保护主管部门发布的纳税人适用的产排污系数表中对应的“污染物指标”填写。

5.“计税基数(产品产量或原料耗用量)单位”：按照国务院环境保护主管部门发布的纳税人适用的产排污系数表中“单位”栏的分母项填写。

6.“污染物单位”：按照国务院环境保护主管部门发布的纳税人适用的产排污系数表中“单位”栏的分子项填写，包括“吨”“千克”“克”“毫克”。

7.“产污系数”：使用产污系数法计算污染物排放量的，填写国务院环境保护主管部门发布的纳税人适用的产污系数。

8.“末端治理技术名称”：按照国务院环境保护主管部门发布的纳税人适用的产排污系数表中对应的“末端治理技术名称”填写。

9.“排污系数”：使用排污系数法计算污染物排放量的，填写国务院环境保护主管部门发布的纳税人适用的排污系数。

项目小结

本项目通过对关税、房产税、城镇土地使用税、耕地占用税、印花税、契税、车辆购置税、车船税、资源税、土地增值税和环境保护税的说明，使读者了解关税、房产税等各类税种的特点、征税范围、税率、应纳税额的计算、征收管理以及税收优惠。只有掌握了有关税种的基础知识，才能为以后各税种的相应税额的计算以及纳税申报打下坚实的基础。

本章习题
扫描二维码
可下载。

8 项目八 Chapter 8 税收征收管理法

>>> 学习目标

1. 了解税收征收管理法的立法目的。
2. 了解税务检查。
3. 熟悉税务登记管理，账簿、凭证管理，纳税申报管理。
4. 掌握税款征收的原则、税款征收制度。
5. 掌握违反税收征收管理法的法律责任。
6. 能够根据税务管理要求，办理税务登记。
7. 能够根据税务管理要求，正确使用发票。
8. 能够根据税务管理要求，进行纳税申报。

>>> 项目导入

宁心美容院系有证个体户，经税务机关核定实行定期定额税收征收方式，核定月均应纳税额580元。2019年6月6日，因店面装修向税务机关提出自6月8日至6月30日申请停业的报告，税务机关经审核后，在6月7日做出同意核准停业的批复，并下达了《核准停业通知书》，并在办税服务大厅予以公示。6月20日，税务机关接到群众举报，称宁心美容院一直仍在营业中。6月21日，税务机关派员实地检查，发现该美容院仍在营业，确属虚假停业，遂于6月22日送达《复业通知书》，并告知需按月定额纳税。7月12日，税务机关下达《限期改正通知书》，责令限期申报并缴纳税款。

问：税务机关对宁心美容院该如何处理？

个体工商户要不要办理停业？

实行定期定额征收方式的纳税人在规定经营期限内需要停业的，应当在停业前向主管税务机关提出停业登记申请，如实填写《停业复业申请登记表》，说明停业理由、时间、停业前的纳税情况和发票的领、用、存情况。

个体工商户申请办理停业有期限要求吗？

纳税人的停业期限不得超过一年。

个体工商户停业期间是否需要纳税申报？

纳税人在核准的停业期间可免于纳税申报。

税收征收管理是税务机关代表国家行使征税权，指导纳税人和其他税务当事人正确履行纳税义务，依法对日常税收活动进行组织、管理、监督、检查的活动，是实现税收职能的必要手段，也是税务管理的重要组成部分。税收征收管理法律制度的基本规范是《中华人民共和国税收征收管理法》。

任务一 税收征收管理法概述

《中华人民共和国税收征收管理法》及其实施细则，是中国税收征收方面的行政程序基本法，其把规范税务机关的征税行为、保护纳税人合法权益和为纳税人服务提高到重要的地位，对促进依法治税、规范征纳双方行为方面发挥了积极的作用。立法目的是为了加强税收征收管理，规范税收征收和缴纳行为，保障国家税收收入，保护纳税人的合法权益，促进经济和社会发展。

由税务机关负责征收的各种税收的征收管理，就现行有效税种而言，具体适用增值税、消费税、企业所得税、个人所得税、资源税、城镇土地使用税、土地增值税、房产税、契税、车船使用税、车辆购置税、印花税、城市维护建设税、耕地占用税、烟叶税、环境保护税等征收管理。但是，我国同外国缔结的有关税收的条约、协定同该法有不同规定的，则依照有关条约、协定的规定办理。关于由海关负责征收的关税以及海关代征的进口环节的增值税、消费税，则依照法律、行政法规的有关规定执行。

知识链接

《中华人民共和国税收征收管理法》由第九届全国人民代表大会常务委员会第二十一次会议于1992年9月4日通过，自1993年1月1日起施行。现行的《中华人民共和国税收征收管理法》为2015年4月24日第十二届全国人民代表大会常务委员会第十四次会议修正。《中华人民共和国税收征收管理法实施细则》2002年9月7日以中华人民共和国国务院令第362号公布。根据2016年2月6日发布的国务院令第666号《国务院关于修改部分行政法规的决定》第三次修正。

任务二 税务管理

一、税务登记管理

(一) 税务登记

税务登记又称纳税登记，是指税务机关根据税法规定，对纳税人的生产、经营活动进行登记管理的一项法定制度，也是纳税人依法履行纳税义务的法定手续。税务登记是整个税收征收管理的起点。税务登记的种类分为设立税务登记、变更税务登记和注销税务登记三种。

(二) 税务登记范围

(1) 按照税收征管法及其实施细则和税务登记管理办法的有关规定，除国家机关、个人(自然人)和无固定生产、经营场所的流动性农村小商贩外，纳税人都应当申报办理税务登记。

(2) 国家机关所属事业单位有经营行为、取得应税收入、财产、所得的，也应当办理税务登记。

(3) 企业，企业在外地设立的分支机构和从事生产、经营的场所，个体工商户和从事生产、经营的事业单位，均应当按照《税收征管法》及《实施细则》和《税务登记管理办法》的规定办理税务登记。

(4) 根据税收法律、行政法规的规定负有扣缴税款义务的扣缴义务人(国家机关除外)，应当按照《税收征管法》及《实施细则》和本办法的规定办理扣缴税款登记。

(三) 税务登记证件及使用

1. 纳税人办理下列事项时，必须提供税务登记证件。

(1)开立银行账户。

(2)领购发票。

2. 纳税人办理其他税务事项时，应当出示税务登记证件。

(1)申请减税、免税、退税。

(2)申请办理延期申报、延期缴纳税款。

(3)申请开具外出经营活动税收管理证明。

(4)办理停业、歇业。

(5)其他有关税务事项。

纳税人开立基本存款账户或者其他存款账户之日起15日内，将其全部账号向主管税务机关报告；发生变化的，应当自变化之日起15日内，向主管税务机关书面报告。

(四) 税务登记主管机关

县以上(含本级，下同)税务局(分局)是税务登记的主管税务机关，负责税务登记的设立登记、变更登记、注销登记和税务登记证验证、换证以及非正常户处理、报验登记等有关事项。

二、税务登记的内容

税务登记的内容包括设立(开业)税务登记、变更税务登记、注销税务登记、外出经营报验登记以及停业、复业登记等。

(一) 设立开业税务登记

▶ 1. 办理设立税务登记的地点

从事生产、经营的纳税人，向生产、经营所在地或者纳税义务发生地的主管税务机关办理税务登记。

▶ 2. 申报办理税务登记的时限要求

(1)从事生产、经营的纳税人领取工商营业执照(含临时工商营业执照)的，应当自领取工商营业执照之日起30日内申报办理税务登记，税务机关发放税务登记证及副本。

(2)从事生产、经营的纳税人未办理工商营业执照，但经有关部门批准设立的，应当自有关部门批准设立之日起30日内申报办理税务登记，税务机关发放税务登记证及副本。

(3)从事生产、经营的纳税人未办理工商营业执照也未经有关部门批准设立的，应当自纳税义务发生之日起30日内申报办理税务登记，税务机关发放临时税务登记证及副本。

(4)有独立的生产经营权、在财务上独立核算并定期向发包人或者出租人上交承包费或租金的承包承租人，应当自承包承租合同签订之日起30日内，向其承包承租业务发生地税务机关申报办理税务登记，税务机关发放临时税务登记证及副本。

(5)境外企业在中国境内承包建筑、安装、装配、勘探工程和提供劳务的，应当自项目合同或协议签订之日起30日内，向项目所在地税务机关申报办理税务登记，税务机关发放临时税务登记证及副本。

▶ 3. 申报办理税务登记需提供的资料

(1)工商营业执照或其他核准执业证件。

(2)有关合同、章程、协议书。

(3)组织机构统一代码证书。

(4)法定代表人或负责人、业主的居民身份证、护照或者其他合法证件。

▶ 4. 纳税人在申报办理税务登记时，应当如实填写税务登记表。税务登记表的主要内容包括：

(1)单位名称、法定代表人或者业主姓名及其居民身份证、护照或者其他合法证件的号码。

(2)住所、经营地点。

(3)登记类型。

(4)核算方式。

(5)生产经营方式。

(6)生产经营范围。

(7)注册资金(资本)、投资总额。

(8)生产经营期限。

(9)财务负责人、联系电话。

(10)国家税务总局确定的其他有关事项。

▶ 5. 税务登记证件的发放

纳税人提交的证件和资料齐全且税务登记表的填写内容符合规定的，税务机关应当日办理并发放税务登记证件。纳税人提交的证件和资料不齐全或税务登记表的填写内容不符合规定的，税务机关应当场通知其补正或重新填报。

已办理税务登记的扣缴义务人应当自扣缴义务发生之日起30日内，向税务登记地税务机关申报办理扣缴税款登记。税务机关在其税务登记证件上登记扣缴税款事项，税务机关不再发放扣缴税款登记证件。

根据税收法律、行政法规的规定可不办理税务登记的扣缴义务人，应当自扣缴义务发生之日起 30 日内，向机构所在地税务机关申报办理扣缴税款登记。税务机关发放扣缴税款登记证件。

思考：ABC 公司生产规模不断扩大，经股东会研究，决定增加注册资本，并向工商行政管理机关办理了变更登记手续，是否需要办理税务登记变更手续？

（二）变更税务登记

纳税人税务登记内容发生变化的，应当向原税务登记机关申报办理变更税务登记。

（1）纳税人已在工商行政管理机关办理变更登记的，应当自工商行政管理机关变更登记之日起 30 日内，向原税务登记机关申报办理变更税务登记。

（2）纳税人按照规定不需要在工商行政管理机关办理变更登记，或者其变更登记的内容与工商登记内容无关的，应当自税务登记内容实际发生变化之日起 30 日内，或者自有关机关批准或者宣布变更之日起 30 日内，向原税务登记机关申报办理变更税务登记。

（三）停业、复业登记

▶ 1. 停业登记

实行定期定额征收方式的个体工商户需要停业的，应当在停业前向税务机关申报办理停业登记。纳税人的停业期限不得超过 1 年。提示：纳税人在停业期间发生纳税义务的，应当按规定申报缴纳税款。

▶ 2. 复业登记

纳税人应当于恢复生产、经营之前，向税务机关申报办理复业登记，如实填写《停业复业报告书》，领回并启用税务登记证件、发票领购簿及其停业前领购的发票。

纳税人停业期满不能及时恢复生产经营的，应当在停业期满前到税务机关办理延长停业登记，并如实填写《停业复业报告书》。

（四）注销登记

注销税务登记，是指纳税人税务登记内容发生了根本性变化，需终止履行纳税义务时向税务机关申报办理税务登记手续。

（1）纳税人发生解散、破产、撤销以及其他情形，依法终止纳税义务的，应当在向工商行政管理机关或者其他机关办理注销登记前，持有关证件和资料向原税务登记机关申报办理注销税务登记；按规定不需要在工商行政管理机关或者其他机关办理注册登记的，应当自有关机关批准或者宣告终止之日起 15 日内，持有关证件和资料向原税务登记机关申报办理注销税务登记。

（2）纳税人被工商行政管理机关吊销营业执照或者被其他机关予以撤销登记的，应当自营业执照被吊销或者被撤销登记之日起 15 日内，向原税务登记机关申报办理注销税务登记。

（3）纳税人因住所、经营地点变动，涉及改变税务登记机关的，应当在向工商行政管理机关或者其他机关申请办理变更、注销登记前，或者住所、经营地点变动前，持有关证件和资料，向原税务登记机关申报办理注销税务登记，并自注销税务登记之日起 30 日内向迁达地税务机关申报办理税务登记。

（4）境外企业在中国境内承包建筑、安装、装配、勘探工程和提供劳务的，应当在项目完工、离开中国前 15 日内，持有关证件和资料，向原税务登记机关申报办理注销税务登记。

(5) 纳税人办理注销税务登记前，应当向税务机关提交相关证明文件和资料，结清应纳税款、多退(免)税款、滞纳金和罚款，缴销发票、税务登记证件和其他税务证件，经税务机关核准后，办理注销税务登记手续。

思考

纳税人发生解散、破产、撤销以及其他情形，依法终止纳税义务的，应当先向工商行政管理机关办理注销登记，然后向原税务登记管理机关申报办理注销税务登记。对否？

(五)跨区域涉税事项报验管理

根据《国家税务总局关于创新跨区域涉税事项报验管理制度的通知》(税总发〔2017〕103号)要求，税务机关对“外出经营活动税收管理”进行更名与创新。按照新的要求，税务总局将“外出经营活动税收管理”更名为“跨区域涉税事项报验管理”。纳税人跨区域经营前不再开具相关证明，改为填报《跨区域涉税事项报告表》。纳税人跨省(自治区、直辖市和计划单列市)临时从事生产经营活动的，不再开具外管证，改向机构所在地的国税机关填报上述报告表。但是，如果纳税人在同一个省、自治区、直辖市和计划单列市以内跨县(市)临时从事生产经营活动的，是否实施新的报验管理由各省级税务机关自行确定，总局不做强制要求。

另外，税务机关也不再按照180天设置报验管理的固定有效期，改按跨区域经营合同执行期限作为有效期限。合同延期的，纳税人可向经营地或机构所在地的国税机关办理报验管理有效期限延期手续。

行跨区域涉税事项报验管理信息电子化。跨区域报验管理事项的报告、报验、延期、反馈等信息，通过信息系统在机构所在地和经营地的国税机关之间传递，机构所在地的国税机关、地税机关之间，经营地的国税机关、地税机关之间均要实时共享相关信息。

临时性经营方式包含建筑安装、装饰装修、修理修配、加工、批发、零售、批零兼营及其他。如果已经建立分公司，不需要再进行跨区域涉税事项报验管理。

二、账簿、凭证管理

(一)账簿、凭证管理

▶ 1. 账簿设置的范围

纳税人、扣缴义务人应按照有关法律、行政法规和国务院财政、税务主管部门的规定设置账簿。对于生产经营规模小确无建账能力的纳税人，可以聘请经批准从事会计代理业务的专业机构或者经税务机关认可的财会人员代为建账和办理财务业务；聘请上述机构或者税务机关认可的财务人员有实际困难的，经县以上税务机关批准，可以按照税务机关的规定，建立收支凭证粘贴簿、进货销货登记簿或者使用税控装置。

纳税人、扣缴义务人采用电子计算机记账的，对于会计制度健全，能够通过电子计算机正确、完整计算其收入、所得的，其电子计算机储存和输出的会计记录，可视同会计账簿，但应按期打印成书面记录并完整保存；对于会计制度不健全，不能通过电子计算机正确、完整反映其收入、所得的，应当建立总账和与纳税或者代扣代缴、代收代缴税款有关的其他账簿。

从事生产、经营的纳税人应当自领取税务登记证件之日起十五日内，将其财务、会计制度或者财务、会计处理办法报送主管国家税务机关备案。纳税人、扣缴义务人采用计算机记账的，应当在使用前将其记账软件、程序和使用说明书及有关资料报送主管国家税务机关备案。

▶ 2. 账簿设置时限

从事生产、经营的纳税人应当自领取营业执照或发生纳税义务之日起15日内按照国家有关规定设置账簿。扣缴义务人应当自税收法律、行政法规规定的扣缴义务发生之日起10日内，按照所代扣、代收的税种，分别设置代扣代缴、代收代缴税款账簿。

▶ 3. 账簿、凭证的设置、保管要求

纳税人需要依法建立的账簿包括四种：总账、明细账、日记账、其他辅助性账簿。

从事生产、经营的纳税人、扣缴义务人必须按照国务院财政、税务主管部门规定的保管期限保管账簿、记账凭证、完税凭证及其他有关资料。

账簿、记账凭证、完税凭证及其他有关资料不得伪造、变造或者擅自损毁。

▶ 4. 纳税人有下列情形之一的，税务机关有权核定其应纳税额：

(1)依照法律、行政法规的规定可以不设置账簿的。

(2)依照法律、行政法规的规定应当设置但未设置账簿的。

(3)擅自销毁账簿或者拒不提供纳税资料的。

(4)虽设置账簿，但账目混乱或者成本资料、收入凭证、费用凭证残缺不全，难以查账的。

(5)发生纳税义务，未按照规定的期限办理纳税申报，经税务机关责令限期申报，逾期仍不申报的。

(6)纳税人申报的计税依据明显偏低，又无正当理由的。

(二)发票的管理和使用

在全国范围内统一式样的发票，由国家税务总局确定。在省、自治区、直辖市范围内统一式样的发票，由省税务机关确定。

发票的基本联次包括存根联、发票联、记账联。存根联由收款方或开票方留存备查；发票联由付款方或受票方作为付款原始凭证；记账联由收款方或开票方作为记账原始凭证。省以上税务机关可根据发票管理情况以及纳税人经营业务需要，增减除发票联以外的其他联次，并确定其用途。

▶ 1. 发票印制管理

发票准印证由国家税务总局统一监制，省税务机关核发。税务机关应当对印制发票企业实施监督管理，对不符合条件的，应当取消其印制发票的资格。

全国统一的发票防伪措施由国家税务总局确定，省税务机关可以根据需要增加本地区的发票防伪措施，并向国家税务总局备案。

全国统一发票监制章是税务机关管理发票的法定标志，其形状、规格、内容、印色由国家税务总局规定。

全国范围内发票换版由国家税务总局确定；省、自治区、直辖市范围内发票换版由省税务机关确定。发票换版时，应当进行公告。

增值税专用发票由国务院税务主管部门确定的企业印制；其他发票，按照国务院税务主管部门的规定，由省、自治区、直辖市税务机关确定的企业印制。禁止私自印制、伪造、变造发票。

▶ 2. 发票领购管理

(1)需要领购发票的单位和个人，应当持税务登记证件、经办人身份证明、按照国务院税务主管部门规定式样制作的发票专用章的印模，向主管税务机关办理发票领购手续。主管税务机关根据领购单位和个人的经营范围和规模，确认领购发票的种类、数量以及领购方式，在5个工作日内发给发票领购簿。

(2)需要临时使用发票的单位和个人，可以凭购销商品、提供或者接受服务以及从事其他经营活动的书面证明、经办人身份证明，直接向经营地税务机关申请代开发票。依照税收法律、行政法规规定应当缴纳税款的，税务机关应当先征收税款，再开具发票。税务机关根据发票管理的需要，可以按照国务院税务主管部门的规定委托其他单位代开发票。

(3)临时到本省、自治区、直辖市以外从事经营活动的单位或者个人，应当凭所在地税务机关的证明，向经营地税务机关领购经营地的发票。

(4)税务机关对外省、自治区、直辖市来本辖区从事临时经营活动的单位和个人领购发票的，可以要求其提供保证人或者根据所领购发票的票面限额以及数量交纳不超过1万元的保证金，并限期缴销发票。

按期缴销发票的，解除保证人的担保义务或者退还保证金；未按期缴销发票的，由保证人或者以保证金承担法律责任。税务机关收取保证金应当开具资金往来结算票据。

(三) 发票开具、使用、取得的管理

销售商品、提供服务以及从事其他经营活动的单位和个人，对外发生经营业务收取款项，收款方应当向付款方开具发票；特殊情况下，由付款方向收款方开具发票。

所有单位和从事生产、经营活动的个人在购买商品、接受服务以及从事其他经营活动支付款项，应当向收款方取得发票。取得发票时，不得要求变更品名和金额。开具发票应当按照规定的时限、顺序、栏目，全部联次一次性如实开具，并加盖发票专用章。

任何单位和个人不得有下列虚开发票行为。

(1) 为他人、为自己开具与实际经营业务情况不符的发票。

(2) 让他人为自己开具与实际经营业务情况不符的发票。

(3) 介绍他人开具与实际经营业务情况不符的发票。

除国务院税务主管部门规定的特殊情形外，发票限于领购单位和个人在本省、自治区、直辖市内开具。省、自治区、直辖市税务机关可以规定跨市、县开具发票的办法。除国务院税务主管部门规定的特殊情形外，任何单位和个人不得跨规定的使用区域携带、邮寄、运输空白发票。禁止携带、邮寄或者运输空白发票出入境。任何单位和个人应当按照发票管理规定使用发票，不得有下列行为。

(1) 转借、转让、介绍他人转让发票、发票监制章和发票防伪专用品。

(2) 知道或者应当知道是私自印制、伪造、变造、非法取得或者废止的发票而受让、开具、存放、携带、邮寄、运输。

(3) 拆本使用发票。

(4) 扩大发票使用范围。

(5) 以其他凭证代替发票使用。

税务机关应当提供查询发票真伪的便捷渠道。

开具发票的单位和个人应当建立发票使用登记制度，设置发票登记簿，并定期向主管税务机关报告发票使用情况。

（四）发票的变更、缴销管理

开具发票的单位和个人应当在办理变更或者注销税务登记的同时，办理发票和发票领购簿的变更、缴销手续。

（五）发票的保管管理

开具发票的单位和个人应当按照税务机关的规定存放和保管发票，不得擅自损毁。已经开具的发票存根联和发票登记簿，应当保存5年。保存期满，报经税务机关查验后销毁。

思考：甲公司营销部经理到外省洽谈业务，准备推销本公司的产品，他带着公司的发票，准备销售产品时开具。销售完毕返回时，他认为发票没什么用了，于是将使用过的发票和部分未使用的空白发票扔掉了。试分析该经理的做法有无不妥之处？

（六）税控管理

安装税控装置的单位和个人，应当按照规定使用税控装置开具发票，并按期向主管税务机关报送开具发票的数据。

使用非税控电子器具开具发票的，应当将非税控电子器具使用的软件程序说明资料报主管税务机关备案，并按照规定保存、报送开具发票的数据。

《税收征收管理法》中规定：不能按照规定安装、使用税控装置，或者损毁或者擅自改动税控装置的，由税务机关责令限期改正，可以处以2 000元以下的罚款；情节严重的，处2 000元以上1万元以下的罚款。

知识链接

增值税专用发票和普通发票最大的区别是：增值税专用发票可以进行认证抵扣，但普通发票不可以。除此以外还有以下区别。

1. 使用范围不同

增值税专用发票通常用于一般纳税人之间从事生产经营增值税应税项目使用；普通发票可以用于所有纳税人的所有经营活动，当然也包括一般纳税人生产经营增值税应税项目。

2. 票面反映内容不同

增值税专用发票除了具备购买单位、销售单位、商品或者服务的名称、商品或者劳务的数量和计量单位、单价和价款、开票单位、收款人、开票日期等普通发票所具备的内容外，还包括纳税人税务登记号、不含增值税金额、适用税率、应纳增值税税额等内容。

3. 联次不同

增值税专用发票有四个联次，第一联为存根联（用于留存备查），第二联为发票联（用于购买方记账），第三联为抵扣联（用作购买方扣税凭证），第四联为记账联（用于销售方记账）；普通发票则只有三联，第一联为存根联，第二联为发票联，第三联为记账联。

4. 反映的价格不同

普通发票反映的价格是含税价，税款与价格不分离；增值税专用发票反映的是不含税价，税款与价格分开填列。

三、纳税申报管理

(一) 纳税申报的基本规定

纳税申报是指纳税人按照税法规定的期限和内容，向主管税务机关提交有关纳税书面报告的法律行为。

▶ 1. 纳税申报的主体

纳税申报的主体包括负有纳税义务的单位和个人(包括取得临时应税收入或发生应税行为的纳税人、享有减税、免税待遇的纳税人)和扣缴义务人。

▶ 2. 纳税申报的内容

纳税申报的内容在各种纳税申报表和代扣代缴税款报告中体现。纳税人、扣缴义务人的纳税申报或者代扣代缴、代收代缴税款报告表的主要内容包括：税种、税目、应纳税项目或者应代扣代缴、代收代缴税款项目、适用税率或者单位税额、计税依据、扣除项目及标准、应纳税额或者应代扣代缴、代收代缴税额、税款所属期限等。

▶ 3. 纳税申报的方式

税务机关应当建立、健全纳税人自行申报纳税制度。纳税人、扣缴义务人可以采取邮寄、数据电文方式办理纳税申报或者报送代扣代缴、代收代缴税款报告表。

(1)自行申报。纳税人、扣缴义务人应当在纳税申报期限内到主管税务机关办理纳税申报、代扣代缴、代收代缴税款或委托代征税款的报告。

(2)邮寄申报。纳税人采取邮寄方式办理纳税申报的，应当使用统一的纳税申报专用信封，并以邮政部门收据作为申报凭据。邮寄申报以寄出的邮戳日期为实际申报日期。

(3)数据电文申报。数据电文申报是指税务机关确定的电话语音、电子数据交换和网络传输等电子方式。纳税人采取电子方式办理纳税申报的，其申报日期以税务机关计算机网络系统收到该数据电文的时间为准。并应当按照税务机关规定的期限和要求保存有关资料，并定期书面报送主管税务机关。

除上述方式外，实行定期定额缴纳税款的纳税人，可以实行简易申报、简并征期等申报纳税方式。

(二)延期申报管理

纳税人、扣缴义务人按照规定的期限办理纳税申报或者报送代扣代缴、代收代缴税款报告表确有困难，需要延期的，应当在规定的期限内向税务机关提出书面延期申请，经税务机关核准，在核准的期限内办理。

纳税人、扣缴义务人因不可抗力，不能按期办理纳税申报或者报送代扣代缴、代收代缴税款报告表的，可以延期办理；但是，应当在不可抗力情形消除后立即向税务机关报告。税务机关应当查明事实，予以核准。

经核准延期办理纳税申报的，应当在纳税期内按照上期实际缴纳的税额或者税务机关核定的税额预缴税款，并在核准的延期内办理纳税结算。

任务三 税款征收

税款征收是税务机关依照税收法律、行政法规的规定，将纳税义务人依法应缴纳的工商各税组织征收入库的一系列活动的总称。税款征收是税务机关依法征税和纳税人依法纳税过程的统一。即税务机关作为征税主体，必须依法行使税收行政执法权并承担相应的义务与责任。而纳税人或扣缴义务人作为纳税主体或税款扣缴主体，必须依法履行纳税义务或税款扣缴义务并承担相应的法律责任。征纳法律关系的双方当事人中，必有一方是税务机关，税务机关是征纳法律关系的主体。征纳双方的权利和义务是由国家法律、法规预先确定的，不能自由设定或选择。征纳法律关系双方主体地位不具有平等性，行使国家征税权的税务机关始终处于主体地位。

一、税款征收的方式和程序

(一) 税款的征收方式

科学合理的税款征收方式是确保税款顺利足额征收的前提条件。由于各类纳税人的具体情况不同，因而税款的征收方式也应有所区别。我国现阶段可供选择的税款征收方式主要有以下几种。

▶ 1. 查账征收

查账征收是由纳税人依据账簿记载，先自行计算缴纳，事后经税务机关查账核实，如有不符合税法规定时，可以多退少补。这种税款的征收方式主要是对已经建立会计账册、会计记录完整的单位采用。

▶ 2. 查定征收

查定征收是由税务机关根据纳税人的生产设备等情况在正常条件下的生产、销售情况，对其生产的应税产品查定产量和销售额，然后依照税法规定的税率征收的一种方式。这种税款的征收方式主要是对生产不固定、账册不健全的单位采用。

▶ 3. 查验征收

查验征收是指税务机关对纳税人应税商品，通过查验数量，按市场一般销售单价计算其销售收入并据以征税的方式。这种方式一般适用于经营品种比较单一，经营地点、时间和商品来源不固定的纳税单位。

▶ 4. 定期定额征收

定期定额征收是指税务机关依照法律、法规的规定，依照一定的程序，核定纳税人在一定经营时期内的应纳税经营额及收益额，并以此为计税依据，确定其应纳税额的一种税款征收方式。税务机关核定定额应依照以下程序办理：纳税人自报、典型调查、定额核定、下达定额。这种税款的征收方式适用于生产经营规模小，又确实无建账能力，经主管税务机关审核批准，可以不设置账簿或暂缓建账的小型纳税人。

▶ 5. 委托代征税款

委托代征税款是指税务机关委托代征人以税务机关的名义征收税款，并将税款缴入国库的方式。这种方式一般适用于小额、零散税源的征收。

▶ 6. 邮寄纳税

邮寄纳税是一种新的纳税方式。这种方式主要适用于那些有能力按期纳税，但采用其他方式纳税又不方便的纳税人。

▶ 7. 其他方式

其他方式，如利用网络申报、用 IC 卡纳税等方式。

(二) 税款征收的程序

税款一般由纳税人、扣缴义务人填写纳税申报表到主管税务机关申报，并将应纳税款划入国库。税务机关征收税款时，必须给纳税人开具完税凭证。

二、税款征缴的基本要求

(一) 税款征收的基本要求

根据《税收征管法》及其实施细则的规定，税务机关在办理税款征收业务时，必须严格按照以下要求进行。

(1) 税务机关应当依照法律、行政法规的规定征收税款，不得违反法律、行政法规的规定开征、停征、多征、少征、提前征收、延缓征收或者摊派税款。

(2) 扣缴义务人依照法律、行政法规的规定履行代扣、代收税款的义务。对法律、行政法规没有规定负有代扣、代收税款义务的单位和个人，税务机关不得要求其履行代扣、代收税款义务。对依法负有代扣代缴、代收代缴义务的扣缴义务人，税务机关应按照规定付给其手续费。

(3) 税务机关征收税款时，必须给纳税人开具完税凭证。扣缴义务人代扣、代缴税款时，纳税人要求扣款义务人开具代扣、代收税款凭证的，扣缴义务人应当给纳税人开具完税凭证。完税凭证的式样，由国家税务总局制定。

(4) 国家税务局和地方税务局应当按照国家规定的征收管理范围和税款入库预算级次，将征收的税款缴入国库。

(二) 税款缴纳的基本要求

税款缴纳的基本要求如下。

(1) 纳税人、扣缴义务人应当按照法律、行政法规的规定或者税务机关依照法律、行政法规的规定确定的期限，缴纳或者解缴税款。未按规定期限缴纳税款或者解缴税款的，税务机关除责令限期缴纳外，应从滞纳税款之日起，按日加收滞纳税款万分之五的滞纳金。

(2) 纳税人在合并、分立情形的，应当向税务机关报告，并依法缴清税款。纳税人合并时未缴清税款的，应当由合并后的纳税人继续履行未履行的纳税义务；纳税人分立时未缴清税款的，分立后的纳税人对未履行的纳税义务应当承担连带责任。

(3) 欠缴税款数额较大的纳税人在处分其不动产或者大额资产之前，应当向税务机关报告。欠缴税款的纳税人因怠于行使到期债权，或者放弃到期债权，或者无偿转让财产，或者以明显不合理的低价转让财产而让人知道该情形，对国家税收造成损害的，税务机关可以依照规定行使代位权、撤销权。

(4) 纳税人与其关联企业之间的业务往来，应当按照独立企业之间的业务往来收取或者支付价款、费用；不按照独立企业之间的业务往来收取或者支付价款、费用而减少其应纳税的收入或者所得额的，税务机关有权进行合理调整。

三、税款征收措施

(一) 延期纳税

纳税人因有特殊困难，不能按期缴纳税款的，经省、自治区、直辖市国家税务局、地方税务局批准，可以延期缴纳税款，但最长不得超过3个月。

(二) 加收滞纳金

纳税人必须按期缴纳税款，纳税人未按照规定期限缴纳税款的，扣缴义务人未按照规定期限解缴税款的，税务机关除责令限期缴款外，从滞纳税款之日起，按日加收滞纳税款万分之五的滞纳金。计算公式为

应缴滞纳金=滞纳税款×滞纳天数×滞纳金比例

(三) 核定应纳税额

纳税人有下列情形之一的，税务机关有权核定其应纳税额。

(1) 依照法律、行政法规的规定可以不设置账簿的。

(2) 依照法律、行政法规的规定应当设置账簿但未设置的。

(3) 擅自销毁账簿或者拒不提供纳税资料的。

(4) 虽设置账簿，但账目混乱或者成本资料、收入凭证、费用凭证残缺不全，难以查账的。

(5) 发生纳税义务，未按照规定的期限办理纳税申报，经税务机关责令限期申报，逾期仍不申报的。

(6) 纳税人申报的计税依据明显偏低，又无正当理由的。

(四) 提供纳税担保

纳税担保，指在税款征缴过程中，因纳税人不能及时履行法定的纳税义务，而被税务机关责成或主动提出用财产作抵押或由第三人向税务机关提供担保以及由第三人财产作抵押，以确保国家税款及时足额入库而设置的一种税款征收制度。

(五) 减税、免税

减税、免税是依据税法规定对某些特殊情况给予减轻或免除税收负担的一种税收措施。减税是从应纳税款中减征部分税款，免税是指应纳税款全部免于征收。

(六) 税收保全措施

▶ 1. 实施税收保全措施的前提条件

税收保全措施是指税务机关对可能由于纳税人的行为或者某种客观原因，致使以后税款的征收不能保证或难以保证的案件，采取限制纳税人处理和转移商品、货物或其他财产的措施。采取税收保全措施的前提条件有以下几个。

(1) 在规定的纳税期限之前，税务机关有根据认为从事生产、经营的纳税人有逃避纳税义务行为。所谓“有根据认为”是指税务机关根据举报或其他线索做出的符合逻辑的判断，根据可以不必等于证据。

(2) 对从事生产、经营且有逃避纳税义务行为嫌疑的纳税人，责令限期缴纳应纳税款，或者责令其提供纳税担保。

(3) 在限期内发现纳税人有明显的转移、藏匿其应纳税的商品、货物以及其他财务或

者应纳税的收入的迹象。

(4) 如果纳税人既不按规定及时解缴应纳税款，又不能提供纳税担保。

(5) 采取税收保全措施前，须报县以上税务局(分局)局长批准。

(6) 税务机关对从事生产、经营的纳税人以前纳税期间的纳税情况依法进行税务检查时，发现纳税有逃避纳税义务行为，并有明显转移、藏匿其应纳税商品、货物以及其他财产或者应纳税收入的迹象的，经县级以上税务局(分局)局长批准，税务机关可以采取税收保全措施。

▶ 2. 税收保全措施的顺序

税收保全措施的必要前提条件之一：税务机关有根据认为从事生产经营的纳税人有逃避纳税义务行为。其中，“有根据认为”是指税务机关依据一定线索做出符合逻辑的判断。根据不等于证据，证据是依照法定程序取得表明真相的事实和材料，证据的收集需要一定时间，由于税收保全措施是一种紧急处理措施，不能等到证据全部收集完毕，否则，可能导致税款流失。因此，税收保全措施的程序如下。

(1) 税务机关有依据认定纳税人具有逃避纳税义务的行为。

(2) 在规定的纳税期前责令纳税人限期缴税，这一期限最长不超过 15 天。

(3) 这一期限内如果发现纳税人有明显的转移、隐匿其应纳税的商品、货物以及其他财产或者应纳税的收入迹象的，税务机关应责成纳税人提供纳税担保。

如纳税人提供担保，税务机关不能使用税收保全措施，如纳税人不提供担保，经县级以上税务局局长批准后，税务机关才能实施税收保全措施。对于税收强制措施的程序而言，纳税人、扣缴义务人、纳税人担保人未按规定期限缴纳税款，已经侵犯了国家税收权益，这是税收强制执行措施的前提条件。此种情况下，税务机关首先应责令限期纳税，这一期限最长不超过 15 天，对于逾期仍不纳税的，经县级以上税务局长批准后才能实施强制执行措施，扣押、查封财产后，拍卖、变卖环节不需要再履行县以上税务局局长审批手续。

▶ 3. 税收保全措施的内容

税务机关有根据认为从事生产、经营的纳税人有逃避纳税义务行为的，可以在规定的纳税期之前，责令限期缴纳税款；在限期内发现纳税人有明显的转移、隐匿其应纳税的商品、货物，以及其他财产迹象的，税务机关应责令其提供纳税担保。如果纳税人不能提供纳税担保，经县以上税务局(分局)局长批准，税务机关可以采取下列税收保全措施。

(1) 书面通知纳税人开户银行或者其他金融机构冻结纳税人的金额相当于应纳税款的存款(冻结存款)。

(2) 扣押、查封纳税人的价值相当于应纳税款的商品、货物或者其他财产(扣押财产)。

纳税人在上款规定的期限内缴纳税款的，税务机关必须立即解除税收保全措施。

限期期满仍未缴纳税款的，经县以上税务局(分局)局长批准，税务机关可以书面通知纳税人开户银行或者其他金融机构，从其冻结的存款中扣缴税款，或者依法拍卖或者变卖所扣押、查封的商品、货物或者其他财产，以拍卖或者变卖所得抵缴税款。

采取税收保全措施不当，或者纳税人在限期内已缴纳税款，税务机关未立即解除税收保全措施，使纳税人的合法权益遭受损失的，税务机关应当承担赔偿责任。个人及其所扶养家属维持生活必需的住房和用品，不在税收保全措施的范围之内。

▶ 4. 税收保全的终止

(1) 纳税人在规定期限内缴纳了税款，税务机关必须立即解除税收保全措施。

(2) 纳税人在限期期满后仍未缴纳税款的，经县以上税务局(分局)局长批准，税务机关可以书面通知纳税人开户银行或者其他金融机构从其冻结的存款中扣缴税款，或者依法拍卖所扣押、查封的商品、货物或者其他财产，以拍卖所得抵缴税款，这时税收保全措施终止。

(七) 税收强制执行措施

税收强制执行措施，指税务机关对纳税人、扣缴义务人或纳税担保人欠缴税款，经责令限期缴纳或扣押、查封其商品、货物以及其他财产后仍未按期缴纳税款的情况下，采取的强行征收欠缴税款和应缴滞纳金的行为。

▶ 1. 强制执行的前提条件

(1) 超过纳税期限。纳税人或纳税担保人、扣缴义务人未按照规定的期限缴纳或者解缴税款。

(2) 告诫在先。税务机关必须责令限期缴纳税款。

(3) 超过告诫期。经税务机关责令限期缴纳，逾期仍未缴纳的。

▶ 2. 强制执行的方式

(1) 扣缴税款。书面通知其开户银行或者其他金融机构从其存款中扣缴税款。

(2) 拍卖抵缴。扣押、查封、依法拍卖或者变卖其价值相当于应纳税款的商品、货物或者其他财产，以拍卖或者变卖所得抵缴税款。

税务机关采取强制执行措施时，对上述所列纳税人、扣缴义务人、纳税担保人未缴纳的滞纳金同时强制执行。

个人及其所抚养家属维持生活必需的住房和用品，不在强制执行措施的范围之内。

思考：某县地税局城区分局征管人员于2018年11月20日对个体工商户纳税情况进行检查时，纳税人王某声称将于2018年11月30日前迁往外地经营，拒绝接受检查。征管人员认为王某有逃避缴纳11月份应纳税款的可能性，于11月21日以分局名义向王某下达《限期缴纳税款通知书》，责令其于11月26日前缴纳11月份应纳税款300元。王某对此不满，并在11月23日开始租用车辆拉走部分货物。征管人员发现后于当日向王某下达《提供纳税担保通知书》，责令其于11月24日前提供纳税担保。王某以未到法定的纳税期限为由拒绝提供纳税担保，也拒绝缴纳税款，征管人员多次与其协商未果。11月27日经催缴王某仍未缴纳税款。28日，城区分局根据《税收征管法》第二十七条规定，经县局局长批准，对其采取税收强制执行措施，扣押、查封、依法拍卖或变卖了其部分货物，并依法对其处以300元罚款。税务机关的各项处理是否正确？为什么？

(八) 阻止出境

欠缴税款的纳税人或者其法定代表人需要出境的，应当在出境前向税务机关结清税款、滞纳金，或者提供纳税担保。未结清税款、滞纳金，又不提供担保的，税务机关可以通知出境管理机关阻止其出境。

(九) 欠税清缴制度

欠税是指纳税人未按照规定期限缴纳税款，扣缴义务人未按照规定期限解缴税款的行为。欠税清缴制度包括以下内容。

▶ 1. 阻止出境

《税收征收管理法》第四十四条规定：欠缴税款的纳税人及其法定代表人需要出境的，应当在出境前向税务机关结清应纳税款或者提供担保。未结清税款，又不提供担保的，税务机关可以通知出境管理机关阻止其出境。

▶ 2. 改制纳税人欠税的清缴

《税收征收管理法》第四十八条规定：纳税人有合并、分立情形的，应当向税务机关报告，并依法缴清税款。纳税人合并时未缴清税款的，应当由合并后的纳税人继续履行未履行的纳税义务；纳税人分立时未缴清税款的，分立后的纳税人对未履行的纳税义务应当承担连带责任。

▶ 3. 大额欠税处分财产报告

根据《税收征收征管理法》及其实施细则的规定：欠缴税款数额在 5 万元以上的纳税人，在处分其不动产或者大额资产之前，应当向税务机关报告。这一规定有利于税务机关及时掌握欠税企业处置不动产和大额资产的动向。税务机关可以根据其是否侵害了国家税收，是否有转移资产、逃避纳税义务的情形，决定是否行使税收优先权，是否采取税收保全措施或者强制执行措施。

▶ 4. 行使代位权、撤销权

税务机关可以对欠缴税款的纳税人行使代位权、撤销权，即对纳税人的到期债权等财产权利，税务机关可以依法向第三者追索以抵缴税款。《税收征收管理法》第五十条规定了在哪些情况下税务机关可以依据《中华人民共和国合同法》行使代位权、撤销权。税务机关代表国家，拥有对欠缴税款的纳税人的债权，是纳税人应该偿还国家的债务。

▶ 5. 欠税公告

根据《税收征收管理法》及其实施细则规定：税务机关应当对纳税人欠缴税款的情况，在办税场所或者广播、电视、报纸、期刊、网络等新闻媒体上定期予以公告。定期公告是指税务机关定期向社会公告纳税人的欠税情况。同时税务机关还可以根据实际情况和实际需要，制定纳税人的纳税信用等级评比制度。

(十) 税款退还和补缴、追征的规定

▶ 1. 税款退还

纳税人超过应纳税额缴纳的税款，税务机关发现后应当立即退还；纳税人自结算应纳税款之日起 3 年内发现的，可以向税务机关要求退还多缴的税款并加算银行同期存款利息，税务机关及时查实后应当立即退还。

▶ 2. 税款补缴、追征

因税务机关的责任，致使纳税人、扣缴义务人未缴或者少缴税款的，税务机关在 3 年内可以要求纳税人、扣缴义务人补缴税款，但是不得加收滞纳金。因纳税人、扣缴义务人计算错误等失误，未缴或者少缴的税款，税务机关在 3 年内可以追征税款、滞纳金；有特殊情况的，追征期可以延长到 5 年。

对偷税、抗税、骗税的，税务机关追征其未缴或者少缴的税款、滞纳金或者所骗取的税款，不受期限的限制。

思考： 某企业财务人员 2015 年 7 月采取虚假的纳税申报手段少缴营业税 5 万元。2018 年 6 月，税务人员在检查中发现了这一问题，要求追征这笔税款。该企业财务人员认为时间已过 3 年，超过了税务机关的追征期，不应再缴纳这笔税款。税务机关是否可以追征这笔税款？为什么？

思考： 某集体工业企业，主营机器配件加工业务，由于经营不善，在停止其主营业务时，把所承租的楼房转租给某企业经营，将收取的租金收入挂在往来科目，未结转收入及申报缴纳有关税费。该县地税局在日常检查时，发现了其偷税行为并依法作出补税、加收滞纳金和处以罚款的决定。对此，该企业未提出异议，却始终不缴纳税款、滞纳金和罚款。该局在多次催缴无效的情况下，一方面依法向人民法院申请对其罚款采取强制执行措施；另一方面将此案移送公安局进一步立案侦查，追究该企业的法律责任。地税局在与公安局配合调查期间，得知该企业的法定代表人李某已办理好出国、出境证件，有出国（境）的迹象。该企业法定代表人李某是否可以出境？为什么？

（十一）税款入库制度

税款入库是税收征管的最终环节，指征税机关根据税款入库权将征收的税款依次缴入国库的制度。税款入库直接关系到各级政府的财政利益，是分税制财政体制的具体表现。

任务四 税务检查

一、税务检查的内容和形式

税务检查，又称纳税检查，指税务机关依法对纳税人、扣缴义务人履行纳税义务或扣缴义务的情况进行的审查和监督活动。纳税人、扣缴义务人必须接受税务机关依法进行的税务检查，如实反映情况，提供有关资料，不得拒绝、隐瞒。税务机关依法进行税务检查时，有关部门和单位应当支持、协助。

通过税务检查，既有利于全面贯彻国家的税收政策，严肃税收法纪，加强纳税监督，查处偷税、漏税和逃骗税等违法行为，确保税收收入足额入库，也有利于帮助纳税人端正经营方向，促使其加强经济核算，提高经济效益。

（一）税务检查的内容

税务检查的具体内容如下。

（1）检查纳税人履行纳税义务的情况。

（2）检查纳税人遵守财务、会计制度的情况。

（3）检查税务人员执行税收征管制度的情况。

（4）了解纳税人的生产经营情况。

（二）税务检查的形式

税务检查形式是指税务机关开展税务检查的具体组织方式。税务检查形式往往因检查时间、检查内容和检查目的的不同而不同，主要有以下几种。

▶ 1. 纳税人自查

这种检查形式是通过税务机关组织纳税人开展自查或互查的方式，来了解不同行业纳税人或同行业不同纳税人的纳税义务履行情况，属于一般性检查，带有普查性质。

▶ 2. 专业性检查

这种检查形式是税务机关组织税务人员对纳税人的各项涉税事宜进行的专业检查，主要有日常检查、专项检查和专案检查等几种形式。

(1) 日常税务检查，是税务机关组织依照税收法律、法规的规定，对纳税人履行纳税义务的情况所进行的常规检查，包括日常的税务稽核、税务检查和违章处理。税务稽核是税务机关对纳税人纳税申报资料进行审核的过程，以确保税款申报的准确性。税务稽核一般由税务机关内部的征收部门负责组织实施。而税务检查是以纳税人会计核算资料为基础、运用不同的检查方法对纳税人的纳税情况以及生产经营情况进行全面检查的过程，确保税款缴纳的准确性，实现应收尽收。税务检查一般由税务机关内部的检查部门负责组织实施。日常税务检查主要是检查纳税人履行纳税义务的情况，其主要目的是确保税款及时入库，促使纳税人树立依法纳税的意识，因而，日常税务检查一般由县级税务机关组织实施，其一般要求是对辖区内所有纳税户的所有申报资料必须进行税务稽核，对辖区内的所有纳税户必须每年实施税务检查1～2次。这种检查方式的优点在于能及时发现问题、迅速解决问题。但缺点是受到检查人员政策水平和业务技能的制约，容易出现漏查现象。

(2) 专项税务检查，是税务机关根据特定的目的和要求，依据征收管理部门或其他信息部门提供的信息、数据资料，通过分类、分析，选取特定的检查对象进行某个方面的或某些方面的检查，以实现特定的检查目的。

(3) 专案税务检查，是税务检查部门对上级指示、有关部门转办、征收管理部门提供、公民举报以及国际、省际间情报交换等案件线索进行的专门检查。这种检查形式往往适用于对重大案件的查处。

▶ 3. 联合性检查

联合性检查是多个部门联合组织开展的检查形式，主要有以下两种形式。

(1) 税务机关内部各部门之间的联合检查，包括征收部门与检查部门的联合检查，检查部门之间的联合检查，其特点是检查力量强、检查效果好。

(2) 税务部门与其他经济部门之间进行的联合检查，一般由税务机关会同企业主管部门、财政、银行、物价等部门进行综合检查，促使企业加强内部监督，遵守财经纪律。其特点是检查范围广、查处问题全面、解决问题及时、能发挥综合治理的效果。

总之，税务检查的形式是多种多样的，税务机关应依据检查需要、结合企业实际，灵活运用。在检查工作中，为加快检查进度、提高检查效果，应注意将专业检查与群众检查相结合，实现税务检查的预期目标。

二、税务机关的税务检查权

根据《中华人民共和国税收征收管理法》及其实施细则的规定，税务机关在税务检查中享有以下权利。

(一) 查账权

税务机关有权检查纳税人的账簿、记账凭证、报表和有关资料，检查扣缴义务人代扣代缴、代收代缴税款账簿、记账凭证和有关资料。

(二) 场地检查权

税务机关有权到纳税人的生产、经营场所和货物存放地检查纳税人应纳税的商品、货物或者其他财产，检查扣缴义务人与代扣代缴、代收代缴税款有关的经营情况。

(三) 责成提供资料权

税务机关实施税务检查时有权责成纳税人、扣缴义务人提供与纳税或者代扣代缴、代收代缴税款有关的文件、证明材料和有关资料。

(四) 询问权

税务机关有权询问纳税人、扣缴义务人与纳税或者代扣代缴、代收代缴税款有关的问题和情况。

(五) 查证权

税务机关有权到车站、码头、机场、邮政企业及其分支机构检查纳税人托运、邮寄应纳税商品、货物或者其他财产的有关单据、凭证和有关资料。

(六) 检查存款账户权

经县以上税务局(分局)局长批准，凭全国统一格式的检查存款账户许可证明，查询从事生产、经营的纳税人、扣缴义务人在银行或者其他金融机构的存款账户。查询的内容，包括纳税人存款账户余额和资金往来情况。

税务机关在调查税收违法案件时，经设区的市、自治州以上税务局(分局)局长批准，可以查询案件涉嫌人员的储蓄存款。税务机关查询所获得的资料，不得用于税收以外的用途。

(七) 采取税收保全措施或者强制执行措施权

税务机关对从事生产、经营的纳税人以前纳税期的纳税情况依法进行税务检查时，发现纳税人有逃避纳税义务行为，并有明显的转移、隐匿其应纳税的商品、货物以及其他财产或者应纳税的收入迹象的，可以按照本法规定的批准权限采取税收保全措施或者强制执行措施。

(八) 调查取证权

税务机关依法进行税务检查时，有权向有关单位和个人调查纳税人扣缴义务人和其他当事人与纳税或者代扣代缴、代收代缴税款有关的情况，有关单位和个人有义务向税务机关如实提供有关资料及证明材料。税务机关调查税务违法案件时，对与案件有关的情况和资料，可以记录、录音、录像、照相和复制。

三、税务机关在税务检查中的义务

税务机关在税务检查中有如下义务。

(1) 出示税务检查证和税务检查通知书。

(2) 税务机关应当建立科学的检查制度，统筹安排检查工作，严格控制对纳税人、扣缴义务人的检查次数。

(3) 税务机关行使查询账户或储蓄存款职权时，应当指定专人负责，凭全国统一格式的检查存款账户许可证明进行，并有责任为被检查人保守秘密。

(4) 税务机关采取税收保全措施的期限一般不得超过 6 个月；重大案件需要延长的，

应当报国家税务总局批准。

(5) 税务机关和税务人员应当依照税收征管法及其细则的规定行使税务检查职权。

四、纳税人在税务检查中的权利与义务

(一) 纳税人在税务检查中享有的权利

纳税人在税务检查中，可以依法监督税务机关的执法行为。例如，可以拒绝税务机关的无证检查；可以拒绝回答与税收无关的询问；可以拒绝提供与纳税无关的资料等，据以监督税务机关依法行政。

(二) 纳税人在税务检查中承担的义务

纳税人在税务检查中，必须配合税务机关的检查工作，如实反映情况、提供有关资料，不得拒绝和隐瞒。

任务五　税收法律责任

一、纳税人、扣缴义务人的法律责任

所谓税收法律责任，指税收法律关系的主体因违反税收法律规范所应承担的法律后果。税收法律责任依其性质和形式的不同，可分为经济责任、行政责任和刑事责任；依承担法律责任主体的不同，可分为纳税人的责任、扣缴义务人的责任、税务机关及其工作人员的责任。

(一) 违反税务管理的行为及处罚

(1) 纳税人有下列行为之一的，由税务机关责令限期改正，可以处以 2 000 元以下的罚款；情节严重的，处以 2 000 元以上 1 万元以下的罚款。

① 未按照规定的期限申报办理税务登记、变更或注销登记的。

② 未按照规定设置、保管账簿或者保管记账凭证和有关资料的。

③ 未按照规定将财务、会计制度或财务会计处理方法和会计核算软件报送税务机关备案的。

④ 未按照规定将其全部银行账号向税务机关报告的。

⑤ 未按照规定安装、使用税控装置，或者损毁或者擅自改动税控装置的。

⑥ 纳税人未按照规定办理税务登记证件验证或者换证手续的。

(2) 纳税人不办理税务登记的，由税务机关责令限期改正；逾期不改正的，税务机关提请工商行政管理机关吊销其营业执照。

纳税人未按照规定使用税务登记证件，或者转借、涂改、损毁、买卖、伪造税务登记证件的，处 2 000 元以上 1 万元以下的罚款；情节严重的，处 1 万元以上 5 万元以下的罚款。

(3) 扣缴义务人未按规定设置、保管代扣代缴、代收代缴税款账簿或者保管代扣代缴、代收代缴税款记账凭证及有关资料的，由税务机关责令改正，可处以 2 000 元以下的

罚款；情节严重的，处 2 000 元以上 5 000 元以下的罚款。

(4) 纳税人、扣缴义务人未按规定的期限办理纳税申报和报送纳税资料的，或者扣缴义务人未按规定的期限向税务机关报送代扣代缴、代收代缴税款报告表和有关资料的，由税务机关责令限期改正，可处以 2 000 元以下的罚款；情节严重的，可处以 2 000 元以上 1 万元以下的罚款。

(二) 欠税行为及处罚

欠税是指逾期未缴纳税款的行为。

▶ 1. 对纳税人的处罚

由税务机关追缴欠缴的税款、滞纳金，并处以欠缴税款 50%以上 5 倍以下的罚款。

▶ 2. 对扣缴义务人的处罚

由税务机关向纳税人追缴税款，对扣缴义务人处应扣未扣、应收未收税款 50%以上 3 倍以下罚款。

(三) 逃避缴纳税款行为及处罚

2009 年 2 月 28 日，全国人民代表大会通过了《中华人民共和国刑法修正案(七)》，对偷税罪进行了修改。

修订后的《刑法》第二百○一条规定：纳税人采取欺骗、隐瞒手段进行虚假纳税申报或者不申报，逃避缴纳税款数额较大并且占应纳税额 10%以上的，处 3 年以下有期徒刑或者拘役，并处罚金；数额巨大并且占应纳税额 30%以上的，处 3 年以上 7 年以下有期徒刑，并处罚金。扣缴义务人采取前款所列手段，不缴或者少缴已扣、已收税款，数额较大的，依照前款的规定处罚。有第一款行为，经税务机关依法下达追缴通知后，补缴应纳税款，缴纳滞纳金，已受行政处罚的，不予追究刑事责任；但是，5 年内因逃避缴纳税款受过刑事处罚或者被税务机关给予 2 次以上行政处罚的除外。

注意，《税收征收管理法》规定：①伪造、变造、隐匿、擅自销毁账簿、记账凭证；②在账簿上多列支出或者不列、少列收入；③经税务机关通知申报而拒不申报；④进行虚假的纳税申报的，导致不缴或者少缴应纳税款的，以下行为均为偷税。对纳税人偷税的，由税务机关追缴其不缴或少缴的税款、滞纳金，并处不缴或少缴的税款的 50%以上 5 倍以下罚款；构成犯罪的，依法追究刑事责任。

(四) 抗税行为及处罚

抗税是指以暴力威胁方法拒绝缴纳税款的行为。情节轻微、未构成犯罪的，由税务机关追缴税款、滞纳金并处以拒缴税款 1 倍以上 5 倍以下的罚款或罚金。构成犯罪的，处 3 年以下有期徒刑或者拘役，并处拒缴税款 1 倍以上 5 倍以下的罚金；情节严重的，处 3 年以上 7 年以下有期徒刑，并处拒缴税款 1 倍以上 5 倍以下的罚金。以暴力抗税，致人重伤或者死亡的，按伤害罪、杀人罪从重处罚，并处罚金。

(五) 行贿行为及处罚

对犯行贿罪的，处 5 年以下有期徒刑或拘役；因行贿谋取不正当利益，情节严重的，或者使国家利益遭受重大损失的，处 5 年以上 10 年以下有期徒刑；情节特别严重的，处 10 年以上有期徒刑或者无期徒刑，可以并处没收财产。

(六) 骗税行为及处罚

由税务机关追缴其骗取的出口退税款，并处骗取税款 1 倍以上 5 倍以下的罚款。构成犯罪的，处 5 年以下有期徒刑或者拘役，并处 1 倍以上 5 倍以下的罚金；数额巨大或者有其他严重情节的，处 5 年以上 10 年以下有期徒刑，并处骗取税款 1 倍以上 5 倍以下的罚金；数额特别巨大或者有其他特别严重情节的，处 10 年以上有期徒刑或者无期徒刑，并处 1 倍以上 5 倍以下的罚金或者没收财产。

（七）其他违法行为及处罚

（1）非法印制、转借、倒卖、变造或者伪造完税凭证的，由税务机关责令改正，处 2 000元以上 1 万元以下的罚款；情节严重的，处 1 万元以上 5 万元以下的罚款；构成犯罪的，依法追究刑事责任。

（2）银行及其他金融机构未依照《中华人民共和国税收征收管理法》（以下简称《税收征管法》）的规定在从事生产、经营的纳税人的账户中登录税务登记证件号码，或者未按规定在税务登记证件中登录从事生产、经营的纳税人的账户账号的，由税务机关责令限期改正，处 2 000 元以上 2 万元以下的罚款；情节严重的，处 2 万元以上 5 万元以下的罚款。

（3）为纳税人、扣缴义务人非法提供银行账户、发票、证明或者其他方便，导致未缴、少缴税款或者骗取国家出口退税款的，税务机关除没收违法所得外，可以处未缴、少缴或者骗取的税款 1 倍以下的罚款。

（4）税务机关依照《税收征管法》，到车站、码头、机场、邮政企业及其分支机构检查纳税人有关情况时，有关单位拒绝的，由税务机关责令改正，可以处 1 万元以下的罚款；情节严重的，处 1 万元以上 5 万元以下的罚款。

二、银行及其他金融机构的法律责任

《中华人民共和国税收征收管理法实施细则》第九十二条规定：银行和其他金融机构未依照税收征管法的规定在从事生产、经营的纳税人的账户中登录税务登记证件号码，或者未按规定在税务登记证件中登录从事生产、经营的纳税人的账户账号的，由税务机关责令其限期改正，处 2 000 元以上 2 万元以下的罚款；情节严重的，处 2 万元以上 5 万元以下的罚款。

三、税务机关、税务人员的法律责任

税务机关、税务人员的法律责任相关规定如下。

（1）税务机关违反规定擅自改变税收征收管理范围和税款入库预算级次的，责令限期改正，对直接负责的主管人员和其他直接责任人员依法给予降级或者撤职的行政处分；税务人员徇私舞弊，对依法应当移交司法机关追究刑事责任的不移交，情节严重的，依法追究刑事责任。

（2）未经税务机关依法委托征收税款的，责令退还收取的财物，依法给予行政处分或者行政处罚；致使他人合法权益受到损失的，依法承担赔偿责任；构成犯罪的，依法追究刑事责任。

（3）税务机关、税务人员查封、扣押纳税人个人及其所扶养家属维持生活必需的住房和用品的，责令退还，依法给予行政处分；构成犯罪的，依法追究刑事责任。

（4）税务人员与纳税人、扣缴义务人勾结，唆使或者协助纳税人、扣缴义务人构成犯罪的，依法追究刑事责任；尚不构成犯罪的，依法给予行政处分。

（5）税务人员利用职务上的便利，收受或者索取纳税人、扣缴义务人财物或者谋取其他不正当利益，构成犯罪的，依法追究刑事责任；尚不构成犯罪的，依法给予行政处分。

(6) 税务人员徇私舞弊或者玩忽职守，不征或者少征应征税款，致使国家税收遭受重大损失，构成犯罪的，依法追究刑事责任；尚不构成犯罪的，依法给予行政处分。税务人员滥用职权，故意刁难纳税人、扣缴义务人的，调离税收工作岗位，并依法给予行政处分。税务人员对控告、检举税收违法违纪行为的纳税人、扣缴义务人以及其他检举人进行打击报复的，依法给予行政处分；构成犯罪的，依法追究刑事责任。税务人员违反法律、行政法规的规定，故意高估或者低估农业税计税产量，致使多征或者少征税款，侵犯农民合法权益或者损害国家利益，构成犯罪的，依法追究刑事责任；尚不构成犯罪的，依法给予行政处分。

(7) 违反法律、行政法规的规定提前征收、延缓征收或者摊派税款的，由其上级机关或者行政监察机关责令改正，对直接负责的主管人员和其他直接责任人员依法给予行政处分。

(8) 违反法律、行政法规的规定，擅自作出税收的开征、停征或者减税、免税、退税、补税以及其他同税收法律、行政法规相抵触的决定的，除依照本法规定撤销其擅自作出的决定外，补征应征未征税款，退还不应征收而征收的税款，并由上级机关追究直接负责的主管人员和其他直接责任人员的行政责任；构成犯罪的，依法追究其刑事责任。

(9) 税务人员在征收税款或者查处税收违法案件时，未按照税收征管法规定进行回避的，对直接负责的主管人员和其他直接责任人员，依法给予行政处分。

(10) 违反税收法律、行政法规应当给予行政处罚的行为，在 5 年内未被发现的，不再给予行政处罚。

(11) 未按照本法规定为纳税人、扣缴义务人、检举人保密的，对直接负责的主管人员和其他直接责任人员，由所在单位或者有关单位依法给予行政处分。

(12) 纳税人、扣缴义务人、纳税担保人同税务机关在纳税上发生争议时，必须先依照税务机关的纳税决定缴纳或者解缴税款及滞纳金或者提供相应的担保，然后可以依法申请行政复议；对行政复议决定不服的，可以依法向人民法院起诉。当事人对税务机关的处罚决定、强制执行措施或者税收保全措施不服的，可以依法申请行政复议，也可以依法向人民法院起诉。当事人对税务机关的处罚决定逾期不申请行政复议也不向人民法院起诉、又不履行的，作出处罚决定的税务机关可以采取强制执行措施，或者申请人民法院强制执行。

任务六　税务行政复议

税务行政复议是我国行政复议制度的重要组成部分。税务行政复议是指当事人(纳税人、扣缴义务人、纳税担保人及其他税务当事人)不服税务机关及其工作人员作出的税务具体行政行为，依法向上一级税务机关(复议机关)提出申请，复议机关经审理对原税务机关具体行政行为依法作出维持、变更、撤销等决定的活动。

为了防止和纠正违法的或不当的税务具体行政行为，保护纳税人及其他税务当事人的合法权益，保障和监督税务机关依法行使职权，国家税务总局根据《中华人民共和国行政复议法》(1999 年 10 月 1 日起实施，以下简称《行政复议法》)和其他有关法律、法规的规定，制定了《税务行政复议规则(试行)》，并于 1999 年 10 月 1 日起实行。

一、税务行政复议的特点

我国税务行政复议具有以下特点。

(1) 税务行政复议以当事人不服税务机关及其工作人员作出的税务具体行政行为为前提。这是由行政复议对当事人进行行政救济的目的所决定的。如果当事人认为税务机关的处理合法、适当，或税务机关还没有作出处理，当事人的合法权益没有受到侵害，就不存在税务行政复议。

(2) 税务行政复议因当事人的申请而产生。当事人提出申请是引起税务行政复议的重要条件之一。当事人不申请，就不可能通过行政复议这种形式获得救济。

(3) 税务行政复议案件的审理一般由原处理税务机关的上一级税务机关进行。

(4) 税务行政复议与行政诉讼相衔接。根据《中华人民共和国行政诉讼法》(以下简称《行政诉讼法》)和《行政复议法》的规定，对于大多数行政案件来说，当事人都可以选择行政复议或者行政诉讼程序解决，当事人对行政复议决定不服的，还可以向法院提起行政诉讼。在此基础上，两个程序的衔接方面，税务行政案件的适用还有其特殊性。根据《征管法》第八十八条的规定，对于因纳税问题引起的争议，税务行政复议是税务行政诉讼的必经前置程序，未经复议不能向法院起诉，经复议仍不服的，才能起诉；对于因处罚、保全措施及强制执行引起的争议，当事人可以选择适用复议或诉讼程序，如选择复议程序，对复议决定仍不服的，可以向法院起诉。

二、税务行政复议的受案范围

根据《税收征管法》《行政复议法》和《税务行政复议规则(试行)》的规定，税务行政复议的受案范围仅限于税务机关做出的税务具体行政行为。税务具体行政行为是指税务机关及其工作人员在税务行政管理活动中行使行政职权，针对特定的公民、法人或者其他组织，就特定的具体事项，做出的有关该公民、法人或者其他组织权利、义务的单方行为。

(一) 税务机关做出的征税行为

(1) 征收税款、加收滞纳金。

(2) 扣缴义务人、受税务机关委托征收的单位做出的代扣代缴、代收代缴行为及代征。

(二) 税务机关做出的责令纳税人提供纳税担保行为

略。

(三) 税务机关做出的税收保全措施

(1) 书面通知银行或者其他金融机构冻结纳税人存款。

(2) 扣押、查封商品、货物或其他财产。

(四) 税务机关未及时解除税收保全措施，使纳税人等合法权益遭受损失的行为

略。

(五) 税务机关做出的税收强制执行措施

(1) 书面通知银行或者其他金融机构从当事人存款中扣缴税款。

（2）拍卖或者变卖扣押、查封的商品、货物或其他财产。

（六）税务机关做出的税务行政处罚行为

（1）罚款。

（2）没收非法所得。

（3）停止出口退税权。

（4）收缴发票和暂停供应发票。

（七）税务机关不予依法办理或答复的行为

（1）不予审批减免税或出口退税。

（2）不予抵扣税款。

（3）不予退还税款。

（4）不予颁发税务登记证、发售发票。

（5）不予开具完税凭证和出具票据。

（6）不予认定为增值税一般纳税人。

（7）不予核准延期申报；批准延期缴纳税款。

（8）税务机关做出的取消增值税一般纳税人资格的行为。

（9）税务机关做出的通知出境管理机关阻止出境行为。

（10）税务机关做出的其他税务具体行政行为。

根据此项内容，不管现行税法有无规定，只要是税务机关作出的具体行政行为，今后纳税人均可以申请税务行政复议，这也是行政复议法实施后，有关税务行政复议的一个新的规定。

另外，《税务行政复议规则（试行）》还规定，纳税人可以对税务机关做出的具体行政行为所依据的规定提出行政复议申请。具体规定如下：纳税人可以和其他税务当事人认为税务机关的具体行政行为所依据的下列规定不合法，在对具体行政行为申请行政复议时，可一并向复议机关提出对该规定的审查申请。

（1）国家税务总局和国务院其他部门的规定。

（2）其他各级税务机关的规定。

（3）县级以上地方各级人民政府及其工作部门的规定。

（4）乡、镇人民政府的规定。

以上规定不含国家税务总局制定的规章以及国务院各部、委和地方人民政府制定的规章。也就是说，部、委规章一级的规范性文件不可以提请审查。

三、税务行政复议的受案管辖

根据《行政复议法》和《税务行政复议规则（试行）》的规定，我国税务行政复议管辖的基本制度原则上是实行由上一级税务机关管辖的一级复议制度。具体内容如下。

（1）对省级以下各级国家税务局做出的税务具体行政行为不服的，可以向其上一级机关申请行政复议；对省级国家税务局做出的具体行政行为不服的，向国家税务总局申请行政复议。

（2）对省级以下各级地方税务局做出的税务具体行政行为不服的，向其上一级机关申请复议；对省级地方税务局做出的具体行政行为不服的，向国家税务总局或省级人民政府申请复议。

(3) 对国家税务总局做出的具体行政行为不服的，可以向国家税务总局申请行政复议。对行政复议决定不服的，申请人可以向人民法院提出行政诉讼；也可以向国务院申请裁决，国务院的裁决为终局裁决。应该注意的是，向国务院申请二级复议审理是特殊规定，只适用于纳税人不服，由国家税务总局直接做出的具体税务行政行为的情况。对纳税人不服省级国税机关、地税机关具体做出的税务行政行为，而向国家税务总局申请复议，并且对总局的复议决定不服的，此种情况，纳税人不能向国务院申请裁决，只能向人民法院起诉，即仍按一级复议原则处理。

(4) 对上述(一)、(二)、(三)条规定以外的其他机关、组织等做出的税务具体行政行为不服的，按照下列规定申请行政复议。

① 对税务机关依法设立的派出机构，依照法律、法规或者规章的规定，以自己名义做出的税务具体行政行为不服的，向设立该派出机构的税务机关申请行政复议。

② 对扣缴义务人做出的扣缴税款行为不服的，向主管该扣缴义务人的税务机关的上一级税务机关申请复议；对受税务机关委托的单位做出的代征税款行为不服的，向委托税务机关的上一级税务机关申请复议。

③ 对国家税务局和地方税务局共同做出的具体行政行为不服的，向国家税务总局申请复议；对税务机关与其他机关共同做出的具体行政行为不服的，向其上一级行政机关申请复议。

④ 对被撤销的税务机关在撤销前所做出的具体行政行为不服的，向继续行使其职权的税务机关的上一级税务机关申请行政复议。

为方便纳税人，按《行政复议法》有关规定，在上述情况下，复议申请人也可以向具体行政行为发生地的县级地方人民政府提出行政复议申请，由接受申请的县级地方人民政府依法进行转送。

四、税务行政复议的受案申请

纳税人及其他税务当事人对税务机关作出的征税行为不服，应当先向复议机关申请行政复议，对复议决定不服，再向人民法院起诉。但申请人必须先依照税务机关的纳税决定缴纳或者解缴税款及滞纳金或者提供相应的担保，然后可以依法提出行政复议申请。

申请人可以在得知税务机关作出具体行政行为之日起 60 日内提出行政复议申请。因不可抗力或者被申请人设置障碍等其他正当理由耽误法定申请期限的，申请期限自障碍消除之日起继续计算。

申请人申请行政复议，可以书面申请，也可以口头申请；口头申请的，复议机关应当当场记录申请人的基本情况、行政复议请求、申请行政复议的主要事实、理由和时间。

五、税务行政复议的受理

(1) 复议机关收到行政复议申请后，应当在 5 日内进行审查，对不符合规定的行政复议申请，决定不予受理，并书面告知申请人；对符合规定，但是不属于本机关受理的行政复议申请，应当告知申请人向有关行政复议机关提出申请。

(2) 对符合规定的行政复议申请，自复议机关法制工作机构收到之日起即为受理；受理行政复议申请，应书面告知申请人。

(3) 对应当先向复议机关申请行政复议，对行政复议决定不服再向人民法院提起行政诉讼的具体行政行为，复议机关决定不予受理或者受理后超过复议期限不作答复的，纳税人和其他税务当事人可以自收到不予受理决定书之日起，或者行政复议期满之日起 15 日内，依法向人民法院提起行政诉讼。

(4) 纳税人及其他税务当事人依法提出行政复议申请，复议机关无正当理由不予受理且申请人没有向人民法院提起行政诉讼的，上级税务机关应当责令其受理；必要时，上级税务机关也可以直接受理。

(5) 行政复议期间税务具体行政行为不停止执行。但是，有下列情形之一的，可以停止执行：

①被申请人认为需要停止执行的。

②复议机关认为需要停止执行的。

③申请人申请停止执行，复议机关认为其要求合理，决定停止执行的。

④法律、法规规定停止执行的。

六、税务行政复议决定

(1) 行政复议原则上采用书面审查的办法，但是申请人提出要求或者税务机关内部负责行政复议的工作机构认为有必要时，应当听取申请人、被申请人和第三人的意见，并可以向有关组织和人员调查了解情况。

(2) 复议机关内部有关工作机构应当自受理行政复议申请之日起 7 日内，将行政复议申请书副本或者行政复议申请笔录复印件发送被申请人。被申请人应当自收到申请书副本或者申请笔录复印件之日起 10 日内，提出书面答复，并提交当初做出具体行政行为的证据、依据和其他有关材料。

(3) 申请人和第三人可以查阅被申请人提出的书面答复、做出具体行政行为的证据、依据和其他有关材料，除涉及国家秘密、商业秘密或者个人隐私外，复议机关不得拒绝。

(4) 在行政复议过程中，被申请人不得自行向申请人和其他有关组织或者个人收集证据。

(5) 行政复议决定做出前，申请人要求撤回行政复议申请的，经说明理由，可以撤回；撤回行政复议申请的，行政复议终止。

(6) 申请人在申请行政复议时，依据本规则第八条规定一并提出对有关规定的审查申请的，复议机关对该规定有权处理的，应当在 30 日内依法处理；无权处理的，应当在 7 日内按照法定程序转送有权处理的行政机关依法处理有权处理的行政机关应当在 60 日内依法处理。处理期间，中止对具体行政行为的审查。

(7) 复议机关在对被申请人做出的具体行政行为进行审查时，认为其依据不合法，本机关有权处理的，应当在 30 日内依法处理。无权处理的，应当在 7 日内按照法定程序转送有权处理的行政机关依法处理。处理期间，中止对具体行政行为的审查。

(8) 复议机关内部有关工作机构应当对被申请人做出的具体行政行为进行合法性与适当性审查，提出意见，经复议机关负责人同意，按照下列规定做出行政复议决定：

①具体行政行为认定事实清楚，证据确凿，适用依据正确，程序合法，内容适当的，决定维持。

②被申请人不履行法定职责的，决定其在一定期限内履行。

③具体行政行为有下列情形之一的，决定撤销、变更或者确认该具体行政行为违法；决定撤销或者确认该具体行政行为违法的，可以责令被申请人在一定期限内重新作出具体行政行为：ⅰ. 事实不清、证据不足的；ⅱ. 适用依据错误的；ⅲ. 违反法定程序的；ⅳ. 超越或者滥用职权的；ⅴ. 具体行政行为明显不当的。ⅵ. 被申请人不按照规定提出书面答复，提交当初做出具体行政行为的证据、依据的，应决定撤销该具体行政行为。

重大、疑难的复议申请，复议机关应集体讨论决定。重大、疑难复议申请的标准，由各复议机关自行确定。

(9) 申请人在申请行政复议时可以一并提出行政赔偿请求，复议机关对符合国家赔偿法的有关规定应予赔偿的，在决定撤销、变更具体行政行为或者确认具体行政行为违法时，应当同时决定被申请人依法给予赔偿。

申请人在申请行政复议时没有提出行政赔偿请求的复议机关在依法决定撤销或者变更原具体行政行为确定的税款、滞纳金、罚款以及对财产的扣押、查封等强制措施时，应当同时责令被申请人退还税款、滞纳金和罚款，解除对财产的扣押、查封等强制措施，或者赔偿相应的价款；税务机关退还多征纳税人多缴的税款时，应加算银行同期存款利息。

(10) 复议机关应当自受理申请之日起 60 日内做出行政复议决定。情况复杂，不能在规定期限内做出行政复议决定的，经复议机关负责人批准，可以适当延长，并告知申请人和被申请人；但是延长期限最多不超过 30 日。

复议机关做出行政复议决定，应当制作行政复议决定书，并加盖公章。

行政复议决定书一经送达，即发生法律效力。

(11) 被申请人应当履行行政复议决定。被申请人不履行或者无正当理由拖延履行行政复议决定的，复议机关或者有关上级行政机关应当责令其限期履行。

(12) 申请人逾期不起诉又不履行行政复议决定的，或者不履行最终裁决的行政复议决定的，按照下列规定分别处理。

①维持具体行政行为的行政复议决定，由做出具体行政行为的行政机关依法强制执行，或者申请人民法院强制执行。

②变更具体行政行为的行政复议决定，由复议机关依法强制执行，或者申请人民法院强制执行。

(13) 其他有关规定。

①复议机关、复议机关工作人员及被申请人在行政复议活动中，有违反《行政复议法》及《税务行政复议规则》规定的行为，按《行政复议法》的规定，追究法律责任。

②复议机关受理行政复议申请，不得向申请人收取任何费用。复议活动所需经费，应当列入本机关的行政经费，由本级财政予以保障。

③复议机关在受理、审查、决定复议申请过程中，可使用复议专用章。不予受理决定书和复议决定书等重要法律文书应加盖复议机关印章。

项目小结

本项目通过对税收法律制度的概念、税务管理、税款征收、税务检查、法律责任等基本内容的阐述，使读者明确税务登记的种类和方法；熟悉税务检查的内容、税务机关和相对人的权利与义务及违反税收法律制度的法律责任；掌握账簿设置、发票管理、纳税申报的内容与方法；能依法准确处理好税收征纳过程中的有关问题。

本章习题
扫描二维码
可下载。

参考文献

[1] 中国注册会计师协会编写组．税法[M]．北京：经济科学出版社，2015.
[2] 全国注册税务师执业资格考试教材编写组．税法[M]．北京：中国税务出版社，2014.
[3] 王碧秀．税务会计[M]．大连：东北财经大学出版社，2015.
[4] 叶青．税法[M]．北京：中国财政经济出版社，2011.
[5] 中国注册会计师协会．税法[M]．北京：经济科学出版社，2016.
[6] 杨宁，付琳．税法基础[M]．北京：教育科学出版社，2016.

教师服务

感谢您选用清华大学出版社的教材！为了更好地服务教学，我们为授课教师提供本书的教学辅助资源，以及本学科重点教材信息。请您扫码获取。

教辅获取

本书教辅资源，授课教师扫码获取

样书赠送

财政与金融类重点教材，教师扫码获取样书

清华大学出版社

E-mail: tupfuwu@163.com
电话：010-83470332 / 83470142
地址：北京市海淀区双清路学研大厦 B 座 509

网址：http://www.tup.com.cn/
传真：8610-83470107
邮编：100084